文史哲學集成

吳椿榮著

吳椿榮文史論述集

——泥爪集 下冊

文史哲出版社印行

吳椿榮文史論述集

——泥爪集 目次

下冊

卷三 讀史雜記

壹、以蕃屏周

周室，姬姓，為帝嚳之後。帝嚳元妃姜原，有邰氏女。生子以為不祥，棄之隘巷，山林多人，遷棄渠中冰上，飛鳥以翼覆薦之，姜原以為神，始收養之。初欲棄之，因名棄。兒時，好植樹麻菽，成人遂好農。帝堯舉棄為農師，帝舜命播時百穀以解黎民之飢，封棄於邰，號曰后稷。后稷於陶唐、虞夏之際，已著令德。四傳至慶節，國於豳。又八傳至古公亶父，去豳、度漆沮、踰梁山，止於岐下，豳人扶老攜弱盡歸之。古公有子三：長太伯、次虞仲、少季歷。季歷娶太任，生昌，有聖瑞。太伯、虞仲知古公欲立季歷，昆仲二人遂亡走荊蠻以讓之。古公卒，季歷立，稱公季。修古人遺道，篤於行義，諸侯順之。公季卒，昌立，是為西伯。

帝嚳＝姜原
—棄（后稷）—不窋—鞠—公劉—慶節—皇僕—差弗—毀隃—公非—高圉—亞圉—
—公叔祖類—古公亶父—
　太伯
　虞仲
　季歷＝太任
　　—昌（西伯）

西伯姬昌與正室太姒育子十人：

姬昌＝太姒

- 伯邑考（武王克殷前，已卒）
- 發（西伯昌立之為世子，昌卒嗣立，旋克殷，廟號武王）
- 叔鮮（武王時封於管，稱管叔鮮或管叔）
- 旦（相周為周公）
- 叔度（武王時封於蔡，稱蔡叔度或蔡叔）
- 叔振鐸（武王時封於曹，稱曹叔振鐸或曹叔）
- 叔武（武王時封於成，稱成叔武或成叔）
- 叔處（武王時封於霍，稱霍叔處或霍叔）
- 叔封（成王時，封於衛，稱衛君康叔（封））
- 季載（成王時，封於冉，稱冉季載）

同母兄弟唯發、旦賢，昌舍伯邑考，而以發為世子。

西伯薨，發嗣立。約公元前一〇六六年[1]西伯姬發率戎車三百乘、虎賁三千、甲士四五、〇〇〇餘人，會合庸、蜀、羌、髳、微、盧、彭、濮等族，東渡孟津。二月初五，戰于牧野（今河南淇縣西南）。紂師雖眾，卻乏戰志，紛紛倒戈。發領軍入朝歌，紂登鹿臺，自焚以卒，殷亡②。

武王（6年）發 —3年— 成王 37年 誦 — 康王 26年 釗 — 昭王 24年 瑕 — 穆王 55年 滿 — 共王 20年 緊扈 — 懿王 25年 囏 — 孝王 14年 辟方（共王之弟）— 夷王 12年 燮（懿王太子）— 厲王（28年）胡 — 14年

宣王 46年 靖（或作靜）— 幽王 11年 宮涅　亡於犬戎。

平王 51年 宜臼 — 桓王 23年 林（太子泄父蚤亡；太孫）— 莊王 15年 佗 — 僖王 5年 胡齊 — 惠王 24年 閬 — 襄王 34年 鄭 — 頃王 6年 壬臣 — 匡王 6年 班 — 定王 21年 瑜 — 簡王 14年 夷 — 靈王 27年 泄心

景王 25年 貴 — 悼王 1年 猛（景王長子）— 敬王 44年 匄（悼王同母弟）— 元王 7年 仁 — 貞定王 28年 介 — 哀王 3個月 去疾（貞定王長子）— 思王 5個月 叔（去疾之弟，弒兄自立）— 考王 15年 嵬（叔之弟，弒兄自立）— 威烈王 24年 午 — 安王 26年 驕

烈王 7年 喜 — 顯王 48年 扁（烈王之弟）— 慎靚王 6年 定 — 赧王 59年 延（一作誕）　亡於秦。

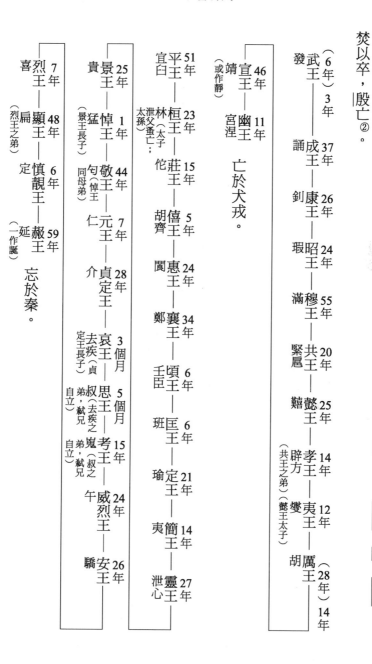

武王為撫殷民，封紂子武庚（祿父）于殷。封三弟叔鮮于管（今河南鄭州）、封五弟叔度于蔡（今河南上蔡）、封八弟叔處于霍（今山西霍縣西南），三叔監視武庚，史稱三監。同年，班師西歸，定都鎬京（今陝西長安西北），曰宗周。翌年，武王以天下未定，採「以藩屏周」之策③：封姜太公于齊，都營丘（今山東臨淄北。封周公旦于魯，都曲阜（今山東曲阜）；佐周未就封。封七弟叔武于成（一作郕，今山東寧陽縣④）。封召公奭于燕，都薊（今北京西南隅），長子就封⑤。封叔振鐸⑥于曹，都陶丘（今山東定陶北）。封舜之後媯滿（胡公滿）于陳（今河南淮陽）以奉舜祀。封禹之後東樓公于杞（今河南杞縣）以奉夏祀。武王並遣使訪求太伯、仲雍之後，得周章（仲雍曾孫），周章時已君吳，因而封之；並封其弟仲于虞（今山西平陸北），稱虞仲。約公元前一〇六四年，武王崩，太子誦立，是為成王。

成王元年（約公元前一〇六三年）三叔、武庚、東徐、奄、熊、盈等叛。周公奉命東征，並以征伐之權授齊侯。成王三年，誅管叔、殺武庚、逐蔡叔、貶霍叔為庶人，管蔡之亂平，奄、熊、盈等十七國先後覆滅，遷殷民于洛邑九里之地。同年，伯禽就封于魯，周公戒渠慎勿以國驕人；封紂王庶兄微子于宋，都商丘（今河南商丘東南）以奉殷祀。成王四年，改封康叔于黃河、淇水間故商墟，都朝歌，國號衛。蔡叔既遷而死，子胡初為魯卿士，率德馴善，周公言於成王，復封於蔡，以奉叔度之祀。季載嘗為周司空，佐成王，有令名于天下。封於冉（一作聃，今河南開封？），其後世無所見⑦。終西周之世，封國多達數百；春秋初、中期尚有百四十餘國。⑧史記列入世家者僅吳、齊、魯……等十七國：

吳（姬姓）

太伯—仲雍（太伯之弟）—季簡—叔達—周章、虞仲

周章—熊遂—柯相—彊鳩夷—餘橋疑吾—柯盧—周繇—屈羽—夷吾—禽處—轉—頗高—句卑—去齊—壽夢 25年

壽夢之子：諸樊 13年、餘祭、餘昧、季札（封于延陵）

諸樊 13年—餘祭 17年—餘昧 4年—僚 13年—闔盧 19年（公子光）—夫差 23年

齊（姜姓）

太公望（呂尚）—丁公（呂伋）—乙公（得）—癸公（慈母）—哀公（不辰）—胡公（靜）—獻公 9年（山，哀公同母少弟，弒胡公自立）—武公 26年（壽）—厲公 8年（無忌）—文公 12年（赤）—成公 9年（說（一作脫））

莊公 64年（購（贖））—釐公 33年（祿甫）—襄公 12年（諸兒）—無知（弒襄公自立）—桓公 43年（小白）—無詭（立三個月，死無謚）—孝公 10年（昭）—昭公 20年（潘）—舍（昭公之子）—懿公 3年（商人）—惠公 10年（元）

頃公 17年（無野）—靈公 28年（環）—莊公 6年（光）—景公 58年（杵臼。莊公異母弟）—晏孺子 1年（太子荼，景公寵妾芮姬所出）—悼公 4年（陽生）—簡公 4年（壬）—平公 25年（驁，簡公之弟，田常弒簡公于徐州，立之。）—宣公 51年（積）—康公 19年（26年）（貸）

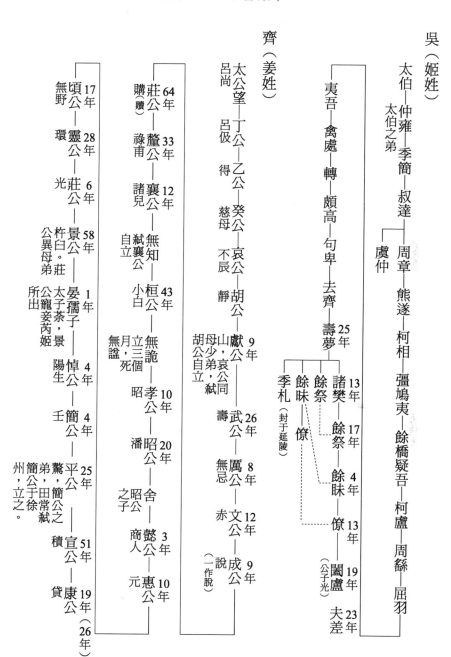

魯（姬姓）。詳卷二、周封國魯年表。

燕（姬姓）

召公（奭）—○—○—○—○—○—○—○—○—惠侯—釐侯36年—頃侯24年—哀侯2年—鄭侯36年—

繆侯18年—宣侯13年—桓侯7年—莊公33年—襄公40年—桓公16年—宣公15年—昭公13年—武公19年—文公6年—懿公4年—惠公—

悼公7年—共公5年—平公19年—簡公12年—獻公28年—孝公15年—成公16年—湣公31年—釐公30年—桓公11年—文公29年—易王12年—

燕噲（易王之子）—昭王33年（太子平）—惠王7年—武成王14年—孝王3年—今喜王33年

蔡（姬姓）

叔度—胡（蔡仲）（叔度之子）—伯荒—宮侯—厲侯—武侯26年—夷侯28年—釐侯（所事）—共侯2年（興）—戴侯—宣侯35年（措父）—

- 桓侯（20年，封人）—哀侯（20年，獻舞）—繆侯（29年，肸）—莊侯（34年，甲午）—文侯（20年，申）—景侯（49年，同）—靈侯（12年，般，殺父自立）……（楚公子棄疾為蔡公）（3年）—平侯（9年，廬）（景侯少子）
- 悼侯（3年，東國）—昭公（28年，申）—成公（19年，朔）—聲侯（15年，產）—元侯（6年，？）—蔡侯（4年，齊）

曹（姬姓）

- 叔振鐸—太伯脾—仲君平—宮伯侯—孝伯雲—夷伯喜（30年）—幽伯彊（9年）—戴伯（30年，蘇，弒兄幽伯自立）—惠伯（36年，兕）—石甫
- 繆公（3年，武，石甫之弟，弒兄自立）—桓公（55年，終生）—莊公（31年，夕姑）—釐公（9年，夷）—昭公（9年，班）—共公（35年，襄）—宣公（17年，彊）—成公（23年，宣公弟負芻）—武公（27年，勝）—平公（4年，頃）
- 悼公（9年，午）—聲公（5年，悼公弟野）—隱公（4年，平公之弟通弒聲公自立）—靖公（4年，聲公之弟露弒隱公自立）—伯陽（15年）

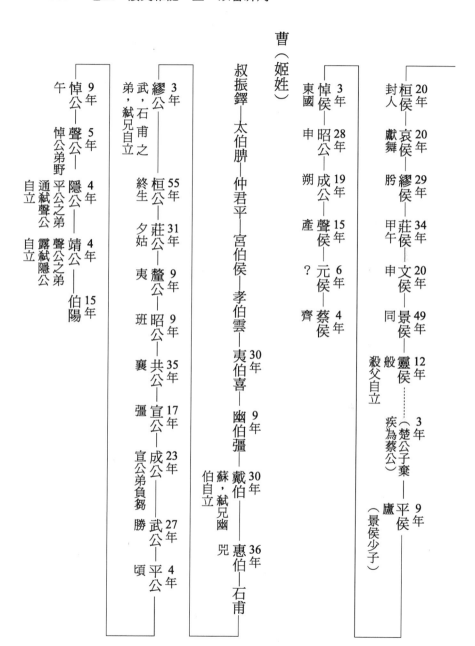

陳

胡公（媯滿）—申公（犀侯）—相公（皋羊。申公之弟）—孝公（突。申公之子）—慎公（圉戎）—幽公（23年，寧）—釐公（36年，孝）—武公（15年，靈）—夷公（3年，說）—平公（23年，燮）—文公（10年，圉）—桓公（38年，鮑）

厲公（7年，佗。桓公異母弟）—利公（5個月，躍。桓公之子）—莊公（7年，林。桓公次子）—宣公（45年，杵臼。莊公之弟）—穆公（16年，款）—共公（18年，朔）—靈公（15年，平國）—（微舒）（自立為侯）—成公（30年，晉。靈公太子）—哀公（弱）

惠公（28年，吳）—懷公（4年，柳）—湣公（24年，越）

杞

東樓公—西樓公—題公—謀取公（謀，一作「謨」。）—德公（47年）—靖公（23年）—共公（8年）—德公（18年）—桓公（17年，姑容，德公之弟）

孝公（17年，匄）—文公（14年，益姑。孝公之弟）

平公（18年，鬱。文公之弟）—悼公（12年，成）—隱公（7個月，乞）—釐公（19年，遂。隱公之弟）—滑公（16年，維）—哀公（10年，闕路。滑公之弟）—出公（12年，歎。滑公之子）—簡公（1年，春）

衛（姬姓）

叔封—康伯—孝伯—嗣伯—庳伯—靖伯—貞伯—頃侯（12年，周夷王命為侯）—釐侯（42年）—共伯（餘）—武公（55年，和，共伯之弟，平王命為公）—莊公（23年，楊）

桓公（16年，完）—州吁（弒桓公自立）—宣公（桓公之弟晉）—惠公（4年（前），朔）—黔牟（8年，太子伋同母弟）—惠公（27年（後））—懿公（9年，赤）—文公（25年，燬）—成公（35年，鄭）—穆公（11年，遬）—定公（12年，臧）

獻公（18年（前），衎）—殤公（12年，剽（秋））—獻公（4年（後），衎）—襄公（9年，惡）—靈公（42年，惡）—出公（13年（前），輒）—莊公（2年，蒯聵）—起（1年）—出公（8年（後），輒）—悼公（5年，黔）

敬公（19年，弗）—昭公（6年，糾）—懷公（11年，公子亹，弒昭公自立）—慎公（42年，公子頹，弒懷公自立）—聲公（11年，訓）—成侯（29年，遬）—平侯（8年）—嗣君（42年）—懷君（31年）—元君（25年，嗣君之弟）—君角（21年）

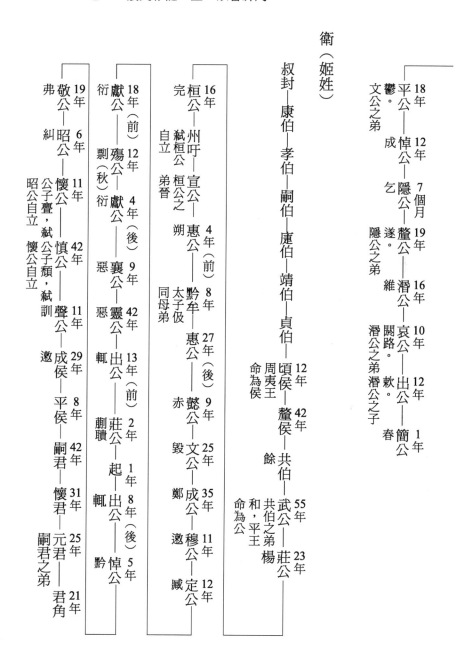

宋（子姓，殷後裔）

微子（啟）—微仲（衍。微子之弟）—宋公（稽）—丁公（申）—湣公（共）—煬公（熙）—厲公（鮒祀一作魴祀。湣公之弟，弒煬公自立）—釐公（舉）—惠公（覸）—哀公（1年）—戴公（34年）—武公（18年，司空）

—宣公（19年，力）—穆公（9年，和。宣公之弟）—殤公（10年，與夷。宣公之子）—莊公（19年，湯。穆公之子）—湣公（11年，捷）—公子游—桓公（31年，禦說。湣公之弟）—襄公（14年，茲甫）—成公（17年，王臣）—昭公（9年，杵臼）—文公（22年，衛伯攻殺昭公，弟鮑革立）

—共公（13年，瑕）—平公（44年，成。共公之少子）—元公（15年，佐）—景公（64年，頭曼）—昭公（47年，特。元公曾庶孫）—悼公（8年，購由）—休公（23年，田）—辟公（3年，兵）—剔成（41年）—宋君（43年，偃。剔成之弟，襲成自立）

晉（姬姓）

叔虞（字子于）—燮（父）—武侯（寧族）—成侯（服人）—厲侯（福）—靖侯（18年，宜臼）—釐侯（18年，司徒）—獻侯（11年，籍）—穆侯（27年，費王）—殤叔（4年，穆侯之弟自立）—文侯（35年，仇。穆侯嫡長子，襲殤叔自立）—

昭侯（7年）伯 — 孝侯（15年）平 — 鄂侯（6年）郤 — 哀侯（9年）光 — 小子侯（4年）— 晉侯（28年）緡。哀侯之弟 — 武公（39年）稱。穆侯之曾孫 — 獻公（26年）詭諸 — 悼子（14年）奚齊之弟 — 惠公（9年）夷吾 — 懷公 圉

文公（9年）重耳。獻公之子 — 襄公（7年）歡。一作驩 — 靈公（14年）夷皋 — 成公（7年）黑臀 — 景公（19年）據。一作獳 — 厲公（7年）壽曼。一作州蒲 — 悼公（15年）公子周 — 平公（26年）彪 — 昭公（6年）夷 — 頃公（14年）去疾 — 定公（37年）午 —

出公（17年）鑿 — 哀公（18年）驕。昭公柳之曾孫 — 幽公（18年）— 烈公（27年）止 — 孝公（17年）頎。一作傾，謚桓公 — 靜公（2年）俱酒

楚（芊姓）

熊繹 — 熊艾 — 熊黮 — 熊勝 — 熊楊 勝之弟 — 熊渠

- 康（句亶王）早亡
- 紅（鄂王）
- 執疵（越章王）

紅 — 熊延 紅之異母弟 — 熊勇（10年）— 熊嚴（10年）勇之弟 — 伯霜（6年）嚴之長子 —

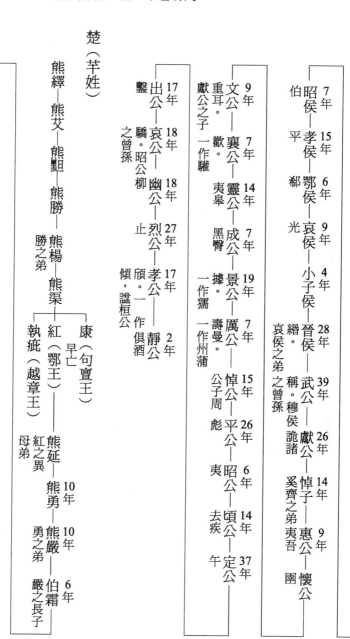

- 熊循（22年）伯霜少子
- 熊咢（9年）
- 若敖（27年）熊儀
- 霄敖（6年）熊坎
- 蚡敖（17年）熊眴
- 楚武王 熊通。蚡敖之弟，弒兄自立
- 文王（13年）熊貲
- 杜敖（5年）熊囏
- 成王（46年）熊惲。杜敖之弟弒兄自立
- 穆王（12年）商臣

- 莊王（23年）侶
- 共王（31年）審
- 康王（15年）招
- 郟敖（4年）員
- 靈王 圍。共王之庶子
  - 子比
  - 平王（13年）棄疾（熊居）詐弒靈王、子比自立
- 昭王（27年）珍
- 惠王（57年）章
- 簡王（24年）中
- 聲王（6年）當

- 悼王（21年）熊疑
- 肅王（11年）臧
- 宣王（30年）熊良夫。肅王之弟
- 威王（11年）熊商
- 懷王（30年）熊槐
- 頃襄王（36年）橫
- 考烈王（25年）完
- 幽王（10年）悍
- 哀王（1個月）都。幽王之弟
- 楚王負芻（5年）哀王庶兄，弒王弟自立

鄭（姬姓）

- 桓公 友
- 武公（27年）掘突
- 莊公（43年）寤生
- 昭公 忽
- 子亹
- 鄭子
- 厲公（28年）突
- 文公（45年）踕
- 繆公（22年）蘭
- 靈公 夷
- 襄公（18年）堅
- 悼公（2年）濆

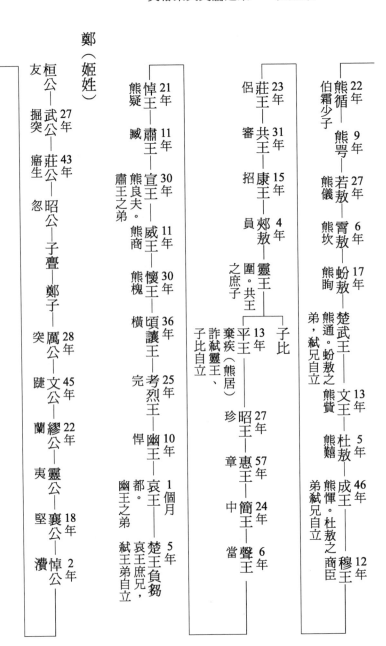

趙

- 成公 14年 晦。悼公之弟
- 釐公 5年 惲
- 簡公 36年 嘉
- 定公 13年 寧
- 獻公 13年 蠆
- 聲公 37年 勝
- 哀公 8年 易
- 共公 30年 丑。聲公之弟
- 幽公 1年 已
- 繻公 27年 駘。幽公之弟
- 鄭君 21年 乙。幽公之弟

- 趙襄子 51年
- 獻侯 15年 浣
- 烈侯 9年 籍
- 武公 13年
- 敬侯 12年 章。烈侯之世子
- 成侯 25年 種
- 肅侯 24年 語
- 武靈王 27年 雍
- 惠文王 33年 何
- 孝成王 21年 丹
- 悼襄王 9年 偃
- 趙王遷 8年
- 代王喜 6年

魏

- 魏桓子
- 文侯 38年 都
- 武侯 16年 擊
- 惠王 36年 罃
- 襄王 23年 嗣
- 昭王 12年 遬
- 安釐王 34年 圉
- 景湣王 15年 增
- 王假 3年

韓（姬姓）

- 韓武子
- ○
- ○
- 韓獻子 韓厥
- 宣子
- 貞子 一作平子，不信。名頃。
- 簡子 一作不佞 ？
- 莊子
- 康子 虎
- 武子 16年 啟章
- 景侯 9年 虔
- 烈侯 13年 取

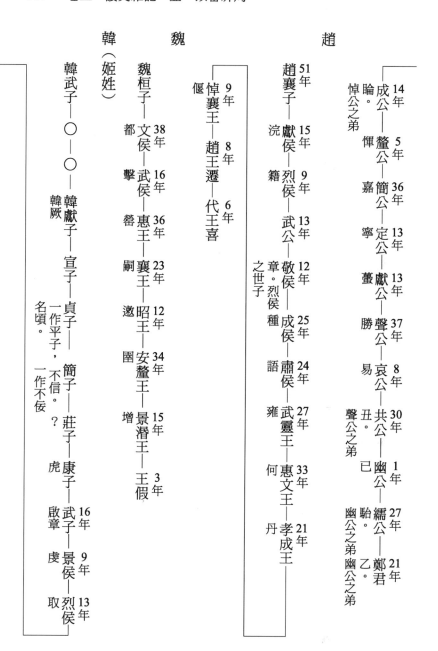

（續）
- 文侯 10年 ？
- 哀侯 6年 ？
- 懿侯 12年 若山
- 昭侯 26年 武
- 宣惠王 21年 ？
- 襄王 16年 倉
- 釐王 23年 咎
- 桓惠王 34年 ？
- 王安 9年

田齊

- 悼子 6年
- 田和 21年（3年）
- 田剡 9年
- 桓公 18年 午。弒君田剡及孺子喜自立
- 威王 37年 因齊
- 宣王 19年 辟彊
- 湣王 16年 地
- 襄王 19年 法章
- 齊王建 44年

越

- 允常
- 勾踐 32年
- 鹿郢 6年
- 不壽 10年
- 朱勾 37年
- 翳 36年
- 諸咎 13年
- 無余之 12年
- 無顓 8年
- 無彊 10年 無顓之弟

秦（嬴姓）

- 秦嬴 非子
- 秦侯 10年
- 公伯 3年
- 秦仲 23年 為周大夫，誅西戎
- 莊公 44年 周西垂大夫
- 襄公 12年 周諸侯
- 文公 50年
- 寧公 12年 文公之孫
- 出子 6年 三父令人賊弒之
- 武公 20年 出子之長兄
- 德公 2年 出子之次兄
- 宣公 12年
- 成公 4年 宣公之弟
- 穆公 39年 一作繆公；宣公之季弟
- 康公 12年 罃
- 共公 5年 稻
- 桓公 28年 榮
- 景公 40年 后伯車
- 哀公 36年
- 惠公 10年 哀公之孫
- 悼公 14年
- 厲共公 34年

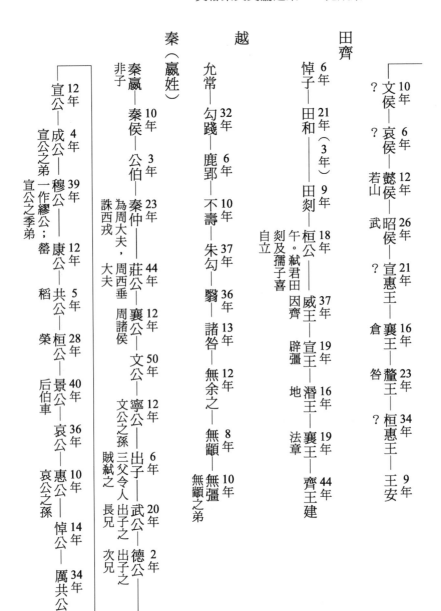

14年 躁公—4年 懷公—13年 靈公—16年 簡公—16年 惠公—2年 出子—24年 獻公—24年 孝公—13年、更元14年 惠文君—4年 武王

躁公之弟；自殺

太子昭子蚤亡；太子之子

靈公季父，昭子之弟懷公之子也

師隰；靈公之子

渠梁

駟。一作惠文王蕩

56年 昭（襄）王—1年 孝文王—3年 莊襄王—26年 秦王政

稷

柱

子楚

公元前二二一年滅齊，統一六國，稱始皇帝

周封國一覽表

姓氏別	封國名	初受封者	封地與都城	變遷記事	原始史料根據
同	魯	原周公旦，後由其長子伯禽就封	奄地與殷民六族（徐、條、蕭、索、長勺、尾勺）都曲阜（今山東曲阜縣）。	前一〇六一—前二四九，26代、34君，約八一二年。	史記、春秋等。
	吳	周章	初居梅里（今江蘇無錫東南梅村），後徙吳（今蘇州市）。	約前一〇六五—前四七三，19代，21君，約五九三年。	史記卷卅一、左傳宣八年等。
	燕	召公奭	今河北省北部、遼寧省西部等地，都薊（今北京西南）。	約前一〇六五—前二二二，44君、約八四四年。	史記卷卅四、左傳莊公卅年等。

曹	叔振鐸（文王之子、武王同母弟）。	都陶丘（今山東定陶縣西南）。	約前一〇六五—前四八七，20代、26君、約五七九年。	史記卷卅五、春秋桓公五年，左傳桓公五年等。
管	叔鮮（文王之子、武王同母弟）。	今河南鄭州市。	三叔以武庚叛，遇誅滅絕。約前一〇六五—前一〇六一，六年。	史記卷卅五、左傳僖公廿四年等。
蔡	叔度（文王之子、武王同母弟）。	上蔡（今河南上蔡縣西南）。	三叔以武庚叛，遭放逐。後其子胡（蔡仲）復封。約前一〇六〇—前四四六，23代、25君、六一四年。	史記卷卅五、春秋隱公四年、左傳隱公四年等。
衛	康叔（文王之子、武王同母弟，原稱叔封。）	朝歌（今河南淇縣）。	約前一〇六〇—前二〇九，31世、41君，約八五二年。	史記卷卅七、左傳隱公元年等。
晉	叔虞（武王之子、成王之弟）初封于唐（今山西翼城縣西）稱唐叔虞，其子燮。父遷曲沃（今山西聞喜縣東）因南臨晉水，遂改稱晉。	自唐徙曲沃，復遷絳（今山西翼城縣東南）又遷新田（即新絳、今山西侯馬縣）。	約前一〇五四—前三六九，韓、趙遷晉公于屯留（今山西屯留南）三家分其地，晉絕不祀。計34世、39君，六八六年。	史記卷十四、卅九、左傳隱公五年。

姬

鄭	友（厲王少子、宣王庶弟，初封于鄭（今陝西華縣北），其子掘突隨周室東遷，改封新鄭（今河南新鄭北）。	參考上欄，茲從略。	前八〇六－前三七五，19世、23君，六八二年。	史記卷十四、四十二，春秋隱公元年、左傳隱公元年。
韓	武王之庶子，名不詳，史記稱韓武子。	初封于今河北固安東南，其裔事晉、後建國于陝西韓城，十一世孫虔（景侯）與魏、趙三家分晉，都陽翟（今河南禹縣，後遷新鄭）。	前四二四－前二三〇，12世、12君，一九五年。	史記卷十四、四十五，左傳僖公廿四年。
霍	叔處（文王之子武王同母弟），史稱霍叔處或霍叔。	今山西霍縣西南，一說今河南臨汝西南。	約前一〇六六初封，管蔡之亂，貶為庶人（約前一〇六一）。	史記卷卅五，左傳閔公元年。
成（郕、盛）	叔武（文王之子，武王同母弟），史稱成叔武或成叔。	成，一說今山東濮縣東南，一說今山東鄄城與鄆城間，一說今山東汶上或寧陽北。		左傳隱公五年。
毛	叔鄭（文王庶子、武王庶弟）。	毛位于今河南宜陽。		春秋僖公廿四年。
滕（一作縢）	叔繡（文王庶子武王庶弟）。	滕，今山東滕縣西南。		春秋隱公七年。

祭	周公之五子（史失其名）。	今河南鄭州祭城。		春秋隱公元年。
胙	周公子（史失其名）。	今河南延津北胙城東。		左傳僖公廿四年。
聃（一作冉）	季載（文王之子武王之同母季弟）。	今河南開封（？）		左傳僖公廿四年。
郜（一作告）	文王庶子武王庶弟，惟史失其名。	今山東成武東南。		春秋桓公二年。
雍	雍伯（文王庶子、武王庶弟）。	約於今河南修武西、沁陽東北。		左傳僖公廿四年。
原	文王庶子武王庶弟，史失其名。	今河南濟源西北。		左傳隱公十一年。
酆（一作豐）	文王庶子武王庶弟，史失其名。	今陝西戶縣東咸陽南。		左傳僖公廿四年。
畢	文王庶子武王庶弟，史失其名。	約於今陝西西安咸陽西北間，緊瀕渭水之地。		左傳閔公元年。
郇（一作筍）	文王庶子武王庶弟史失其名。	今山西臨猗西南。		左傳僖公廿四年。
邘（一作盂）	邘叔（武王之次子）。	今河南沁陽西北，一說今陝西鄠縣禮村。		同右。
應	武王四子（史失其名）。	今河南魯山東。		同右。
蔣	伯齡（周公之三子）。	今河南固始西北。		同右。

姓

茅	茅伯（周公之庶子）。	今山東金鄉西北。		左傳僖公廿四年。
邢	周公之四子（史失其名）。	今河北邢臺。		左傳隱公四年。
凡	周公之後裔（史失其名諱、輩份等記載）。	今河南輝縣西南。		左傳僖公廿四年。
芮（或作內）	周室宗人，史失其名。	今陝西朝邑南芮城。		左傳桓公三年。
胡（一）	同右。	今河南漯河一帶，一說河南郾城。		左傳襄公廿八年。
息（一作鄎）	同右。	含河南息縣西南。		左傳隱公十一年。
密	同右。	今河南密縣。		左傳僖公十七年。
焦	同右。	含河南三門峽之西。		左傳襄公廿九年。
滑	同右。	今河南偃師緱氏鎮。		春秋莊公十六年。
虞	仲雍後裔虞仲。	今山西平陸東北。		左傳桓公十年。
賈	公明（唐叔虞之少子）。	今山西襄汾東。		左傳桓公九年。
頓	周室宗人，史失其名。	今河南項城西、南頓故成。		左傳僖公廿三年。

戴（一作載，𢧵、𢦏）	周室宗人，史失其名。	今河南民權東。		春秋隱公十年、左傳隱公十年。
極	同右。	今山東金鄉南。		春秋隱公二年、左傳隱公二年。
魏	畢公高之後。	初封今山西芮城東北；公元前四〇四年，韓、趙、魏三家分晉，周威烈王始冊封魏斯（文侯）、韓虔（景侯）與趙籍（烈侯）為諸侯。都安邑（今山西夏縣西北）。惠王時，徙大梁。	自文侯至魏王假計8世、8君、一八〇年。（前四〇四—前二二五）。	史記卷十四、四十四，左傳桓公四年。
荀（一作郇）	周室宗人，史失其名。	今山西新絳東北。		左傳桓公十年。
劉	劉康公（周匡王之庶子）。	今河南偃師西南。		左傳宣公十年。
陽	周室宗人，史失其名。	今山東沂水西南。		春秋閔公二年。
楊	史失其名，一說周宣王之後，一說唐叔虞之後。	今山西洪洞東南。		左傳襄公二十九年。
唐	周室宗人，史失其名。	今湖北棗陽東南唐縣鎮。		左傳宣公十二年。

姓	國	始封者	封地	年代	出處
	沈	沈子（周公之曾孫）。	今安徽臨泉。		春秋文公三年、左傳文公三年。
	巴	周室宗人，史失其名。	今四川巴縣。		左傳桓公九年。
	虢（2）	虢叔、虢仲（文王之弟）。	東虢（今河南鄭州北）、西虢（今陝西寶雞），叔、仲二人封國有多說，待考。東周初，平王令遷上陽（今河南三門峽）稱北虢，支族仍留原地稱小虢。虢仲另一支徙今山西平陸南，稱南虢。		春秋昭公元年，左傳隱公元年、僖公五年、莊公廿六年。
異姓 姜	齊	太公尚父（呂尚）。	初封于齊，都營丘（今山東臨淄北）。管蔡之亂，征伐有功，領地擴充至今山東半島全部，古濟水下游以南諸地。	約前一〇六五—前三七九，24世、32君，六八七年。	史記卷卅二、左傳隱公三年。
	許	文叔（種農之後，大岳之裔孫）。	今河南許昌東。		左傳隱公十一年。
	申	伯夷後裔，史失其名。	今河南南陽及其以北地。		左傳隱公元年。
	向	史失其名。	今山東莒縣南。		春秋隱公二年、左傳隱公二年。

	州（一）	同右。	都淳于（今山東安丘東北淳于城），一說山東高密。		春秋桓公五年、左傳桓公五年。
	紀（一作己）	史失其名。	今山東壽光南。		左傳隱公元年。
	萊（一作郲、斄）	同右。	今山東昌邑東南，一說黃縣東南故黃城。		春秋宣公七年、左傳宣公七年。
	厲	傳歷山氏之後。	今湖北隨州北厲山店，一說河南鹿邑東厲鄉。		春秋僖公十五年、左傳僖公十五年。
	鄣	史失其名。	一說江蘇贛榆北、一說山東東平東。		春秋莊公卅年。
	呂	穆王始封之，史失其名。	今河南南陽西		左傳成公七年。
子	宋	微子啟（殷商之後）。	都蘭丘（今河南商丘）	約前一〇六一—前二八六，29世、33君，七七六年。	史記卷卅八，左傳隱公元年。
	蕭	蕭叔（微子之後）。	今安徽蕭縣西北。		左傳莊公十二年。
	譚（鄲）	史失其名。	今山東濟南東南。		春秋莊公十年。左傳莊公十年、十一年。
曹	郲（一）	曹挾（傳為顓頊之後）。	都初都郲（今山東曲阜東南），後遷鄒（今山東鄒縣東南）。		春秋隱公元年。

	小邾（郳）	邾公子友（曹挾之後）。	都郳（今山東滕縣東，一說山東嶧城西北）。		春秋莊公五年。
	鄀（二）	史失其名。	今湖北黃岡。		春秋隱公元年、左傳隱公元年。
偃	蓼（繆）	傳為皋陶之後，史失其名。	今河南固始東北。		左傳桓公十一年。
	舒	相傳為皋陶之後，史失其名。	有舒、舒庸、舒蓼、舒鳩等數國，散布于今安徽舒城、盧江、巢湖等縣之間。		春秋僖公三年、成公十七年、左傳文公十四年、襄公二十四年。
	英氏	同右。	一說安徽金寨與霍山間，一說六安西，一說湖北英山東北。		春秋僖公十七年、左傳僖公十七年。
	桐	史失其名。	今安徽桐城北。		左傳定公二年。
	巢	同右。	屬群舒之國。位於今安徽六安東北，一說安徽巢湖東北。		春秋文公十二年、左傳文公十二年。
	州（二）	同右。	今湖北洪湖東北，一說監利東、州陵城。		左傳桓公十一年。
嬀	陳	嬀滿（舜之後）。	都宛丘（今河南淮陽）。	約前一〇六五—前四七八，22世、25君，五八八年。	史記卷卅六，左傳隱公三年。

	遂	虞舜之後。史失其名。	今山東寧陽西北。		春秋莊公十三年、左傳莊公十三。
妘	鄅	史失其名。	今山東臨沂北。		春秋昭公十八年、左傳昭十八年。
	偪陽	同右。	今山東嶧城南。		春秋襄公十年、左傳襄公十年。
	夷	同右。	今山東即墨西。		左傳隱公元年。
祁	杜	堯之后，史失其名。	今陝西長安東南。		左傳襄公廿四年。
允	鄀	史失其名。	今湖北宜城東南。		左傳僖公二十五年。
	蠚（[illegible]）	同右。	今河南淅川西南。		同右。
鄖	鄖	史失其名。	今湖北京山西北或湖北安陸一帶		左傳桓公十一年。
	鄢	同右。	今河南鄢陵西北。		春秋隱公元年、左傳隱公元年。
芈	楚	熊繹（顓頊之後）	初都丹陽（約今湖北枝江）後都郢（今湖北江陵紀南城）。	約前一〇二七—前二二三，32世、41君，八〇五年。	史記卷四十，左傳桓公二年。
	夔（隗）	史失其名。	今湖北秭歸東南。		春秋僖公廿六年、左傳僖公廿六年。

姓					
嬴	秦		始封于秦（今甘肅天水）後遷汧（今陝西隴縣南），又遷平陽，旋定都雍（今陝西鳳翔）。非子（伯益之後）	前八七二—前二二一，29世，36君，五五七年。前二二一年，統一六國，秦王政稱始皇帝。	史記卷五，左傳桓公四年。
	鍾離	史失其名。	今安徽鳳陽東北。		春秋成公十五年、左傳成公十五年。
	黃（一）	史失其名。	含河南潢川。		左傳桓公八年。
	江	同右。	今河南息縣西南。		春秋僖公五年，左傳僖公五年。
	徐	同右。	今安徽泗縣西北。		春秋莊公二十六年。
	梁	同右。	今陝西韓城南。		左傳桓公九年。
	葛	同右。	今河南寧陵北。		春秋桓公十五年。
祁	鄶	傳為祝融氏之後，史失其名。	今河南新鄭西北。		左傳僖公卅三年。
姒	杞	東樓公（夏禹之後）。	都杞（今河南杞縣）	約前一〇六五—前四四五年，14世、19君，六二一年。	左傳隱公四年。

	越	夏少康之後，史失其名。	都會稽（今浙江紹興）。公元前四七三年十一月越滅吳，勾踐會齊、晉侯于徐州致貢于周，元王封渠為伯遂霸。	自勾踐至無彊傳七君、一六四年。	史記卷四十一，左傳宣公八年。
	鄫（一作繒）	禹之後，史失其名。	今山東嶧城東。		春秋僖公十四年、左傳僖公十四年。
曼	鄧	史失其名。	一說今湖北襄樊北，一說今河南鄧縣。		左傳桓公七年。
歸	胡（二）	同右。	今安徽阜陽。		左傳襄公廿八年。
妊	邿（一作寺）	同右。	今山東濟寧南。		左傳宣公十二年。
姞	南燕	黃帝之後，史失其名。	今河南延津東北。		左傳隱公五年。
	偪	史失其名。	舊名密須；惟待考。		左傳文公六年。
任	薛	奚仲（黃帝之後）。	都薛（今山東滕縣南）。		春秋隱公十一年、左傳隱公十一年。
	鑄（祝）	傳為黃帝之後，周武王所封，史失其名。	今山東肥城南。		左傳襄公二十三年。

姓	國				
己	莒	兹輿期，傳為少昊之後。	初都介根（今山東膠縣西南），後徙都莒（今山東莒縣）。		春秋隱公二年、左傳隱公二年。
己	郯	少皞氏之後，史失其名。	今山東郯城西南。		春秋宣公四年、左傳宣公四年。
己	溫	周司寇蘇公。	今河南溫縣西南。		左傳隱公三年。
風	須句	史失其名。	今山東東平東南。		左傳僖公二十一年。
風	宿	傳為太皞氏之後。	今山東東平東南。		春秋隱公元年。
風	任（一作仍）	同右。	今山東濟寧南。		左傳僖公二十年。
風	顓臾	史失其名。	今山東費縣西北。		左傳僖公廿一年。
姓氏待考訂：隗或姬	弦	史失其名。	今河南潢川西北，一說河南光山西北仙居鎮。		春秋僖公五年、左傳僖公五年。
姓氏待考訂：嬴或姬	耿	同右。	今山西河津東南耿鄉城。		左傳閔公元年。
姓氏待考訂：姜或姬	隨	神農之後或帝堯之后；史失其名。	今湖北隨州南。		左傳桓公六年。
姓氏待考訂：芊或子	權	商王武丁後裔，史失其名。	今湖北當陽東南，一說于鐘祥西南。		左傳莊公十八年。

姓　氏　闕　如

道	史失其名。	今河南確山東北或息縣西南。		左傳僖公五年。
蓼	史失其名。	今河南唐河西南。		左傳桓公十一年。
貳	史失其名。	今湖北廣水南。		左傳桓公十一年。
軫	同右。	今湖北應城西。		同右。
項	同右。	今河南項城。		春秋僖公十七年、左傳僖公十七年。
絞	史失其名。	今湖北鄖縣西北。		左傳桓公十一年。
崇	可能係殷商與國，武王滅殷後重封。	地點未確定待考。		春秋宣公元年、左傳宣公元年。
庸	史失其名。	今湖北竹水東上庸故城。		春秋文公十六年、左傳文公十六年。
沈（二） 姒 蓐 黃（二）	金天氏後裔；史失其名。	在今山西境內。		左傳昭公元年。
牟	史失其名。	今山東萊蕪東。		春秋僖公五年、左傳僖公五年。

宗	史失其名。	今安徽舒城、廬江間。		左傳文公十二年。
房	同右。	今河南遂平。		左傳昭公十三年。
柏	同右。	今河南舞陽東南。		左傳僖公五年。
州來	史失其名。	今安徽鳳臺。		春秋成公七年、左傳成公七年。
冀	同右。（傳為傅說之後）。	今山西河津東北。		左傳僖公二年。
夔	史失其名。	今湖北郥縣境。		左傳文公十年。
鄾	史失其名。	今湖北襄陽東北。		左傳桓公九年。
共	史失其名。	今甘肅涇川北。		左傳隱公元年。
鍾吾	史失其名。	今江蘇宿遷東北。		左傳昭公二十七年。
郭	史失其名。	或說今山東東昌東北。		春秋莊公二十四年。
樊	仲山甫（周臣）。	今河南濟源東南。		左傳隱公十一年。
黎	史失其名。	今山西梨城東北。		左傳宣公十五年。
鄟	同右。	今山東郯城東北。		春秋成公六年、左傳成公六年。

邶	史失其名。	今河南湯陰東南。		左傳襄公二十九年。
鄘	同右。	今河南新鄉西南。		左傳襄公二十九年。
賴	同右。	今河南商城賴亭。		左傳桓公十三年。
檀	同右。	今河南濟源。		左傳成公十一年。

周秦之際諸侯年表簡編

國別	享國 肇始	覆亡	年祚	興滅記事	備注
魯	伯禽	頃公（讎）	八一二年	約前一〇六一—前二四九，傳廿六世、卅四君，為楚所滅。	
齊	太公望（呂尚）	康公（貸）	六八七年	約前一〇六五—前三七九，傳廿四世、卅二君，為田齊取代。	
晉	叔虞	靜公（俱酒）	六八六年	約前一〇五四—前三六九，傳卅四世、卅九君，周烈王七年，三家分晉。	韓、趙、魏史稱三家。
宋	微子（啟）	宋君（偃）	七七六年	約前一〇六一—前二八六，傳廿九世、卅三君，為齊滅之。	

衛	叔封	君角	八五二年	約前一〇六〇—前二〇九，傳四十一世、四十四君，秦二世元年，廢君角為庶人，衛亡。	
陳	媯滿	滑公（越）	五八八年	約前一〇六五—前四七八，傳廿二世、廿五君，為楚所滅。	
杞	東樓公	簡公（春）	六二一年	約前一〇六五—前四四五，傳十四世、十九君，為楚所滅。	
蔡	蔡仲（胡）	侯齊	六二〇年	約前一〇六一—前四四七，傳廿三世、廿六君，為楚所滅。	
曹	叔振鐸	伯陽	五八〇年	約前一〇六六—前四八七，傳廿世、廿六君，為宋所滅。	
燕	召公奭	今喜王	八四四年	約前一〇六五—前二二二，傳四十三世、四十四君，亡於秦。	
吳	周章（仲雍之曾孫）	夫差	五九三年	約前一〇六五—前四七三，傳十九世、廿一君，亡於越。	
楚	熊繹	負芻	八〇五年	約前一〇二七—前二二三，傳卅二世、四十一君，亡於秦。	
鄭	桓公（友）	鄭君（乙）	六八二年	約前八〇六—前三七四，傳廿世、廿三君，亡於韓。	
越	勾踐	無彊	一六四年	約前四九六—前三三三，傳七世、七君，亡於楚。	
趙	襄子	代王（喜）	二五四年	約前四七五—前二二二，傳十二世、十三君，亡於秦。	

魏	文侯（斯，一作都）	王假	二二一年	約前四四五—前二二五，傳八世、八君，亡於秦。	
韓	武子	王安	一九五年	約前四二四—前二三〇，傳十世、十二君，亡於秦。	
田齊	悼子	齊王建	一九〇年	約前四一〇—前二二一，傳七世、九君，亡於秦。	
秦	秦嬴（非子）		六五二年	約前八七二—前二二一，傳廿九世、卅六君。公元前二二一年秦滅齊，統一六國，秦王政稱始皇帝。	前八七二—前二二一為諸侯國。

周室封國統計

	封國數	%	備注
周室同姓封國	50	34.96	
異姓封國	59	41.25	
姓氏未確定之封國	4	2.79	
姓氏闕如之封國	30	21	
合計	143	100	

①范文瀾中國通史作公元前一〇六六年，茲從之。

②史記卷四。

③左傳僖公廿四年：「周公弔二叔之不咸，故封建親戚，以蕃屏周。」同前揭書昭公廿六年：「武王克殷，成王靖四方，康王息民，並建母弟以蕃屏周。」

④史記卷卅五。

⑤文獻未載其名。

⑥武王同母弟，序六。

⑦史記卷卅五。

⑧春秋大事年表卷五載列國百四十有七。春秋會要謂一四二國，茲以一百四十餘國概稱之。

西周時代詳圖

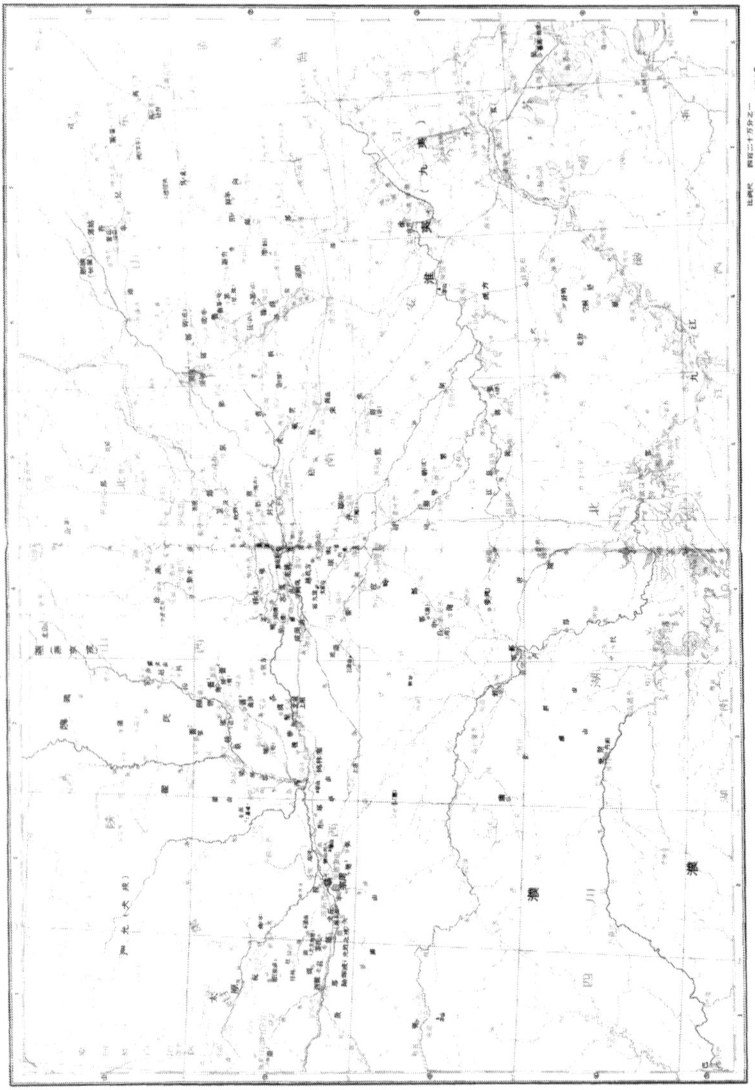

中國歷史地圖集（譚其驤主編民71）第一冊頁17、18

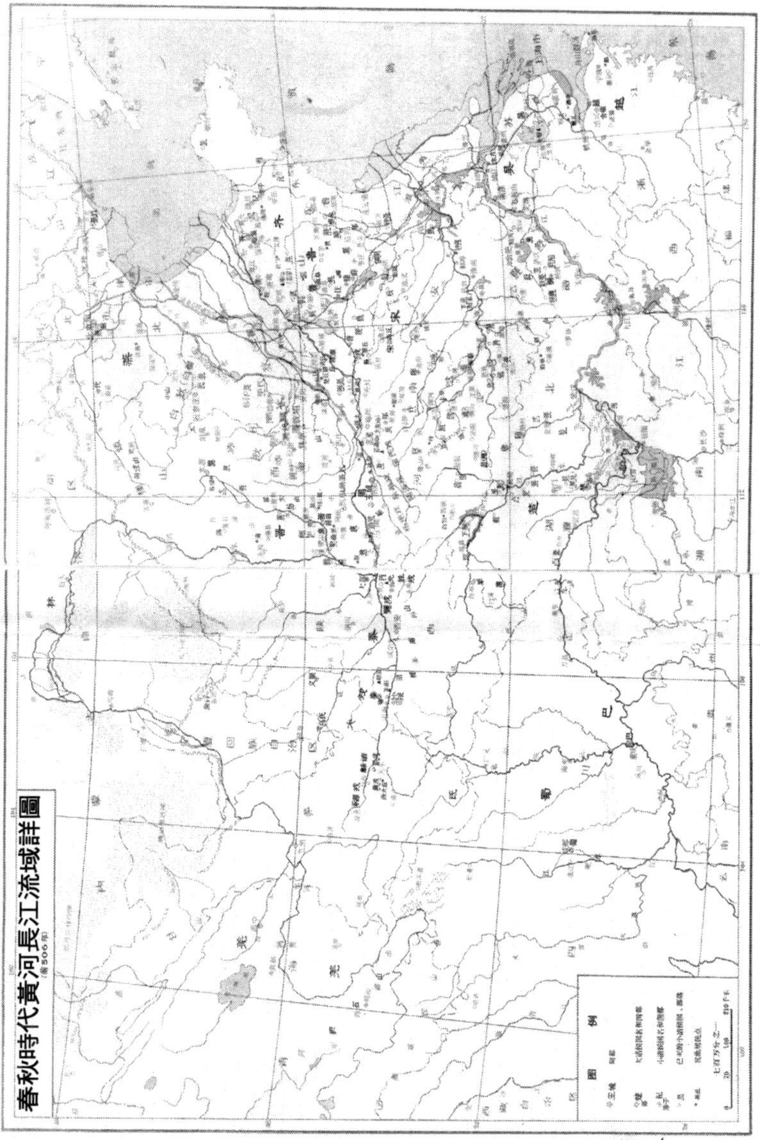

中國史稿地圖集（中國地圖出版社民85二版）頁13、14

貳、順天府科場舞弊案

咸豐八年（一八五八）順天府鄉試正考官大學士柏葰聽信其家人靳祥之言，撤換試卷，取中羅鴻繹，事為御史孟傳金疏劾。清史稿文宗本紀：「（八年）冬十月……己酉，御史孟傳金奏劾舉人平齡硃墨不符，派載垣、端華認真查辦。……戊辰，詔：本年鄉試主考、同考官荒謬已極，覆試應議之卷，竟有五十本之多，正考官柏葰先革職，副考官朱鳳標、程庭桂暫行解任，聽候查辦。」（卷廿）又，列傳一七六：「柏葰素持正，自登樞府，與載垣、端華、肅順等不協。會御史孟傳金疏本科士論未孚，命覆勘試卷。應議者五十卷，文宗震怒，褫柏葰等職，命載垣等會鞫，得柏葰聽信家人靳祥言，取中羅鴻繹情事，靳祥斃於獄。九年，讞上，上猶有矜全之意，為肅順等所持。乃召見王大臣等諭曰：『科場為掄才大典，交通舞弊，定例綦嚴。自來，典試諸臣，從無敢以身試法者。不意柏葰以一品大員，辜恩藐法，至於如是！柏葰身任大臣，且係科甲進士出身，豈不知科場定例？竟以家人干請，輒即撤換試卷。若使靳祥尚在，加以夾訊，何難盡情吐露？既有成憲可循，即不為已甚，就所供各節，情雖可原，法難寬宥，言念及此，不禁垂淚！』柏葰遂伏法。」咸豐十一年，穆宗即位，御史任兆堅疏請昭雪，下禮、刑二部詳議，議上，詔曰：「柏葰聽受囑託，罪無可辭。惟載垣、端華、肅順等因律無僅開囑託明文，比賄買關節之例，擬以斬決。由載垣等平日與柏葰挾有私讐，欲因擅作威福，竟以牽連蒙混之詞，致罹重辟。皇考聖諭有『不禁垂淚』之語，仰見不為已甚之心。……柏葰不能謂無罪，該御史措詞失當。念柏葰受恩兩朝，內廷行走多年，平日勤慎，雖已置重典，當推皇考法外之仁。」於是，錄其子候選員外郎鍾濂賜四品卿銜，以六部郎中遇缺即選。鍾濂後官盛京兵部侍郎。（卷三八九）。

柏葰（？—一八五九）本名松葰，字靜濤，巴魯特氏，蒙古正藍旗人。道光六年（一八二六）進士，授編修。累官閣學、侍郎、尚書、大學士、軍機大臣等。屢奏整頓漕運、財政、各部院書吏制度弊端，奉旨出使朝鮮，奏卻例餽。入軍機後，與載垣、端華、肅順等不睦。咸豐八年順天府鄉試案遭革職下獄。次年，斬于市。撰有奉使朝鮮日記存世。

參、辛酉政變

咸豐十一年（一八六一）七月癸卯，文宗崩於承德避暑山莊熱河行宮。遺詔命皇長子載淳繼位、著怡親王載垣、鄭親王端華、戶部尚書肅順、御前大臣景壽與軍機大臣穆蔭、匡源、杜翰、焦祐瀛等八人為顧命王大臣。慈禧太后策動慈安太后與肅順爭權，並與恭親王同謀政變。八月，御史董元醇奏請太后垂簾聽政。肅順等以祖無此制，擬旨駁斥。九月，大行皇帝梓宮等車駕還京，宣示肅順等不法情狀，下王大臣議罪。三十日，以不能盡心合議、擅改諭旨、專擅跋扈等罪名，將載垣、端華、肅順三人革職拏問。十月一日，授奕訢為議政王、在軍機處行走。五日，改年號祺祥為同治。次日，賜載垣、端華自盡、斬肅順于市。景壽等五人或革職或遣戍。十一月，兩宮太后垂簾聽政，史稱辛酉政變，或稱祺祥政變、北京政變。

載垣（？—一八六一）清宗室，康熙第十三子允祥五世孫①。道光五年（一八二五）襲怡親王，曾於御前大臣行走。咸豐嗣位，歷任左宗正、宗令、領侍衛內大臣。十年八月（一八六〇、九）英法聯軍進逼京師時，與兵部尚書穆蔭同為欽差大臣，赴通州接替桂良與英法議和。談判破裂後，拘囚英人巴夏禮等。旋隨文宗赴熱河行宮。次年，文宗崩，與端華、肅順、景壽等為顧命大臣。辛酉政變，遭革職拏問並迫令自盡。

端華（？—一八六一）清宗室②。號端友。道光廿六年（一八四六）襲鄭親王。次年授御前大臣。咸豐即位，與異母弟肅順、怡親王載垣等頗受重用。十年八月，英法聯軍進逼京師，隨侍文宗赴熱河行宮，授領侍衛內大臣。次年，與肅順等八人受命為顧命王大臣，掌握實權。祺祥政變，遭革職並迫令自盡。

肅順（一八一六—一八六一）字雨亭，滿洲鑲藍旗人。清宗室③。道光中，考封三等輔國將軍，授散秩大臣。咸豐朝，歷官左都御史、理藩院尚書，禮部、戶部尚書，內務府大臣、御前大臣，協辦大學士，領侍衛內大臣等。七年（一八五七），渠與怡親王載垣、異母兄鄭親王端華相為附和，朝政多其贊畫，甚得咸豐寵信。八年，大學士柏葰典順天府鄉試，以縱容家人舞弊下獄，因渠力爭而命斬。主張支持湘軍傾力討伐太平軍事。九年，與俄使于北京談判，峻拒俄方對烏蘇里江以東地之強占。十一年，文宗臨終前，與載垣等八人同受顧命。擬旨時，渠於旨稿結束處，增列「並贊襄政務」等語以為日後顧命王大臣掌控朝政取得依據。載淳嗣位，渠率先堅決反對兩宮垂簾。十一年九月，大行皇帝梓宮車駕還京，慈禧與恭親王奕訢等發動辛酉政變，遣睿親王仁壽、醇親王奕譞逮捕渠于密雲。尋下獄定讞，斬于市。

景壽（？—？）富察氏。一等誠嘉毅勇公明瑞之裔。道光廿五年四月，尚宣宗第六女壽恩固倫公主（一八三〇—一八五九）為固倫額駙。咸豐朝，任御前內大臣，十一年（一八六一）七月與載垣等八人為顧命王大臣。辛酉政變，遭革職、遣戍。

穆蔭（？—一八七一），托和絡氏。滿洲正白旗人。字清軒。以官學生考授內閣中書，充軍機章京，遷侍讀。咸豐元年（一八五一），在軍機大臣上學習行走。歷官光祿寺卿、內閣學士、兼副都統、遷禮部侍郎，調刑部，擢理藩院尚書，兼都統，調兵部尚書。十年（一八六〇），隨怡親王載垣赴通州，與英法聯軍代表議和，議不諧。次年，與肅順等八人于熱河行宮同受顧命。辛酉政變，遭革職，發配軍臺效力。同治三年（一八六四）贖歸。十年，卒于家。

匡源（?—?）字鶴泉。山東膠州人。道光二十年（一八四〇）進士，選庶吉士，授編修，累擢吏部侍郎。咸豐八年（一八五八）入軍機。十一年夏，與肅順等八人同受顧命。渠謙退無所建白，唯附肅順。辛酉政變，遭革職，主講濟南濼陽書院以終，遺有膠州詩鈔傳世。

杜翰（?—一八六六）字繼園。濱州（今山東濱縣）人。杜受田之子。道光廿四年（一八四四）進士，選庶吉士，授檢討。咸豐三年（一八五三），因其父舊勞④，迭擢工部侍郎，入軍機。辦理京城巡防事宜。十年，英法聯軍逼京師，隨侍文宗赴熱河。次年夏、秋交，帝病危，與載垣等同受顧命。載淳嗣位，附肅順等反對兩宮太后垂簾聽政。辛酉政變，遭革職。同治五年（一八六六）卒。著有杜文正公年譜等書。

焦祐瀛（?—?）字桂樵。天津人。道光十九年（一八三九）舉人，考授內閣中書，充軍機章京。累遷光祿寺少卿。咸豐十年（一八六〇），英法聯軍陷天津，奉命赴靜海諸縣辦團練。隨駕赴熱河，遷太僕寺卿，命在軍機大臣上學習行走。次年，與肅順等同受顧命。渠尤攙事肅順，詔旨多出其手。辛酉政變，遭革職。

①允祥一支世系表：

- 允祥
  - 弘昌
  - ？
  - 弘暾
  - 弘晈
  - ？
  - 弘昑
  - 弘曉
    - 永杭（無嗣）
    - 永琅
      - 綿標—奕勳
        - 載坊（嘉慶廿四年襲怡親王、廿五年卒。）
        - 載垣（道光五年襲怡親王、咸豐十一年因罪革職賜自盡。）
        - 載坪
        - 載圻—溥綸
        - 載增—溥瑛—毓嶲
        - 載堃（無嗣）
        - 載堪—溥儀—毓秀（光緒九年卒）
      - ？
    - ？
    - ？
    - ？
    - ？
    - ？
    - 永邁（無嗣）

資料來源：清史稿卷一六四；「？」原史料闕如。

②濟爾哈朗之裔。濟爾哈朗之父舒爾哈齊，為覺昌安第三子，其兄努爾哈赤。

③同②。

④杜受田（一七八八—一八五二）道光三年（一八二三）進士，選庶吉士，授編修。十五年，直上書房，授皇子奕詝讀。累遷左都御史、工部尚書。奕詝嗣位，加太子太傅、調刑部尚書、協辦大學士，于國政及大臣進退，多有進言。太平軍起事，數陳方略，力薦林則徐、周天爵、向榮等，皆見用。咸豐三年（一八五二），黃河決口，截漕米賑濟災省，偕福州將軍怡良往治賑務。途染病，抱疾治事，卒于清江浦。贈太師、大學士，謚文正。（清史稿卷三八五）

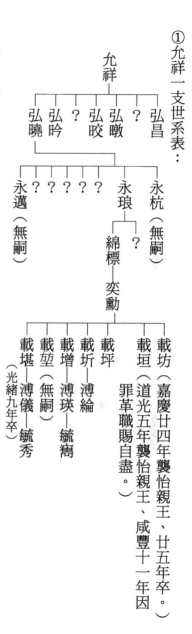

肆、臺灣—地名及古今地圖

100.09.15.脫稿

臺灣孤懸東海與南海間，東臨太平洋、西隔海峽與福建遙遙相望。基隆與福州間距離一四九海里（二七六公里），高雄、廈門間距離一六五海里（三〇六公里），南北長約三八〇公里、東西寬二〇—一五〇公里，面積三五、七七四‧六平方公里，周邊附屬島嶼（包括澎湖列島）合計近三萬六千平方公里，其中三分之二屬山地，三分之一為平地。

臺灣，其名稱屢作改變，上古或稱島夷①，秦漢稱瀛洲、東鯷②、三國時稱夷州③、隋代稱流求④、宋元時稱流求或瑠求⑤、明稱雞籠山、東番、小琉球或北港⑥等、明季始有臺員、臺灣之稱⑦。荷據初所稱臺灣（大員 Tayouen）其範圍，實僅限於一鯤身（即安平鎮）一小沙嶼，至清康熙廿二年（一六八三）後，範圍方漸擴展至臺灣府（縣）治與其轄地。明嘉靖廿三年（一五四四）葡萄牙人航經海峽，頌稱 **Ilha Formosa**。由是，西洋各國遂稱本島為 **Island of Formosa** 或逕稱 **Formosa**，近人音譯為福爾摩沙。

臺灣不僅名稱多，歷代所繪之地圖，其形狀、位置亦呈多樣。大體而言：直至晚清始逐漸精確，其間尤以西人所繪製者尤佳。茲搜集北宋至晚清中外所繪製臺灣地圖共十八幅如次：

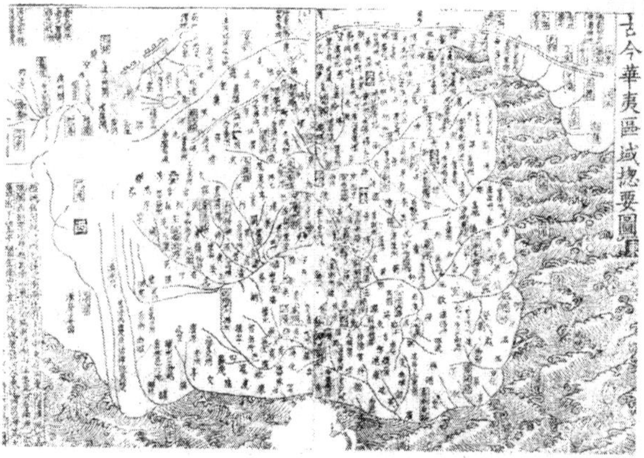

圖一、古今華夷區域總要圖（北宋元符間 1098-1100），時稱臺灣爲「流求」。

資料來源：稅安禮歷代地理指掌圖。

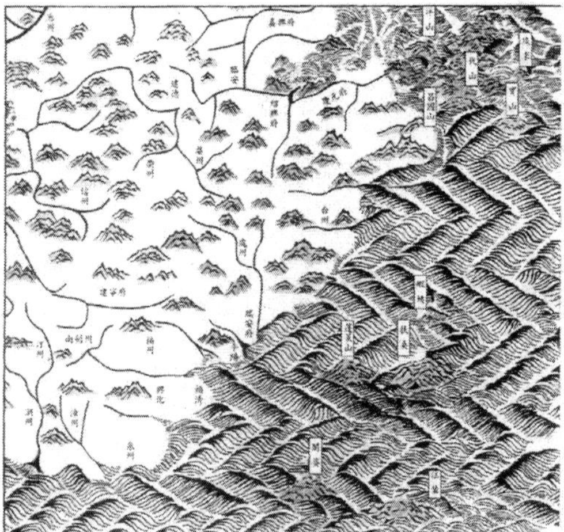

圖二、輿地圖（局部），南宋咸淳 10 年(1274)繪，臺灣改稱「琉求」，且所在位置自南往北移，竟位於今蘇、浙二省交界處之外海。

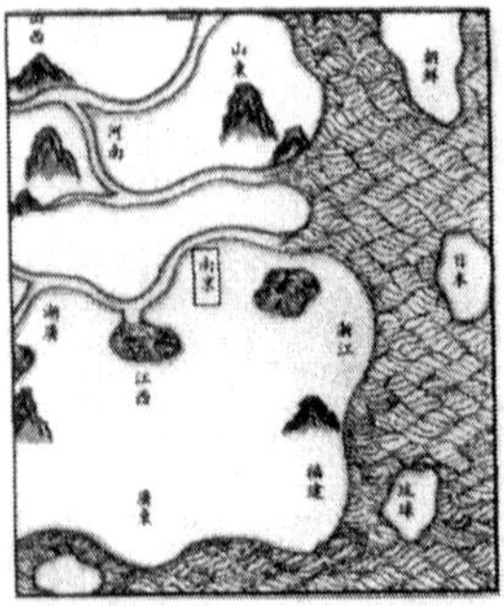

圖三、大明一統之圖（局部），琉求位於福建外海。（天順 5 年，1461）

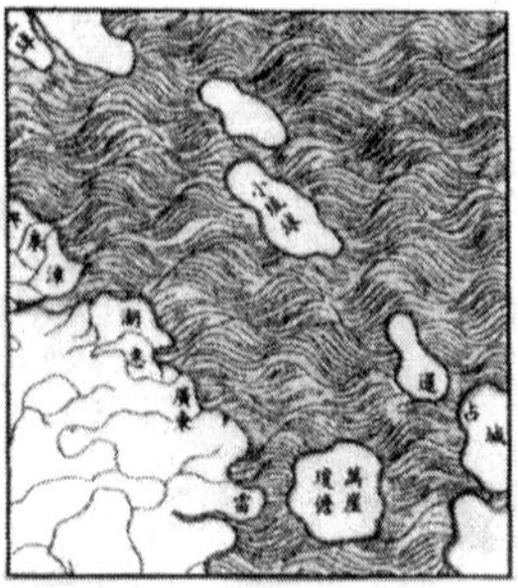

圖四、輿地全圖中之臺灣稱小琉球，此爲局部圖。（嘉靖 40 年，1561）

圖五、萬曆 33 年(1605)乾坤一統海防全圖中之臺灣（稱小琉球國），本島與澎湖列島（時澎湖作彭湖）。原圖彩繪絹本，分 10 幅拼接之。上圖係今人金炫辰據原圖繪製。

圖六、天啓 6 年(1626)輿地圖摹繪增補本中之臺灣分成小琉球、琉球二島。上圖係今人金鉉辰據絹質彩繪原圖重繪。

圖七、康熙 20 年(1681)臺灣略圖。

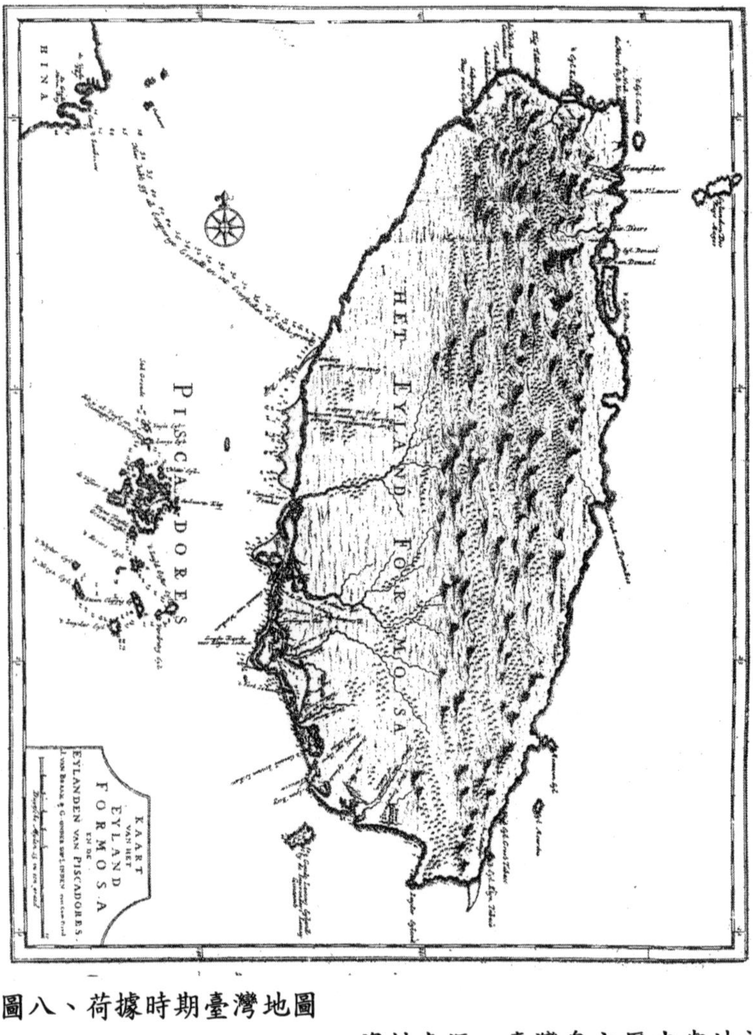

圖八、荷據時期臺灣地圖

資料來源：臺灣島之歷史與地誌

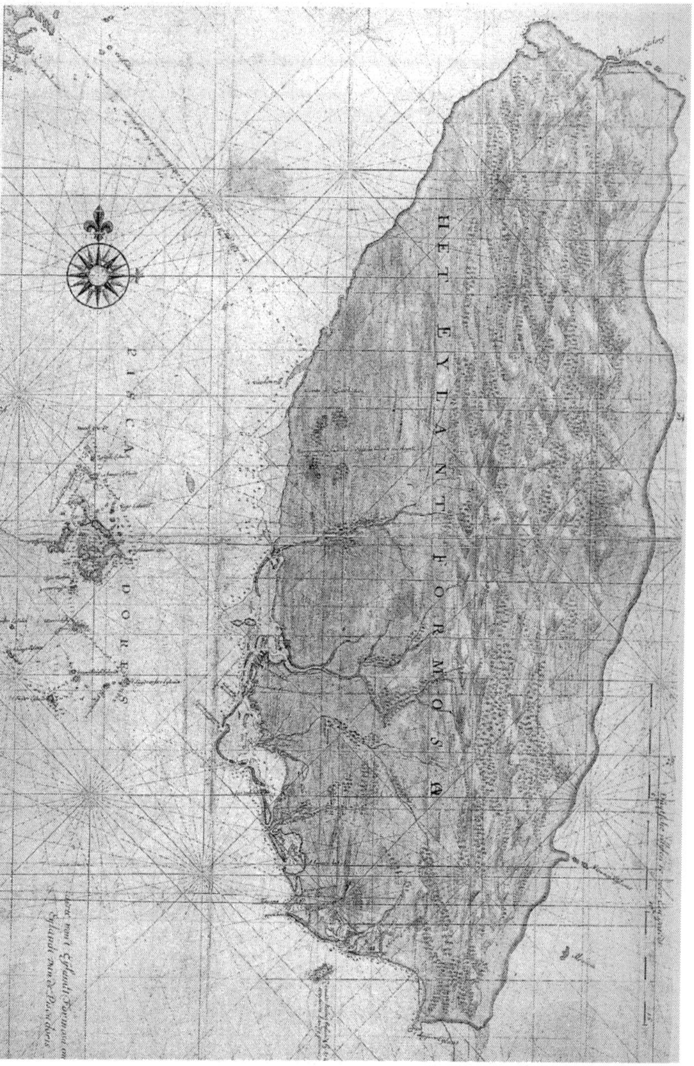

圖九、福爾摩沙島與澎湖群島的地圖。臺灣與澎湖的航海地圖，標有水深（1636 年）。出處：Vingboons-Atlas，海牙荷蘭國家檔案館地圖部門 inv. Nr. 4 VELH619，比例 1:500.000，尺寸大小 47×68cm。

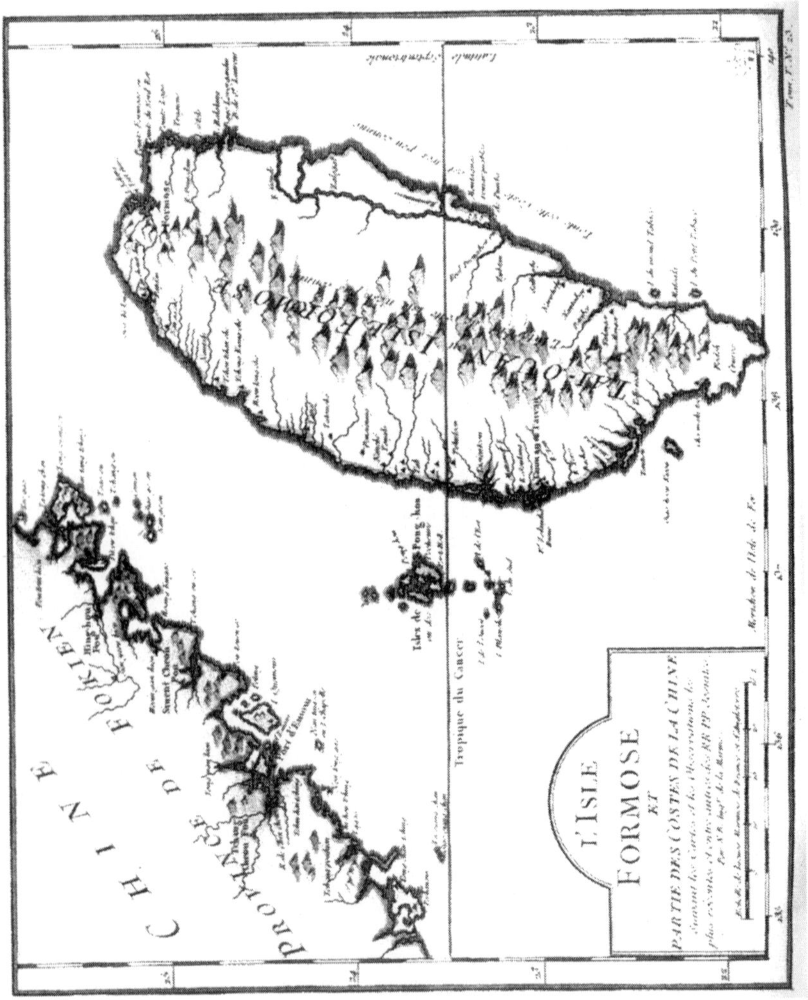

圖十、德人Nicolas Bellin L'ISLE ET PARTIE DES COSTES DE LA CHINE, 1765.

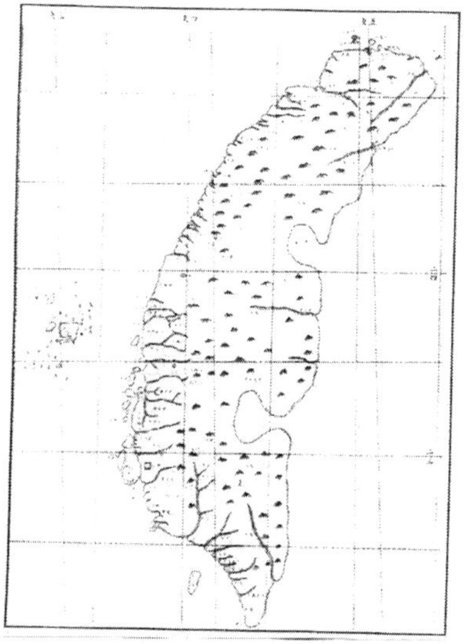

圖十一、乾隆 54 年(1789)大清一統輿圖中之臺、澎。

圖十二、嘉慶 16 年(1811)欽定大清會典圖一臺灣府圖。

圖十三、

左圖係繪製於同治 2 年(1863)皇朝中外一統輿圖中之臺灣。

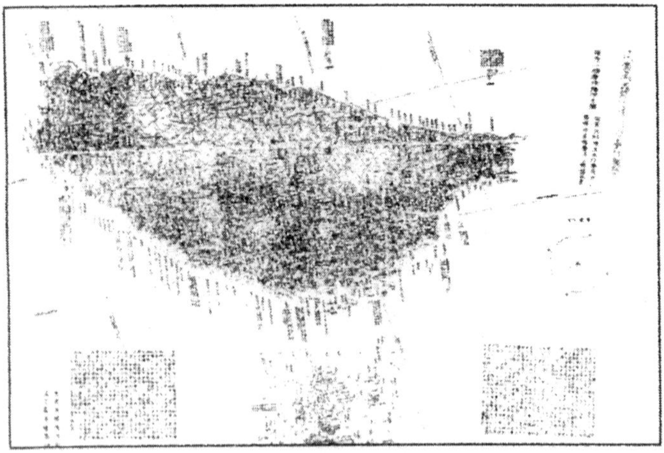

圖十四、光緒 4 年(1878)全臺前後山輿圖。

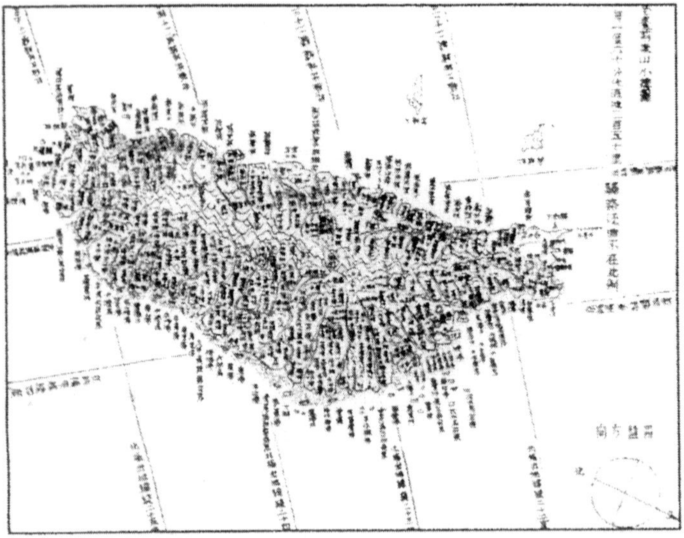

圖十五、全臺前後山小總圖，資料來源：光緒 6 年(1880)刊印臺灣輿圖並説。

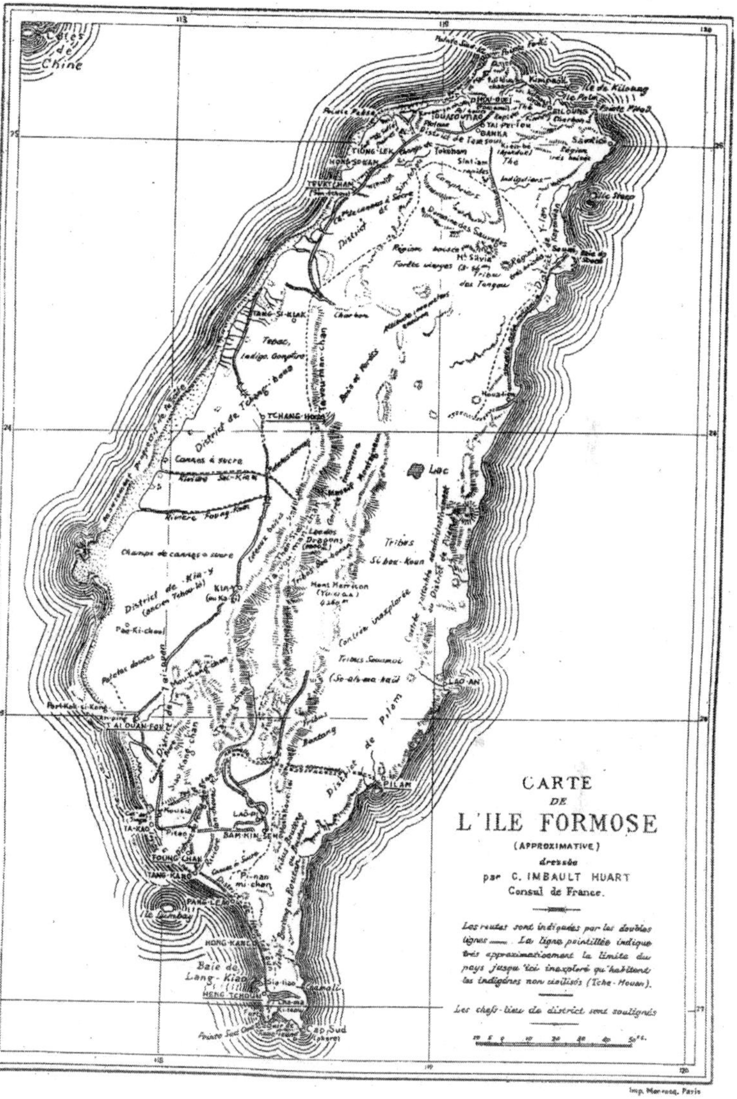

圖十六、臺灣島全圖（法人繪製）。

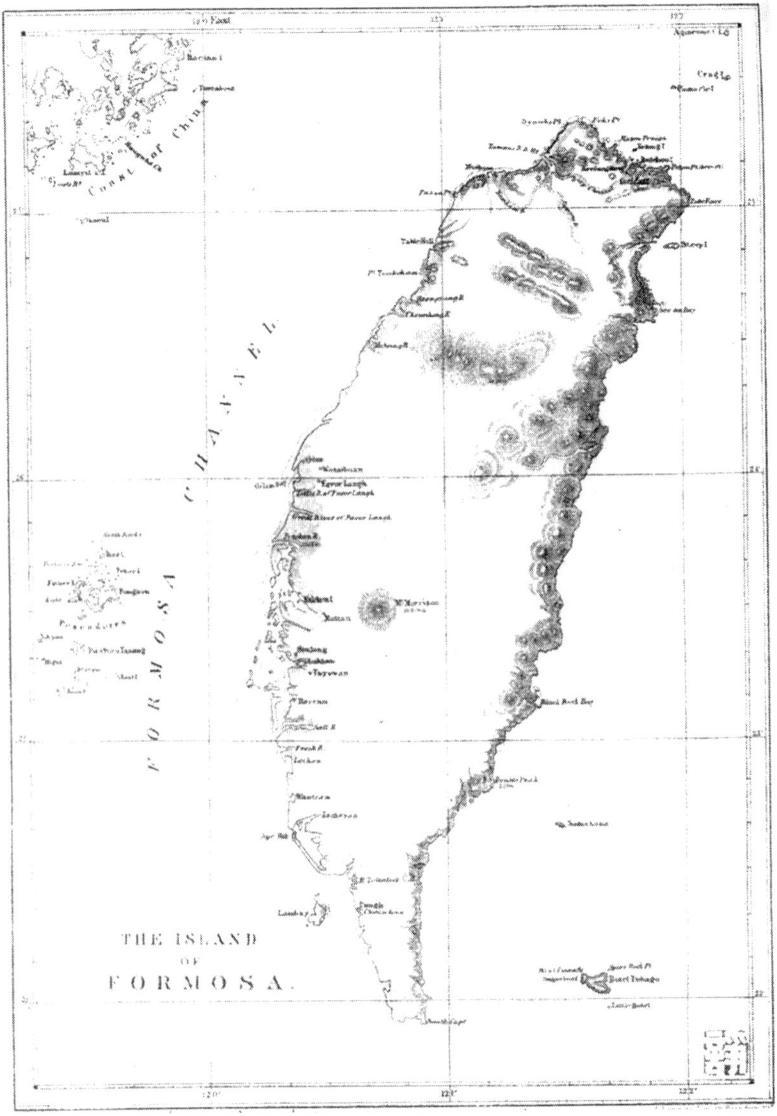

圖十七、1854 年前後，美太平洋艦隊實測圖，附於 Senator's Edition，1856.

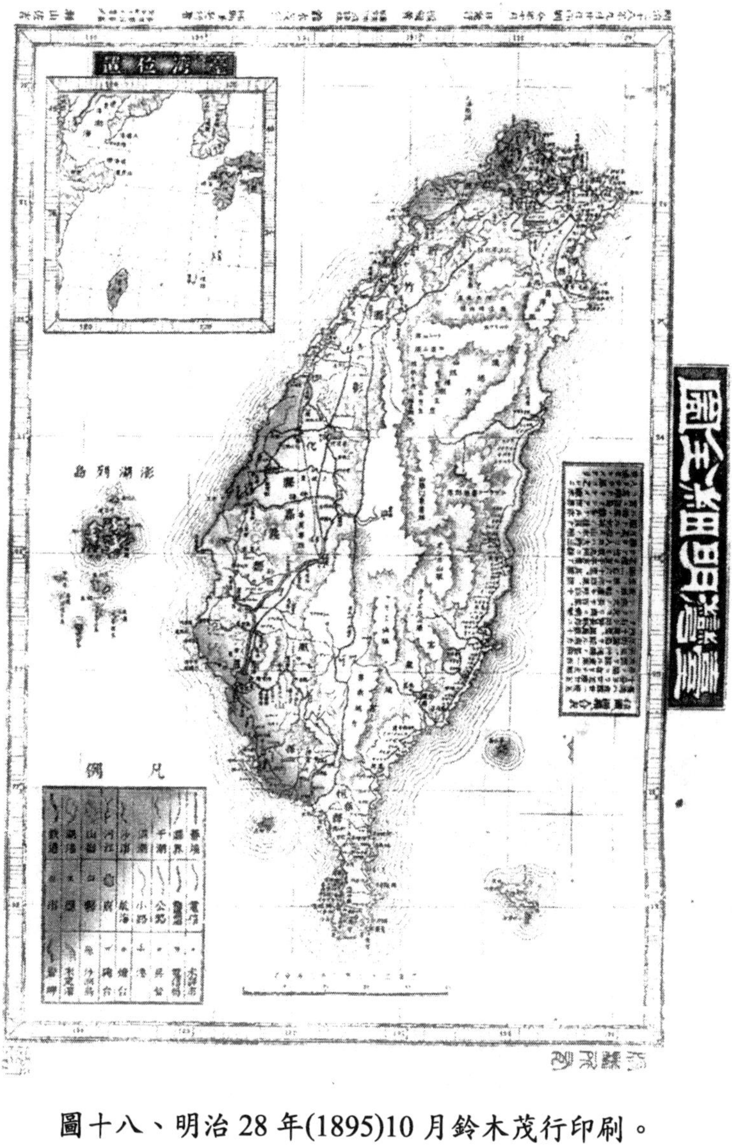

圖十八、明治 28 年(1895)10 月鈴木茂行印刷。

①書禹貢：「島夷皮服，夾右碣石入于河。」又：「島夷卉服，厥篚織貝，厥包橘柚，錫貢。」諸羅縣志：「臺灣原屬島夷。」（康熙五十六年）。日人尾崎秀真所撰臺灣四千年史宗此說，並推斷當時臺灣島夷曾貢物夏朝。考古發現：山東龍山文化於四千餘年前已傳入臺灣。當時，臺灣有大陸文化之跡，乃不爭之實。

②漢書地理志下吳地：「會稽海外有東鯷人，分為二十餘國，以歲時來獻見云。」後漢書東夷傳：「會稽海外有東鯷人，分為二十餘國。又有夷洲及澶洲。……」臺灣通史開闢記引漢書前說，謂「然則臺灣之為瀛洲、為東鯷，其說固有可信。」日人市村瓚太郎（一八六四—一九四七）支那論集—唐以前の福建と臺灣，亦宗此說，附誌之。

③三國志吳志孫權傳：「黃龍二年，春正月，遣將衛溫、諸葛直，浮海求夷州及亶州，……但得夷州數千人還。」太平御覽東夷：「夷州在臨海東南，去郡二千里，土地無雪霜，草木不死，四面是山，眾山夷所居。……」

④北史列傳第八十二流求：「流求國居海島，當建安郡東，水行五日而至。……隋大業元年，海師何蠻等，每春秋二時，天清風靜，東望依稀，似有煙霧之氣，亦不知幾千里。三年，煬帝令羽騎尉朱寬入海求訪異俗，何蠻言之，遂與蠻俱往。同到流求國，言不通，掠一人而反。明年，……帝遣武賁郎將陳稜、朝議大夫張鎮州率兵自義安浮海至高華嶼，又東行二日至鼅鼊嶼，又一日，便至流求。流求不從，稜擊走之。進至其都，焚其宮室，虜其男女數千人，載軍實而還。」列傳第八十三論：「及隋氏受命，剋平九宇，煬帝纂業，威加

八方，甘心遠夷，志求珍異。故師出流求，兵加林邑，威振殊俗，過於秦漢遠矣。」隋書東夷列傳流求國，文字與北史列傳第八十二略同（卷八一），茲從略。

⑤兩宋仍稱臺灣為流求。陸游感昔詩：「行年三十憶南遊，穩駕滄溟萬斛舟。嘗記早秋雷雨後，柁師指點說流求。」又，步出萬里橋門至江上詩：「常憶航巨海，銀山捲濤頭。一日新雨霽，微茫見流求。」自注：「在福州泛海東望，見流求國。」趙汝适諸蕃志流求國：「流求國，當泉州之東，舟行五、六日程。……」宋史外國列傳流求國：「流求國，在泉州之東，有海島曰澎湖，煙火相望。……無他奇貨，商賈不通。」蒙元時，改稱瑠求。元史外國列傳瑠求國：「瑠求，在南海之東，漳、泉、福、興四州界內。彭湖諸島與瑠求相對，亦素不通。」

⑥小琉球（陳侃使琉球錄）、小東島（鄭舜功日本一鑑）、東番、大員（陳第東番記）；雞籠、北港（張燮東西洋考）。上引各書作者均為明人。明史外國列傳雞籠：「雞籠山在彭湖嶼東北，故名北港、又名東番，去泉州甚邇。地多深山大澤，聚落星散，無君長，有十五社。社多者千人，少或五六百人。……萬曆末，紅毛番泊舟於此，因事耕鑿，設闤闠，稱臺灣焉。……其地，北自雞籠、南至浪嶠可一千餘里。東自多羅滿、西至王城可九百餘里。水道順風，自雞籠、淡水至福州港口五更可達。自臺灣港至彭湖嶼四更可達。自彭湖嶼至金門七更可達。東北至日本七十更可達。南至呂宋六十更可達。蓋海道不可以里計，舟人分一晝夜為十更，故以更計道里云。」

⑦ Formosa, fawr MOH suh, or Taiwan, ty wahn, is a mountainous island in the South China Sea, about 90 miles off the Chinese coast. The wild, forested beauty of the island led Portuguese sailors in 1590 to name it Ilha Formosa (Beautiful Island). The Chinese call it Taiwan (Terraced Bay). …… Dutch traders occupied a Formosan port from 1624 until 1661. (World Book Vol. 7. pp. 352-354, 1970)

伍、釣魚臺列嶼

釣魚臺列嶼位於東中國海（簡稱東海）東緣，緊臨琉球列島與先島諸島。東經一二三度三〇分至一二四度卅五分、北緯廿五度卅分至廿六度間。自西而東、自北而南，依序包括釣魚臺、飛瀨、沖北巖、沖南巖，北小島、南小島、黃尾嶼與赤尾嶼。原為無人列嶼，廿世紀七十年代，其陸上資源—鳥糞與海洋資源—漁場、大陸棚石油蘊藏等，先後獲得重視，遂引發領土爭議。

甲午戰爭，清廷喪師，中、日雙方於山口縣下關簽署中日講和條約（俗稱馬關條約），清廷允諾割讓臺澎。所稱臺灣係指「臺灣全島及所有附屬各島嶼」（第二條第二項），所稱澎湖列島係指「東經 119°起至 120°止及北緯 23°起至 24°之間諸島嶼。」（同條第三項）。據明治四十四年十一月臺灣總督府所刊臺灣統計要覽（第廿二頁）載：臺灣及所有附屬島嶼①，其極東（臺北廳棉花嶼東端東經 120°6'15"，極西（嘉義廳尖山堡新港庄西端、東經 120°2'16"，極南（阿緱廳至厚里七星岩南端、北緯 21°45'25"，極北（臺北廳彭佳嶼北端、北緯 25°37'53"）。按諸上述經緯度，釣魚臺列嶼並不在該範圍內，不容置疑。

綜上所述，釣魚臺列嶼並未在割讓空間內，已甚瞭然。

另查，明治廿八年五月東京製圖經緯社刊印臺灣全圖、明治四十年七月後藤七郎右衛門編輯最新臺灣詳密地圖、明治四十五年六月日本修文館刊印臺灣新地圖，包括臺灣及所屬島嶼與澎湖列島，其中並無釣魚臺列嶼。近藤崎濟之助臺灣全誌（昭和三年一月刊）所附臺灣略圖亦僅包括臺灣本島及所屬島嶼與澎湖列島，並無釣魚臺列嶼。

二戰結束後，日本為搶奪海陸資源，將釣魚臺列嶼視為彼有，定名為尖閣諸島屬沖繩縣轄，並於釣魚臺（日原稱魚釣島）上設氣象觀測站②。

就我國而言，釣魚臺列嶼屬宜蘭縣頭城鎮所轄。

①臺灣所有附屬島嶼依臺灣統計要覽（明治四十四年十一月）載：總計十四。自北至南、自東至西，依序為彭佳嶼、棉花嶼、花瓶嶼、基隆嶼、和平島（即社寮島）、通盤嶼、龜山島、龜卵島、綠島（火燒島）、蘭嶼（紅頭嶼）、小蘭嶼、高臺石、七星岩與琉球嶼（小琉球）。資料：明治四十年七月刊臺灣詳密地圖，又四十五年六月修文館刊臺灣全圖。另，澎湖列島計六十三，附誌。

②民國一〇〇年八月卅一日東森電視報導：日相將於近日赴釣魚臺視察。此行意在宣示該國擁有該島之主權。

臺灣略圖

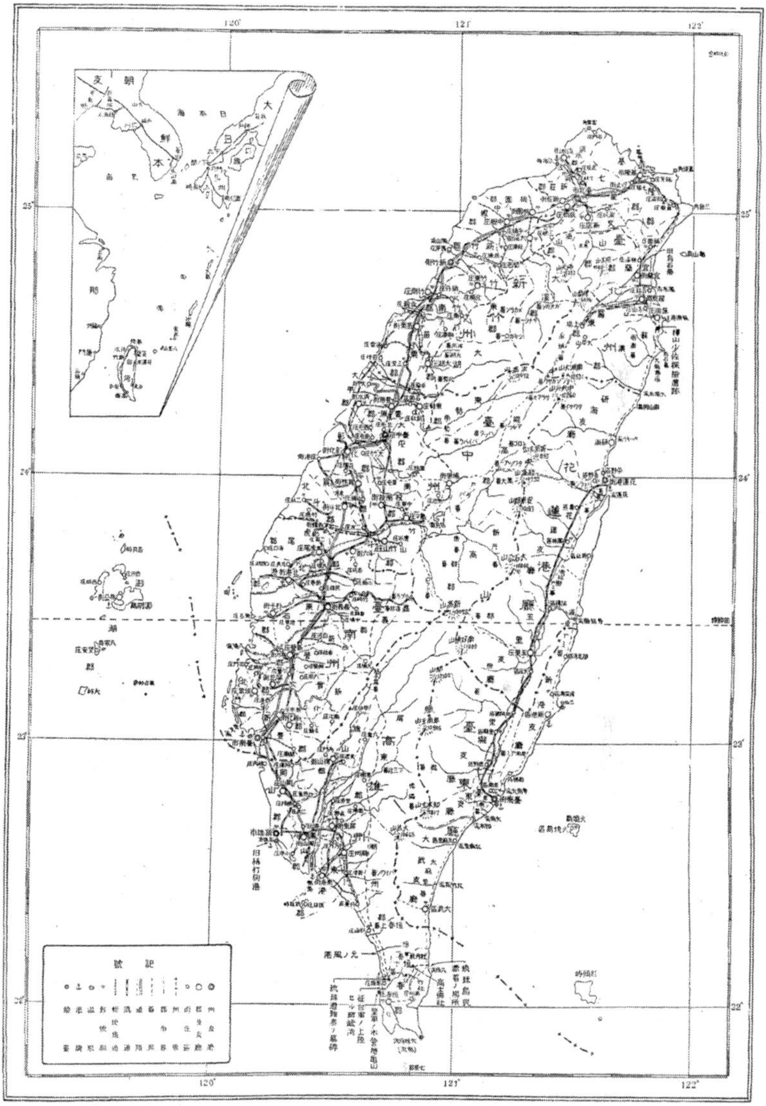

臺灣全誌附圖（昭和3年1月刊）

附誌

民國一〇一年三月三日聯合報（A4）載略以：日本政府除已將釣魚臺列嶼命名為「尖閣諸島」外，擬將黃尾嶼命名為「久場島」、赤尾嶼命名為「大正島」。

陸、臺北頂下郊拚

前清泉州府轄晉江（府治）、南安、惠安、安溪、同安、廈門、金門等縣，漳州府轄龍溪（府治）、海澄、長泰、南靖、漳浦、平和、雲霄、詔安等縣（廳）。晉江、南安、惠安三縣移民合稱三邑，組成頂郊；同安與部分安溪、漳州各縣移民組成下郊。郊屬舊時行會組織，相當輓近商業同業公會。頂、下郊為壟地、生意時起衝突，頂郊人多勢重，以德春行黃龍安（？——一八八六）為首，全面掌控淡水河大溪口、王公宮口、滬尾渡頭等三大碼頭，對立遂不能免。咸豐三年（一八五三）舊曆三月清明前，因碼頭力伕口角，引發頂、下郊同府異縣之集團械鬥，俗稱頂下郊拚。雙方戰於艋舺。頂郊勢盛，採火攻，盡焚下郊所居八甲莊，自八月廿三日，激戰至九月初七日，彼此傷亡慘重，戰火且蔓延及大浪泵（今北市大同區一帶）。下郊既敗，由林佑藻（一作右藻；？——一八七五）率領餘眾並眷屬暫棲大浪泵，十一月初七假保安宮前埕行亡靈追祀大典後，接受漳州人布商林藍田（原住基隆）之建議，再度舉眾遷移奎母卒（今大稻埕地區）重起街肆。三年左右，大稻程商務已凌駕艋舺之上，前述三大碼頭因泥沙淤積，往來兩岸間之戊克船（Junk）無從泊岸，悉以今大稻呈碼頭為停泊裝卸之口。

迄清季，今大臺北地區（包括基隆市、臺北市、新北市及桃園縣部分地區）拓墾情況列表如后：

大臺北地區拓墾情況表（明鄭迄清季）

舊堡名	今所屬市、縣、鄉、鎮、區	拓墾概況
大加蚋堡	今臺北市大部分。	康熙四十八年（一七〇九）泉州人陳賴章首先招佃墾闢，東至雷裡秀朗（今新北市中、永和區），西至八里坌干脰外（干脰，今關渡，八里坌干脰外似指今新北市五股區觀音山麓，待考），南至興直山腳（今新北市泰山區），北至大浪泵溝（今臺北市大同區）。
興直堡	今新北市新莊、三重二區及五股區部分。	康熙末，粵人自八里坌登陸闢此。雍正間（一七二三—一七三五）閩人楊道弘、林天成再來闢地。嗣以閩粵爭地，粵人悉去。
擺接堡	今新北市板橋區全部、中永和二區大部分、土城區部分。	康熙六十年，閩人賴姓墾戶①闢新埔（今屬板橋）為拓墾之始。雍、乾間②漳州人林成祖、廖富春等再來闢地，鑿大安圳以資灌溉，地乃大開。
芝蘭一堡	今臺北市士林、內湖二區全部、中山區大直。	明鄭③屯弁鄭長初闢。康熙間移民踵來。乾隆六年（一七四一）林成祖、何士蘭（皆漳州人）招佃開野，地乃盡闢。
芝蘭二堡	今臺北市北投區全部、新北市蘆洲區部分。	明鄭屯弁鄭長初闢淇里岸一帶。康熙末，賴科闢今關渡，於該地建天后宮，地遂大闢。乾隆間，關渡僧梅福拓墾蘆洲（按：原稱和尚洲）。
芝蘭三堡	今新北市淡水區、三芝區全部、又，石門區部分。	明鄭時，已闢淡水地區，乾隆中期閩、粵人來闢三芝、石門。
八里坌堡	今新北市八里、林口二區全部、泰山、五股、新莊，與桃園縣龜山、蘆竹二鄉部分地區。	明鄭時初闢八里、林口，其他地區至康熙末年，為閩、粵移民續開。道光中，閩粵械鬥，粵人不敵，悉移桃澗、中壢等地。

桃澗堡	今桃園縣桃園、八德二市、平鎮、龍潭二鄉全部、龜山、蘆竹二鄉大部分、中壢、大園、大溪三鄉鎮市局部地區。	明鄭時已闢南崁村一帶（今屬蘆竹鄉），其餘各地，康、乾間胥為閩、粵移民所拓墾。
拳山堡	今臺北市景美、文山二區、新北市坪林、深坑、石碇、新店等區全部及雙溪區南端地。	康熙末年，閩人初建林口莊（今屬景美區）。雍正七年（一七二九），粵人廖簡岳，溯新店溪而上，至梘尾（今景美區）。乾隆間，新店、深坑陸續已闢，至嘉道間已及於坪林尾（今坪林區）。咸豐間更及新店山區屈尺。光緒十一年（一八八五）開山撫番，闢臺北府城麗正門至宜蘭間道路，先住民居地隨之開拓。
海山堡	今新北市樹林、鶯歌、三峽三區與桃園縣大溪鎮、八德市大部分。	康熙末，雞籠賴科開潭底（今樹林區）為海山堡拓墾之始。乾隆間④，沿大嵙崁溪兩岸悉闢成田。嘉道間⑤，暗坑山地（今屬三峽區）亦闢。同治以後，墾地已至合吻坪、水流東等山地（今桃園縣復興鄉）。光緒十二年，開山撫番，設撫墾總區於大嵙崁（今大溪鎮），對今復興鄉山區，臨以威德，番界亦闢及之。
基隆堡	今基隆市區、新北市瑞芳區局部。	明鄭至清初，今基隆市區已闢，乾隆間及於今瑞芳區。
金包里堡	今新北市萬里、金山二區全部，石門區局部。	明鄭時已闢。雍正間，閩、粵移民大量擁入，成金包里街。乾隆間閩粵人爭地，粵人悉去。
三貂堡	今新北市貢寮區全境雙溪區北端地。	乾隆中，漳州人吳沙自雞籠（今基隆）至澳底（今屬貢寮）拓地。迄乾隆末，地已大闢。同時期頂雙溪亦由漳州人連喬、吳爾等拓墾之。
石碇堡	今新北市汐止、平溪二區全部、瑞芳區局部及基隆市八堵以南區地。	乾隆初，粵人初闢，建蜂仔峙莊（今汐止）。乾隆末，閩人至此爭地，粵人悉去。其餘地區遂陸續由閩人闢成。

艋舺街坊示意圖

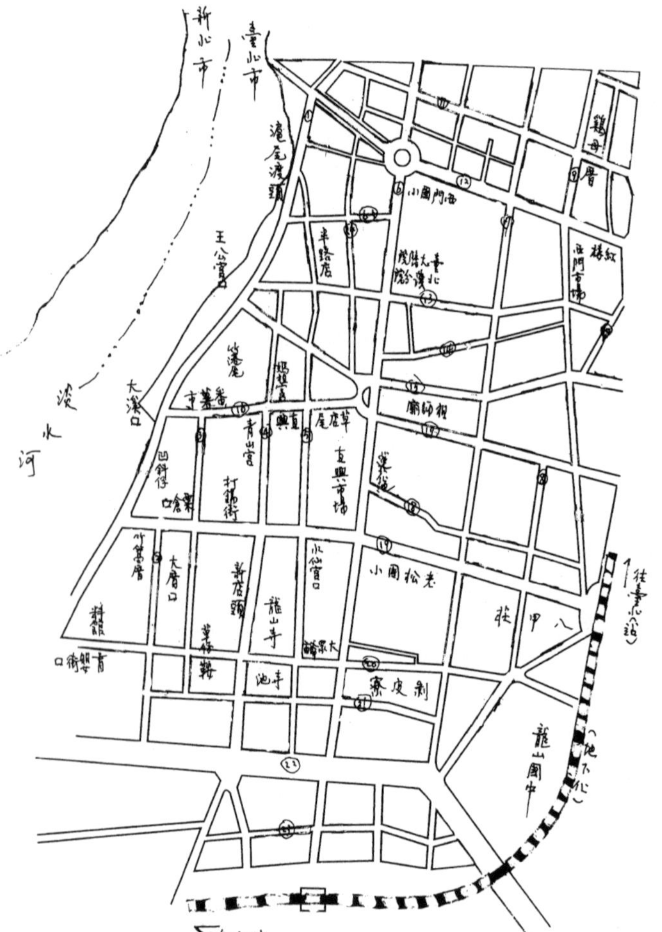

・艋舺縣丞公廨設於明道書院內（今闢建為臺大醫院兒童醫療大樓）。

·艋舺古今街道一覽

編號	今街道名稱	古街道記事
①	環河南路	日治及光復後陸續拓置。
②	梧州街	日治及光復後陸續拓置。
③	華西街	日治及光復後陸續拓置。
④	西園路	昔稱舊街。今西園陸橋段稱下石路；左側中石路已改劃。
⑤	西昌街	昔分土臺前、後街與頂興街三段。「頂興」一作「頂新」。
⑥	康定路	祖師廟前街。今和平西路三段與三水街間稱福地街。
⑥-1	康定路（50巷）	昔稱布埔街。
⑦	昆明街	日治及光復後陸續拓置。
⑧	柳州街	日治及光復後陸續拓置。
⑨	西寧南路	日治及光復後陸續拓置。
⑩	漢中街	昔稱新起街。
⑪	峨嵋街	日治及光復後陸續拓置。
⑫	成都路	日治及光復後陸續拓置。
編號	今街道名稱	古街道記事
⑬	內江街	日治及光復後陸續拓置。
⑭	隆昌街	日治及光復後陸續拓置。
⑮	長沙街（二段）	昔分新起後、橫街，近河岸段號稱帆寮口街。
⑯、⑰	貴陽街（一、二段）	歡慈市街。
⑱	永福街	日治及光復後陸續拓置。
⑲	桂林路	日治及光復後陸續拓置。
⑳	廣州街	日治及光復後陸續拓置。
㉑	三水街	日治及光復後陸續拓置。
㉒	和平西路（三段）	日治及光復後陸續拓置。
㉓	大理街	日治及光復後陸續拓置。
㉔	雅江街	昔稱後菜園街。
㉕	南寧路	昔稱萬安街。

主要資料來源：

一、臺灣通史

二、臺灣省通志稿

三、重修臺灣省通志稿

①名諱等闕如，僅存錄姓氏。

②一七二三—一七九五年。

③一六六二—一六八三年。

④一七三六—一七九五年。

⑤一七九六—一八五〇年。

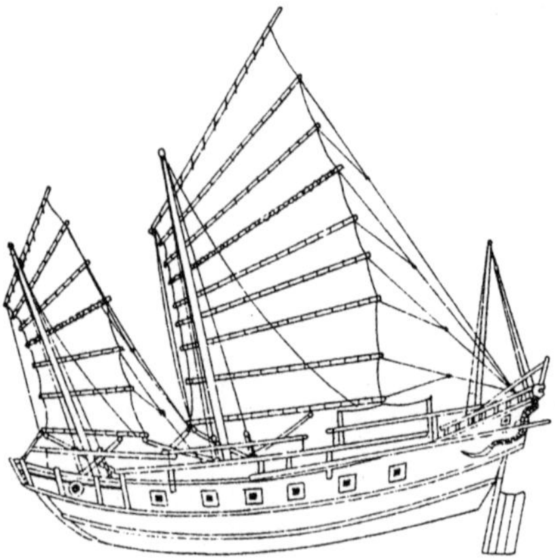

戎克船(American Ency. 1960 Vol. 17. p.337)

柒、林本源園邸沿革

100.08.26

喜慶十九年（一八一四）林平侯於署理柳州知府任內引疾辭官。廿一年返臺，舉家溯淡水河而上，覓妥大姑陷今大溪國小吉地四甲餘，營構大宅數落，外環石砌崇墉定居之。渠並收購當地原墾戶墾權為大租戶，出巨資鑿圳啟田，盡力農功，藉大漢溪（淡水河上游）水運舟楫之便，繼續米、鹽、樟腦、茶等之往販南北洋。道光三年，復大舉募工拓墾今新北市境未闢荒野，遠及噶瑪蘭（今宜蘭縣）。時。平侯主動斥資闢建淡蘭孔道（今北部濱海公路三貂嶺路段）。由是，新墾農地逾千八百餘甲。終平侯之世，林家擁貲已達數十萬兩、歲入租穀逾四十餘萬石。為子弟、員工收租、運販等之便，先於桃仔園草店尾（今桃園市中正路、民族路間中山路路段）設租館兼營客棧，計連幢土牆瓦頂平房約近廿幢。

嘉慶、道光間，臺北盆地之拓墾多屬泉州府各縣移民，人多勢眾。漳州籍墾戶多散居今板橋、土城、中（永）和、士林與內湖等環盆地邊緣，人寡勢孤。漳、泉間墾地、利權之爭不斷，雙方械鬥不能免。其中，板橋、士林眾墾戶尤引領亟盼大姑陷林家遷居板橋以領導漳州府各縣同鄉與泉州移民一爭雌雄。而，大姑陷緊臨角板山，地多瘴氣。先住民泰雅族又夙性凶暴，不時出草，漢族墾戶安全堪虞。為收租理財、居家安寧計，林家遂醞釀北徙擺接社。

今新北市板橋區，昔為平埔族擺接社。道光廿四年（一八四四），林家擇定今板橋府中路、公館路、林園街與西門之間平整高亢、無水患之虞，面積約十甲餘旱地，以巨資購置之。同年，平侯無疾而終，辭世大姑陷宅第。營構新居之舉遂寢。廿七年（一八四七）租館弼益館始告竣工，前後皆設涼亭，占地約一五〇坪。旋，賡續籌建三落大厝，咸豐三年（一八五三）大厝落成，林國華昆仲舉家徙居板橋，人稱板橋林家，源於此。平侯有子五：依序為國仁（早殤）、國棟（螟蛉）、國華（王氏出）、國英（螟蛉）與國芳（黃氏出）①。渠生前嘗析產為五，並各命家號曰飲記、水記、本記、思記與源記。國華（本記）、國芳（源記）華鄂相輝、合作無間，二記同居合爨，並未獨立門戶，對外向以「林本源」名義行之。光復後，正式成立財團法人林本源祭祀公業。

繼三落大厝落成後，國華昆仲於大厝後院興建汲古書屋與方鑑齋為藏書、吟咏之所。屋、齋間，築山屏隔之。修築園林或始於國華昆仲；國華冢子維讓為勵倡文風以祛武鬥，先於同治二年（一八六三）擇今園邸西側建文昌祠，並設大觀書社，大觀取自漳州移民多卜居「大」屯山山麓周遭，泉州移民則多聚居於「觀」音山麓，合「大」、「觀」為一詞，意謂漳、泉本一家何分彼此也。書社供漳、泉之士每月聚會，吟詩作詞，以文會友，平日亦延宿儒講解諸經、公開授徒，其經費悉由林家支應，期漳泉二府之人，往來無猜、和睦相處。光緒十四年（一八八八）繼五落大厝（俗稱新大厝，正門懸光祿第匾一方）竣事，國華次子維源仰體先人夙願，參酌蘇州名園之例，投以巨金，鳩工庀材，進行全面修葺，將陸續已竣工之宅邸、屋、齋與預定施工之樓、閣、簃、堂、水榭、池塘②等整合，卒成一有體系、具規模之園林，光緒十九年（一八九三）竣工，總經費高達五十萬兩銀，為當年臺北府城（光緒八年竣工，疊石為之，周長千五百零六丈、五門）營造經費之二・五倍。其規模、格局為前清臺灣五大園林之首③昔人恒以林家花園稱之。

民國卅九年，中央遷臺，隨政府東渡之部分新移民，紛紛占住該園，以為棲息之所，花園遂告面目全非，髒亂不堪，無從整頓④。林家無奈，官方束手無策。民國七十年前後，林伯壽先生出面以林本源祭祀公業之名義，慨然將花園無償撥交臺北縣政府並先後捐助新臺幣一千餘萬元助修；三落大厝部分仍屬私產，由林家斥資全面整修，二者統稱林本源邸，開放供民眾參觀。目前，現存園邸面積約六、〇五四坪⑤。餘詳附圖十九幀及圖說。

①林平侯妻妾共三人，正室王氏生國華，簉室程氏無所出，先後領養國棟、國英二子；側室黃氏生國芳。

②參考圖一—圖十。

③

園名	起建者	起建時間	現址	備注
紫春園	吳尚新	道光十年（一八三〇）	臺南市磚橋頭（今臺南社教館後）	明鄭何斌舊園改建。
潛園	林占梅	道光二十九年（一八四九）	新竹市潛園里大部。	日治時代新竹市街道改正廢園。
北郭園	鄭用錫	咸豐元年（一八五一）	新竹市北門街鄭氏進士第對面	咸豐五年竣工，現已廢園。
林本源園林	林維源	光緒十四—十九年（一八八八—一八九三）	板橋府中路、公館路林園街之間。	經核定為國定古蹟。
萊園	林文欽	光緒季年	臺中市霧峰區萊園里。	

右表係依起建時間之先後排列之。查全臺園林，目前尚有遺跡可尋者，如：一元子園、北館、斗六吳宅庭園等多處。

④鎮公所（縣政府？）竟以「留侯」為里名，既耐人尋味，亦荒誕不經。

⑤二甲餘。約為原面積三分之一許。弼益館、五落大厝（舊大厝）已於七十年前拆除，或闢為街巷或改建大樓。

附錄　林本源園邸小記

本源，板橋林氏之家號也。林氏祖應寅，乾隆時自漳州來臺。居新莊，授塾為業。二傳平侯，精貨殖，由富而貴，年四十，至柳州知府。晚，致仕家居，避械鬪，移居大嵙崁，鑿圳開野，富甲北臺。有子五人，國華國芳最良，撫番募佃，遂冠全島。然宅近野番，時見裸體入浴，心厭之，乃決計遷址板橋。道光二十五年，卜該村西北高地建弼益館，是為林氏治第板橋之始。咸豐初，繼於館東建舊大厝，館後建五落大厝，飛簷畫棟，佔地四甲有奇，遂舉族以居。國華死，子維讓維源，財富鼎盛，闢園亭於舊大厝之東。以南畫名家謝琯樵為設計，漢學宿望呂西村為題識，鳩工於光緒十四年，越五載而成，佔地二甲，共用銀五十萬兩。其時，臺北城適竣工，僅用銀二十萬兩，該役竟超出城費一倍有奇，其工程之浩大，可以概知。

園邸東南向，由五落大厝入，當街表門三楹，高踰丈，入門五十步至大廳，華宇龐然，上懸光祿第匾額一，蓋園邸之正門也。內院共五進，故曰五落，皆林氏內眷居住。堂內雕繪精緻，悉仿江南舊式。由光祿第東向而北，有白花廳，廳前後為二，中設舞臺，為昔日應酬泛泛之所。由此而北，通長廊至花園。入園，循廊東向，數武，至汲古書屋，相傳曾藏宋元善本萬卷，果不侈言，誠當時大觀也。屋東為方鑑齋，大可百餘坪，深庭為池，當門起榭，清歌夜舞，傳有倒影之樂。再北十餘步，為來青閣，胥有迴廊可通，閣二層，憑檻遠眺，沿淡山色，盡入眼底，故以為名。舊日酬宴貴賓，率設觴於此，故其工程，亦為全園之最。閣前有小亭，曰：開軒一笑。閣右有陸橋，曰：橫虹臥月。匠心精製，頗有「廊腰縵迴」、「複道行空」之感。再北，廊分為二，東出香玉簃、月波水榭，西出觀稼樓，俱至定靜堂。今觀稼樓已圮十餘年。香玉簃，月波水榭亦漸就傾頹。惟定靜堂尚全，然剝蝕似非舊觀。

堂西有大池，岸疊崇山，相傳係仿漳州山水而作。隙處綴以亭、臺、隝、榭、襯以曲徑石梯，皆雅近畫意。池西有門，通舊大厝，大厝院共三進，雕斵勝於五落。厝西數十步即弼益館，傾廢已不可居。

今林氏園邸，除二大厝尚略保舊觀外，其他皆不復往昔。事僅數十年，共滄桑變化，有如此者。

榮按：本文原載臺北縣文獻叢輯第一冊頁六、民四二・〇九刊。未署作者姓名，依該文行氣研判或係盛清沂先生所撰，誌以待考。

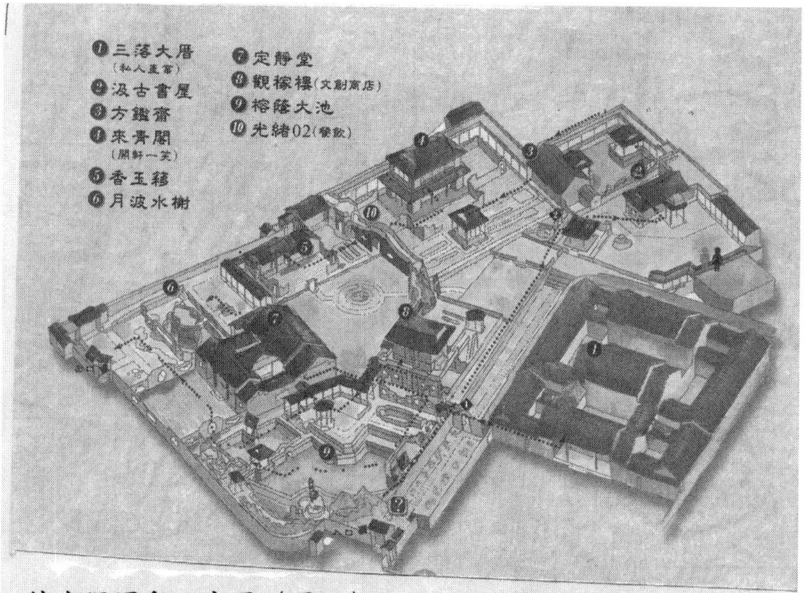

林本源園邸示意圖（圖一）

汲古書屋

進入園中第一景即為「汲古書屋」。早在咸豐年間，林國華與林國芳兄弟即建造汲古書屋於三落大厝之後院。汲古書屋為藏書之所，屋前有四柱軒亭及土臺，屋後隔著一座屏山與方鑑齋為鄰。古時藏書之屋與水為鄰，具防火災之作用。

（圖二）

方鑑齋

方鑑齋為昔日讀書之所，平時亦是騷人墨客吟詠唱和之處。前有一方形水池，水面如鏡，故稱為「方鑑」。池之四邊各有建築，包括戲亭、看臺、遊廊以及假山小橋，依遊廊前行可至來青閣。廊牆上刻有名人書法，惜年久剝落，可辨者很有限。

（圖三）

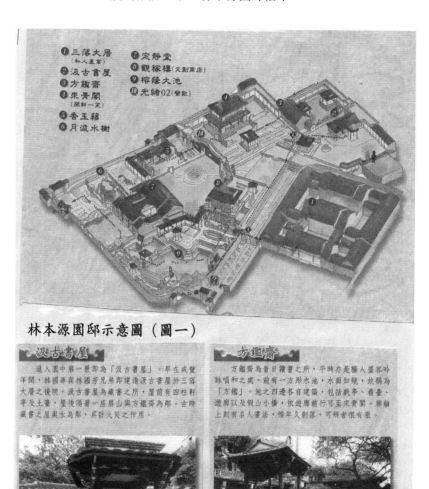

來青閣

來青閣為全園最高、最華麗的建築，朝向三落大厝，閣前有戲亭，額題曰「開軒一笑」。來青閣結構精巧，為二層閣，昔日為貴賓下榻之所。登樓四望，青山綠野盡入眼底，故名。一樓為磚木混合造，二樓全為楠木、檜木及樟木造，雕樑畫棟、簷牙高琢，華麗非凡。來青閣兩側庭院圍以雲牆，高低起伏，闢漏窗於牆上，又置石雕花椅，盆景點綴其間，至為幽雅。

（圖四）

香玉簃
香玉簃是園中觀賞奇花異卉的地方，左右有迴廊銜接，前有花圃，為林本源園林中較為開闊之地。

（圖五）

月波水榭
月波水榭係座落於水池中之方勝形建築，有橋可通，其旁岸邊有一假山，山有洞題曰「拾級」，拾級而上迴旋石階可登屋頂平臺。

（圖六）

榕蔭大池

榕蔭大池有巨榕垂蔭，故稱為「榕蔭大池」，池中有小島，以拱形石橋連接之。島上有方亭，昔時題額曰「雲錦淙」，意為匯聚之水面。池北分佈著開屏成列之假山群，並置釣臺、方亭、疊形亭及敬字亭點綴其間。假山層次分明，所謂「橫看成嶺側成峰」，據說係仿漳州故里塑成。假山中有山徑可登高，峰迴路轉；山邊仿溝壑深澗及山洞，並有拱橋跨越其間，富奇巧之趣。

（圖七）

觀稼樓

觀稼樓為樓閣建築，形體小於來青閣，故被稱為小樓。以登樓可以遠眺附近農田莊稼，盡收阡陌相連之景而得名，另一涵義為體恤農忙之苦。樓前有書卷雲牆及一對八角門洞，樓後有軒亭，左右各有小院，頗為精緻。值得注意的是觀稼樓為平頂，亦稱為盝頂，四邊只有短淺的出簷，若從榕蔭大池對岸視之，有倒影之美。

（圖八）

定靜堂正面

（圖九）

（圖十）

定靜堂

定靜堂為園中佔面積最大的四合院建築，取自《大學篇》「定而後能靜」而命名，昔日為林家招待賓客舉行盛大宴會之所。內部多不隔間，全為開敞式廊廳。中庭設穿心廊，空間高敞，具氣宇軒昂之勢。堂前有庭院，左右屏以花窗，鬭蝴蝶及蝙蝠漏窗共四幅，諧音為賜福。並有月門左右遙遙對應，具別有洞天之意境！

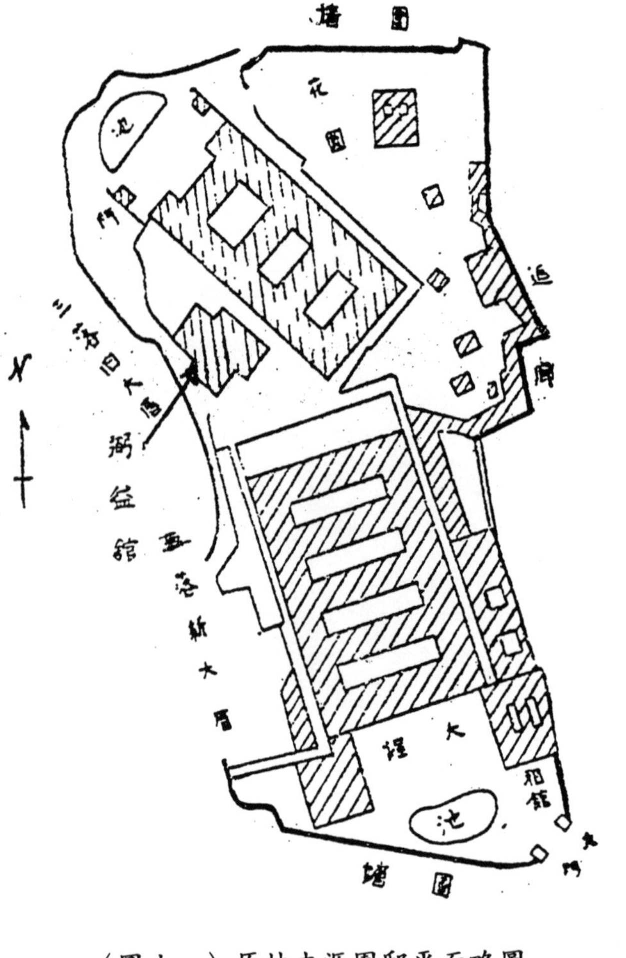

（圖十一）原林本源園邸平面略圖

（圖十二）弼益館（已拆除）

（圖十三）舊大厝（三落大厝）正面

（圖十四）白花廳正門（已拆除）

（圖十五）白花廳川堂（已拆除）

（圖十六）白花廳花廳（已拆除）

（圖十七）白花廳戲臺（已拆除）

（圖十八）光祿第前門（已拆除）

（圖十九）光祿第正門（已拆除）

捌、四書院[1]

四書院，昔人恒稱曰四大書院。

北宋初，各地所設書院甚多，其中以江西星子白鹿洞書院、湖南善化嶽麓書院、河南商丘應天府書院（一稱睢陽書院）、河南登封嵩陽書院最著盛名，合稱四書院。南宋王應麟（一二二三—一二九六）玉海宮室宋朝四書院：「國初，斯民新脫五季[2]鋒鏑之阨[3]，學者尚寡，海內向平，文風日起，儒老往往依山林即閒曠以講授，大率多至數十百人，嵩陽、嶽麓、睢陽及白鹿洞為尤著天下，所謂四書院者也。」元吳澄（一二四九—一三三七）重建嶽麓書院記：「天下四大書院二在北、二在南。在北者，嵩陽、睢陽也。在南者，嶽麓、白鹿洞也。」一說：白鹿洞、石鼓（位湖南衡陽）、應天府與嶽麓（文獻通考學校七）。

・白鹿洞書院

玉海宮室院白鹿洞書院：「唐李渤與兄涉俱隱白鹿洞，後為江州刺史，即洞創臺榭。南唐昇元中，因洞建學館，置田以給書生，學者大集，以李善道為洞主，掌教授，當時謂之白鹿國庠[4]。宋史朱熹傳：『熹除知南康軍，再辭不許，至郡詣學，引進士子，與之講論，訪白鹿洞遺址，奏復其舊，為規俾守之。』」廬山通志：「五老峰下為白鹿洞書院。洞志云：『白鹿洞者，唐李渤讀書處也。初，貞元中，渤與兄涉俱隱廬山，而渤養一白鹿甚馴，行常以之自隨，人因稱為白鹿先生，而謂其所居曰白鹿洞。寶曆中，渤為江州刺史，即所隱地創臺榭，以張其事，而白鹿洞遂盛聞於人矣。其後，唐末兵亂，郡學校廢壞，高雅之士往往讀書講藝其中。南唐昇元中，始建為學，置田聚徒，以國子監九經李善道為洞主，名曰廬山國學，四方之士，受業而歸，出為世用，名績彰顯甚眾矣。宋初，因置為書院，益拓而大之。與睢陽、石鼓、嶽麓三書院並名於天下。當時學徒常數十百人云云。歲壬午，始置南康軍並學，而洞乃屬南康。咸平壬寅，猶詔有司修繕，然自有南康學而洞事浸浸墜矣。祥符初，直史館孫冕以年老乞致仕，願得白鹿洞故址歸老，詔許之。歸未至洞而卒。祥符中冕子比部郎中琛即洞旁築室十數楹，榜曰：『白鹿洞書堂』，俾子弟講習，四方有來學者輒館食之，以此著聞於時。當塗郭祥正為記勒石，其後兵亂室焚，記石徙天慶觀。其後，天慶觀亦焚，記石遂燬不存。淳熙己亥，朱晦翁來守南康。甫至，即檄教授楊大法、司戶毛某看詳。既又躬至鹿洞周覽之，悉得其可修舉狀，因俱上尚書省言：鹿洞乃昔賢嘉遁之地，先朝嘗即以養士，德意甚厚，而一廢遂不復振。為吏者不得不任其責，且所建立僅小屋十數楹，纔足不泯沒，計亦不至勞費，請檢會，云云。其後又具疏，請依嶽麓書院例，賜白鹿洞書院額，并給賜高宗御書石經及九經疏、論語、孟子等書，皆格不行。當是時，朝野訩訩，傳以為怪。其後晦翁遷浙東提舉。入奏，對延和殿具言白鹿洞書院，太宗、真宗造士之意甚深，非下吏淺識所可窺測云云。夫無御額賜書，為流俗所輕；廢壞無日，非陛下所以丕揚前烈、嘉惠斯文之盛心也，臣謹昧死請。於是孝宗始允可之。元末兵廢。明正統中，南康守翟溥福乃始得其遺址於榛莽中而振起之，書院由是復興。其後御史陳銓、提學僉事李齡、副事蘇葵、邵寶、蔡清、李夢陽，知府劉定昌、袁懋貞、王養正、徐士儀相繼修，於是書院常新。書院有禮聖殿、明倫堂、宗儒祠、先賢祠、忠節祠、文會堂、朋來亭、白鹿洞鑿石、先賢書院。白鹿勝洞在洞側，洞上有思賢臺。又，白鹿洞天四大字何遷書、諸劃甚富，不繁錄。」明王士性（？—？，生卒年等待考）廣志繹江南諸省：「白鹿洞書院在五老峰下，始自南唐，以李善道為洞主，建學置田，以給諸生，至宋而大盛，與嵩陽、石鼓、嶽麓為四大書院。蓋是晦翁過化之處，巖壁間遺手澤。」書院歷經九興九廢，全盛時亭臺樓閣逾三百六十幢，規模宏大，至民初幾已全毀。廿世紀四十年代修東西碑廊於院內，集宋、明、清石碑一四五方於廊內，其中，紫霞真人所書白鹿洞歌與朱子教條皆為現存珍品。院內今尚存明代所立武朝門石坊與白鹿洞內石鹿。上世紀七十年代末，復陸續整修禮聖門（殿）、明倫堂、思賢臺、御書閣、狀元橋、廂房等建物。鹿眠處、枕流橋為書院附近之名勝景點。

附錄 白鹿洞書院揭示⑤

父子有親、君臣有義、夫婦有別、長幼有序、朋友有信。

右五教之目，堯、舜使契為司徒，敬敷五教，即此是也。學者學此而已，而其所以為之之序，亦有五焉，其別如左：

博學之、審問之、慎思之、明辨之、篤行之。

右為學之序。學問思辨四者，所以窮理也。若夫篤行之事，則自修以至於處事接物，亦各有其要，其別如左：

言忠信、行篤敬，懲忿窒慾、遷善改過。

右修身之要。

正其誼不謀其利，明其道不計其功。

右處事之要。

己所不欲，勿施于人。行有不得，反求諸己。

右接物之要。

熹竊觀古昔聖賢所以教人為學之意，莫非使之講明義理，以修其身，然後推己及人。非徒欲其務記覽為詞章，以釣聲名取利祿而已也；今人之為學者則既反是矣。然聖賢所以教人之法，具存於經。有志之士、固當熟讀深思而問辨之。苟知其理之當然，而責其身以必然，則夫規矩禁防之具，豈待他人設之，而後有所持循哉？近世於學有規，其待學者為已淺矣。而其為法，又未必古人之意也。故今不復以施於此堂而特取，凡聖賢所以教人為學之大端，修列如右而揭之楣間。諸君其相與講明遵守，而責之於身焉，則夫思慮云為之際，其所以戒謹而恐懼者，必有嚴於彼者矣。其有不然，而或出於此言之所棄，則彼所謂規者必將取之，固不得而略也。諸君其亦念之哉！

‧嶽麓書院

故址在湖南省善化縣（今屬長沙市）西嶽麓山抱黃洞下。嶽麓舊志：「嶽麓負衡襟湘。至宋開寶⑥，郡守刱建書院⑦，以待四方學者，教化於是大行。咸平中⑧，山長周式，真宗召見授國子主簿，詔使歸院主教，賜嶽麓書院之額⑨，于是書院之盛，遂甲于天下。南渡，以兵火廢。乾道改元，湖南安撫劉珙⑩復創新院，延請張南軒⑪主教事。紹熙五年⑫，晦菴安撫湖南，興學嶽麓，更建書院于爽塏⑬之地，學者雲集，至千餘人⑭。時有諺云：『道林三百眾，書院一千徒。』」榮按：乾道初興復，淳熙末年又再度廢置。故亦歷經多次興廢。明、清兩朝曾數度修復，期維持舊觀。

‧應天府書院

一稱應天書院，又稱睢陽書院⑮。故址在今河南省商丘縣。北宋真宗大中祥符二年（一〇〇九）應天府富紳曹誠捐資，擇五代末儒士戚同文舊居旁興建學舍一百五十餘間，聚書千餘卷，廣招生徒，講習甚盛。朝廷敕頒御書「應天府書院」匾額一方，命戚同文之孫戚舜賓主持，以應天府幕職官提舉，訂學規，凡講課、考試、勸督、賞罰，皆為立法；休假、探親時間亦皆有規定，曲盡人情，士子皆願入學。景祐元年（一〇三四），改為應天府學；范仲淹曾講學于此。（文獻通考學校七）。歸德府志：「府儒學在府治東，即宋應天書院。大中祥符中，建為南京[16]國子監云云。應天書院在城北西隅，宋有敕賜碑在舊城內，今廢。」

·嵩陽書院

故址在河南省登封縣太室山[17]南麓與嵩陽寺為鄰。創建于五代後周，時稱太乙書院。北宋至道元年（九九五）七月，御賜「太室書院」匾額一方，遂改名。大中祥符三年（一〇一〇）朝廷賜九經。仁宗景祐二年（一〇三五）敕重修。九月，置學官、給田供膳食，詔令改名，重頒院額曰「嵩陽書院」。金兵南侵，書院荒廢。（文獻通考學校七）。玉海宮室院嵩陽書院：「至道一年七月甲辰，賜院額及印本九經書疏。（大中）祥符三年四月癸亥，賜太室書院九經。景祐二年九月十五日己丑，西京重修太室嵩陽書院詔以嵩陽書院為額……」榮按：嵩陽書院三度更名，宋室南渡後已荒廢，至晚明更僅存其址，清康熙十三年（一六七四）於原址重建之。

·石鼓書院

原址在今湖南省衡陽北石鼓山，宋屬荊湖南路衡州。唐元和間李寬建屋山巔，讀書其中。北宋至道間李士真就遺址重建，御賜「石鼓書院」匾額一方，景祐三年（一〇三六）州縣學興，書院遂告荒廢。南宋淳熙十二年（一一八五），潭州守潘畤因舊址重建，禮聘名士戴溪為山長，招考士子，並置田二千二百餘畝，歲收米約二百餘斛，以為書院歲出憑藉，至晚宋猶未廢。（文獻通考學校七）。榮按：王應麟玉海錄宋四書院，有嵩陽而無石鼓。而前揭書則將石鼓列為宋興之初，天下四書院之一。

重修白鹿書院記　葛寅亮

廬山之陽爲星渚其陰爲江州相去不三舍余於江州改創匡山陽明書院每坐書院支頤對五老峰則憶白鹿洞在其下紫陽故躅昕夕睇盼間爲栩栩神往者久之以公事入省會輙紆道踰吳章直趨五老峰前小憩白鹿洞見其巖壑幽邃林木翳然眞名教一樂地也摳衣升講堂謁先師規制與黌宮無異益使人肅容起敬問當年白鹿何似一生指盦中石鹿

以對余不覺失笑已導余捫蘿歷澗西流一石壁紫陽手書鹿眠處三字庶幾近之然恐亦是鏡中像以白鹿尋白鹿猶之以紫陽覓紫陽已又導余遍讀屏間所鐫喩義章心性圖古本大學彷彿登羣玉峰頭片片瑤琳無非至寶四壁長歌短詠亦自琅玕滿眼不必辨其是唐是宋也獨其殿楹學舍皆頹然就圮周遭危垣敗桷且岌岌不支矣諸文學以爲請余[illegible]諾隨約郡守程君掌刑事劉丞商度資値該幾何役書甚具則詣發鍰金之在南康者又給費君詣[illegible]資佐之剏爲山南了此公案亦一快事也冬十一月余適至自饒而復止洞中一日夜因與劉丞偕星子王令次第遊觀中左爲講堂中右爲禮聖殿又左爲宗儒堂右爲文會堂今更題講堂爲講修堂左右廊廡號舍盡拓而新之大門西出文會橋與坊塞上流徑撤去改門從講修堂出走下流古枕流橋一生前曰此舊制也余又不覺失笑古人乃先獲我心乎各堂前逼先賢祠號舍又石屏橫障林木蓊蔚未易習西山來奕氣乃爲伐其條枚遷先賢祠于左外之東

隅又遷忠節祠于右外之西隅與相配兩石屏盡拓而前闢竅邃谷病其蓄極不妨以空明張竅奇也門外溪流建瓴直瀉爲跨峽口築二石級四時涓涓深碧可鑑不令見石骨崚嶒石坊移豎廻流山則大鑄名教樂地爲洞門深鎖處講修堂後爲雲章閣會[illegible]書其中又陟而上曰翰藻亭前跨澗而峙曰[illegible]亭澗東曰獨對亭曰聞泉亭澗西曰釣臺亭曰朋來亭各稍有更置加以點綴微見本色又別置亭鹿眠處毀前石鹿標此鹿眠猶不失爲元公愛蓮池也經始

于萬曆癸丑仲冬月工將告竣而余適有遂初之念
以請告行矣復過洞中南九兩郡諸生偕集扳余留
一日爲揚搉疑義郡守費君及丞倅以下咸在焉余
乃拈屏間子静義利之旨當時聽者至爲泣下今不
難再申一過未諗更爲泣下否若猶未也則吾儕尚
不及虎丘一片石何况紫陽會下諸賢哉朱陸之先
有濂溪後有陽明皆以曾設教兹地而祀之宗儒者
今其人安在吾夫子學琴師襄而見文王之貌黯然
黑頎然而長視如望羊吾儕能有神交千古之意乎

白鹿書院志　卷十二　二十五

則四先生左提右挈當自應接不暇矣白鹿之從遊
得傳者十四人而星渚居其八可謂今日之聞知果
遂有遥見知哉是役也南康知府費兆元同知劉汝
芳通判黎東推官朱之屏星子知縣王成位皆踴躍
從事故能功成不日也又星子主簿張偉董其役例
得附書

欽定四庫全書

南軒集卷十　宋　張栻　撰

記

潭州重脩嶽麓書院記

潭州嶽麓書院開寶九年知州事朱洞之所作也後四
十有五年李允則來為請於朝因得賜書藏焉是時山
長周式以行義著祥符八年召見便殿拜國子主簿使
歸教授始詔因舊名賜額仍增給中秘書於是書院之

欽定四庫全書　南軒集　卷十　一

稱聞天下紹興初更兵革灰燼十一僅存已而遂廢乾
道元年建安劉侯珙安撫湖南旣剗蠹夷姦民俗安靖
則葺學校訪儒雅思有以振起之湘人士合辭以書院
請侯竦然曰是固章聖皇帝所以加惠一方勸厲長養
以風天下者而可廢乎廼屬州學教授金華邵頴經紀
其事未半歲而成大抵悉還舊規某從多士往觀焉愛
其山川之勝堂序之嚴裴徊不忍去喟而與之言曰侯
之為是舉也豈將使子羣居族譚但為决科利祿計乎

抑豈使子習為言語文詞之工而已乎蓋欲成就人才以傳斯道而濟斯民也惟民之生厥有常性而不能以自達故有賴於聖賢者出而開之是以二帝三王之政莫不以教學為先務至於孔子述作大備遂啓萬世無窮之傳其傳果何與曰仁也仁人心也率性立命知天下而宰萬物者也今夫目視而耳聽口言而足行以至於食飲起居之際謂道而有外夫是烏可乎雖然天理人欲同行異情毫釐之差霄壤之繆此所以求仁之難

必貴於學以明之與善乎孟子之得傳於孔氏而發人深切也齊宣王見一牛之觳觫而不忍則告之曰是心足以王矣古之人所以大過人者善推其所為而已論堯舜之道本於孝弟則欲其體夫徐行疾行之間指乍見孺子匍匐將入井之時則曰惻隱之心仁之端也於此焉求之則不差矣嘗試察吾終日事親從兄應物處事是端也其或發見亦知其所以然乎誠能默識而存之擴充而達之生生之妙油然于中則仁之大體豈不可得乎及其至也與天地合德鬼神同用悠久無疆變化莫測而其則初不遠也是乃聖賢所傳之要從事焉終吾身而後已雖約居屛處庸何損得時行道事業滿天下而亦何加於我哉侯既屬某為記遂書斯言以屬同志俾無忘侯之德抑又以自厲云爾二年冬十有一月辛酉日南至右承務郎直秘閣賜紫金魚袋廣漢張某記

吳文正集卷三十七

記

元 吳澄 撰

嶽麓書院重修記

天下四大書院二在北二在南在北者嵩陽睢陽也在南者嶽麓白鹿洞也其初聚徒受業不仰於公養然嵩陽睢陽白鹿洞皆民間所為惟嶽麓乃宋開寶之季潭守朱洞所建其議倡自彭城劉鰲而潭守成之也時則

陸川主簿孫邁為之記紹興燬於兵乾道之初郡守建安劉珙重建時則有廣漢張子敬夫為之記德祐再燬於兵大元至元二十三年學正郡人劉必大重建時則有奉訓大夫朱勃為之記逮延祐甲寅垂三十年矣棟陵劉安仁來為郡別駕董儒學事覩其敝圯慨然整治木之朽者易壁之漫者圬上瓦下甓更撤而新前禮殿傍四齋左諸賢祠右百泉軒後講堂堂之後閣曰尊經閣之後亭曰極高明悉如其舊門廡庖館宮墻四周靡不修完善化主簿潘必大敦其役朱某張厚相繼為長具始末請紀歲月余謂書院之肇創重興與夫今之增飾前後四劉氏道同志合豈苟然哉開寶之肇創也蓋惟五代亂離之餘學正不修而湖南遐遠之郡儒風未振故俾學者於是焉而讀書乾道之重興也蓋惟州縣庠序之教沈迷俗學而科舉利誘之習蠱惑士心故俾學者於是焉而講道是其所願望於來學之人雖淺深

之不侔然皆不為無意也考於二記可見已嗚呼孟子以來聖學無傳曠千數百年之久衡嶽之靈鍾為異人而有周子生於湖廣之道州亞孔並顏而接曾子子思孟子不傳之緒其原既開其流遂衍又百餘年而有廣漢張子家於潭新安朱子官於潭當張子無恙時朱子自閩來潭留止兩月相與講論闡明千古之秘驟遊嶽麓同躋嶽頂而後去自此之後嶽麓之為書院非前之嶽麓矣地以人而重也然則至元之復建也豈不以先

正經始之功不可以廢而莫之舉也乎豈不以真儒過化之嚮不可絕而莫之續也乎别駕君之拳拳加意者亦豈徒掠美名而為是哉其所願望於諸生益甚深也且張子之記嘗言當時郡侯所願望矣欲成就人才以傳道濟民也而其要曰仁嗚呼仁之道大先聖之所罕言輕言之則學者或以自高自廣而卒無得論語一書大率示學者求仁之方而未嘗直指仁之全體蓋仁體之大如天之無窮而其用之見於事無所不在邇之事

親事長微而一言一動皆是也飲食居處一不謹焉非仁也步趨唯諾一不謹焉非仁也溫凊定省一不謹焉非仁也應接酬酢一不謹焉非仁也凡此至近至小甚易不難而明敏俊偉之士往往忽視以為不足為而仁不可幾矣嗚呼仁人心也失此則無以為人曾是熟於記誦工於辭章優於進取而足以為人乎學於書院者其尚審問於人慎思於己明辨而篤行之哉

順治八年燕山王公來守歸德首下教博士弟子問以郡之政所宜先者博士弟子對曰歸有范文正公
書院先太守鄭公嘗沿其意而創大之以儲歸之材居有號舍贍有田課試有約行之既久歸之名公鉅
卿接踵其間出爲當世用不絕而士風亦華感動淬厲烝烝以變今雖廢而人之謳吟思慕鄭公之澤者
數十年不衰竊以爲佐朝廷興道育賢郡國之政宜莫此爲大公曰博士弟子言是凡書院之爲舍者幾
楹其侵而居之者幾何家賚饟之田幾區其官守因而入其租稅者幾何年今坐何所其試士之期月幾
日條約之議詳而要者幾何具趣所司各以聞以付郡博士收而掌焉蓋自鄭公去而書院之廢垂四十（忽入議有風神。）
年公一朝復之嗚呼偉矣博士弟子曰是不可以無記謹按書院之設始於宋范文正公公爲諸生卽以（再提敍鄭重。）
天下爲己任其後參大政不久未竟厥施然所措置率宏以遠卽如在歸而歸有書院其隨地收拾人才
之意是何可一日廢也范公往而繼之來守者不能識其意亦浸以湮滅矣歷宋而元而明至萬曆間始
克有鄭公再舉行之當時之人親被鄭公之澤至於今其遺老有能言鄭公時事者猶過書院仰首欷歔（映前。）
不忍輒去豈人情固習近而遺遠耶抑所以繼范公之遺緒於兵火喪亂之餘久而不墜者實鄭公力也（卽從鄭公出脫，歸美王公，一語千斤。）
然則鄭公之遺緒又豈不待後之人哉夫天下法制代有更變惟學校絃誦之事建國者卒無以易也書
院之設與學校相表裏王化之本而菁莪棫樸之盛所由自出是誠不可一日廢乃自范文正公以來上
下千百餘年而其間之創而建建而興者僅公繼鄭公而三然則政之舉廢存亡豈不視乎其人歟倘無（遙應。）
以垂永久則何以告於後之人俾克守之公曰博士弟子言是其勒石爲碑而屬余爲之記嗚呼余之望
於守是邦者久矣其何敢辭

資料來源：<u>壯悔堂文集</u>（作者：<u>清侯方域</u>）

嵩陽書院記

嵩陽書院在登封縣城北建自五代宋初與睢陽白鹿岳麓號四大書院其地負嵩面潁左右少室箕山諸峯秀矗雲表中天清淑之氣於是焉萃至道中賜九經子史置校官生徒至數百人稱最盛二程子嘗講學於此後人因爲建祠明末兵亂傾圮殆盡 國朝崇儒右文知縣事黃州葉侯封建堂三楹祀二程朱子而以毗鄰崇福宮凡宋臣之帶崇福宮銜者皆祀之葉侯既遷京職邑人大名兵備副使逸菴耿先生

資料來源：潛菴先生全集卷之一（作者清・湯斌）

介家居講學以程朱爲道統所宗不當與諸賢列復錫貲建堂三楹遷主崇祀又作講堂三楹顏曰麗澤旁署兩齋曰博約曰敬義書舍若干楹庖湢門垣具備自康熙十八年春至次年秋訖工知縣事長洲張侯壎以興起斯文爲任月吉講學課藝其中多士彬彬向風逸菴作書屬余爲記余適承乏史局方恨不得從事几席與聞緒論其何敢辭然逸菴之意豈欲余記營建歲月而已乎或欲有言以告多士也竊以孔子教人之書莫詳於論語當時及門稱顏子爲好

學嘗與終日言而不違者今所記不過問爲仁爲邦二章而已然天德王道備矣顏子謂夫子循循善誘博文約禮今他無可考即二章思之意者虞夏商周之禮樂制度即所謂博文而克己復禮之訓即所謂約禮與特學有體用問有先後耳中庸言明善誠身而列其目亦自博學審問始孔子言知不廢多聞多見而語子貢以一貫則又以多學而識之者爲非其所以一貫之旨終隱而不發即與門弟子言求仁之方爲仁之要多矣而仁之體則罕言也豈聖人之過

為隱歟及讀易乾卦彖傳與中庸首章而後知道之大原莫明於斯也蓋道之大原出於天而仁者天道之元也知天人同原則知吾心與天地流通而往來（指點本體）無間民胞物與之念油然而生而戒慎恐懼自不容已故程子謂學者須先識仁以此也然仁之為體非可口傳耳授也在人之默識耳（提撥工夫）孔子自十五志學至能立不惑五十而後知天命也以大聖人而若此則知命亦難矣今之講學者聚數十百人於堂而語之曰天命云何心性云何將大本大原皆為口耳影響（深戒弊病）

之談學者於俄頃之間與聞性道之秘其不至作光景玩弄視詩書爲糟粕禮儀三百威儀三千爲粗迹也幾希矣斯亦講學者之過也夫道無所謂高遠也其形而下者具於飲食器服之用形而上者極於無聲無臭之微精粗本末無二致也孔子語顏子曰非禮勿視非禮勿聽非禮勿言非禮勿動而語樊遲曰居處恭執事敬與人忠聖人與上智中材所言皆不越是蓋以天命流行不外動容周旋而子臣弟友卽（明示下手）可上達天德所謂無行不與者此也所謂知我其天

者此也今功利詞章舉業技藝之習陷溺人心士子窮年矻矻志在利祿名譽而天之所與我者茫然也是其學迥非聖人之學矣夫中庸之博學將以篤行也顏子之博文將以約禮也大易之窮理將以盡性而至命也大學之格物將以修齊治平也今滯事物以爲窮理未克沈溺迹象旣支離而無本離事物以言致知又近於墮聰黜明亦虛空而鮮實學路久迷習染日深偶爾虛見未爲眞得非默識本體誠敬存之綿綿密密不貳不息前聖心傳何能會通無間故

日苟不至德至道不凝焉嗚呼豈易言哉逸菴之學以主敬爲宗以體天理爲要可謂得程朱正旨矣吾懼學者之易視之也故因記書院而詳言之欲其深思而自得之焉張侯明經起家治行多可紀於逸菴相與有成尤足嘉也吾又懼來者之不能繼故備書之以告後之君子

箴砭口耳影響之談而示以切實下手處何等苦心然由其途者鮮矣 梅公

以識仁體爲標的以循日用爲入門以資口耳鶩

高遠為至戒以默識為歸宿以誠敬為工夫為人

極其切矣然文體淵邃學者苟非細細尋求恐難

得其要領

衡州石鼓書院記

衡州石鼓山據烝湘之會，江流環帶，最為一郡佳處。故有書院，起唐元和間，州人李寬之所為。至國初時，嘗賜敕額。其後乃復稍徙而東，以為州學，則書院之迹於此遂廢而不復修矣。淳熙十二年，部使者東陽潘侯時德鄜始因舊址列屋數間，牓以故額，將以俟四方之士有志於學而不屑於課試之業者居之，未竟而去。今使者成都宋侯若水子淵又因其故而益廣之，別建重屋以奉先聖先師之象，且摹國子監及本道諸州印書若干種、若干卷，而俾郡縣擇遣修士以充入之。蓋連帥林侯栗、諸使者蘇侯詡、管侯鑑、衡守薛侯伯宣，皆奉金齎割公田以佐其役，踰年而後落其成焉。於是宋侯以書來曰：「願記其實，以詔後人，且有以幸教其學者，則所望也。」

予惟前代庠序之教不修，士病無所於學，往往相與擇勝地，立精舍，以為群居講習之所，而為政者乃或就而褒表之。若此山，若嶽麓，若白鹿洞之類是也。逮至本朝慶曆、熙寧之盛，學校之官遂徧天下，而前日處士之廬無所用，則其舊迹之蕪廢，亦其勢然也。不有好古圖舊之賢，孰能謹而存之哉？抑今郡縣之學官置博士弟子員，皆未嘗考其德行道藝之素，其所受授，又皆世俗之書，進取之業，使人見利而不見義。士之有志於為己者，蓋羞言之，是以常欲別求燕閑清曠之地以共講其所聞而不可得。此二公所以慨然發憤於斯役而不敢憚其煩，蓋非獨不忍其舊迹之蕪廢而已也。故特為之記其本末，以告來者，使知二公之志所以然者，而毋以今日學校科舉之意亂焉。又以風曉在位，使知今日學校科舉之教，其害將有不可勝言者，不可以是為適然而莫之救也。若諸生之所以學而非若今人之所謂，則昔者吾友張子敬夫所以記夫嶽麓者語之詳矣。顧於下學之功有所未究，是以誦其言者不知所以從事之方而無以蹈其實。然今亦何以他求為哉？亦曰養其全於未發之前，察其幾於將發之際，善則擴而充之，惡則克而去之，其如此而已矣。又何俟於予言哉？十四年丁未歲夏四月朔，新安朱熹記。

資料來源：郭齊等點校朱熹集卷十九（作者南宋朱熹）

①據史料文獻，書院之名，始於初唐。貞觀九年（六三五）張九宗於今四川遂寧創辦張九宗書院。開元六年（七一八）以乾元院為麗正修書院（亦稱麗正書院）。晚唐、五代期間，兵荒馬亂，學者多擇名山勝地，建立書院。北宋初遂有四大書院。南宋書院大興。元、明、清書院仍盛，惟多已成為科舉準備之所。

②即五代。後梁、後唐、後晉、後漢、後周合稱之。

③鋒，兵刃。鏑，ㄉㄧˊ。箭鏃。泛指兵器。

④十國春秋南唐一、烈祖本紀：「昇元四年，……十二月丙申……是時，建學館於白鹿洞，置田供給諸生，以李善道為洞主，掌其教，號曰廬山國學。」（卷十五）

⑤淳熙本、宋浙本作「學規」。

⑥九年（公元九七六年）。

⑦潭州太守朱洞造講堂五間、書齋五十二間。

⑧二年（公元九九九年）潭州太守李允擴其規模，生徒已達六十餘人。

⑨大中祥符五年（一〇一二）國子監賜諸經釋文、義疏、史記、玉篇、唐韻等書。八年（一〇一五）御賜匾額一方。

⑩瑎，一作琪。

⑪張拭字南軒。

⑫公元一一九四年。

⑬明亮乾燥。

⑭禮聘醴陵貢生黎賢臣為講書執事，並置田五十頃。

⑮睢陽，春秋宋地。周初封微子於此。秦置睢陽縣，故城在今河南商丘縣南。北宋景德三年（一〇〇六）升置應天府，定為陪都，稱南京。

⑯參⑮。

⑰嵩山東峰。

玖、唐史筆記

舊唐書肅宗紀：「（上元）二年（夏四月）壬午，梓州刺史段子璋叛，襲破遂州，殺刺史嗣虢王巨。東川節度使李奐戰敗，奔成都。……（五月）乙未，劍南節度使崔光遠率師與李奐擊敗段子璋於綿州，擒子璋殺之，綿州平。」（卷十）前揭書崔光遠傳：「（上元）二年，兼成都尹、充劍南節度營田觀察處置使，仍兼御史大夫。及段子璋反，東川節度使李奐敗走，投光遠，率將花驚定等討平之。將士肆其剽劫，婦女有金銀臂釧，兵士皆斷其腕以取之，亂殺數千人，光遠不能禁。」又，高適傳：「……（高）適率州兵從西川節度使①崔光遠攻子璋，斬之。西川牙將花驚定者，恃勇，既誅子璋，大掠東蜀。天子怒光遠不能戢軍，乃罷之，以適代光遠為成都尹、劍南西川節度使。」（以上舊唐書卷一一一）

新唐書肅宗紀：「（上元二年），（四月）壬午，劍南東川節度兵馬使段子璋反，陷綿州，遂州刺史嗣虢王巨死之，節度使李奐奔于成都。……（五月）庚子，……劍南節度使崔光遠克東川，段子璋伏誅。」（卷六）崔光遠傳：「……復使節度劍南。會段子璋反東川，李奐敗走成都，光遠進討平之。然不能禁士卒剽掠士女，至斷腕取金者，夷殺數千人。帝詔監軍按其罪，以憂卒。」（卷一四一）高適傳：「梓屯將段子璋反，適從崔光遠討斬之。而光遠兵不戢，遂大略，天子怒，罷光遠，以適代為西川節度使。」（卷一四三）。

上元二年（七六一）杜甫曾為此一史事作月旦詩二首，以諷戒時人花驚定：

一、戲作花卿歌

成都猛將有花卿，學語小兒知姓名。
用如快鶻風火生，見賊惟多身始輕。
綿州副使著柘黃，我卿掃除即日平。
子璋髑髏血模糊，手提擲還崔大夫。
李侯重有此節度，人道我卿絕世無。
既稱絕世無，天子何不喚取守東都？

二、贈花卿

錦城絲管日紛紛，半入江風半入雲。
此曲祇應天上有，人間能得幾回聞？（杜詩詳注卷十、杜詩鏡銓卷八）

花驚定為劍南（西川）節度使崔光遠麾下一員牙將②。渠恃勇，且縱容士卒劫財，濫殺無辜。肅宗怒光遠不能戢軍，詔監軍使按其罪。子美隱稱花卿而不名，又題曰戲作，實寓諷意。清楊倫③引張惕菴云：「至理奇情，他人說不出，久在行間方知。」王士祿④謂：「花卿功罪不相掩，少陵筆亦雙管齊下。」

贈花卿一首，明楊慎⑤云：「花卿在蜀頗僭用天子禮樂，子美作此譏之，而意在言外，最得詩人之旨。」楊倫評以：「似誄似諷，所謂言之者無罪，聞之者足戒也。」榮按：「此曲祗應天上有」，本隱指花驚定得意忘形，僭用天子雅樂；惟後人不查竟多用以形容、稱贊樂曲悅耳優美，附誌之。

①全稱劍南西川節度使，簡稱或作劍南節度使、或作西川節度使。

②節度使所節制親兵之將弁。

③（一七四七—一八〇三）清陽湖（今江蘇武進）人。字西龢、一作西禾。乾隆四十六年（一七八一）舉進士，官廣西荔浦縣知縣。渠博覽群書，名聲夙著。晚年，主講於江漢書院七年。平生與孫星衍、洪亮吉、徐書受等唱酬最多。詩以杜詩為宗尚，用語力求凝煉有力，刻畫注重精警生動，感情講究蘊藉含蓄。如：五古羚羊峽：「江流日奔騰，聲過如萬弩。偪仄驚入峽，程途此艱阻。林篁交蔽黑，不復辨子午。高崖坐群猿，垂臂引客語。」又，題王二秋塍詩稿即送北上絕句：「故鄉吟伴集羊河，磊落王郎斫地歌。同輩欲歸君更出，滿天風雪渡黃河。」遺有九柏山房詩十六卷、杜詩鏡銓廿卷，後者上海古籍出版社民八七刊印點校本。

④（一六二六—一六七三）清山東新城（今桓臺）人。字子底，號西樵山人。順治十二年（一六五五）進士，選萊州教授，遷國子監助教，擢吏部主事。康熙二年，以吏部考功員外郎典試河南，以事下獄。久之，得雪，免歸。居數年，起原官。母喪，以毀卒，年四十八。

自少能文章，工吟咏，以詩法授諸弟，均有成就，與弟士禎（一六三四—一七一一）並稱二王。孫枝蔚稱其詩「取法少陵，稍出入于康樂、東坡之間。」著有表余堂詩存二卷、十笏堂詩選九卷、辛甲集七卷、上浮集二卷、炊聞詞二卷與讀書蕨拾等。清史稿卷四八四有傳。

⑤（一四八七—一五五九）明新都（今屬四川）人。字用修，號升庵。幼警敏、文彩出眾，年十一能詩、十二歲擬吊古戰場文、過秦論，長老咸稱之。隨父廷和（一四五八—一五二九）入京，賦黃葉詩，李東陽見而嗟賞。正德六年（一五一一）殿試第一，授翰林修撰。武宗微行出居庸關，淏抗疏力諫。世宗立，充經筵講官。大禮議起，淏與同列伏左順門力諫，帝命執首事下獄，淏與王元正等撼門大哭，帝益怒，悉下詔獄廷杖，削籍，遣戍雲南永昌衛。自此之後，或歸蜀、或寓雲南會城、或留戍所，前後達卅八年，卒，年七十二。隆慶初，贈光祿少卿。天啟中，追謚文憲。遺有滇程記、升庵集、升庵遺集等傳世。廿世紀末，近人將其部分作品輯為升庵合集。（明史一九二）著有丹鉛總錄、古音獵要、全蜀藝文志、春秋地名考。

拾、趙普與論語

宋史趙普傳：「……（趙）普少習吏事，寡學術。及為相，太祖常勸以讀書。晚年，手不釋卷，每歸私第，闔戶啟篋取書，讀之竟日。及次日臨政，處決如流。既薨，家人發篋視之，則論語二十篇也。」①（卷二五六）。南宋羅大經（？—？）②鶴林玉露論語：「杜少陵詩云：『小兒學問止論語，大兒結束隨商賈。』③蓋以論語為兒童之書也。趙普再相，人言普山東④人，所讀者止論語，蓋亦少陵之說也。太宗嘗以此語問普，普略不隱，對曰：『臣平生所知，誠不出此。昔以其半輔太祖定天下，今欲以其半輔陛下致太平。』……」（乙編卷之一）⑤

昔稱半部論語治天下，其典源出自鶴林玉露，略如上述。近人嚴復（一八五四、一作一八五三—一九二一）救亡決論：「從此天下事來，吾以半部論語治之足矣，又何疑哉！又何難哉！」（嚴復文集編年（一）、辜公亮文教基金會、民八七）半部論語一典，衍生出「半部匡君」、「論語半部」與「半部魯論」等三種用典形式。「半部佐君王」、「半部致太平」則自「半部匡君」衍生而出、「魯論半部」出自「半部魯論」。舉例如次：

一、清蒲松齡（一六四〇—一七一五）擬上以萬世師表四字頒行天下黌宮羣臣謝表：「……

雖則當代聖人，未遂三年用我；迨至太平宰相，猶以半部匡君。」

二、蒲松齡擬上徵天下博學宏詞親考揀用以備顧問羣臣謝表：「高帝得于馬上，猶陳陸賈⑥一言；藝祖⑦起于行間，尚須論語半部。」

三、清趙翼（一七二九—一八一四）大柳驛相傳為趙韓王授徒處詩：「半部魯論佐天下，猶似不忘兔園紙⑧。」

四、清錢謙益（一五八二—一六六四）龔孝升求贈塾師詩之一：「何似東村趙學究，只將半部佐君王。」

五、清蒲松齡擬上命刊四書注疏羣臣進表：「開卷有益神智，矧茲詮注之詳；半部可致太平，務究經世之用。」

六、清楊潮觀（一七一〇—一七八八）開金榜朱衣點頭⑨：「想魯論半部大勳賢，豈少當年文獻。」

①普（九二二—九九二）字則平，幽州薊縣（今北京西南）人。佐趙匡胤得天下，乾德二年（九六四）拜相。太宗朝，復二度為相，卒謚忠獻、追封真定王。

②寶慶二年（一二二六）進士，淳祐十一年（一二五一）任撫州軍事推官。

③最能行：「峽中丈夫絕輕死，少在公門多在水。……小兒學問止論語，大兒結束隨商旅。……」（杜詩鏡銓卷十二）

④幽州位于太行山之東，故稱。

⑤鶴林玉露現存版本頗多，主要有二流傳系：一為十八卷本，分甲、乙、丙三編，各六卷，此系統於國內雖罕見，惟流行於日本，且多次翻印，如：慶安本、寬文本等是。另一為十六卷本，未分編。後者較前者少四十則。本文此處引自十八卷本。

⑥秦末楚人。佐劉邦得天下，具辯才。兩度出使南越，招諭尉佗。勸丞相陳平深結周勃，謀誅諸呂，立文帝。著有新論十二篇崇王道、黜霸術。（史記卷九七、漢書卷四三）

⑦有文德材藝之祖。書舜典：「歸，格于藝祖，用特。」昔，唐高祖、宋太祖、金太祖皆有藝祖之美稱。在此，專指宋太祖趙匡胤。

⑧即兔園策（一作兔園冊）。兔園，西漢文帝之子劉武（梁孝王）所營園囿，用以享樂、納賓。亦稱梁園。（三輔黃圖卷三）。唐太宗第七子惲（初封郯王、貞觀十年改封蔣王）命僚佐杜嗣先仿應試科目──策問，製成問答題，引經史解釋，編撰成書。惲為太宗之子，杜為逢迎，遂取西漢梁孝王「兔園」為書名，稱兔園策。唐代雖普遍採為啟蒙教本，惟受士大夫所輕鄙。

⑨雜劇劇目。楊潮觀為官有政聲；公餘嗜撰雜劇，事詳嘉慶四川通志。

拾壹、日本論

壹、前言

日本「大政奉還」正好是歐美完成第一次產業革命正緊接地邁入第二次產業革命的時代①。明治維新成功給日本帶來了信心，同時也造成其原本「和而均質」的社會產生嚴重的質變。國富民強竟為帝國主義的形式鋪路。甲午之役②和日俄戰爭③強化其貪婪和黷武的企圖。於是瘋狂侵華、盲目南進、掀起太平洋戰爭，終至玉石俱焚、無條件降伏④。而戰後短短二三十年之間又告復興。如今，日本已成為引領世界第三次產業革命的先驅、僅次於美國的第二經濟大國。其高科技產品傾銷寰宇，巨額出超、水漲船高，外匯存底遙遙領先世界各國。賴世和⑤所著日本第一誠非虛言。

國人每有「日本能，我們為什麼不能？」的疑問，陳再明新作日本論就經濟、派閥、中國結與浮世繪分四篇十四章，從人物到政黨、從財閥到富豪、從技術到媒體，對日本強盛繁榮的秘密大體交代出一個梗概。他並從神道到佛教、花道到茶道、思想到生活，用抽絲剝繭的技法描繪大和民族國民性的突出。仔細拜讀，確實有諸多啟示，茲就個人對日本近代史的一知半解，略述一得之愚。

貳、日本現代化的基礎與動力

日本元老政治家吉田茂（一八七九—一九六七）曾經指出「任何事業的成功，都有其歷史背景。如果吾人僅注意明治年代，勢將無法理解明治維新與日本現代化建設的奧秘。」他又說：「德川時代之和平、停滯、孤立的二百六十年，給日本莫大的社會資本。」⑥德川家康運用智慧和經驗所設計的幕藩體制，落實其和平的指標。他「偃武修文」政策的執行，促使江戶文化的形成與庶民文化的發達。在「停滯」、「孤立」的時代，充分消化隋、唐以來所吸收的中華文化、繼續有限度地攝取西洋新知，從而累積了可觀的社會資本，在「和」的原則下，交還政權，促成日本近代維新。

江戶幕府成立初期，即積極勸學，諸藩隨之充分支持。民間宿儒踴躍興辦私塾，以儒家典籍為教材的庶民教育非常普及，此期間儒家道德已深植人心。

一、藩校　以藩士子弟為對象，授以四書、古文、漢詩、兵學、經濟（珠算、簿記……）。一六二四至一七〇〇年間約有十五所藩校，一七〇五至一七五〇年增設九校、一七五一至幕末又增百餘校，終幕府時總校數逾二百所。

二、私塾　文治政治的推展，學問成為仕宦的要件。於是浪人與庶民競相向學。江戶、京都、大阪……等各都市紛設頗具特色的私塾。開國前，此類教學場所多達一四〇餘處，分布幾遍及各藩。其中最著名者如崎門派（山崎闇齋）、古義堂（伊藤仁齋）、護園塾（荻生徂徠）、藤樹書院（中近藤樹）、松下村塾（吉田松陰）。

三、寺子屋　以町人、農民子弟年六至十三歲者為對象，授以讀、寫、算等基礎教程，師資來自僧侶、神官、浪人與町人學者。終江戶時代計有一萬一千餘所。⑦

十七世紀末葉，僧契仲（一六四〇—一七〇一）致力於日本古典的研究，專以闡明古典的本來面目為宗旨，從而開拓日本語學、奠定「國學」⑧的基礎。荷田春滿（一六六九—一七三六）、賀茂真淵（一六九七—一七六九）繼之，遂形成儒道之外另有的日本古道。而後，隨社會變遷又擴大其研究的領域，循序發展為自儒、神二道解放而出的復古精神運動。賀茂的排儒和批判封建思想與本居宣長（一七三〇—一八〇一）經由古事記的研究，將古道理論擴展為復古的神道體系。下田篤胤（一七七六—一八四三）師承本居非理性實踐主義更賦予國學一種神秘的政治實踐性，普獲神官、村吏和地主等的支持，終導向尊王攘夷、強調日本優越性與對皇室的崇拜。⑨

藤原惺窩（一六一九—一六七七）開日本近世「朱子學」之先河。水戶藩主德川光圀（一六二八—一七〇〇）崇儒，並主編大日本史，該書梓行後，岩垣松苗國史略、賴山陽日本外史亦分別出刊，影響所及，武家政治之合法性更加為有識者所質疑。⑩

鎖國時，西方新知端賴荷蘭商館甲必丹，本稱蠻學亦稱西學、洋學，後改稱蘭學。當時，識者仍極關心新知識和新情勢。新井白石（?—?享保、享和間人。）耳聞義籍傳教士希多齊（G. B. Siddotti 一六八一—一七一五）口述，譯成西洋紀聞、采覽異言二書為日本西學之濫觴。第八代將軍吉宗為殖產興業，解除輸入西書之禁令，促使西洋科技等知識的有限傳入。田沼意次父子（一七六九—一七八六）更促成蘭學的盛行。其間，十八世紀中葉山脇東洋首先嘗試人體解剖（一七五四）並發表臟志，二十年後，杉田玄白、前野良澤、中川淳庵出版解體新書，迄十九世紀初幕府壓制蘭學為止，有關地理學、史學、電學、軍事學、農學等新知、新技均有相當成就。⑪

古、中世得之於中國的文化，在江戶二百餘年的自我發展不僅營造了普及的教育，而且開拓了庶民本位的大眾術，更重要的是形成具有本土風格與特色的日本文化。史家甄森（M. B. Jansen）就曾指出：

一、江戶幕府的建立者與繼承者所關心的無非是國家的穩定和安全。鑒於當時主客觀環境和情勢，斷然採閉關自守的政策，而厲行文治正可增長、重視中國傳統文學的研究和消化。

二、江戶中期，日本的文學、哲學、藝術等研究有相當重大的發展。

三、中國有助於日本意識的形成，日本精神—大和魂與近代神道可為例證。

四、中國文化間歇而集中的輸入，正好與日本傳統文化的起伏、協調相配合，從而可以明確劃分中、日各自傳統的界線。

五、日本文化雖屬於中國文化的軌跡上，由於日本在宗教、詩詞、美術等有所偏好，終使其對所輸入的文化有了選擇；尤其是中國的政治社會制度與型態更很迅速地被加以修改，甚至幾近難以辨認。⑫

參、維新與復興的張本

一、強烈的危機意識　十八世紀末葉開始，俄、英、德、法、美相繼叩關，要求通商。長州、薩摩二藩首當其衝，渠等目睹列強堅船利砲，並因朱子學、史學、國學，蘭學的傳播、發展，交互影響，遂有公武合體、整頓軍備、尊王攘夷等主張。薩英戰爭、四國砲擊下關等事件發生後，加速了薩長同盟的確立，由是奠定王政復古的基礎。開國前後崇尚西洋思想、鼓吹國民獨立、伸張民權與國權……促成明治新政的遂行。第二次世界大戰無條件投降，盟國監管，全民普遍體認「亡國」之痛，進而凝聚成一股追求「獨立」、「自主」的洪流，無疑是戰後政治民主、經濟繁榮的精神支柱。時至今日，仍有部分日本人，從各種角度剖析日本仍有可能再度面臨亡國的悲劇，而提出種種突破這種「假想變局」的模擬策略。綜上所述，可以說明大和民族普遍懂得居安思危，具有強烈的危機意識。

二、「和」的徹底實踐　推古天皇以外甥聖德太子攝政，於公元六〇四年制頒「憲法十七條」，即首揭「和」為第一綱。蓋具有「以和為貴」的社會氣氛，才可能產生寬容。一方面容許競爭對象的存在，一方面又相互競爭，共同進步。在競爭過程當中，講求「和」的實踐，這是日本精神的一大特徵。「和的原理」一言以蔽之，就是「將異質的東西，通過一物的兩面，在分工的條件下，保持『和』的境界。」⑬其具體的實踐如：㈠幕府時代，天皇有權威、將軍有權力；目前，天皇保持權威為日本的國家象徵，總理權力以遂行政務。權威與權力均衡、分工安定，「和」因而形成。㈡依序循進，不能以功超越級職的「年功序列制」和任職至退休，不無故中途解雇職工的「終身雇用制」。日本一再自詡其為世界最合理、平等而均質的國家，自有其道理和根據。⑭

三、珍惜傳統與成就　書信格式、婚喪儀制、花道、茶道、能樂、文樂、圍棋、珠算、祗園祭、歌舞伎、盆栽、庭園布置、日式料理……仍普受珍惜，不因現代化而稍減其重視，甚至有更加發揚、保護的趨向。而戰後經濟復興，更令全民有感得之不易、益發勤勉以追求卓越。

四、追求新知不怠不忽　日本人普遍勤讀。一九九三年二至三月一項「現代兒童的文化程度調查」指出：日本兒童閱讀課外讀物月平均八冊以上者佔三三％，其中漫畫每人每月約二・六冊、雜誌約一・三冊、其他書籍約四・一冊。課外學寫毛筆字者約三七％、學珠算者約二八％、學鋼琴者約七九・九％。另，有關「現代兒童所有物與母親」的通訊調查指出：都市中小學生平均每二十人即擁有一部個人電腦。小學生約有四・九％、中學生約有四・四％、高校生約有五・九％、大學生約有七・五％分別擁有自己的電腦。（本調查回收率二〇·一%，屬有效調查）此外，經常可以在地鐵車上看見不論男女老少，普遍手持一本（份）書報雜誌、仔細閱讀，其讀書人口相當高是不容置疑的事實。婦女不求學分、不求學位，每週一次聚集一堂，認真研讀論語、六朝文選、隋唐小說、詩選持續達十年，猶興趣濃烈者亦有實例可資舉述。概括而言：追求新知與卓越，求知慾強似乎已成為日本人的標誌。⑮

五、擅長模仿、創新務實　日本人的模仿性特強，此即其「求道精神」，他們不忽略雕蟲小技，在小「道」上肯精益求精，對於任何不起眼、不足為道的工藝奇巧，都賦予求道精神；一經模仿、甚且青出於藍，使被模仿的原物，反而瞠乎其後，取而代之。花道、劍道、柔道……從一技一藝到百藝百能，各具流派，同道相敬。以茶道為例，有「表千眾」和「裡千家」之別；以「花道」而言，有「池坊流」與「草月流」之分，同「道」相競、各樹一幟，使「技」和「美」俱臻最高的境界，使「質」與「善」同登至高的領域。其等互競的過程，有如八仙過海、各顯神通，技術因之不斷改良、品質得以蒸蒸日上⑯。戰後各種科技產品如：汽車、飛機、電視、音響、錄放影機、電子鍋、燜鍋、慢燉鍋、電腦、媒體……均以「模仿」——「創新」的務實原則研究、開發、生產、傾銷。當然，戰後的農地改革、解散財閥與勞工運動民主化也都是經濟迅速成長發展的主要原因。⑰

六、尚公尚勤、同心同德　日本人在江戶時代就有「勞動本身即是一種倫理」的正確概念，社會夙已普遍認同這種價值。明治維新以後，積極廢除嚴格的階級制度，從而形成有能力的人，只要努力，即可取得較高的社會地位。所以，不論軍、公、教……各行各業，一般都養成努力工作的風氣，勤勞的工作習慣成為日本人的國民性。研究指出：日本人有重視集團更勝於重視個人的傾向。如在工作場所中，自己所屬的團體蹴到困難的問題或有緊急狀況時，自然地各個成員都會先公後私、同心協力，以便儘速圓滿而妥適地解決問題或排除困難。⑱

肆、結語

我們一向鄙視日本，總認為日本不過是一個蕞爾小邦；況且其文化大體來自中土。明治維新以後，其黷武、侵略更種下國人對日本的深仇血恨，以致缺乏冷靜思考其現代化過程、得失等機會。「同文同種」正是在不深究歷史發展的狀況下所產生的既粗糙且似是而非、一厢情願的想法。

日本人口眾多、國土面積與天然資源都非常有限⑲。近十餘年來，其國民平均所得已排名世界第一位，粗鋼生產量僅次於舊蘇聯，高科技產業的發達與歐美各先進國家相較，毫不遜色，甚至有過之而無不及。國民失業率與犯罪率則始終殿後、破案率又高居全球榜首⑳，其現代化的成就與經濟的繁榮並非偶然。換言之：「日本第一」得之於其本身歷史、地理、文教政經諸得宜措施，交互作用而凝聚之優良且豐沛的人力資源，整齊、平均的高水準之國民品質，它所給予我們的啟示，歸納之不外：
一、「傳統」與「現代」絕非完全互斥。
二、「和」與「競」可以相輔相成。
三、人人安分守己，眾志可望成城。
四、不以小而不為，聚沙可以成塔。
五、居安尤應思危，自滿終將失敗。

對於日本的卓越，我國應該有迎頭趕上的志氣；但其「第一」的背後所隱藏、遮蔽的各種陰晦和不光榮，也千萬不要為其善於包裝所矇蔽，這樣才是一種健康、正常的作為。

國人一向崇尚大道、輕視小技，如何大小兼顧、妥善規劃、堅守崗位、持續努力，人人安於本分、積極營造和諧有序的社會氣氛……都是我們應隨時正視且可以做得到的課題。四十多年來，在臺澎金馬經由政府和全民的努力所創造的「臺灣經驗」不正足以證明「日本能，我們也能」嗎？吾人既不應妄自菲薄、自慚形穢、引喻失義、喪失信心，更不可夜郎自大驕奢自雄。眼前最重要的正是加速健全民主法治、促進技術密集與產業升級，落實科技生根、持續經濟發展、加強文教等革新……一切以「臺灣經驗」為基礎，日本經驗為借鑑，全力投入、淬厲奮發；必如此，所謂「經營大臺灣，建立新中原」才不會淪為具文、口號，才能蓄積更多「自由、民主、均富」的籌碼，「和平統一」國家的至高指標，才有實現的希望。

附註

①慶應三年（公元一八六七年）頒王政復古大號令，明年改元明治，其時西歐北美已步入第二次產業革命的階段。
②光緒廿年（日、明治廿七年、公元一八九四年）中日甲午戰爭。
③明治卅七年（公元一九〇四年）二月。
④民國卅四年（公元一九四五年）八月。
⑤曾任美國駐日大使，卸職前後所著書名。
⑥吉田茂遺作：「維持日本一百年」。（中譯本第一頁）
⑦兒玉幸多：「日本史地圖」第卅八頁。
⑧契仲著有「萬葉代匠記」。
⑨井上光貞等詳說「日本史」第八章第二節。
⑩同（註⑨）第七章第三即。大日本史（一七一〇）國史略（一八二三）、日本外史（一八二七）。
⑪同（註⑨）第二一二至二一三頁。
⑫引自：M. B. Jansen: Japan & Its Word, Two centuries of Change.
⑬陳再明著「日本論」第二十一頁。
⑭日本姿と心第三〇七頁。
⑮間引自溫禎祥著「日本映象」第一三〇至一三四頁。

⑯同（註⑬）第二十三頁。

⑰同（註⑬）第六十一頁至七十二頁。

⑱同（註⑭）第四〇四至四〇七頁。

⑲日本戰後國土面積約三十七萬八千平方公里、人口一億四百萬人（一九九三統計）山嶺錯雜、崎嶇重疊、平原僅關東平原略大，亦不過五千平方公里，濃尾、畿內、越後等平原均極狹小，可耕地約僅六萬平方公里，除富森林與海洋資源外，各項金屬、煤、石油等均非常貧乏。

⑳一九九一年世界統計：失業率（美六・七%、英八・一%、德六・三%、法九・六%、義一〇・九%、日二・一%）又犯罪率亦居美、英等五國之末；破案率居首為八五%（日本警視廳、警察白皮書一九九〇年）。

本文曾刊載高教簡訊六五期

卷四　成語・典故・源

壹、成語源掇拾（一六〇則）

廢寢忘食　三國志、蜀志、許靖傳。又，顏氏家訓、勉學。

興如嚼蠟　楞嚴經、八。

興兵動眾　戰國策、東周策。

興師動眾　吳子、勵士。

興高采烈　文心雕龍、體性。

燃松讀書　南史、顧歡傳。

燃荻夜讀　顏氏家訓、勉學。

燕雀安知鴻鵠志　史記、陳涉世家。

濫竽　韓非子、內儲說上。

濫竽充數　兒女英雄傳第卅五回。

騎驢覓驢　景德傳燈錄、卷廿一、道希禪師。

騎牛覓牛　景德傳燈錄卷九、大安禪師。

罄竹難書　呂氏春秋、明理。

每下愈況　莊子、知北游。

老蚌生珠　東漢孔融、與韋端書。

徐娘半老　南史、后妃傳下、徐妃。

覆水難收　後漢書、何進傳。又，李白妾薄命詩。

覆水不收　西晉潘岳、傷弱子辭。

蝦荒蟹亂　南宋傅肱蟹譜、兵證。

驕奢淫佚　左傳、隱公三年。

犬兔俱斃　戰國策、齊策三。又，新五代史、四夷附錄一。

犬吠之盜　史記、酷吏列傳。

犬吠之警　漢書、匈奴傳、贊。

犬馬之決　漢書、息夫躬傳。

犬馬之疾　東漢、張衡、東京賦。

犬馬之報　水滸傳第十一回。

犬馬之勞　水滸傳第五八回。又，三國演義第卅八回。

犬馬之養　論語、為政。

杏林春滿　東晉、葛洪、神仙傳卷十。
既往不咎　論語、八佾。
狼羊同飼　明、張居正答兩廣凌羊山計羅旁善後。
狠心狗行　元、楊暹西游記第十三齣。
狼吞虎噬　明、無名氏、鳴鳳記、二相爭朝。
狼吞虎嚥　水滸後傳第五回。
陶犬瓦雞　南朝、梁、孝元帝、金樓子、立言上。又，故事成語考、鳥獸。
期期艾艾　史記、張丞相周昌列傳。漢書、周昌傳。世說新語、言語。
得未曾有　楞嚴經、一。
得時無怠　國語、越語、下。
得意忘形　晉書、阮籍傳。
得意忘言　莊子、外物。
得意忘筌　同右。
得意洋洋　史記、管晏列傳。
笨鳥先飛　元、關漢卿、陳母教子第一折。
掩目捕雀　三國志、魏志、陳琳傳。
掩耳盜鐘　呂氏春秋、自知。

琴心劍膽 元、吳萊、寄董詩。
無愁天子 北齊書、幼主紀。
無何有之鄉 莊子、逍遙遊。
援鼈失龜 淮南子、說山訓
得不補失 三國志、吳志、陸遜傳。
得不酬失 後漢書、西羌傳、論。
郤老先生 唐、馮贄、雲仙雜記卷四。
香象渡河 優婆塞戒經、三種菩提品。
馬工枚速 漢書、枚乘傳。
馬耳東風 李白、答王十二寒夜獨酌有懷詩之二。
馬耳是瞻 左傳、襄公十四年。
馬往犬報 管子、大匡。
馬到成功 元、鄭廷玉、楚昭公第一折。
馬前潑水 傳說故事待考。
胡姑姑假姨姨 元、無名氏、謝金吾第三折。
柔情俠骨 花月痕第七回。
柔情蜜意 紅樓夢第一一一回。

政以賄成　左傳、襄公十年。
政由己出　史記、項羽本紀。
既來之則安之　論語、季氏。
楚弓楚得　公孫龍子、跡府。
稗沙門　大寶積經
楚材晉用　左傳、襄公廿六年
塞翁失馬　淮南子、人間訓。
塵垢粃糠　莊子、逍遙遊。
爨飯塗羹　韓非子、外儲左上。
養兵千日，用在一朝　人生必讀卷下。
韶顏稚齒　唐、蔣防、霍小玉傳。
養兒防老，積穀防饑　里語徵實卷下引宋、左圭、百川學海。
寢皮食肉　左傳、襄公廿一年。
隨珠彈雀　莊子、讓王
彈空說嘴　警世通言、莊子休妻鼓盆成大道。
餘勇可賈　左傳、成公二年。
蝦兵蟹將　四遊記、洞賓二敗太子。

膠柱調瑟　文子、道德。

膠柱鼓瑟　史記、廉頗藺相如列傳。

吾雖不殺伯仁，伯仁由我而死　晉書、周顗傳。

沙東三篋　漢書、張安世傳。

河東獅吼　宋、蘇軾、寄吳德仁兼簡陳季常詩。

狗仗人勢　紅樓夢第七四回。

狗口裏吐不出象牙　元、高文秀、遇上皇第一折。

狗血噴頭　金瓶梅詞話第十七回。

狗血淋漓　梁啟超、劫灰夢、會議。

狗吠之驚　史記、平津侯主父列傳。

狗吠非主　戰國策、齊策六。

狗肉不上桌　近人、李準、李雙、雙小傳四。

狗改不了吃屎　金瓶梅詞話第八六回。

狗苟蠅營　宋、文天祥、御試策一道。

狗肺狼心　崑曲、十五貫第二場。

狗尾續貂　虞預、晉錄。又，晉書、趙王倫傳。宋、孫光憲、北夢瑣言卷七。

狗急跳牆　敦煌變文集、鷰子賦

狗彘不若　荀子、榮辱。
狗豬不食其餘　漢書、元后傳。
狗頭鼠腦　黑籍冤魂第六回。
秉公任直　明、張居正、答鄭范溪書。
秉公滅私　明、張居正、論大敵。
秉文兼武　唐、牛肅、紀聞、吳保安。
秉文經武　南朝、梁、沈約、王亮等封侯詔。
秉正無私　三俠五義第十二回。
金甌無缺　南史、朱异傳。
金輝玉潔　清、劉大櫆、宋運夫時文序。
金輪皇帝　舊唐書、本紀六、則天皇后。
金鵄擘海　南宋、嚴羽、滄浪詩話、詩評。
治絲而棼　左傳、隱公四年。
其貌不揚　左傳、昭公廿八年。
如花似玉　詩、魏風、汾沮洳。
光風霽月　南宋、陳亮、賀周丞相啟。
走馬章臺　漢書、張敞傳。

走馬陣頭雨　明、馮夢龍、山歌、沿上。

走馬看花　唐、孟郊、登科後詩。

走馬上任　元、馬致遠、薦福碑、第二折。

走頭無路　元、楊顯之、瀟湘雨第三折。

走丸逆坂　舊唐書、李密傳。

如湯沃雪　西漢、枚乘、七發。

如魚得水　三國志、蜀志、諸葛亮傳。

赤雀銜丹書　太平御覽卷廿四引尚書、中候。史記、周本紀作「赤爵銜丹書」。

四方八面　景德傳燈錄卷廿、達空禪師。

瓜字初分　唐、李羣玉、醉後贈馮姬詩。

瓜衍之賞　左傳、宣公十五年。

功成不居　老子。

功成不退　李白、樂府、行路難其三，或稱古興其三。

使我有身後名，不如即時一杯酒　晉書、文苑傳、張翰。

功成身退　老子。

功成骨枯　唐、曹松、己亥歲詩之一。

功成者隳　莊子、山木。

包羅萬象　黃帝宅經卷上。
行屍走肉　東晉、王嘉、拾遺記、後漢。
多行不義，必自斃　左傳、隱公元年。
大義滅親　左傳、隱公四年。
以一奉百　東漢、王符、潛夫論、俘侈。
以一持萬　荀子、儒效。
以一當十　戰國策、齊策一。
以力服人　孟子、公孫丑上。
以人為鏡　墨子、非攻。舊唐書、魏徵傳。
以人為鑑　書、酒誥。又，莊子、德充符。又，新唐書、魏徵傳。
以人廢言　論語、衛靈公。
以一警百　漢書、尹翁歸傳。
五風十雨　南宋、王炎、豐年謠之一。
天涯若比鄰　唐、王勃、送杜少府之任蜀州詩。
天祿大夫　北宋、陶轂、清異錄、酒漿。
天壤王郎　晉書、列女傳、謝道韞。
重作馮婦　孟子、盡心下。

攘臂下車　孟子、盡心下。

人為刀俎，我為魚肉　史記、項羽本紀。

人琴俱亡　晉書、王徽之傳。

二桃殺三士　晏子春秋、內篇、諫下二。

二惠競爽　左傳、昭公、三年。

人間榮耀因緣淺　唐、白居易、老來生計詩。

人間禍福愚難料　唐、白居易、戊申暮詠懷詩之三。

二豎為虐　左傳、成公十年。

人間萬事塞翁馬　淮南子、人間訓。

大同小異　莊子、天下。

大莫與京　左傳、莊公廿二年。

五世其昌　左傳、莊公廿二年。

大筆如椽　晉書、王珣傳。

附註：各則成語下端文字為該則成語出處，私名號、書名號皆省略未作標示。

貳、老子與成語源

100.11.20

「老子修道德，其學以自隱無名為務。居周久之，見周之衰，迺遂去。至關，關令尹喜曰：『子將隱矣，彊為我著書。』於是，老子迺著書上下篇。言道德之意五千餘言而去，莫知所終。」（史記卷六三）五千言後人或稱老子、或稱道德經。分上下篇、八十一章，上篇道經、下篇德經；二十世紀八十年代馬王堆漢墓出土帛書老子則先德經而後道經。近世學者，或以老子一書為聃自撰，或以非聃所撰而成書于戰國。全書大旨主「道法自然」，無為而治，蘊辨證對立轉心之理；辭約義深，用韻。

古今漢語習用之成語，其出自該書者甚多。茲據四部備要本老子摘錄如次：

同出異名。（「兩者同出而異名，同謂之玄，……」） 玄之又玄。 以上，一。

有無相生。 難易相成。 長短相較。 高下相傾。 音聲相和。

前後相隨。 生而不有。 為而不恃。以上兩則五十一章亦出現。 功成弗居。

以上，二。

虛心實腹。（「虛其心實其腹……」） 弱志強骨。（「弱其志強其骨……」）以上，三。

道沖而用。　挫銳解紛。　和光同塵。以上，四。（五十六章作「和其光、同其塵。」）

天地不仁。　虛而不屈。　動而愈出。以上，五。

緜緜若存。　用之不勤。以上，六。

天長地久。七。

上善若水。　不爭無尤。以上，八。

持而盈之。　揣而梲之。　金玉滿堂。　自遺其咎。　功遂身退。以上，九。

載營魄抱。　專氣致柔。　滌除元覽。　明白四達。　生而畜之。　長而不宰。以上，十。

去彼取此。十二。（七十二章再現）　寵辱若驚。　大患若身。以上，十三。

視之不見。　聽之不聞。　不皦不昧。以上，十四。

微妙玄通。　深不可識。以上，十五。

虛極守靜。　沒身不殆。以上，十六。

親而譽之。　功成事遂。以上，十七。

絕聖棄智。　絕仁棄義。　絕巧棄利。　見素抱樸。以上，十九。

相去幾何。　相去若何。以上，廿。

孔德之容。　窈冥有精。以上，廿一。

曲全枉直。　窪盈敝新。以上，廿二。

企者不立。　誇者不行。　餘食贅行。以上，廿四。

有物混成。　周行不殆。　道法自然。以上，廿五。

重為輕根。　靜為躁君。　燕處超然。　輕則失本。　躁則失君。以上，廿六。

善行無迹（「善行無轍迹，……」）　善言無瑕（「善言無瑕謫。」）　常善救物。

雖智大迷。以上，廿七。

知雄守雌。（「知其雄守其雌。」）　常德不離。　知白守黑。（「知其白守其黑。」　為天下式。　常德不忒。　知榮守辱。（「知其榮守其辱。」）　常德乃足。　大制不割。以上，廿八。

或行或隨。　或歔或吹。　或強或羸。　或挫或隳。以上，廿九。

其事好還。　果而自矜。　果而勿伐。　果而勿驕。　果而勿強。　不道早已。以上，卅。

恬淡為上。　勝而不美。以上，卅一。

道常無名。　知止不殆。（「知止可以不殆。」）以上，卅二。

知人者智。　自知者明。　自勝者強。　知足者富。以上，卅三。

萬物恃之。　終不自為。（「終不自為大。」）以上，卅四。

淡而無味。（「淡乎其無味。」）卅五。

柔弱勝剛。卅六。

道常無為。卅七。

右上篇，一〇三則。

上德不德。　上德無為。　上仁為之。　上義為之。　上禮為之。

攘臂扔之。（「攘臂而扔之……」）　失道後德。（「失道而後德。」）　失德後仁。（「失德而後仁。」）失仁後義。（「失仁而後義。」）　居薄處實。（「居其薄處其實。」）　去彼取此。以上，卅八。

孤寡不穀。　琭琭如玉。　珞珞如石。以上，卅九。

有生於無。四十。

勤而行之。　若存若亡。　明道若昧。　進道若退。　夷道若纇。　上德若谷。　大白若辱。　建德若偷。　質真若渝。　大方無隅。　大器晚成。　大音希聲。　大象無形。　道隱無名。以上，四十一。

負陰抱陽。　沖氣為和。（「沖氣以為和。」）以上，四十二。

不言之教。四十三。

甚愛大費。（「甚愛必大費。」）　多藏厚亡（「多藏必厚亡。」）　知足不辱。以上，四十四。

大成若缺。　大盈若沖。　大直若屈。　大巧若拙。　大辯若訥。以上，四十五。

天下有道。　走馬以糞。　禍莫大於不知足。　咎莫大於欲得。以上，四十六。

其出彌遠。　其知彌少。　不行而知。　不見而名。　不為而成。以上，四十七。

為學日益。　為道日損。以上，四十八。

出生入死。五〇。

尊道貴德。　長長育之。　亭之毒之。　養之覆之。　長而不宰。以上，五一。

塞兌閉門。（「塞其兌，閉其門。」）　終身不勤。　開兌濟事。（「開其兌，濟其事。」）　終身不救。以上，五二。

介然有知。　唯施是畏。以上，五三。

以身觀身。　以家觀家。　以鄉觀鄉。　以國觀國。　以天下觀天下。以上，五四。

物壯則老。五五。

知者不言。　言者不知。　挫銳解紛。（「挫其銳，解其紛。」）以上，五六。

以正治國。　以奇用兵。　法令滋彰。　無為民化（「我無為而民自化。」）

好靜民正（「我好靜而民自正。」）　無事民富。（「我無事而民自富。」）　無欲民樸。（「我無欲而民自樸。」）以上，五十七。

禍兮福所倚。（「禍兮福之所倚。」）　福兮禍所伏。（「福兮禍之所伏。」）

方而不割。　廉而不劌。　直而不肆。　光而不燿。以上，五八。

治人事天。　莫知其極。　深根固柢。以上，五九。

治大國若烹小鮮。　六〇。

各得其所。　六一。

何棄之有。　六二。

報怨以德。　圖難於易。（「圖難於其易。」）為大於細。（「為大於其細。」）

不為大故能成其大。　輕諾寡信。（「夫輕諾必寡信，……。」）以上，六三。

合抱之木，生於毫末。　九層之臺，起於累土。　千里之行，始於足下。　以上，六四。

禍莫大於輕敵。　六九。

被褐懷玉。　七〇。

不爭善勝。（「不爭則善勝。」）　不言善應。（「不言則善應。」）

不召自來（「不召而自來。」）繟然善謀。（「繟然而善謀。」）

天網恢恢，疏而不失。　以上，七三。

民不畏死，奈何以死懼之。　七四。

堅強死之徒。（「堅強者，死之徒。」）　柔弱生之徒。（「柔弱者，生之徒。」）

以上，七六。

舉有餘損不足。（「舉之有餘者，損之不足者。」　損有餘補不足。（「損有餘而補不足。」）　以上，七七。

無以易之。　七八。

天道無親。　七九。

小國寡民。　什伯之器。　甘食美服。（「甘其食，美其服。」）

安居樂俗。（「安其居，樂其俗。」）　老死不相往來。　以上，八〇。

信言不美。　美言不信。　善者不辯。　辯者不善。　知者不博。

博者不知。　聖人不積。　既以為人，己愈有。　既以與人，己愈多。　以上，八一。

右下篇一二七則。

上下篇八十一章，合計二三〇則。

*各成語下端數字，如：一、二、三……八一等係老子各章章次。

參、「難」與成語、典故

俗語云：「做事難，做人更難。」難，金文、篆文字形多，惟略同；篆書從隹、嘆省聲，本義難鳥。①〈說文通訓定聲〉。楷書同字異體作「鷬」；簡體字作「难」，簡化字採簡體字形，未造新字。成語、典故有「難」字者為數可觀，茲彙集條述如次：（有*者，屬典故。）

難以為情　【出處】文選西晉石崇送王明君詩②：「傳語後世人，遠嫁難為情。」【釋義】一作「難乎為情」。謂情面上說不過去，內心不安之意。【舉例】二十年目睹之怪現狀第八八回：「心中上下打算，一會兒又想發作；一會兒又想到萬一芬臣辦不到，我這裏冒冒失失的發作了，將來難以為情。」

難以為繼　【出處】左傳隱公四年：「衛州吁弒桓公而立，公問於祭仲曰：『阻兵無眾，安忍無親；眾叛親離，難以濟矣！』」【釋義】不容易持續（或繼續）下去。

難乎為繼　【出處】禮記檀弓上：「以吾為邑長于斯也，買道而葬，後難繼也。」「孔子曰：『哀則哀矣，而難為繼也。』」【釋義】同右；略。【舉例】清王夫之讀通鑑論漢元帝三：「趙充國持重以破羌，功莫盛矣！二十餘年而羌人復反，吾故曰：

『難乎為繼也。』」

難以自料　【出處】唐韋應物寄李儋元錫詩：「去年花裏逢君別，今日花開又一年；世事茫茫難自料，春愁黯黯獨成眠。」【釋義】世上的事情，茫茫不定，不容易揣料。

難以逆料　【出處】朱子語錄：「事變無窮，難以逆料，隨機應變，不可預定。」【釋義】無法預料得到。

難以語人　【出處】明謝肇淛五雜俎事部一：「讀未曾見之書，歷未曾到之山水，如獲至寶，嘗異味，一段奇快，難以語人也。」【釋義】不容易告訴別人。

***難兄難弟**　【典源】世說新語德行：「陳元方（紀）子長文（羣）有英才，與季方（諶）子孝先（忠），各論其父功德，爭之不能決。咨於太丘（寔），太丘曰：『元方難為兄，季方難為弟。』」【釋義】本謂兄弟均佳，難分高下，詳上引。今恆用以形容兄弟同惡相繼。【舉例】南宋許月卿先天集贈黃藻詩：「難兄難弟誇京邑，莫負當年夢惠連。」

難分難解　【釋義】雙方爭鬥，相持不下，不容易分開。亦用以形容雙方關係密切，不容易分開。【舉例】西遊記第十回：「正在那難分難解之時，只見正南上香雲繚繞，彩雲飄飄，有一個女真人上前……。」紅樓夢第一一七回：「正在難分難解，王夫人寶釵急忙趕來。……」

難解難分　【釋義】同右【舉例】略。

難分難捨　【釋義】同右【舉例】兒女英雄傳第四〇回：「骨肉主婢之間，也有許多的難分難捨。」亦作「難捨難分」。

難解難入　【出處】妙法蓮華經方便品：「其智慧門，難解難入。」【釋義】佛教語。指佛陀所闡釋之理，深奧不易解，玄妙、不易入。

難守空幃　【出處】文選古詩十九首之二：「蕩子行不歸，空幃難獨守。」【釋義】形容婦女生活寂寞，難耐孤獨。

難收覆盆水　【出處】後漢書何進傳：「國家之事，亦何容易！覆水不可收。宜深思之。」【釋義】喻事情不容易挽回。【舉例】清李漁奈何天狡脫：「他便要回歸我也難收覆盆水。」

難見如鬼　【出處】戰國策楚策三：「（蘇秦）對曰：『楚國之食，貴於玉薪、貴於桂；謁者難得見如鬼；王難得見如天帝。……』」【釋義】形容謁見楚君之難，屬憤慨之語。

難言之隱　【出處】詩邶風柏舟：「汎彼柏舟，亦汎其流，耿耿不寐，如有隱憂；微我無酒，以敖以遊。」【釋義】不好說出口的隱秘事情。【舉例】三民主義民權主義第一講：「他當時似還有難言之隱。」近人許地山綴網勞蛛枯楊生花：「人生總有多少難言之隱，而老年的人更甚。」

***難更僕數**　【出處】禮記儒行：「遽數之不能終其物，悉數之乃留，更僕未可終也。」鄭玄

注：「僕，大僕也。君燕朝則正位掌擯相。更之者，為之將倦，使之相代。」「更難僕數」、「更僕」、「更僕難盡職（終）」、「更僕數」同義。【釋義】狀事物繁多，數不勝數。【舉例】清馬建忠適可齋紀言卷一：「告貸之方，難更僕數，散借于凡民，則苦其零星難集；專借于豪富，則虞其需索過多。」

難能可貴

【出處】北宋蘇軾荀卿論：「……此三者，皆天下之所謂難能而可貴者也。」【釋義】不容易做到的事，居然做到，非常值得珍惜。【舉例】近人章炳麟諸子學略說：「乃墨子於『小故』一條已能如此，是亦難能可貴矣。」

難易相成

【出處】老子第二章：「有無相生、難易相成。」【釋義】「難」與「易」彼此補充、成全；沒有難就顯不出易。

難進易退

【出處】禮記儒行：「儒有衣冠中，動作慎；其大讓如慢，小讓如偽；大則如威，小者如愧；其難進而易退也，粥粥若無能也。」【釋義】慎于進取，勇于退讓。【舉例】舊唐書薛登傳：「希仕者必修貞確不拔之操，行難進易退之規。」

難鳴孤掌

【出處】韓非子功名：「一手獨拍，雖疾（急）無聲。」【釋義】與「孤掌難鳴」同源、同義。謂一個巴掌打不響，恆用以形容勢單力薄。【舉例】古今雜劇元戴善夫陶學士醉寫風光好、四：「許下俺調琴瑟，我們難鳴孤掌，不線單絲。」

孤掌難鳴

【出處】同右。【釋義】同右。【舉例】古今小說、廿一、臨安里錢婆留發跡：「（錢鏐）看見城中已有準備，自己後軍無繼，孤掌難鳴，只得撥轉旗頭，重回舊路。」

難逃法網 【出處】老子第七三章：「天之道，不爭而善勝，不言而善應，不召而自來，繟然而善謀，天網恢恢，疏而不失。」【釋義】一作「法網難逃」。謂不容易逃避法律的制裁。

難得易失 【出處】淮南子原道訓：「故聖人不貴尺之璧而重寸之陰，時難得而易失也。」【釋義】得到並不容易，失去卻很簡單。

難得糊塗 【出處】宋史呂端傳：「太宗欲相呂端，或曰：『端為人糊塗。』太宗曰：『端小事糊塗，大事不糊塗。』」清鄭燮喜書橫額曰：「難得糊塗」，其按語云：「聰明難，糊塗尤難。由聰明而入糊塗更難。放一著，退一步，當下心安，亦非圖後報也。」【釋義】糊塗，本作糊突。狀人頭腦不清或事理不明。難得糊塗，謂想要糊塗，未必容易。亦即勿過分苛察細求乃處世退忍之良方。

難盡筆紙 【出處】晉書左思傳：「造齊都賦，一年乃成，復欲賦三都，會妹芬入宮，移家京師，乃詣著作郎張載，訪岷邛之事，遂構思十年，門庭藩溷，皆著筆紙，遇得一句，即便疏之。」【釋義】其意略同「紙短情長」恆用于書信結束處。

難與爭鋒 【出處】史記留侯世家：「慎毋與楚爭鋒。」又，吳王濞列傳：「吳、楚兵甚銳，難與爭鋒。」【釋義】謂不可與對方正面交手。

難以口舌爭也 【出處】史記留侯世家：「上欲立趙王如意，大臣多諫爭。呂后乃使呂澤、留侯，為我畫計。留侯曰：『此難以口舌爭也。』」【釋義】不能用言語來爭取的。

難見廬山真面目　【出處】北宋蘇軾遊廬山題西林壁詩：「橫看成嶺側成峯，遠近高低各不同；不識廬山真面目，只緣身在此山中。」【釋義】謂不容易看出事情的真相。

難將一人手，掩得天下目　【出處】晚唐曹鄴讀李斯傳詩：「欺暗常不然，欺明當自戮；難將一人手，掩得天下目。」【釋義】沒法用個人的一隻手掌，掩蓋住所有人的眼睛。

大名難居　【出處】史記越王勾踐世家：「勾踐以霸，而范蠡稱上將軍。還反國，范蠡以為大名之下，難以久居……」【釋義】盛名之下，不易自處。【舉例】唐李白澤畔令序：「所謂大名難居，碩果不食。」

大難不死　【出處】易明夷：「內文明而外柔順，以蒙大難。」【釋義】面臨巨大的災變、禍患而尚能倖存。【舉例】古今小說廿一、臨安里錢婆留發跡：「大難不死，必有後祿。今日說錢公滿意要溺死孩兒，又被王婆留住，豈非天意。」大難不死，必有後祿亦作「大難不死，必有後福」。

大難臨頭　【出處】「大難」詳右。【釋義】巨大的災變、禍患落到身上。【舉例】近人朱自清你我：「大難臨頭，不分你我。」

先難後獲　【出處】論語雍也：「仁者先難而後獲，可謂仁矣。」【釋義】先付出勞苦，然後有了收獲。其義與「先事後得」（顏淵）同，謂不坐享其成。【舉例】南宋朱熹答林退思書：「故夫子嘗以先難而後獲為仁，又以先事而後得為崇德。」

何難之有

出處待考。【釋義】謂沒有困難。

知難而行

【出處】左傳定公六年：「陳寅曰：『子立後而行，吾室亦不亡，唯君亦以我為知難而行也。』」【釋義】明明知道困難，依然去做。

知難而進

出處待考。【釋義】迎向困難。狀意志堅定、決心堅強。

知難而退

【出處】左傳僖公廿八年：「軍志曰：『允當則歸。』又曰：『知難而退。』」又，宣公十二年：「見可而進，知難而退，軍之善政也。」晉書蔡豹傳：「知難而退，誠合兵家之言。」【釋義】本義：作戰應見機行事，遇形勢不利則應適時退卻。後泛指作事須衡量實力，倘困難無從克服，則應中止之。今亦用以狀知道困難而裹足不前。【舉例】唐皇甫湜答李生第二書：「夫無難而退，謙也；知難而退，宜也，非謙也。」南宋楊萬里答本路安撫張尚書：「某不才多病之身，一生寡偶，幾覆車于太行，沉舟于呂梁，知難而退，棄官九載。」

知難行易

【出處】三民主義民族主義第五講：「諸君要知道知難行易的道理，可以參考我的學說。」按：我的學說即孫文學說。【釋義】瞭解事情的道理不容易；而實行卻相對地容易多了。【舉例】在哲學上，孫中山先生提出「知難行易」說，批判了「知之非艱，行之惟艱」的傳統保守思想。

患難與共（一作患難同當）【出處】禮記中庸：「素患難，行乎患難。」墨子貴義：「若有患難，則使百人處於前，數百於後。」史記越王勾踐世家：「越王為人長頸鳥喙，可與共患難，不可與共樂。」【釋義】一起面對艱險困苦的處境。

患難之交【出處】明焦竑玉堂叢語荐舉：「仲舉與文貞在武昌，因患難之交，訥黑窰匠一文，嗣初教書儒生以一詩，皆入啟事，悉登臺閣。」【釋義】共同經歷艱險困苦的處境而有深厚的情誼。

患難相死【出處】禮記儒行：「儒有聞善以相告也，見善以相示也，爵位相先也，患難相死也。」【釋義】遇有災變、禍害，彼此不惜生命，相互救助。

患難相恤　出處待考。【釋義】義同患難相死。【舉例】東周列國志第九〇回：「今日但當刑牲歃血，誓于神明，結為兄弟，務期患難相恤。」

患難相扶　出處待考。【釋義】義同患難相死。【舉例】明無名氏鳴鳳記鄒慰夏孤：「大抵天生忠義，多是患難相扶。」

艱難險阻（本作險阻艱難）【出處】左傳僖公二十三年：「晉侯在外十九年矣；而果得晉國，險阻艱難備嘗之矣。」周書梁禦傳論：「史臣曰：『梁禦等負將率之材，蘊驍銳之氣，遭逢喪亂，馳騖干戈，艱難險阻備嘗，而功名未立。』」【釋義】本義：山川艱險梗塞。恆用以狀人生涯歷程所遇困境、挫折。

艱難竭蹶【出處】詩小雅白華：「天步艱難，之子不猶。」荀子儒效：「故近者歌謳而樂之，遠者竭蹶而趨之。」注：「竭蹶，顛倒也。」議兵作「竭蹷」。【釋義】形容生活資源匱乏、艱困等狀態。

臨難不屈【出處】舊唐書劉弘基傳：「高祖嘉其臨難不屈，賜其家粟帛甚厚。」【釋義】面對危險、逼害，依然堅守志節，不降服、不順從。

臨難不恐【出處】韓非子說疑：「夫見利不喜，上雖厚賞無以勸之，臨難不恐，上雖嚴刑無以威之，此之謂不令之民也。」【釋義】與「臨難不懼」「臨難不懾」「臨難无懾」義近似。【舉例】舊唐書郗士美李鄘等傳：「見危致命，臨難不恐。士美、建侯，仁者之勇。」

臨難不懼【出處】鄧析子无厚：「死生自命。貧富自時。怨夭折者，不知命也。怨貧賤者，不知時也。故臨難不懼，知天命也。貧窮无懾，達時序也。」與「臨難不恐」「臨難不懾」「臨難无懾」義近似。【舉例】北宋蘇軾孔北海贊：「世之議公者才氣各有高卑，然皆以臨難不懼，談笑就死為雄。」

臨難不懾出處待考。【釋義】與「臨難不恐」「臨難不懼」「臨難无懾」義近似。【舉例】明屠隆彩毫記預識汾陽：「呀！看這綁縛漢子，偉幹長軀、丰神軒舉，臨難不懾，必是人豪。」

臨難无懾出處待考。【釋義】與「臨難不恐」「臨難不懼」「臨難不懾」義近似。【舉例】唐張說齊黃門侍郎盧公神道碑：「公處屯安貞，賦詩頹飲，視得失蔑如也，臨難

臨難不避　无懾，在黜无慍，危不去主，仕不違親，休明有賓禮之盛，顛覆無淪胥之禍。」出處待考。【釋義】面對危難，並不迴避。形容勇敢膽大。【舉例】東周列國志第四回：「夫料事能中，智也；盡心謀國，忠也；臨難不避，勇也；殺身救國，仁也。」

臨難鑄兵　【出處】晏子春秋內篇雜上：「溺者不問墜，迷者不問路，溺而後問墜，迷而後問路，譬之猶臨難而遽鑄兵，噎而遽掘井，雖速，亦无及已。」【釋義】面對危難，才匆匆忙忙鑄造武器，喻事先不作準備。【舉例】梁書韋叡傳：「賊已至城下，方復求軍，臨難鑄兵，豈及馬腹。」

***一木難支**　【典源】世說新語任誕：「（和嶠）曰：『元裒如北夏門，拉攞自欲壞，非一木所能支。』」隋王通文中子事君：「大廈將顛，非一木所支也。」【釋義】比喻崩潰之形勢，非一個人之力所能支持、挽回。亦用以喻艱巨之事，恒非一人所能勝任。【舉例】明張景飛丸記園中落井：「不想一木難支將顛運，可惜枉費了精神，志未伸。」

一木難扶　【釋義】同右【舉例】封神演義第九四回：「臣聞：『大廈將傾，一木難扶。』目今庫藏空虛，民日生怨，軍心俱離，綜有良將，其如人心未順何……」出處待考。

獨木難支　【釋義】義同一木難支。【舉例】封神演義第九三回：「屢欲思報此恨，惟獨木難支，不能向前；今此來特假將軍之兵，上為朝廷立功，下以報天倫私怨。」

一言難盡　【釋義】不是一句話能說完的。表示事情曲折複雜。【舉例】京本通俗小說志誠張主管：「張主管道：『小夫人為何在這裏？』夫人道：『一言難盡。』」水滸傳第十五回：「我們有一年多不去那裏打魚。如今泊子裏把住了，絕了我們衣飯，因此一言難盡！」

一言難罄　出處待考。【釋義】同右。【舉例】歧路燈第卅四回：「若再講他們色子場中，如何取巧弄詭之處，真正一言難罄，抑且掛一漏萬。」

人才難得　【出處】北宋蘇軾謝宣召入院狀：「首擇輔臣，次求法從，知人才之難得，採虛名而用。」【釋義】有才能的人不容易延攬到。謂須愛惜人才。【舉例】元費唐臣貶黃州一折：『主上震怒，送廷尉治罪，要處之死地。我想來，人才難得，又使主上有殺近臣之名，只索救他一遭去。』」

人心難測　【出處】史記淮陰侯列傳：「始常山王成安君為布衣時，相與為刎頸之交……此二人相與，天下至驩也。然而，卒相禽（擒）者，何也？患于多欲，而人心難測也。」【釋義】人的心思，不容易揣測。【舉例】鏡花緣第廿五回：「宮娥面前，凡有言談，亦須仔細。誠恐人心難測，一經疏忽，性命不保。」

人心莫測　出處待考。【釋義】人的心思不可測。義近人心難測。【舉例】清黃宗羲張蒼水墓志銘：「止憑此一線未死之人心，以為鼓蕩。然而，形勢昭然者也，人心莫測者也。」

材大難用 【出處】莊子逍遙遊：「惠子謂莊子曰：『吾有大樹，人謂之樗，其大本擁（臃）腫而不中繩墨，其小枝卷曲而不中規矩，立之塗，匠者不顧。』」【釋義】大而枝幹捲曲的樹木沒有適用之處。後恒以材大難用喻有才能而不遇其時。【舉例】唐杜甫古柏行：「志士幽人莫怨嗟，古來材大難為用。」

才大難用 【釋義】「材」通「才」。餘詳右。【舉例】書言故事花木類：「有才不遇，曰才大難用。」

寸步難移 【出處】敦煌變文集維摩詰經講經文：「吾緣染患，寸步難移。」【釋義】形容走路困難。亦比喻處境艱困，不得活動。【舉例】京本通俗小說馮玉梅團圓：「奴孤身被敵軍所掠，行了兩日一夜，到于此地，兩腳俱腫，寸步難移。」

寸步難行 出處待考。【釋義】義同寸步難移。【舉例】元白仁甫東情記二折：「聽了他淒涼慘切，好教我寸步難行。」醒世恆言卷三：「美娘赤了腳，寸步難行。」

女大難留 出處待考。【釋義】謂女子及笄，終須出嫁，不能久留于家。【舉例】元關漢卿崔張十六事花惜風情曲：「夫人，你得休便休，也不索出乖弄丑，自古來女大難留。」

女大不中留 出處待考。【釋義】義近女大難留。【舉例】元王實甫西廂記四本二折：「夫人得好休，便好休，這期間何必苦追求？常言道：『女大不中留』。」

千載難逢【出處】南齊孔琇之臨終上表：「臣以凡庸，謬徼昌運，奬擢之厚，千載難逢。」【釋義】一千年也不容易遇到一次。形容機會非常不易遇到。【舉例】紅樓夢第十六回：「那可是千載難逢的！那時候我才記事兒。」

本性難移出處待考。【釋義】原先養成的癖性、習慣，不容易改變。【舉例】元關漢卿裴度還帶一折：「此等人本性難移，可不道他山河容易改？」元無名氏小張屠三折：「貪財的本性難移，作惡的山河易改。」

***水覆難收**【典源】本作「反水不收」。後漢書光武帝紀上：「反水不收，後悔无及。」後始作「覆水不收」、「覆水難收」、「水覆難收」、「潑水難收」。後漢書何進傳：「國家之事，談何容易，覆水不可收。」西晉潘岳傷弱子辭：「葉落永離，覆水不收，赤子何辜，罪我之由？」南宋王楙野客叢書心堅石穿覆水難收：「案：姜太公妻馬氏，不堪其貧而去。及太公既貴，再來，太公取一壺水傾于地，令妻收之，乃語之曰：『若言離更合，覆水定難收。』」【釋義】已潑出去的水，無法收回。喻事已成定局、不可挽回。【舉例】明崔時佩西廂記堂前巧辯：「自古來沈舟可補，如今覆水難收。」元關漢卿緋衣夢二折：「昏天地黑誰敢向這花園裏走，我從來有些怯候，為那吃創的梅香無去就，到如今潑水難收。」明無名氏勘金環三折：「世做的潑水難收，到宮中怎生解救。」西遊記第十一回：「自古云：潑水難收，人逝難返，你怎麼還……。」

在劫難逃　【出處】梵語 kalpa 音譯「劫臘波」、「劫波」、「劫簸」，略作劫。法苑珠林三、劫量篇：「何名為劫，……依西梵正音名為劫簸颰陀。」注：「劫簸者，亦名劫波，秦言分別時節。」古印度傳說世界經歷若干萬年毀滅一次，重新開始，此一周期曰一「劫」。「劫」之時間長短，佛經各有不同說法。一「劫」包括「成」、「住」、「壞」、「空」四階段。入壞劫時，有水、火、風三災出現，世界歸于毀滅。敦煌變文集溫室講唱押座文：「百年萬劫作輪王，不樂王宮恩愛事。捨命捨身千萬劫，直至今身證菩提。」【釋義】處于阨運，不容易迴避。謂命中注定要遭遇禍害，無從規避。【舉例】唐李白妾薄命詩：「雨落不上天，水覆最難收；君情與妾意，各自東西流。」

在所難免　出處待考。【釋義】不容易避免，謂發生之機率甚高。【舉例】清李伯元活地獄第九回：「或者陽示和好，暗施奸刁的，亦在所難免。」

有口難分　出處待考。【釋義】有嘴卻不容易分辯。恆用以形容蒙受冤曲而無從申述。【舉例】元李行道灰闌記一折：「誰想到員外跟前，又說我與了奸夫，著我有口難分。」

有口難辯　一作「有口難辨」。【釋義】同右。【舉例】喻世明言卷二：「孟夫人有口難辯，倒被他纏住身子，不好動身。」

有口難言　出處待考。【釋義】因某一原因，心中的話不能對人說。【舉例】北宋蘇軾醉醒者詩：「有道難行不如醉，有口難言不如睡。」醒世恆言卷卅九：「收送福堂，波羅蜜自做甘受，陷入色界，磨兜堅有口難言。」

百口難分　出處待考。一作「百口莫辯」。**【釋義】**即時有一百張嘴，也不容易辯解清楚。**【舉例】**花月痕第三回：「這薄倖二字，我也百口難分了。」

有國難投　出處待考。**【釋義】**因某種原因，有國而歸不得。**【舉例】**元無名氏馬陵道二折：「我這裏叫盡屈有誰來分剖，送的我眼睜睜有國難投。」

有翅難飛　出處待考。**【釋義】**即使長出翅膀，也飛不出去。形容陷入無法擺脫之困境。**【舉例】**明無名氏杏林莊三折：「暗埋伏猛軍四面圍，縱然他有翅難飛。」

有家難奔　出處待考。**【釋義】**受限于某種原因，雖然有家卻回不去。**【舉例】**元秦簡夫東堂老四折：「你可為甚麼切齒嚼牙恨，這是你自做的來有家難奔。」

好夢難成　出處待考。**【釋義】**狀無法入睡。**【舉例】**元無名氏雲窗夢三折：「薄設設衾寒枕冷，愁易感好夢難成。千愁萬恨斷腸人，怎當那半夜三更莫秋景。」

好夢難圓　出處待考。**【釋義】**昔謂解說夢中事，從而附會人事，推測吉凶，曰圓夢。本則成語多用以喻好事多難實現。**【舉例】**明湯顯祖紫釵記劍合釵圓：「彩雲輕散，好夢難圓。」

眾口難調　**【出處】**五燈會元廬山開先善暹禪師：「羊羹雖美，眾口難調。」**【釋義】**謂眾人口味不一，不容易調和得大家滿意。**【舉例】**元鄧玉賓中呂粉蝶兒：「羊羹雖美，眾口難調。」亦恆用以喻不易使眾人意見一致。封神演義第卅三回：「臣非縱子不忠，奈眾口難調。」

眾怒難犯

【出處】左傳襄公十年：「子產曰：『眾怒難犯，專欲難成，合二難以安國，危之道也。』」【釋義】眾人的憤怒不可冒犯。【舉例】晉書趙王倫傳：「（孫）秀知眾怒難犯，不敢出省。」宋史上官正傳：「正婞直而失于謙和，每謗書至，朕雖力與明辯，然眾怒難犯，恐其不能自全。」

眾怒難任

【出處】唐陸贄請不置瓊林大盈二庫狀：「眾怒難任，蓄怨終泄，其患豈徒人散而已。」【釋義】眾人的憤怒，不容易抵擋。任，抵擋。

眾寡難敵

【出處】本作「眾寡不敵」。三國志魏志郭淮傳：「諸將議眾寡不敵，備便乘勝，欲依水為陣以拒之。」又作「眾寡莫敵」。【釋義】謂人少敵不過人多。【舉例】明沈采千金記招集：「選下精兵八千，遠渡江東，誠恐眾寡難敵，為此又行出榜。」

舊病難醫

出處待考。【釋義】老毛病不容易治癒。喻昔日缺點錯誤不易改正。【舉例】明無名氏三化邯鄲三折：「則待作抱官囚，覓不著逃生計，急回頭待悔來應遲，又不將心猿意馬牢拴繫，也不是你本性難移，舊病難醫。」

欲壑難填

【出處】國語晉語八：「叔魚生，其母視之，曰：『是虎目而豕喙，鳶肩而牛腹，溪壑可盈，是不可饜也，必以賄死。』」【釋義】貪婪的欲望不容易滿足，似深谷難以填滿一般。形容貪欲極大。【舉例】清壯者掃迷帚第廿三回：「前日又向其姊需索百金，以供孤注。姊以欲壑難填，嚴詞峻拒。」近人魯迅南腔北調集談金聖嘆：「他們雖然至今不知道『欲壑難填』的古訓；卻很明白『成則為王，敗則為賊』的成語。」

情理難容

出處待考。【釋義】於情於理都不可能容忍、寬恕。【舉例】元關漢卿蝴蝶夢二折：「孩兒每萬千死罪犯公徒，那廝每情理難容。」初刻拍案驚奇卷十一：「明知這事有些尷尬，也將來草草問成。竟不想殺人可恕，情理難容。」

落落難合

【出處】後漢書耿弇傳：「將軍前在南陽，建此大策，常以為落落難合，有志者事竟成也。」一作「落落寡合」，義同。【釋義】見解孤立，無可與謀。後亦用以形容性情孤傲，不易合羣。【舉例】南宋周輝清波別志卷中：「昔曾吉甫秘監與人書，不作札子，且以字呼。一時館職欲從篤厚，以變舊習，竟落落難合。」

插翅難逃

出處待考。【釋義】義近「有翅難飛」。【舉例】東周列國志第卅六回：「呂大夫守住前門，郤大夫守住後門，我領家眾據朝門，以遏救火之人。重耳雖插翅難逃也。」說岳全傳第卅七回：「康王見兀朮將次趕上，真個插翅難逃，只得束手就擒。」

插翅難飛

出處待考。【釋義】猶插翅難逃。【舉例】野叟曝言第七一回：「又全尋思，這樣圍牆，插翅難飛。」

滋蔓難圖

【**出處**】左傳隱公元年：「公子呂曰：『无使滋蔓，蔓難圖也。蔓草猶不可除，況君之寵弟乎。』」【**釋義**】本指稱野草滋生，不易剷除。後多以此成語比喻勢力擴大了，再要消滅它，是非常不容易的。【**舉例**】清史稿王拯傳：「信宜陳金釭尤為巨憝，羣賊相為一氣，滋蔓難圖。」

善門難開

出處待考。【**釋義**】指一作善事則求助者多，以至無法應付。【**舉例**】官場現形記第卅四回：「這太原一府，正是被災頂重的地方。大善士見機，曉得善門難開。倘若再像從前耀武揚威，被鄉下那些人瞧見，一擁而前，那時節，連他的肉都被人家吃掉還不夠。」

***覆盆難照**

【**典源**】東晉葛洪抱朴子辨問：「日月有所不照，聖人有所不知，豈可以聖人所不為，便云天上無仙，是責三光不照覆盆之內也。」一作「覆盆之冤」。【**釋義**】陽光照不到翻過來扣著的盆面。喻沉冤無處申訴。【**舉例**】好逑傳第五回：「又說道：『久知覆盆難照，已拚畢命于此，幸遇高賢大俠，倘蒙憐而垂手，則死之日，猶生之年矣。』」

***擢髮難數**

【**典源**】戰國時代，魏國須賈曾陷害范雎。後，范雎為秦相，須賈使秦，向雎謝罪，雎問：「汝罪有幾？」賈曰：「擢賈之髮以續賈之罪，尚未足。」史記范雎蔡澤列傳：「范雎者魏人也。……欲事魏王。家貧無以自資，乃先事魏中大夫須賈。……齊襄王聞雎辯口，乃使人賜雎金十斤及牛酒。雎辭謝不敢受。須賈知之大怒。以為雎持魏國陰事告齊，故得此饋。……心怒雎，以告魏相。……魏齊使舍人笞擊雎，折脅摺齒，……秦昭王四十一年也，范雎既相秦，秦號曰張祿而魏不知。……魏使須賈於秦。……范雎曰：『汝罪有幾？』曰：『擢賈之髮以續賈之罪，尚未足。』范雎曰：『汝罪有三耳！……』」「不可擢髮」、「須賈擢髮」、「擢髮莫數」、「擢髮數」、「擢髮數罪」、「擢髮罪不勝」、「擢數」為此典曾見之例，義同「擢髮難數」。【釋義】形容罪行極多。【舉例】唐大詔令集會昌四年平潞州德音詔：「脅從百姓，殘忍一方。積惡成殃，擢髮難數。」野叟曝言第七二回：「秦檜之罪，擢髮難數，誠能被施全捉住，生啖其肉，何快如之！」

*罄竹難書

【典源】呂氏春秋明理：「亂國之所生也，不能勝數，盡荊越之竹猶不能書。」漢書公孫賀傳：「南山之竹，不足受我辭。斜谷之木，不足為我械。」【釋義】極言事實之多，難以盡載。恆用以指罪惡；惟偶亦用以形容好人好事。【舉例】舊唐書李密傳：「密復親率兵三萬逼東都，……戰於故都城，隋軍敗走。密……仍作書以移郡縣曰：『……有一於此，未或不亡。況四維不張，三靈總瘁，……。罄南山之竹，書罪未窮；決東海之波，流惡難盡。』」明史鄒維璉傳：「忠賢大奸大惡，罄竹難書。」唐皮日休文藪移元徵君書：「房杜姚宋，何人也，果行是道，罄南山之竹，不足以書足下之功，窮百谷之波，不足以注足下之善。

……」（卷九）近人鄒韜奮抗戰以來廿三：「淪陷區的同胞在抗戰中所表現的奇蹟，真是所謂罄竹難書。」按：三、四等二例即用以形容好人、好事。

沒齒難忘

【出處】論語憲問：「問管仲，曰：『人也。奪伯氏駢邑三百，飯疏食，沒齒無怨言。』」沒齒，終身；一輩子。書微子之命：「予嘉乃德，日篤不忘。」一作「沒齒難泯」、「沒齒不忘」、「沒身不忘」。【釋義】一輩子不容易忘記。恆用以表示感恩。【舉例】唐李商隱為汝南公華州賀赦表：「司馬談闕陪盛禮，沒齒難忘。」明楊柔勝玉環記范張別皋：「遽然拆散更堪憐，何時結草報銜環，沒齒難忘感二天。」鏡花緣第四五回：「不獨三次四次之糞臭不可當，而且那股銅臭尤不可耐，惟求法外施仁，沒齒難忘。」南宋陳亮眾祭孫沖季文：「爾友咸在，爾魂茫茫。爾不能飲，飲爾以漿。各以意接，言不能詳。失聲而號，痛裂肺腸。何以慰子？沒身不忘。」明陸采懷香記夕陽亭議：「你果成得此事，下官感你的恩德，真是鏤骨銘心，沒齒難泯。」西遊記第七〇回：「長老，你果是救得我回朝，沒齒不忘大恩。」說岳全傳第十四回：「岳大爺道：『恩師大德，門生等沒齒不忘。』」

尾大難掉

【出處】本作「尾大不掉」。左傳昭公十一年：「（楚靈）王曰：『國有大城，何如？』（申無宇）對曰：『……末大必折，尾大不掉，君所知也。』」文選曹冏六代論：「所謂末大必折，尾大難掉，尾同于體，猶或不從，洗乎非體之尾，其可掉哉！」亦作「末大不掉」。【釋義】一、尾大至轉動不靈。喻上弱下強，指揮失常；即部屬勢力太大，不受指揮調度。二、喻事物因輕重關係倒置，形成難以駕馭之局。【舉例】舊唐書朱克融等傳論：「二百餘年，自相崇樹，雖朝廷有時命帥，而世人多務逐君。習若忘非，尾大不掉，非一朝一夕之故也。」唐柳宗元封建論：「余以為周之喪久矣，徒建空名于公侯之上耳！得非諸侯之盛強，末大不掉之咎歟？」明郎瑛七修類稿張友諒始末：「今乘尾大不掉之舟，損兵弊甲，遲遲與吾相持。」

*河清難俟

【典源】典源：黃河千年一清。左傳襄公八年：「子駟曰：『周詩有之曰：『俟河之清，人壽幾何！』』」東晉王嘉拾遺記高辛：「又有丹丘千年一燒，黃河千年一清，至聖之君，以為大瑞。」「河清」、「河清難俟」、「河清人壽」、「河清三日」、「河清社鳴」、「河清聖黃河清」、「黃河一代清」、「千年一清」、「俟河之清」等均為常見典例。【釋義】聖君在位之昇平之端，或喻時機難遇。【舉例】南朝梁費昶行路難詩：「黃河千年始一清，微軀再逢永無議。」清鈕琇觚賸序賦創格：「然則人壽幾何？河清難俟。」

海水難量

【出處】本作「海水不可斗量」。淮南子泰族訓：「故凡可度者小也，如數者少也。至大非度之所能及也；……故九州不如頃畝也，八極不可道里也。太山不如丈尺也，江海不如斗斛也。」【釋義】以升斗量計汪洋大海之水，無法獲知海有多大。恆用以比喻憑人之現狀不可低估其未來。【舉例】喻世明言第廿七回：「有人稱我八字，到五十歲上，必然發迹。常言：『海水不可斗量』你休料我。」羣音類選清腔類前腔二首：「看從來海水難量也，任你紛紛白眼多。」

神鬼難測

【出處】「神鬼不測」、「神鬼莫測」義與「神鬼難測」近似。論語八佾：「祭神如神在。」又，先進：「季路問事鬼神。子曰：『未能事人，焉能事鬼。』曰：『敢問死。』曰：『未知生，焉知死。』」按：神、鬼乃超越吾人時空之個體。【釋義】神靈、鬼怪很不容易揣度。極言事情隱秘、神異。【舉例】明無名氏伐晉興齊四折：「這龍韜虎略，神鬼難測。」

盛筵難再

【出處】「盛筵必散」、「盛筵易散」義近而有別。唐王勃秋日登洪府滕王閣餞別序：「勝地不常，盛筵難再。」【釋義】豪華、隆重的筵會不容易一次又一次地舉辦。多用以喻美景不可多得。

左右兩難

出處待考。一作「左右為難」。【釋義】兩面為難。謂處于某一困境之中，不易作出決定。【舉例】元楊顯之瀟湘雨一折：「我欲待親自去尋來，限次又緊，著老夫左右兩難，如何是好？」紅樓夢第一二〇回：「襲人此時更難開口，住了兩天，細想起來：『哥哥辦事不錯，若是死在哥哥家裏，豈不又害了哥哥呢！』千思萬想，左右為難。」文明小史第五回：「真正弄的他左右為難，進退維谷，心上又氣又急。」

冒險犯難【出處】三國志蜀志王連傳：「不宜以一國之望，冒險而行。」易需：「需于郊，不犯難行也。」【釋義】不辭危險、不避困難，勇往直前。

來日大難【出處】古樂府善哉行③：「來日大難，口燥唇乾；今日相樂，皆當喜歡。」【釋義】本義：以後之事，不易辦理。後多指稱前途困難重重。

急人之難【出處】本作「急人之困」。史記魏公子列傳：「（趙）勝所以自附為婚姻者，以公子之高義，為能急人之困。」【釋義】迫不急待地為人解決困難。【舉例】明歸有光吳純甫行狀：「篤于孝友，急人之難，大義落落，人不敢以利動。」出處待考。【釋義】解決許許多多的困難。排除，排解去除。萬，形容眾多，為

排除萬難數不少。【舉例】只要我們深具信心，發揮智慧，冷靜沈穩，必能排除萬難，迎刃而解。

行易知難【出處】義同「知難行易」。詳「知難行易。」【舉例】民權主義第二講：「天下的事情，的確是行易知難。」今人葉聖陶某城記事：「說行易知難，真是確切不移。」

知易行難【出處】上古認識論命題。古文尚書說命中：「非知之艱，行之惟艱。」左傳昭公十年：「非知之實難，將在行之。」

***毀家紓難**【典源】左傳莊公卅年：「鬥穀於菟為令尹，自毀其家，以紓楚國之難。」一作「毀家紓國」。宋史度宗紀：「容難。臣歸省偏親，誓當趨事赴功，毀家紓難，

……以報君父之造。」【釋義】傾盡家產，以解救國難。【舉例】晉書石苞傳：「今司徒位當其任，乃心王事，有毀家紓國，乾乾匪躬之志。」清錢謙益清文華殿中書房辦事大理寺右寺副汪鏕授儒林郎制：「夫毀家紓國，大臣之有事；急病讓夷，君子之所貴。」

一文錢難倒英雄漢　出處待考。一作「一文錢逼死英雄漢」。【釋義】沒有錢，即使英雄豪傑也一樣走頭無路。謂錢極重要。一文錢，區區之數。稱身無分文。【舉例】兒女英雄傳第十九回：「天下事只怕沒有銀錢，便是俗話說得好：『一文錢，難倒英雄漢。』」

***慶父不死，魯難未已**　【典源】魯莊公薨，子般即位。莊公弟慶父使圉人弒子般立閔公。後又弒閔公而奔莒。左傳閔公元年：「齊仲孫湫來省難，歸曰：『不去慶父，魯難未已。』」史記魯周公世家：「莊公有三弟，長曰慶父，次曰叔牙，次曰季友。莊公取（娶）齊女為夫人曰哀姜。哀姜無子，哀姜娣曰叔姜，生子開，莊公無適嗣，愛孟女，欲立其子斑（子般）。……（卅二年）八月，癸亥，莊公卒，季友竟立子斑（子般）為君，如莊公命。……先時，慶父與哀姜私通，欲立哀姜娣子開。及莊公卒，而季友立斑。十月己未，慶父使圉人犖殺魯公子斑於黨氏，季友奔陳。慶父竟立莊公子開是為湣公（閔公）。湣公二年……哀姜與慶父謀殺湣公而立慶父，慶父使卜齮襲殺湣公於武闈。……魯人欲誅慶父，慶父恐，奔莒。」

【釋義】喻禍根不除，不得安寧。【舉例】晉書李密傳：「出為溫令，而憎疾從事，嘗與人書曰：『慶父不死，魯難未已。』」

見可而進，知難而退；千軍易得，一將難求　出處參「知難而退」。【釋義】謂人才難得。【舉例】元關漢卿尉遲恭單鞭奪槊二折：「可不道：『千軍易得，一將難求』怎做的蕭何智謀？」東周列國志第四六回：「史臣論秦事，以為『千軍易得，一將難求』，穆公信孟明之賢，能始終任用，所以卒成伯業。」

江山易改，稟性難移　出處待考。又作「江山易改，本性難移」、「江山好改，秉性難移」、「江山好改，本性難移」。【釋義】河山自然的面貌比較容易改變，而人的天賦本性倒是不容易轉變。極言人格既已形成，就不容易改造。【舉例】明徐畛殺狗記諫兄觸怒：「他縱無怨恨之心，奈絕無順從之美，正所謂江山易改，稟性難移。」醒世恆言卷卅五：「常言道得好，江山易改，稟性難移。」

① （金文）（大篆）（小篆）
艱鉅曰難。與「易」相對。人所忌憚者曰難；反難曰易。不易為。如：為君難，為臣亦不易。」（論語子路）阻梗。如：從中為難。忌。如：司馬熹三相中山，陰簡難之。」（戰國策中山策）

ㄋㄢˋ　患曰難。如：「君驕侈而克敵，難將作矣。」（左傳成公十七年）險阸曰難。如：「臨財毋苟得；臨難毋苟免。」（禮記曲禮）畏憚曰難。如：「剛柔始交而難生。」（易屯）兵難曰難。如：「其民果作難而殺子陽。」（列子說符）問題曰難。如：「臨機答難，酬報如響。」（北史權會傳）困苦。「今吳不行禮於衛，而藩其君舍以難之。杜注：『難，困苦也。』」（左傳哀公十二年）

ㄋㄨㄛˊ　驅逐渡鬼曰難。通「儺」。如：「季春，……命國難，九門磔攘，以畢春風。」（禮記月令）

②晉避司馬昭之諱，將王昭君改稱王明君。

③作者三國魏曹植。

肆、論語與典

詩大雅毛傳：「直言曰言，論難曰語。」說文言部：「直言曰言，論難曰語。」語，論也。論，議也。「語」、「論」、「議」三字輾轉互訓，是「論」、「語」二字異名同詁，為與人言之稱也。漢書藝文志：「論語者，孔子應答弟子、時人，及弟子相與言而接聞於夫子之語也。當時，弟子各有所記，夫子既卒，門人相與輯而論纂，故謂之論語。」唐柳宗元（七七三─八一九）曾就孔子與曾子生卒年比對，並自論語各章對孔子、曾子之稱呼用字等推論：論語乃曾子之徒卒成書。中唐以後，此說漸成確論。①

漢書藝文志著錄「論語古二十一篇出孔子壁中，兩子張。（通稱古論）、齊二十二篇多問王、知道（通稱齊論）、魯二十篇（通稱魯論）。」②其異同如次：

區分／項目	篇數	篇次	異文
古論	二十一篇。分堯曰下章「子張問」以下為一篇。有兩子張。	鄉黨列第二、雍也列第三，不與齊、魯論相同。	與魯論相異者，達四百餘字。
齊論	二十二篇。多問王、知道。	同魯論。	章句較多於魯論。
魯論	二十篇，傳十九篇（顏師古曰：「解釋論語意者。」）	與今本論語相同。	

近人錢星博（一八八七—一九五七）四書解題及其讀法論語第二：「孔子垂教於魯，其傳當以魯（論）為宗。」西漢至現代，為論語注疏、注解者不可勝數，其中最著名者有：

一、曹魏何晏（一八九？—二四九）論語集解。

二、南朝梁皇侃（四八八—五四五）論語義疏。

三、北宋邢昺（九三二—一〇一〇）論語正義。

四、南宋朱熹（一一三〇—一二〇〇）論語集注③。

五、明張居正（一五二五—一五八〇）論語直解④。

六、清劉寶楠（一七九一—一八五五）論語正義。

七、今人楊伯峻（一九〇九—一九九二）論語譯注。

詩、詞、文等作品引用故事、史實與有具體、出處之詞語、詞組，即屬典故、簡稱典。出自論語之典故，亦為數可觀，茲列表如次：

典實	出處	直、間接衍生典
時習	學而：「子曰：『學而時習之，不亦說乎？……』」（一）	
不亦樂乎	學而：「……有朋自遠方來，不亦樂乎？……」（一）	
三省	學而：「曾子曰：『吾日三省吾身：為人謀而不忠乎？……』」（四）	
傳習	學而：「曾子曰：『吾日三省吾身：為人謀而不忠乎？與朋友交而不信乎？傳不習乎？』」（四）	
入孝出弟	學而：「子曰：『弟子入則孝，出則弟。……』」（六）	
就正	學而：「……敏於事而慎於言，就有道而正焉，可謂好學也已。」（十四）	
精益求精	學而：「……子貢曰：『詩云：如切如磋，如琢如磨，其斯之謂與？』……」（十五）南宋朱熹集注：「言治骨角者，既切之而復磋之；治玉石者，既琢之而復磨之；治之已精，而益求其精也。」	
星拱	為政：「子曰：『為政以德，譬如北辰，居其所，而眾星共之。』」（一）拱，古字作「共」。	
眾星環極	同右。	眾星拱極。
三百篇	為政：「子曰：『詩三百，一言以蔽之，曰：思無邪。』」（二）	三百。
一言以蔽之	同右。	

*出處一項，各引文下端（ ）及數字表示章次。

恥格之化	為政：「子曰：『……道之以德，齊之以禮，有恥且格。』」（三）	
志學	為政：「子曰：『吾十有五而志於學，三十而立，四十而不惑，五十而知天命，六十而耳順，七十而從心所欲不踰矩。』」（四）	
而立歲	同右。	而立。而立之年。當立之年。過立。既立。立男。立年。立子。三十而立。始立。逾立。
不惑	同右。	
知命	同右。	知命之年。
耳順之年	同右。	耳順。
從心所欲	同右。	從心。從心歲。
犬馬之養	為政：「子游問孝。子曰：『今之孝者，是謂能養，至於犬馬，皆能有養；不敬，何以別乎？』」（七）	
悔尤	為政：「子張學干祿。子曰：『……言寡尤，行寡悔，祿在其中矣。』」（十八）	
枉錯	為政：「哀公問曰：『何為則民服？』孔子對曰：『舉直錯諸枉，則民服；舉枉錯諸直，則民不服。』」（十九）	
見義勇為	為政：「子曰：『……，見義不為，無勇也。』」（廿四）	見義必為。見義敢為。
是可忍，孰不可忍	八佾：「孔子謂季氏，八佾舞於庭，是可忍，孰不可忍？」（一）	是可忍，孰不可容。

繪事後素	八佾：「子夏問曰：『巧笑倩兮，美目盼兮，素以為絢兮，何謂也。』子曰：『繪事後素。』」（八）	繪素。
瞭若指掌	八佾：「或問禘之說。子曰：『不知也。知其說者之於天下也，其如示諸斯乎。』指其掌。」（十一）	瞭如指掌。如指諸掌。按：瞭，一作「了」。
如在	八佾：「祭如在。」（十二）	
愛禮存羊	八佾：「子貢欲去告朔之餼羊。子曰：『賜也，爾愛其羊，我愛其禮。』」（十七）	告朔。
天鐸	八佾：「儀封人請見。……出曰：『二三子，何患於喪乎！天下之無道也久矣，天將以夫子為木鐸。』」（廿四）	
觀過知仁	里仁：「子曰：『人之過也，各於其黨。觀過斯知仁矣。』」（七）	
朝聞夕死	里仁：「子曰：『朝聞道，夕死可矣。』」（八）	夕死。
一唯	里仁：「子曰：『參乎，吾道一以貫之。』曾子曰：『唯。』……」（十五）	貫一。
言訥	里仁：「子曰：『君子欲訥於言而敏於行。』」（廿四）	言訥。
敏行	同右。	
公冶非罪	公冶長：「子謂公冶長：『可少妻也。雖在縲絏之中，非其罪也。』以其子妻之。」（一）	公冶罪。黃雀語。冶長非罪。冶長空得罪。
乘桴浮海	公冶長：「子曰：『道不行，乘桴浮于海，從我者其由與？』……」（六）	乘桴。乘桴入海。乘桴翁。夫子乘桴。浮桴。桴泛。桴可浮。浮海嘆。桴入海。海可浮。孔子思浮海。魯叟乘桴。宣尼浮海嘆。

聞一知十	公冶長：「……對曰：『賜也何敢望回。回也聞一以知十；賜也聞一以知二。』……」（八）	聞一知二。
朽木不可雕	公冶長：「宰予晝寢。子曰：『朽木不可雕也，糞土之牆不可杇也。於予與何誅。』……」（九）	嘲宰予。雕朽。糞土之牆。朽棘不雕。朽木不雕。朽木嗤。朽木糞牆。朽木糞土。朽木難雕。朽木之材。宰我糞牆。宰予晝寢。
加人	公冶長：「子貢曰：『我不欲人之加諸我也；吾亦欲無加諸人。』……」（十一）	
三已無慍色	公冶長：「子張問曰：『令尹子文三仕為令尹，無喜色；三已之，無慍色。舊令尹之政，必以告新令尹，何如？』……」（十八）	三仕何曾知慍喜。三仕三已。三已不慍。三已心。
三思而行	公冶長：「季文子三思而後行。子聞之，曰：『再，斯可矣。』」（十九）	
愚不可及	公冶長：「子曰：『甯武子邦有道則知；邦無道則愚。其知可及也；其愚不可及也。』」（廿）	大智如愚。大智若愚。甯武愚。甯子如愚。甯子佯愚。
狂斐	公冶長：「子在陳曰：『歸與！歸與！吾黨之小子狂簡，斐然成章，不知所以裁之。』」（廿一）	
計過自訟	公冶長：「子曰：『已乎矣！吾未見能見其過而內自訟者也。』」（廿七）	
五秉	雍也：「子華使於齊。冉子為其母請粟。子曰：『與之釜。』請益。曰：『與之庾。』冉子與之粟五秉。……」（三）	

乘肥衣輕	雍也：「子曰：『赤之適齊也，乘肥馬、衣輕裘。吾聞之也，君子周急不繼富。』」(三)	乘肥。肥馬輕裘。肥輕。輕裘肥馬。裘馬。衣馬。衣馬輕肥。
犁生騂角	雍也：「子謂仲弓曰：『犁牛之子騂且角，雖欲勿用，山川其舍諸？』」(五)	犁牛。犁牛騂角。
騂角	同右。	
汶上	雍也：「季氏使閔子騫為費宰。閔子騫曰：『善為我辭焉！如有復我者，則吾必在汶上矣。』」(八)	汶陽田。
伯牛之疾	雍也：「伯牛有疾，子問之，自牖執其手，曰：『亡之，命矣夫！斯人也而有斯疾也！斯人也而有斯疾也。』」(九)	伯牛癩。伯牛災。冉耕之疾。
簞瓢陋巷	雍也：「子曰：『賢哉！回也。一簞食、一瓢飲，在陋巷，人不堪其憂，回也不改其樂，賢哉！回也。』」(十)	簞瓢。簞瓢可樂。簞瓢樂。簞瓢人。簞瓢士。簞瓢顏樂。簞瓢顏巷。簞瓢顏子。簞食瓢飲。回樂一瓢。飢食一簞。飢止一簞食。樂簞瓢。陋巷。陋巷簞瓢。陋巷顏淵。僻巷深居。瓢簞。瓢飲。曲阜之瓢。食一簞。賢哉巷。顏風。顏回。顏回簞瓢。顏回樂道。顏回陋巷。顏回瓢飲。顏回巷。顏樂。顏瓢。顏生窮巷。顏氏簞瓢。顏巷。顏巷樂。顏淵樂簞瓢。顏淵陋巷。顏子貧。顏子生涯。顏子食一簞。顏子巷。一簞瓢。一瓢樂。一瓢窮巷。一瓢顏巷。一瓢飲。一瓢自樂。一瓢自怡。飲瓢。在陋巷。

祝鮀之佞	雍也：「子曰：『不有祝鮀之佞，而有宋朝之美，難乎免于今之世矣。』」（十五）	
質野	雍也：「子曰：『質勝文則野；文勝質則史。文質彬彬，然後君子。』」（十七）	
敬而遠之	雍也：「樊遲問知。子曰：『務民之義，敬鬼神而遠之，可謂知矣。』……」（廿一）	
智水	雍也：「子曰：『知者樂水，仁者樂山。知者動、仁者靜，知者樂，仁者壽。』」（廿二）	
仁智居	同右。	仁智樂。
仁壽	同右。	
觚不觚	雍也：「子曰：『觚不觚，觚哉！觚哉！』」（廿四）	
老彭	述而：「子曰：『述而不作，信而好古，竊比於我老彭。』」（一）	
夢周	述而：「子曰：『甚矣吾衰也，久矣吾不復夢見周公。』」（五）	東魯夢周。東周夢。姬公夢。夢見周公。夢周公。周公。周公夢。
舉一反三	述而：「子曰：『不憤不啟，不悱不發。舉一隅，不以三隅反，則不復也。』」（八）	觀隅反三。舉隅。一舉三反。一隅三反。隅反。
用行舍藏	述而：「子謂顏淵曰：『用之則行，舍之則藏。惟我與爾有是乎？』……」（十一）	行藏。行藏用舍。用舍。用舍行藏。
聞韶忘味	述而：「子在齊聞韶，三月不知肉味。……」（十四）	三月不知肉味。三月忘味。適齊忘味。聽咸韶。忘味。忘味三月。聞韶。聞韶忘肉。宣尼忘味。音無肉味。

求仁得仁	述而：「……入曰：『伯夷、叔齊，何人也？』曰：『古之賢人也。』曰：『怨乎？』曰：『求仁而得仁，又何怨？』出曰：『夫子不為也。』」（十五）	
蔬水曲肱	述而：「子曰：『飯蔬食飲水，曲肱而枕之，樂在其中矣。不義而富且貴，於我如浮雲。』」（十六）	飯蔬飲水。曲肱。疏水簞瓢。飲水曲肱。枕肱。枕曲肱。
聖人之年	述而：「子曰：『加我數年，五十以學易，可以無大過矣。』」（十七）按：邢昺疏：「此章孔子言其學易年也。加我數年，方至五十，謂四十七時也。」後因以「聖人之年」指五十歲，或謂四十七歲之時。南宋葛立方（？—一一六四）韻語陽秋卷八：「陳希聲嘗著易傳十卷，且云：今年四十有七，已及聖人之年，於是作易傳以授門人崔徵、王贊之徒，復自為注。」附誌之。	
敏求	述而：「子曰：『我非生而知之者，好古敏以求之者也。』」（廿）	
子不語	述而：「子不語怪力亂神。」（廿一）	
不綱	述而：「子釣而不綱，弋不射宿。」（廿七）	
丘禱	述而：「子疾病，子路請禱……子曰：『丘之禱久矣。』」（卅五）	
坦蕩	述而：「子曰：『君子坦蕩蕩，小人長戚戚。』」（卅七）	
三讓	泰伯：「子曰：『泰伯其可謂至德也已矣！三以天下讓，民無得而稱焉。』」（一）	

啟手啟足	泰伯：「曾子有疾。召門弟子曰：『啟予足，啟予手！』……」（三） 朱熹集注：「曾子平日，以為身體受于父母，不敢毀傷，故于此使弟子開其衾而視之。」後因以「啟手啟足」指稱善終。晉書陶侃傳：「臣年垂八十，位極人臣，啟手啟足，當復何恨！」附誌之。	啟全。啟手。啟手足。啟四體。啟體。啟足。
六尺之孤	泰伯：「曾子曰：『可以託六尺之孤，可以寄百里之命，臨大節而不可奪也。君子人與？君子人也。』」（六）	六尺之托。
任重道遠	泰伯：「曾子曰：『士不可以不弘毅，任重而道遠，仁以為己任，不亦重乎？死而後已，不亦遠乎！』」（七）	任重道悠。
卑宮菲食	泰伯：「子曰：『禹，吾無間然矣！菲飲食，而致孝乎鬼神；惡衣服，而致美乎黻冕；卑宮室，而盡力乎溝洫。禹，吾無間然矣！』」（廿一）	卑宮。卑室。
畏匡	子罕：「子畏於匡。……」（五）	
天喪斯文	子罕：「子畏於匡。曰：『文王既沒，文不在茲乎？天之將喪斯文也，後死者不得與於斯文也；天之未喪斯文也，匡人其如予何？』」（五）	天豈喪斯文。天畏喪斯文，本作「天畏斯文墜」（唐李咸用九江和人贈陳生詩）
仰鑽	子罕：「顏淵喟然歎曰：『仰之彌高，鑽之彌堅，瞻之在前，忽焉在後，夫子循循然善誘人，……』」（十一）	
韞匵待價（多作韞櫝待價）	子罕：「子貢曰：『有美玉於斯，韞匵而藏諸，求善賈而沽諸。』……」（十三）	待沽。待價。待價而沽。待價藏珠。待賈沽。櫝藏。櫝玉。櫝韞。闔匵辭賈。善價沽。善韞。衒沽。衒賈。衒玉。衒玉求售。衒玉自售。衒鬻。韞櫝。韞櫝而藏。韞櫝未酤。韞匵。韞匵藏珠。韞價。韞玉待價。蘊櫝。蘊匵。

秀而不實	子罕：「子曰：『苗而不秀者有矣夫！秀而不實者有矣夫！』」（廿二）	秀實。
歲寒松柏	子罕：「子曰：『歲寒，然後知松柏之後彫也。』」（廿八）	松柏後凋。歲寒姿。
在廷	鄉黨：「孔子於鄉黨，……其在宗廟朝廷，便便言，唯謹爾。……」（一）	
侃侃誾誾	鄉黨：「……朝，與下大夫言，侃侃如也；與上大夫言，誾誾如也。」（二）	
色斯	鄉黨：「色斯舉矣，翔而後集。」（廿一）	
山雌	鄉黨：「曰：『山梁雌雉，時哉！時哉！』子路共之，三嗅而作。』」（廿二）	山梁。
及門	先進：「子曰：『從我於陳蔡者，皆不及門也。』」（二）	
三復白圭	先進：「南容三復白圭。孔子以其兄之子妻之。」（六）	
一仍舊貫	先進：「魯人為長府，閔子騫曰：『仍舊貫，如之何？何必改作。』」（十四）	
升堂入室	先進：「子曰：『由之瑟，奚為於丘之門。』門人不敬子路。子曰：『由也升堂矣，未入於室也。』」（十五）	登堂入室。孔堂。入室。入室弟子。入室升堂。升孔堂。由瑟。
鳴鼓而攻	先進：「季氏富於周公，而求也為之聚斂而附益之。子曰：『非吾徒也，小子鳴鼓而攻之可也。』」（十七）	鳴攻。聖門鳴鼓。

率爾人	先進：「子路、曾?、冉有、公西華侍坐。子曰：『以吾一日長乎爾，毋吾以也。居則曰：不吾知也！如或知爾，則何以哉？』子路率爾而對曰：『千乘之國，攝乎大國之間，加之以師旅，因之以饑饉；由也為之，比及三年，可使有勇，且知方也。』夫子哂之。……（曾皙）曰：『夫子何哂由也？』曰：『為國以禮，其言不讓，是故哂之。』……」（廿四）	
訒言	顏淵：「司馬牛問仁。子曰：『仁者其言也訒』。……」（三）	
司馬牛之嘆	顏淵：「司馬牛憂曰：『人皆有兄弟，我獨亡。』子夏曰：『死生有命，富貴在天。……四海之內皆兄弟也。』」（五）	
浸潤	顏淵：「子張問明。子曰：『浸潤之譖，膚受之愬，不行焉，可謂明也已矣。』……」（六）	
譖潤	顏淵：「……子曰：『浸潤之譖，……』……」（六）	
駟不及舌	顏淵：「棘子成曰：『君子質而已矣，何以文為？』子貢曰：『惜乎！夫子之說君子也，駟不及舌。文猶質也，質猶文也。……』」（八）	惡舌駟難追。駟馬不追。駟馬莫追。一言既出，駟馬難追。
片言折獄	顏淵：「子曰：『片言可以折獄者，其由也與！』子路無宿諾。」	
不知所措	子路：「……子曰：『野哉，由也！……刑罰不中，則民無所錯手足。……君子於其言，無所苟而已矣。』」（三）榮按：「錯」通「措」，安置也。今本論語逕改用「措」。附誌之。	

魯衛之政	子路：「子曰：『魯衛之政，兄弟也。』」（七）	魯衛。（代稱兄弟）。
必世	子路：「子曰：『如有王者，必世而後仁。』」（十二）後人恆以必世指三十年。	
近悅遠來	子路：「葉公問政。子曰：『近者說，遠者來。』」（十六）「說」通「悅」。	悅近來遠。悅來。悅遠。
攘羊	子路：「葉公語孔子曰：『吾黨有直恭者，其父攘羊而子證之。』孔子曰：『……父為子隱，子為父隱，直在其中矣。』」（十八）	攘羊告罪。隱攘羊。證父。證父攘羊。證羊。
斗筲小人	子路：「子貢問曰：『何如斯可謂之士矣？』子曰：『行己有恥，……』曰：『今之從政者，何如？』子曰：『斗筲之人，何足算也。』」（廿）	斗筲。斗筲穿窬。斗筲之材。斗筲之器。斗筲子。
怡怡	子路：「子路問曰：『何如斯可謂之士矣？』子曰：『切切偲偲，怡怡如也，可謂士矣。朋友切切偲偲，兄弟怡怡。』」（廿八）	
一匡九合	憲問：「……子曰：『桓公九合諸侯，不以兵車，管仲之力也，如其仁！如其仁！』」（十六）。又，「……子曰：『管仲相桓公、霸諸侯，一匡天下，民到于今受其賜。……』」（十七）	匡合。
文子同升	憲問：「公叔文子之臣大夫僎，與文子同升諸公。子聞之曰：『可以為文矣。』」（十八）	
使乎	憲問：「蘧伯玉使人於孔子。孔子與之坐而問焉。……使者出，子曰：『使乎！使乎！』」（廿五）	

夫子自道	憲問：「子曰：『君子道者三，我無能焉。仁者不憂，知者不惑，勇者不懼。』子貢曰：『夫子自道也。』」（廿八）	
七人	憲問：「子曰：『賢者辟世，其次辟地，其次辟色，其次辟言。』子曰：『作者七人矣。』」（卅八）榮按：此典恆用以詠隱士。	
老而不死是為賊	憲問：「原壤夷矣。子曰：『幼而不孫弟，長而無述焉，老而不死，是為賊。』」（四三）	老而不死。
固窮	衛靈公：「……子路慍見曰：『君子亦有窮乎？』子曰：『君子固窮，小人窮斯濫矣。』」（二）	
斯濫	同右。	
參前倚衡	衛靈公：「子張問行。子曰：『言忠信，行篤敬，……立則見其參於前也，在輿則見其倚於衡也，夫然後行。』子張書諸紳。」（六）	
書紳	同右。	
仕道	衛靈公：「子曰：『……君子哉蘧伯玉！邦有道則仕；邦無道則可卷而懷之。』」（七）	
兩如直	衛靈公：「子曰：『直哉史魚！邦有道如矢；邦無道如矢。……』」（七）	
蘧甯	衛靈公：「……子曰：『君子哉蘧伯玉！邦有道則仕；邦無道則可卷而懷之。』」（七）又，公冶長：「子曰：『甯武子邦有道則知；邦無道則愚。……』」（廿）	

取義成仁	衛靈公：「子曰：『志士仁人，無求生以害仁，有殺身以成仁。』」（九）孟子告子上：「生，我所欲也；義，我所欲也；二者不可得兼，舍生以取義者也。」	
友仁	衛靈公：「子貢問為仁。子曰：『工欲善其事，必先利其器。居是邦也，事其大夫之賢者，友其士之仁者。』」（十）	
當仁不讓	衛靈公：「子曰：『當仁不讓於師。』」（卅六）	當仁。
玉毀櫝中	季氏：「……孔子曰：『求！……且爾言過矣。虎兕出於柙，龜玉毀於櫝中，是誰之過與？』……」（一）	
既來之則安之	季氏：「……孔子曰：『求！君子疾夫，……夫如是，故遠人不服，則修文德以來之，既來之則安之。……』」（一）	
禍起蕭牆	季氏：「……吾恐季孫之憂不在顓臾，而在蕭牆之內也。」（一）	兵起蕭牆。蕭牆變起。蕭牆禍。蕭牆禍起。蕭牆衅起。
執命	季氏：「孔子曰：『天下有道，……陪臣執國命，三世希不失矣。……』」（二）	
三友	季氏：「孔子曰：『益者三友，損者三友。友諒、友直、友多聞，益矣；友便僻、友善柔、友便佞，損矣。』」（四）	三益。三益友。直諒。直諒多聞。
仲尼垂三戒	季氏：「孔子曰：『君子有三戒：少之時，血氣未定，戒之在色；及其壯也，血氣方剛，戒之在鬬；及其老也，血氣既衰，戒之在得。』」（七）	垂誡。三戒。在得之規。在色之戒。
困學	季氏：「孔子曰：『生而知之者，上也；學而知之者，次也；困而學之，又其次也。……』」（九）	

求志達道	季氏：「孔子曰：『……隱居以求其志，行義以達其道。吾聞其語矣，未見其人也。』」（十一）	
孔鯉趨庭	季氏：「陳亢問於伯魚曰：『子亦有異聞乎？』對曰：『未也。嘗獨立，鯉趨庭而過。曰：學詩乎？對曰：未也。不學詩，無以言。鯉退而學詩。他日，又獨立，鯉趨而過庭。曰：學禮乎？對曰：未也。不學禮，無以立。鯉退而學禮。聞斯二者。』陳亢退而喜曰：『問一得三，聞詩、聞禮、又聞君子之遠其子也。』」（十三）	過庭。過庭交分。過庭鯉。過庭聞禮。過庭之訓。過庭子。鯉對。鯉趨。鯉庭。鯉庭趨。趨庭。趨庭聞訓。庭前鯉。
時不我與	陽貨：「陽貨欲見孔子，……謂孔子曰：『……日月逝矣，歲不我與。』孔子曰：『諾！吾將仕矣。』」（一）	
武城弦	陽貨：「子之武城，聞弦歌之聲。夫子莞爾而笑，曰：『割雞焉用牛刀。』……子曰：『二三子，偃之言是也，前言戲之耳。』」（三）	百里弦歌。割雞手。割雞笑。割雞焉用牛刀。割雞之政。雞刀。鳴弦。牛刀。牛刀百里。牛刀割雞。牛刀試。牛刀試武城。牛刀試政。牛刀小施。牛刀小試。牛刀小邑。牛刀一試。殺雞焉用牛刀。試牛刀。試弦歌。堂上五弦。調弦理民。武城歌。武城化。武城雞。武城禽。武城聲。武城彈。武城弦歌。武城宰。弦歌。弦歌試宰。弦歌為縣。弦歌學子游。弦歌宰。弦歌政。小邑試牛刀。言游弦歌。
磨而不磷，涅而不緇	陽貨：「……佛肸以中牟畔。子之往也，如之何？子曰：『然。有是言也，不曰堅乎？磨而不磷。不曰白乎？涅而不緇。吾豈匏瓜也哉？焉能繫而不食。』」（六）	不磷不緇。堅白。磷磨。磷緇。磷淄。磨不磷，涅不緇。磨涅。礱而不鄰，涅而不滓。涅而不緇。淄磷。淄涅。緇磷。緇涅。

匏瓜	同右。	繫匏。
穿窬	陽貨：「子曰：『色厲而內荏，譬諸小人，其猶穿窬之盜也與？』」（十）	
以紫亂朱	陽貨：「子曰：『惡紫之奪朱也，惡鄭聲之亂雅樂也，惡利口之覆邦家者。』」（十六）	惡紫奪朱。以紫為朱。朱紫。朱紫相奪。
雅鄭	陽貨：「子曰：『……惡鄭聲之亂雅樂也，……』」（十六）。又，西漢揚雄（前五三—一八）法言吾子：「或問：交五聲十二律也，或雅或鄭，何也？曰：中正則雅，多哇則鄭。」	
瑟歌	陽貨：「孺悲欲見孔子，孔子辭以疾，將命者出戶，取瑟而歌，使之聞之。」	
免懷之歲	陽貨：「宰我問三年之喪，……子曰：『予之不仁也。子生三年，然後免於父母之懷。……』」（十九）	
柳惠三黜	微子：「柳下惠為士師，三黜。人曰：『子未可以去乎？』曰：『直道而事人，焉往而不三黜？枉道而事人，何必去父母之邦？』」（六）	柳惠直道。柳季直道。柳下官。柳下官資。柳下三黜。三黜。三黜柳。三黜柳士師。三宜黜。士師三黜。展禽三黜。直道三黜。
父母之邦	同右。	父母國。父國。
季孟之間	微子：「齊景公待孔子。曰：『若季氏，則吾不能；以季孟之間待之。……』」（三）	間季孟。

接輿歌鳳	微子：「楚狂接輿，歌而過孔子，曰：『鳳兮鳳兮，何德之衰。往者不可諫，來者猶可追。已而已而，今之從政者殆而。』孔子下，欲與之言，趨而辟之，不得與之言。」（五）	楚狂。楚狂歌。楚狂歌鳳。楚狂歌鳳衰。楚狂人。楚狂子。楚狂士。鳳德。鳳德之衰。鳳歌。鳳歌麟嘆。歌楚人鳳。歌鳳。孤鳳。接輿。接輿狂。接輿行歌。狂歌。批鳳。傷鳳麟。嘆鳳。嘆鳳嗟麟。嘆鳳衰。
來者可追	詳接輿歌鳳。	
沮溺耦	微子：「長沮、桀溺耦而耕，孔子過之，使子路問津焉。長沮曰：『夫執輿者為誰？』子路曰：『為孔丘。』曰：『是魯孔丘與？』曰：『是也。』曰：『是知津矣！』……」（六）	長沮耕。沮溺。溺沮耕養。耦耕。耦耕身。
問津	同右。	津難問。行者問津。知津。
鼗武	微子：「大師摯適齊，亞飯干適楚，三飯繚適蔡，四飯缺適秦，鼓方叔入於河，播鼗武入於漢，大師陽、擊磬襄，入於海。」（九）	
夫子牆	子張：「叔孫武叔語大夫於朝，曰：『子貢賢於仲尼。』子服景伯以告子貢，子貢曰：『譬之宮牆，賜之牆也及肩，窺見家室之好。夫子之牆也數仞，不得其門而入，不見宗廟之美，百官之富，得其門者或寡矣。』」（廿三）	賜牆及肩。賜也牆。夫子宮牆。宮牆。宮牆。及肩。及肩牆。肩牆。門牆。門牆桃李。門仞。牆仞。丘牆。數仞牆。優師仞牆。
生榮死哀	子張：「……，子貢曰：『……夫子之得邦家者，所謂立之斯立，道之斯行，綏之斯來，動之斯和。其生也榮，其死也哀。如之何，其可及也。』」（廿五）	哀榮。榮哀。生榮沒哀。生榮亡哀。
興滅繼絕	堯曰：「……興滅國，繼絕世。舉逸民，天下之民歸心焉。……」（一）	興廢繼絕。興亡繼絕。興微繼絕。

論語典實統計

篇次	篇名	章數	典實數
一	學而	16	7.
二	為政	24	15.
三	八佾	26	6.
四	里仁	26	5.
五	公冶長	28	10.
六	雍也	28	14.
七	述而	38	13.
八	泰伯	21	5.
九	子罕	40	6.
十	鄉黨	22	4.
十一	先進	24	6.
十二	顏淵	24	5.
十三	子路	30	7.
十四	憲問	44	6.
十五	衛靈公	42	10.
十六	季氏	14	9.
十七	陽貨	24	9.
十八	微子	11	7.
十九	子張	25	2.
廿	堯田	3	1.

計廿篇、五一〇章、典實一四七則。

①柳河東集卷四、論語辯上篇、四部備要（華亭張氏本）中華、臺、民六九。

②卷卅。

③今所見多為與大學集注、中庸集注、孟子集注合編為四書集注。

④張氏為萬曆進講論語所用稿本。

⑤論語尚有其他典故，如：暴虎馮河、切磋琢磨等出自其他古籍者，均不計在內。

伍、典故舉例

一、毛遂穎脫①

史記平原君虞卿列傳：「秦之圍邯鄲②，趙使平原君求救合從③於楚。約與食客門下有勇力、文武備具者二十人偕。平原君曰：『使文能取勝則善矣；文不能取勝，則歃血於華屋之下，必得定從而還。士不外索，取於食客門下足矣。』得十九人，餘無可取者，無以滿二十人。門下有毛遂者，前，自贊於平原君曰：『遂聞君將合從於楚，約與食客門下二十人偕，不外索，今少一人，願君即以遂備員而行矣。』平原君曰：『先生處勝之門下，幾年於此矣。』毛遂曰：『三年於此矣。』平原君曰：『夫賢士之處世也，譬若錐之處囊中，其末立見。今先生處勝之門下，三年於此矣。左右未有所稱誦，勝未有所聞，是先生無所有也。先生不能，先生留。』」毛遂曰：『臣乃今日請處囊中耳。使遂蚤得處囊中，乃穎脫而出，非特其末見而已。』平原君竟與毛遂偕。十九人相與目笑之，而未發也④。毛遂比至楚，與十九人論議，十九人皆服。平原君與楚合從，言其利害，日出而言之，日中不決。十九人謂毛遂曰：『先生上。』毛遂按劍歷階而上，謂平原君曰：『從之利害，兩言而決耳。今日出而言從，日中不決，何也？』楚王謂平原君曰：『客何為者也？』平原君曰：『是勝之舍人也！』楚王叱曰：『胡不下？吾乃與而君言，汝何為者也？』毛遂按劍而前曰：『王之所以叱遂者，以楚國之眾也。今十步之內，王不得恃楚國之眾也，王之命懸於遂手。吾君在前，叱者何也！且聞湯以七十里之地王天下；文王以百里之壤而臣諸侯，豈其士卒眾多哉？誠能據其勢而奮其威。今，楚地方五千里，持戟百萬，此霸王之資也。以楚之彊，天下弗能當；白起，小豎子耳，率數萬之眾，興師以與楚戰，一戰而舉鄢郢，再戰而燒夷陵，三戰而辱王之先人，此百世之怨，而趙之所羞，而王弗知惡焉？合從者為楚非為趙也！吾君在前，叱者何也？』楚王曰：『唯唯。誠若先生之言，謹奉社稷以從。』毛遂曰：『從定乎？』楚王曰：『定矣！』毛遂謂楚王之左右曰：『取雞狗馬之血來！』毛遂奉銅盤而跪進之楚王曰：『王當歃血而定從。次者，吾君。次者，遂。』遂定從於殿上。毛遂左手持盤血，而右手招十九人曰：『公相與歃此血於堂下，公等錄錄，所謂因人成事者也。』平原君已定從而歸。歸至於趙曰：『……毛先生一至楚，而使趙重於九鼎大呂；毛先生以三寸之舌，彊於百萬之師，勝不敢復相士。』遂以為上客。」後人恆以「毛遂穎脫」形容一個人的才華得以張顯、施展；或反其意，指稱才智不足或時機未遇，不容展現。此一典實，中古迄今，已衍生六十餘則，茲依時間先後序舉述如次—

一、耀穎之才　喻才華出類拔萃。三國魏吳質（一七八—二三〇）答東阿王書：「雖恃平原養士之懿，愧無毛遂耀穎之才。」

二、錐囊　三國魏曹植（一九二—二三二）求自試表：「昔毛遂，趙之陪隸，猶假錐囊之喻以寤主立功。」

三、穎露　謂才華無從掩飾，展現於世。西晉陳壽（二三三—二九七）三國志魏志董昭傳：「明公忠節穎露，天威在顏。」

四、擢穎　謂顯露頭角。東晉庾闡（？—三四七？）弔賈生文：「飛榮洛汭，擢穎山東。」又，北史高允傳：「崔宗二賢，誕性英偉，擢穎閭閻，聞名象魏⑤。」

五、如錐　喻自告奮勇之奇才。南朝陳徐陵（五〇七—五八三）為梁貞陽侯與陳司空書：「平原之館，乃乏如錐；田文之家，差有彈鋏⑥。」

六、穎脫　喻才能顯現。唐李延壽（？—？，盛唐之人）北史魏收傳：「收本以文才，必望穎脫見知，位既不遂，求修國史。」

七、處囊　喻才智得機而顯露。唐駱賓王（六二七？—六八四？）上瑕丘韋明府啟：「是以臨淄遺婦，寄束緼於齊鄰⑦；邯鄲下客，效處囊于趙相。」

八、穎脫而出　意同「穎脫」。唐李白（七〇一—七六二）與韓荊州書：「願君侯不以富貴而驕之，寒賤而忽之，則三千賓中有毛遂，使白得穎脫而出，即其人焉。」

九、穎脫手　謂高手；能手。唐杜甫（七一二—七七〇）水上遣懷詩：「善知應觸類，各藉穎脫手。」

十、毛遂請行　謂自我推薦。唐竇常（七四七？—八二五）求自試詩：「陳王⑧抗表日，毛遂請行秋。……希垂拂拭惠，感激願相投。」

十一、收毛　謂接納有才學者。唐孟郊（七五一—八一四）鬪雞聯句詩：「選俊感收毛，受恩愧始隗⑨。」

十二、吐穎呈鋒　謂顯露才華。唐獨孤申叔（七七六—八〇二）處囊錐賦：「吐穎呈鋒，磨礪而自我；投奇擢異，提攜而在君。」

十三、穎囊未出　謂才華未得施展、顯露。唐劉禹錫（七七二—八四二）罷郃歸洛陽寄友人詩：「穎微囊未出，寒甚轂難吹。」

十四、十九人　指庸碌之輩。唐高拯（?—?，大曆前後之人）及第後贈試官詩：「公子求賢未識真，欲將毛遂比常倫。當時不及三千客，今日何如十九人?」

十五、透穎錐　喻出類拔萃者。唐元稹（七七九—八三一）酬翰林白學士代書一百韻：「葉怯穿楊箭，囊藏透穎錐。」

十六、利穎　指稱錐尖端銳利。元稹酬樂天東南行詩：「擺囊看利穎，開頷出明珠。」

十七、毛遂登門　意同毛遂請行。唐李端（?—?，約卒於貞元二年）臥病聞吉中孚拜官寄元秘書昆季詩：「毛遂登門雖異賞，韓非入傳濫齊名。」

十八、穎脫錐　謂才華顯露其端倪者。唐周曇（?—?，晚唐之人）春秋戰國門毛遂詩：「不識囊中穎脫錐，功成方信有英奇。」

十九、囊中錐　喻有才華者。唐陸龜蒙（?—八八一?）襲美先輩以龜蒙所獻五百言既蒙見和復示榮唱至于千字提獎之重蔑有稱實再抒鄙懷用伸酬謝詩：「雖非倚天劍，亦是囊中錐。」

廿、囊錐露穎　意謂才華顯現。五代後晉劉昫（八八八—九四七）舊唐書高駢傳：「始則囊錐露穎，稍有知音；尋則天驥呈才，急于試效。」

廿一、毛遂錐　指懷才者言。北宋梅堯臣（一〇〇二—一〇六〇）送甥蔡駰下第歸廣平詩：「改作毛遂錐，穎脫奚足算。」

廿二、處囊錐　喻懷才不遇。北宋黃庭堅（一〇四五—一一〇五）次韻春送公定詩：「功成在漏刻，穎利處囊錐。」南宋樓鑰（一一三七—一二一三）送從弟叔韶尉東陽詩：「向來湖海豪，四十可收斂。寧為處囊錐，莫作露刃劍。」

廿三、囊錐　意同囊中錐。黃庭堅呻吟齋睡起五首呈世弼詩之四：「璞玉深藏器，囊錐立見尖。」

廿四、穎然獨出　謂才能顯現、出類拔萃。北宋秦觀（一〇四九—一一〇〇）崔浩論：「以明濟明，以智資智，穎然獨出，不肯與眾為偶者，有才之士也。」

廿五、露穎　謂顯露才華。北宋周邦彥（一〇六五—一一二一）汴都賦：「魁梧卓行，拗鋒露穎。」羅貫中（一三三〇？—一四〇〇，元、明間人）三國演義第一回：「後人有詩讚二人⑩曰：『英雄露穎在今朝，一試矛兮一試刀。初出便將威力展，三分好把姓名標。』」⑪

廿六、囊中穎　喻才華。南宋陸游（一一二五—一二一〇）夜興詩：「平生恥露囊中穎，垂老甘同爨下琴。」

廿七、錐出囊　謂才能（華）顯露。陸游屛迹詩之二：「養道褐懷玉，露才錐出囊。」

廿八、穎出囊　意近錐出囊。陸游秋夜書懷詩：「衰遲公作驥伏櫪，斂退敢求穎出囊。」

廿九、重九鼎　謂言論分量重也。陸游儒生詩：「用可重九鼎，窮寧直一錢。」

卅、穎出　意同穎脫而出。樓鑰送曾无玷寺丞守池陽詩：「君才素穎出，健筆泛縱橫。」

卅一、脫穎　喻有才能者未遭埋沒。南宋葉適（一一五〇—一二二三）送薛子長詩：「能文乃天姿，脫穎酬始願。」清黃遵憲（一八四八—一九〇五）陸軍士官學校開校禮成：「刀當磨礪須，錐乃脫穎出。」今人陳毅（一九〇一—一九七二）哭葉軍長希夷[12]詩：「脫穎自北伐，初勝湘江曲。秋風掃落葉，鐵軍聲威立。」

卅二、因人碌碌　指依仗他人的庸碌之輩。南宋李曾伯（一一九八—一二六八）沁園春庚子登鳳凰臺詞：「嘆阿奴[13]儕輩，因人碌碌；乃翁材略，餘地恢恢。」

卅三、穎露囊錐　謂才華無從掩飾。南宋高觀國（？—？）雨中花詞：「文章俊偉，穎露囊錐，名動萬里呼韓[14]。」

卅四、毛錐　喻有才華者。元宮天挺（？—？，世相至元晚年之人。）死生交范張雞黍：「毛錐脫布囊，鋒劍倚天長。」

卅五、露囊錐　喻顯現才華。元耶律楚材（一一九〇—一二四四）再用韻寄摶霄詩之一：「鄙論我甘蒙瞖瓿，雄才君已露囊錐。」

卅六、囊裏盛錐　謂能者得機展才。元高文秀（約一二四〇—一二九〇）黑旋風第三折：「問了三聲道，有好男子跟的孫孔目哥哥往泰安神州燒香去，你正是囊裏盛錐，尖者自出，我便道我敢去。」

卅七、脫錐　意近脫穎。元揭傒斯（一二七四—一三四四）病中初度詩：「一言空驥櫪，再見脫錐囊。」

卅八、出囊穎　意同脫囊。元戴良（一三一七—一三八三）和陶淵明飲酒詩之一：「東坡與子由，當是出囊穎。」

卅九、囊穎出　喻顯耀才華，一展頭角。明高啟（一三三六—一三七四）赴京留別鄉舊詩：「捧檄敢期囊穎出，著鞭肯向驛程先。」

四〇、脫穎囊錐　喻才能出眾者。明康海（一四七五—一五四〇）中山狼第三折：「險些兒早狗烹錡釜，做不得脫穎囊錐。」沈鯨（約一五七三年猶在世）雙珠記元宵燈宴：「非畫餅，似脫穎囊錐，頭角崢嶸。」

四一、脫囊　意同脫穎。明何景明（一四八三—一五二一）送韓大之赴都詩：「藏器久知盤錯志，脫囊今見古人才。」

四二、穎露囊中　意同穎露囊錐。明張時徹（一五〇四—？）誠意伯劉公神道碑銘：「西蜀趙天澤亦以為諸葛孔明之儕，蓋雖非試于用，亦已穎露囊中矣。」

四三、鼎呂 意同重九鼎。明高攀龍（一五六二—一六二六）文學景耀唐公墓志銘：「重于震之言者若鼎呂。」

四四、敗錐 指稱才智不足。明袁宏道（一五六八—一六一〇）則方子公詩：「空囊唯敗錐，飢程如何度。」

四五、鼎言 謂具分量之言論。明徐復祚（約一五九六前後猶在世）投梭記恣劫：「沒奈何，望乞鼎言昭雪。」

四六、囊脫錐穎 意同囊穎出。清程先貞（一六〇七—一六七三）和陶欽酒詩：「漫看諸少年，囊脫新錐穎。」

四七、囊穎 猶云才具能耐。程先貞夏日閒居詩：「老錐囊穎鈍，孤劍蒯緱貧。」

四八、自薦毛 謂自我推薦。清李漁（一六一〇—一六八〇）奇窮歌為中表姜次生作：「才技精時品自高，羞向權門自薦毛。」

四九、因人成事 謂本身無主見，悉恃他人辦成事情。李漁閒情偶寄種植：「止可因人成事，人立而我立，人僕而我亦僕矣。」

五〇、毛錐處囊 喻懷才猶未顯露。清毛奇齡（一六二三—一七一六）中秋後風雨連日蒙馮老夫子苦雨吟見懷依韻和答：「毛錐處囊不立見，空道南金與東箭。」

五一、毛遂 借指自薦。清蒲松齡（一六四〇—一七一五）聊齋志異念秧：「王始驚曰：『今被念秧者騙矣，爲有宦室名士，而毛遂于圉僕者。』」

五二、囊中處　謂懷才未露，伺機脫穎而出。清董元愷（？—？，康熙十五年，公元一六七六猶在世）小梅花有感括古語效賀東山體詞：「時乎不利囊中處，不直一錢虎變鼠。」

五三、錐脫囊中　喻才具顯露。清查慎行（一六五〇—一七二七）邯鄲懷古詩：「符來袖裡圜方解，錐脫囊中事竟成。」

五四、斂穎囊中　喻斂才以俟機遇。清趙執信（一六六二—一七四四）贈山陽程遠復詩：「君才與年具莫當，且得斂穎囊中藏。」

五五、碌碌因人　同因人碌碌。清張問陶（一七六四—一八一四）蘆溝詩：「茫茫閱世無成事，碌碌因人是廢才。」

五六、一言九鼎　形容言辭極具分量且影響至大。清馮桂芬（一八〇九—一八七四）致曾侯相書：「執事一言九鼎，或有以息其議，其善。」

五七、毛生錐　借指懷才者言。清俞樾（一八二一—一九〇七）平泉舅氏寄示自嘲一首因次韻奉酬亦以自嘲：「誰知毛生錐，依舊囊中處。」

五八、毛遂自薦　意謂自我推薦。清燕北閒人（？—？，咸豐五年，公元一八五五年猶在世。）兒女英雄傳第十八回：「晚生不揣鄙陋，竟學那毛遂自薦，倘大人看我可為公子之師，情願附驥。」

五九、處囊脫穎　喻施展、顯現才華。清無名氏偷甲記俠憤：「雖然萬丈雄心，素有奮袂請纓之志；奈何一隻饑眼，空尋處囊脫穎之機。」

六〇、錐處囊中　喻有才智者終能顯露頭角、一展長才。近人陳三立（一八五三－一九三七）次韻再答王義門：「書傳圮上此人去，錐處囊中相士誰？」

六一、脫穎而出　意同穎脫而出。近人曾樸（一八七二－一九三五）孽海花第十三回：「且說潘尚書本是名流宗匠，文學斗山。這日，得了總裁之命，夾帶中許多人物，可以脫穎而出，歡喜自不待言。」近人老舍（一八九九－一九六六）四世同堂七：「說不定哪一天他就會脫穎而出，變成個英雄。」

六二、錐處囊　意同錐處囊中。近人柳亞子（一八八七－一九五八）丹青引詩：「杜門已悔錐處囊，亡命還愁劍礪面。」

六三、囊中脫穎　意同囊穎出。近人陳梨夢（？－？）毛郎曲：「囊中脫穎便飛騰，直入青雲最上層。」

此外，「三寸之舌」（按：近代多作「三寸不爛之舌」，亦出自同一典源，附誌之。

①「毛遂自薦」的典源。

②戰國趙都，明清屬廣平府，今河北省邯鄲市。公元前二九〇年（周赧王廿五年、秦昭王十七年、趙惠文五九年），秦伐趙，圍邯鄲。（史記正義）

③今作「合縱」。

④嘲笑但沒有發出聲音。

⑤宮庭外的闕門，曰象魏。
⑥田文，即孟嘗君。彈鋏，彈擊劍把。孟嘗君之食客馮諼（一作馮驩）彈鋏而歌：「長鋏歸來乎！食無魚。」（戰國策齊策四）
⑦蒯通傳載寓言略以齊母（即臨淄遺婦）束麻絮（縕）成引火物，向鄰家求火種，因藉為逐婦解紛；後人引申之以喻說情、推薦。事詳漢書卷四五。
⑧陳思王（曹植）之省詞。
⑨隗囂（?—三三）成季人。王莽末，據隴西起兵。初附劉玄，旋屬光武，後又稱臣於公孫述。光武西征，渠恚憤而亡。
⑩關羽、張飛。
⑪讚張飛持丈八蛇矛刺落程遠志之副將鄧茂。關羽舞青龍偃月刀直取遠志的故事。
⑫葉挺（一八九六—一九四六）廣東惠陽人。保定軍校畢業，北伐時，任國民革命軍獨立團團長，英勇善戰，所向無敵，有北伐名將之譽，渠所部，人稱鐵軍。
⑬周嵩小名。詳世說新語雅量。
⑭呼韓邪匈奴之省詞。

二、胸有成竹

典出北宋蘇軾（一〇三六—一一〇一）文與可①畫篔簹谷偃竹記：「……故畫竹，必先得竹于胸中，執筆熟視，乃見其所欲畫者，急起從之，振筆直遂，以追其所見，如兔起鶻落，少（稍）縱即逝矣。」②後人遂恒以「胸有成竹」喻做事之前，已有確定之構想、方略在胸（在心中）。亦即臨事有定見也。晁補之（一〇五三—一一一〇）贈文潛甥楊克一學文與可畫竹求詩：「與可畫竹時，胸中有成竹。」③此典衍生出成竹、成竹在胸、胸有竹、胸無成竹等典形：

一、成竹　與成竹在胸同源、同義。清鄭燮（一六九三—一七六五）題畫竹：「然有成竹無成竹，其實只是一個道理。」

二、成竹在胸　老殘游記第六回：「先生必有成竹在胸，何妨賜教一二呢！」近人柳亞子（一八八七—一九五八）紀夢詩序：「老謀深算，成竹在胸。」

三、胸有竹　同胸有成竹。清趙翼（一七二七—一八一四）編校文瑞師集感賦：「與可畫先胸有竹。庖丁④解在目無牛。」

四、胸無成竹　亦源於胸有成竹。意謂做事缺乏周延、完整之謀畫、盤算。清鄭燮題畫竹：「文與可畫竹，胸有成竹；鄭板橋畫竹，胸無成竹。」

①文同（一〇一八—一〇七九）北宋梓州永泰（今四川三臺）人。字與可，號笑笑先生、錦江道人，人稱石室先生。皇祐進士，元豐初，任湖州太守，故亦稱文湖州。渠善寫山水，

尤長墨竹，評者謂其「疑風可動，不筍而成。」從其學者甚多，稱湖州竹派。著有丹淵集，宋史有傳（卷四四三）

②經進東坡文集卷四九。

③引自雞肋集卷八。晁補之，北宋鉅野（今屬山東）人。字無咎。元豐二年進士，元祐初，為大學士，以禮部郎中出知河中府。葺歸來園，自署歸來子。紹聖間，落職監處州酒，後知泗州，卒於任。渠善為文，與秦觀、黃庭堅、張耒合稱蘇門四學士，頗為蘇軾所稱許。遺有雞肋集、晁氏琴趣外編傳世，宋史有傳（卷四四一）。

④莊子養生主：「始臣之解牛之時，所見無非牛者。三年之後，未嘗見全牛也。方今之時，臣以神遇，而不以目視，官知止而神欲行，依乎天理，批大郤，道大窾，因其固然，枝經肯綮之未嘗，而況大軱乎！……恢恢乎其于游刃必有餘地矣。」榮按：庖丁解牛亦屬典故。

三、叔度千頃陂

典出後漢書黃憲傳：「叔度①汪汪若千頃陂②，澄之不清，淆之不濁，不可量也。」（卷五三）。又，郭泰傳：「其（指稱郭泰③。）獎拔士人，皆如所鑒。」唐李賢注引晉謝承後漢書曰：「泰之所名，人品乃定，先言後驗，眾皆服之。……初，太始至南州，遇袁奉高，不宿而去；從叔度，累日不去。或以問太。太曰：『奉高之器，譬之氿〔泛〕濫，雖清而易挹。叔度之器，汪汪若千頃陂，澄之不清，擾之不濁，不可量也。』已而，果然。太以是名聞天下。」（卷六八）。後恆用「叔度陂湖」以形容一個人學識廣博、器宇胸襟宏偉寬大。

古今運用此典，至少約有十種型態：

一、澄波千頃　北周庚信（五一三—五八一）周隴右總管長史豆盧公神道碑：「直千百尋，澄波千頃，留心職事，愛玩圖籍。」

二、黃陂　唐駱賓王（六二七？—六八四？）上兗州崔長史啟：「心波湛漢，泳曜魄於黃陂；情岳干天，韜風雲於秭巘。」

三、叔度　泛指才學、品德為人敬重之高士。唐杜審言（六四五？—七〇八）贈崔融二十韻：「日疑懷叔度，夜似憶真長。」劉長卿（七〇九—七八六？）九日岳陽待黃遂張渙詩：「季鷹久疏曠，叔度早疇昔。」

四、黃憲萬頃　狀人器宇胸襟宏偉。唐李瀚（？—九六二）蒙求：「王允千里，黃憲萬頃。」

五、叔度陂湖　唐黃滔（八四〇？—？）祭崔補闕道融文：「多君於士元廊廟，待我以叔度陂湖。」

六、叔度陂　同叔度陂湖。北宋梅堯臣（一〇〇二—一〇六〇）正仲見贈依韻和答：「乃知叔度陂，萬頃見澄澹。」南宋陸游（一一二五—一二一〇）十月四日夜記夢詩：「森然義府刀，誰為叔度陂。」

七、千頃泛汪洋　明袁宏道（一五六八—一六一〇）舟中與諸上人談亡友潘雪松事詩：「阮籍一杯澆磊塊，征君千頃泛汪洋。」

八、汪洋叔度　清陳棟（一七六四—一八〇二）端正好題黃心菴來禽書屋填詞圖套曲：「你本是無雙江夏怎不奪天工巧，汪洋叔度怎不擅天才妙？」

九、量汪波　清黃遵憲（一八四八—一九〇五）人境廬之鄰有屋數間詩：「偶引雛孫問初月，且容時輩量汪波。」

十、叔度汪洋　近人金燕（生卒年待考，晚清民初之人）贈心俠詩：「饒君一種蕭閑態，叔度汪洋萬頃深。」

①黃憲，生卒年待考，字叔度。

②陂，ㄆㄧˊ，又讀ㄅㄟ、ㄅㄧ。蓄水池之稱。

③郭泰（一二八—一六九），一作郭太。字林宗，東漢太原界休（今山西介休東南）人。

四、顧犬補牢

語出戰國策楚策四：「見兔而顧犬，未為晚也；亡羊而補牢，未為遲也。」顧犬，見兔顧犬之省詞。謂發現野兔的縱影，再回頭招呼獵犬趕緊追捕。亡羊補牢，省作「補牢」。謂羊隻丟失，才儘速修補羊圈。顧犬補牢，恆用以比喻事雖緊急或已出差錯，宜及時補救。近人梁啟超（一八七三—一九二九）日本國志後序：「後之視今，今之視昔，顧犬補牢，未為遲矣。」又，變法通議論科舉：「既無細腰高髻之倡，重以棄鼎寶瓠之失，不懷顧犬補牢之義，徒效淵魚叢爵之愚。」

五、聊以卒歲

語本左傳襄公廿一年：「人謂叔向曰：『子離於罪，其為不知乎？』叔向曰：『與其死亡若何？』詩曰：『優哉游哉，聊以卒歲，知也。』」聊以卒歲，本指逍遙自在地過日子。後亦用以狀生活艱困，勉強度日。今多採「姑且以此方式馬馬虎虎地生活下去」解釋之。西晉潘岳（二四七—三〇〇）秋興賦：「逍遙乎山川之阿，放曠乎人間之世。優哉游哉，聊以卒歲。」唐韋嗣立（六五四—七一九）請崇學校疏：「人無固志，罕有執不撓之懷，徇至公之節，偷安苟免，聊以卒歲。」近人魯迅（一八八一—一九三六）且介亭雜文二集隱士：「凡是有名的隱士，他總是已經有了『優哉游哉，聊以卒歲』的幸福的。」榮按：今本詩小雅采菽作「優哉游哉，亦是戾也。」並無「聊以卒歲，知也。」等文字，附誌之。

六、聊復爾耳

謂姑且如此而已。南朝宋劉義慶（四〇三—四四四）世說新語任誕：「阮仲容步兵居道南，諸阮居道北。北阮皆富，南阮貧。七月七日，北阮盛曬衣，皆紗羅錦綺。仲容以竿掛大布犢鼻幝於中庭。人或怪之。答曰：『未能免俗，聊復爾耳！』」南宋辛棄疾（一一四〇—一二〇七）永遇樂檢校停雲新種杉松戲作詞：「停雲高處，誰知老子，萬事不關心眼。夢覺東窗，聊復爾耳，起欲題書簡。」

「聊復爾耳」亦有作「聊復爾」。南宋姜夔（一一五五？—一二二一？）徵招詞：「一丘聊復爾，也孤負幼輿高志。」范成大（一一二六—一一九三）次韻時敘：「作詩惜春聊復爾，春亦何能與人事。」

近代「聊復爾耳」亦作「聊復爾爾」。兒女英雄傳第卅九回：「老爺覺得只要有了他那壽酒、壽文二色，其餘也不過未能免俗，聊復爾爾而已。」今人聶紺弩（一九〇三—一九八六）壁畫：「他似乎是求之不得，得其所哉；我呢，我不過無可奈何，聊復爾爾罷了。」

「聊曬犢裩」為貧寒之典，詳世說新語任誕阮咸以竿掛大布犢鼻幝於中庭。

附注：西晉謝鯤（二八〇—三二二）字幼輿。

七、聊勝於無

謂比沒有稍好一些。語本東晉陶潛（三六五—四二七）和劉柴桑：「弱女雖非男，慰情聊勝無。」近人魯迅（一八八一—一九三六）書信集致曹靖華：「但這一部書我總要譯成它，算是聊勝於無之作。」今人葉聖陶（一八九四—一九八八）窮愁：「工畢，母襖僅完，補痕重疊，乃重而弗柔，殊不適衰年體，然阿松以為當聊勝於無也。」

八、聰明反被聰明誤

典出北宋蘇軾（一〇三六—一一〇一）洗兒戲作詩：「人皆養子望聰明，我被聰明誤一生。惟願孩兒愚且魯，無災無難到公卿。」（蘇軾詩集卷四七）。明周清源（？—？萬曆、崇禎間人）西湖二集卷四愚郡守王殿生春：「……蘇東坡曉得一生吃虧在聰明二字，所以有感作這首詩，然與其聰明反被聰明誤，不知做個愚蠢之人，一生無災無難、安安穩穩，做到九棘三槐①、極品垂朝，何等快活，何等自在！……」

此典衍生出聰明誤、聰明自誤二典：

一、聰明誤　清王端履（一名履端，嘉道間人）②重論文齋筆錄卷四：「文被聰明誤，材因患難多。」

二、聰明自誤　清葉廷琯（一七九一—一八六八）鷗陂漁話馬士英有才藝：「錄而存之，非謂不以人廢言，欲使世之閱其文者，知其聰明自誤耳。」

①典出周禮秋官朝士：「朝士掌建邦外朝之法。左九棘，孤卿大夫位焉，羣士在其後；右九棘，公侯伯子男位焉，羣吏在其後。面三槐，三公位焉，州長眾庶在其後。」後因以三槐九棘代稱三公九卿。九棘三槐、三槐九棘義同。

②浙江蕭山（今杭州）人。字小穀，室名十萬卷樓。嘉慶十九年（一八一四）進士，官翰林院庶吉士。家富藏書。遺有重論文齋筆錄、端履手鈔。

九、時不我與

意謂歲月不會等待我（人）。

典出論語陽貨：「……（陽貨）①謂孔子曰：『……日月逝矣，歲不我與！』孔子曰：『諾！吾將仕矣。』」後人恒將此語詮釋為錯失時機，追悔莫及。三國魏嵇康（二二三—二六二）幽憤詩：「實恥訟免，時不我與。」

「時不我待」源出「時不我與」。近人曹靖華（一八九七—一九八七）②飛花集智慧開花爛如錦：「忽而念及時不我待，只得向拉起一根葛條，不顧首尾，匆匆割取眼前一段，以救撚眉之急了。」

①史記作陽虎。春秋魯人，為季氏家臣。事季平子，平子卒而專魯國之政。欲去三桓，因劫

定公與叔孫州仇以伐孟氏。貨敗，取公宮寶玉大弓，出奔齊，又至晉。（清劉寶楠論語正義陽貨）

②河南盧氏縣人。原名聯亞，筆名亞丹；化名鄭汝珍、汝珍、K.H；別名安得華。民九，加入社會主義青年團。二度赴蘇，曾於莫斯科東方大學求學、後任教中山大學（蘇京）、東方大學。歸國後，歷任北平大學、東北大學及中國大學教席，民卅九，任北京大學俄語系主任。渠譯著頗豐，陸續譯有鐵流、保衛察里津、虹、第四十一等書，撰有花、春城飛花、飛花等散文集。盧氏縣位於豫西峭山與熊耳山之間、洛水上游。

附錄　幽憤詩（古詩源卷六）

幽憤詩晉書康與呂安善安後爲兄所枉訴以事繫獄詞相證引遂收康康乃作此詩

嗟余薄祜。少遭不造。哀煢靡識。越在繈緥。母兄鞠育。有慈無威。恃愛肆姐。子豫反不訓不師。爰及冠帶。憑寵自放。抗心希古。任其所尚。託好老莊。賤物貴身。志在守樸。養素全真。曰余不敏。好善闇人。子玉之敗。屢增維塵。大人含弘。藏垢懷恥。民之多僻。政不由己。惟此褊心。顯明臧否。感悟思愆。怛若創痏。欲寡其過。謗議沸騰。性不傷物。頻致怨憎。昔慚柳惠。今愧孫登。內負宿心。外恧良朋。仰慕嚴鄭。樂道閑居。與世無營。神氣晏如。咨予不淑。嬰累多虞。匪降自天。實由頑疎。理弊患結。卒致囹圄。對答鄙訊。縶此幽阻。實恥訟冤。時不我與。雖曰義直。神辱志沮。澡身滄浪。豈曰能補。嗈嗈鳴雁。奮翼北遊。順時而動。得意忘憂。嗟我憤歎。曾莫能儔。事與願違。遘茲淹留。窮達有命。亦又何求。古人有言。善莫近名。奉時恭默。咎悔不生。萬石周慎。安親保榮。世務紛紜。祇攪予情。安樂必誠。乃終利貞。煌煌靈芝。一年三秀。予獨何爲。有志不就。懲難思復。心焉內疚。庶勗將來。無馨無臭。采薇山阿。散髮巖岫。永嘯長吟。頤性養壽。

通篇直直敘去自怨自艾若隱若晦好善闇人牽引之由也顯明臧否得禍之由也至云澡身滄浪豈云能補悔恨之詞切矣末托之頤性養壽正恐未必能然之詞華亭鶴唳隱然言外○肆姐恣肆也○季札謂叔孫穆子曰子好善而不能擇人好善闇人悔與呂安交也○孫登謂嵇康曰子才多識寡難乎免於今之世也○嚴鄭謂嚴君平鄭子眞○萬石周愼指萬石君奮子郎中令建周至也

十、石丈、石兄

石丈，典出宋葉夢得（一〇七七—一一四八）①石林燕語卷十：「米芾詼諧好奇……知無為軍②，初入州廨，見立石頗奇，喜曰：『此足以當我拜。』遂命左右取袍笏拜之，每呼曰：『石丈。』後人恒用以代稱奇石。」清諸九鼎（？—？）③石譜墨竹石：「既對此君，復近石丈。熟客莫來，與爾霄壤。」查慎行（一六五〇—一七二七）盧肇宅石笋一株猶存相傳唐時故物也詩：「地以名流著，人探古迹來。便應呼石丈，幸不中碑材。」

石兄，典出南宋費袞（？—？）梁溪漫志④米元章拜石：「米元章守濡須⑤，聞有怪石在河壖⑥，……公命移至州治，為燕游之玩。石至而驚，遂命設席，拜於庭下，曰：『吾欲見石兄二十年矣。』」後人恒用以稱佳石、奇石。南宋楊萬里（一一二七—一二〇六）題李季章中書舍人石林堂詩：「依與石兄殊不疏，問訊別來安穩無。」

宋史文苑六米芾傳：「米芾字元章，吳人也。以母侍宣仁后藩邸舊恩，補浛光尉。歷知雍丘縣、漣水軍，太常博士，知無為軍。……卒，年四十九⑦。芾為文奇險，不蹈襲前人軌轍。特妙於翰墨，沈著飛翥，得王獻之筆意。畫山水人物，自名一家，尤工臨移，至亂真不可辨。……所為譎異，時有可傳笑者。無為州治有巨石，狀奇醜，芾見大喜曰：『此足以當吾拜！』具衣冠拜之，呼之為兄。」

①生於北宋熙寧十年，卒於南宋紹興十八年。

②兩宋行政區劃名，與州、府、監同隸屬於路。文獻通考卷三一五、輿地：「（宋）至道三年，分天下為十五路，其後又增三路，……凡十八路，州、府、軍、監三百二十二。」

③生卒年待考。清錢塘（今屬杭州）人。字駿男，一名曇、字鐵菴。遺有諸鐵菴集、樂清集等書（國朝耆獻類徵卷四二六）

④成書於淳熙十五年（一一八八）前，嘉泰元年（一二〇一）施濟始刻於縣齋。

⑤濡須，水名。濡，ㄋㄨㄢˊ。今稱運漕河或裕溪河。源於安徽巢湖。東漢建安十七年（二一二）孫權徙治建康，於濡須口作塢以備曹操。次年，操攻濡須，相拒月餘不得進。為古兵家必爭之地。兩宋屬無為軍。（讀史方輿紀要卷二六無為州巢縣）。

⑥ㄖㄨㄢˊ。同「壖」。隙地也。

⑦本傳云大觀二年（一一〇八）卒，年四十九；惟東都事略作大觀元年卒，年五十七。

十一、芫荽其如予何

語譯：香菜又能對我怎麼樣？

典出北宋魏泰（？—？）①東軒筆錄卷十二：「呂惠卿②嘗語王荊公③曰：『公面有黚④，

用園荽⑤洗之，當去。』荊公曰：『吾面黑耳，非黕也。』呂曰：『園荽亦能去黑。』荊公笑曰：『天生黑於予，園荽甚如予何？』」（文淵閣本四庫全書）。按：論語述而：「子曰：『天生德於予，桓魋其如予何？⑥』」荊公笑言，「黑」替「德」，芫荽代桓魋！

①北宋襄陽（今屬湖北）人，生卒年待考。字道輔，為曾布妻弟（老學庵筆記卷七）。嘗於試院中以事上請，至毆打主考官幾死，坐是不許取應。遂隱居，自號臨漢隱居。渠與呂惠卿、王安石、徐禧、黃庭堅等有交往。崇寧、大觀間，章惇為相，欲官之，辭不就。博覽羣書，善屬文、喜論詩，詩主優柔感諷，以豪縱怒張為戒（鮑廷博東軒筆錄跋）對當世詩人多有不滿，嘗謂歐陽修詩少餘味、黃庭堅詩自以為功、所見實僻、石延年詩無大好處、梅堯臣缺乏高致，獨盛贊王安石詩多佳句，以上「所論不無偏頗」（四庫全書總目卷一九五）。渠能詩，格律峻峭，有六朝風韻。遺有東軒筆錄十五卷、臨漢隱居詩話一卷，全宋詩錄其詩九首（卷七八二）、全宋文收其文三篇（卷二三三八）。榮按：曾布（一〇三六—一一〇七），為曾鞏之弟。

②（一〇三二—一一一一）。字吉甫，泉州晉江（今屬福建）人。嘉祐二年（一〇五七）進士，為真州推官。熙寧初，王安石引入制置三司條例句。七年，拜參知政事，後與王安石有隙，及王再相，出知陳州。此後屢沈屢浮，大觀四年，復觀文殿學士，致仕。政和元年卒，年八十，贈開府儀同三司。渠有智術，文學通達，文章「根極理要、一本於經義，辭

嚴義密，追古作者；長於表奏。」（東平集序、郡齋讀書志卷十九）。亦能詩。遺有莊子解十卷、東平公集一〇〇卷、奏議一〇七卷，今僅存莊子解，有金刻本、民國排印本。全宋詩錄其詩四首（卷七二二）、全宋文收其文三卷（卷一七一九—一七二二）。宋史有傳。

③即王安石。安石字介甫，號半山，撫州臨川（今江西撫州）人。慶曆二年（一〇四二）登進士甲科，神宗朝主持變法改革。元豐三年（一〇八〇）九月，封荊國公，故稱。宋史有傳。

④ㄍㄢˋ。本作「䵟」，同「皯」。面上黑班。唐孫思邈（五八一？—六八二）千金要方穀米：「去黑痣面皯，潤澤皮毛。」（卷二六）。

⑤文淵閣四庫本訛作「園」荽，園、芫音同。芫荽，學名 Coriandrum sativum。中文本作胡荽，又名胡菜、蒝荽、香荽、香菜。傘形科。一二年生草本。基出葉為奇數羽狀複葉，小葉卵形，葉柄呈綠色或淡紫色。春夏間開白或淡紫色花，複傘形花序。性善冷，忌炎熱。原產地地中海沿岸。兩岸各地均有栽培，以華北最多。有特殊香味。果實可提製芫荽油；莖葉作蔬菜。中醫以全草入藥。明李時珍（一五一八—一五九三）本草綱目菜之一葷辛類：「胡荽，〔釋名〕香荽、胡菜、蒝荽。〔氣味〕辛。溫。微毒。……〔附方〕……面上黑子（注）蒝荽煎湯，日日洗之。……」（卷二六）

⑥桓魋（ㄏㄨㄢˊ ㄊㄨㄟˊ），春秋宋司馬，姓向，為桓公（禦說）後裔，故稱。

十二、雪夜鳴鵝

恒用以稱運用智慧取勝之戰役。唐元和九年（八一四）淮西節度使吳少陽（？—八一四）卒，其子元濟（？—八一七）時攝蔡州刺史，匿喪且自主兵柄。發兵焚掠舞陽等四縣，朝廷詔山南東道節度使嚴綬為申光蔡等州招撫使，督諸道兵討之。諸軍勝負皆不實聞，多虛稱克捷。十二年（八一四），復詔宰臣裴度督率諸軍，自是士氣振奮，屢有捷聞。西路軍李愬（七七三—八二一）乘蔡州孤立空虛之際，用降將李祐計，雪夜急行軍襲破之，元濟受俘斬於長安。（舊唐書卷一四五、新唐書卷二一四）

清李漁（一六一〇—一六八〇）奈何天攢羊：「休怕風寒雪冷，雪夜鳴鵝，不是仗寒威，怎操全勝。」

雪夜鳴鵝典源載於唐書：

一、舊唐書李晟傳子愿、愬……附：「（李）愬沉勇長算，推誠待士，故能用其卑弱之勢，出賊不意。……（元和十一年十月）十日夜，以李祐率突將三千為先鋒，李忠義副之，愬自帥中軍三千，田進誠以後軍三千殿而行。……至賊境，曰張柴砦，盡殺其戍卒，令軍士少息，繕羈靮甲冑，發刀彀弓，復建旆而出。是日，陰晦雨雪，大風裂旗旆，馬慄不能躍，士卒苦寒，抱戈僵仆者道路相望。……諸將請所止，愬曰：『入蔡州取吳元濟也。』

諸將失色。……愬道分五百人，斷洄曲路橋……又分五百人斷朗山路。……比至懸瓠城，夜半，雪愈甚。近有鵝鴨池，愬令驚擊之，以雜其聲。賊恃吳房、朗山之固，晏然無一人知者。……黎明，雪亦止，愬入，止元濟外宅。……田進誠焚子城南門，元濟城上請罪，……乃檻送京師。」（卷一三三）

二、新唐書李晟傳愿、憲、愬……：「時李光顏戰數勝，元濟悉銳卒屯洄曲以抗光顏。愬知其隙可乘，乃遣從事鄭澥見裴度告師期，於時元和十一年十月己卯。師夜起，祐以突將三千為前鋒，李忠義副之，愬率中軍三千，田進誠以下軍殿。出文城柵，令曰：『引而東。』六十里止，襲張柴，殲其戍。敕士少休，益治鞍鎧，發刀彀弓。會大雨雪，天晦，凜風偃旗裂膚，馬皆縮慄，士抱戈凍死於道十一二。……始發，吏請所向，愬曰：『入蔡州取吳元濟！』士失色，……愬道分輕兵斷橋以絕洄曲道，又以兵絕朗山道。行七十里，夜半至懸瓠城，雪甚，城旁皆鵝鶩池，愬令擊之，以亂軍聲。賊恃吳房、朗山戍，晏然無知者。……黎明，雪止，愬入駐元濟外宅，蔡吏驚曰：『城陷矣！』元濟尚不信，……進誠火南門，元濟請罪，梯而下，檻送京師。」[1]（卷一五四）

舉例：

(一)鵝池平蔡　多用以指破敵立功。源同雪夜鳴鵝。南宋李曾伯[2]（一一九八—一二六八）賀新郎再和薛制參賦雪韻詞：「休說鵝池平蔡事，慶新年，一稔歡相語。」

(二)鵝池夜渡　同鵝池平蔡。南宋張榘[3]（？—？）瑞鶴仙次韻陸景思喜雪詞：「看鵝池夜渡，黎明飛捷，兒輩惛惛未覺。」

㈢擊鵝羣　隱指軍事智慧。源同雪夜鳴鵝。元陳德和（？—？）落梅風李愬擊鵝曲：「擊鵝羣亂軍成了大功，全不道藍關路馬蹄難動④。」

㈣將軍半夜鵝　稱戰役中善用智慧。源同雪夜鳴鵝。元傅若金（一三〇四—一三四三）上蔡詩：「徒憐丞相東門犬⑤，猶憶將軍半夜鵝。」

㈤鵝池雪　同鵝池平蔡。明孫承宗（一五六三—一六三八）陽關引詞：「把眼前飛絮，學作鵝池雪。待四方戡定，直北迎節歸。」

①舊唐書作「鵝鴨池」、新唐書作「鵝鶩池」；榮按：鴨別名鶩。

②李邦彥之曾孫。

③字方叔、號芸窗，潤州（今鎮江）人。端午元年（一二三四）曾任建康府觀察推官。

④藍關即藍田關，位於陝西藍田縣東南。秦時稱嶢關。唐韓愈（七六八—八二四）左遷至藍關示姪孫湘詩：「雲橫秦嶺家何在？雪擁藍關馬不前。」（昌黎集卷十）

⑤史記李斯列傳：「李斯者，楚上蔡上也。……二世二年七月，具斯五刑，論腰斬咸陽市。斯出獄，與中子俱執，顧謂其中子曰：『吾欲與若復牽黃犬，俱出上蔡東門逐狡兔，豈可得乎？』遂父子相哭而夷三族。」（卷八七）

陸、詞彙趣談

一、清福

晚清名宦李鴻章嘗撰作一聯，以述其人生觀，茲錄之於左：

「享清福不在為官，囊有錢、倉有粟、腹有詩書，使是山中宰相；祈大年毋須服藥，身無病、心無憂、門無債主，即稱地上神僊。」

昔賢薛福成（一八三八—一八九四）①庸盦筆記幽怪二、厤姑締姻：「凡人祿萬鍾，榮居一品者，俗福也；山水怡情，著述壽世，清福也；其介於俗福、清福之間者，莫為豔福②。」福成曾為李文忠幕賓有年。合肥上聯，或源於庸盦筆記。

李鴻章（一八二三—一九〇一）清季安徽合肥（今合肥市）人。本名章銅，字漸甫、號少荃（一作字），亦作少泉，又號儀齋，室名曰小滄浪亭，晚號儀叟。曾樸孽海花以威毅影射（李）鴻章。藏書之所名曰望雲草堂③。李氏先人本姓許。道光廿七年（一八四七）進士，授編修。咸豐三年（一八五三）回籍辦團練以禦太平軍。八年，入曾國藩幕。十一年，奉命編練淮勇。其後，於上海、河南等地剿太平軍與捻匪。同、光間，陸續創設江南製造局、金陵機器局、輪船招商局、煤（金）礦、電報及鐵道等洋務企業，其獨資所營綸章造紙，開我國生產新聞用紙之先河。李氏累官兩江、湖廣、兩粵、直隸等督撫，北洋大臣、太子太傅、大學士。並先後奉旨簽訂煙臺條約、中法新約、馬關條約、中俄密約與辛丑和約；封肅毅伯、卒贈侯爵、謚文忠。遺有李鴻章全集（舊稱李文忠公全集、民八二重編，改稱。）文忠公以三女鞠藕適張佩綸④為繼室。名小說家張愛玲為文忠外曾孫女、幼樵之孫女。

四十餘年前，余有一舊屬姓王名三福，渠此生或果真能集「俗」、「豔」、「清」三福於一身，拭目以待。

①字叔耘、號庸盦。江蘇無錫（今無錫市）人。少好學，與弟福保「晝則縱觀經史、質問疑義，夜則一燈圍坐，互論聖賢立教微旨、古今論理得失之要最。」（同母弟季懷事狀）其弟嘗論賈誼、陸贄等人文有「斡旋世運，鼓動倫類」之功（季弟遺集序）始稍致力古文辭。同治四年（一八六五），為兩江總督曾國藩延攬入幕，與黎庶昌、張裕釗、吳汝綸以師禮事曾，學古文辭，世稱曾門四弟子。六年，舉江南鄉試副貢。嗣因敘戰功，以直隸州知州留直棣（今河北）補用，並賞知府銜。光緒元年（一八七五），下詔求言。渠上治平六策、海防十議，一時傳誦，以直隸州知州入李鴻章幕，掌文事。光緒十五年以三品京堂候補，出使英、法、意、比四國大臣。廿年六月，病逝滬濱。其生平「好為經世有用之學」，「發

為文章，淵懿精美，不徒為高論。」（陳光淞庸盦海外文編跋。）同門黎庶昌（一八三七—一八九八）評述福成略以：「叔耘辭筆醇雅有法度，不規規於桐城論文，而氣息與子固、穎濱為近。」（庸盦文編序）著有庸盦文編四卷、續編二卷、外編四卷，庸盦海外文編四卷、籌洋雛議一卷、出使奏疏二卷、浙東籌防錄四卷、出使日記六卷、出使日記續刻十卷、出使公牘十卷、庸盦文別集六卷等。清史稿有傳（卷四四六）。按：曾鞏字子固、蘇轍字穎濱。

②「福、祿、壽」或「福、壽、康、寧」恒為國人所期望者也。清福，清雅幽閒之福。元耶律楚材（一一九〇—一二二四）冬夜彈琴頗有所得亂道拙語卅韻以遺猶子蘭詩：「秋思盡雅興，三樂歌清福。」豔福，男女情愛之福。俗福，普世凡庸所冀之福。

③李氏生前藏書之所，其藏書於民廿九由孫男李國超捐予震旦大學，學校為闢專室庋藏，民卅九前後歸復旦大學所有。

④（一八四八—一九〇三；一作一八四八—一九〇〇）。直隸（今河北省）豐潤人。字幼樵，又字繩庵、繩齋，號蕢齋，別號嘉禾鄉人。同治九年（一八七〇）舉人，次年中式進士。光緒元年，以編修擢侍講、署日講起居注官。後入李鴻章幕，旋署都察院左副都御史。與寶廷、黃體芳等議論朝政，號稱清流派。中法戰起，奉派赴閩垣會辦海疆。法艦入侵馬尾，竟未加戒備，福建水師遂告覆滅。由是，遭謫戍。獲歸後，復入李幕，晚年居南京。遺有澗于集、澗于日記、管子學等書。

二、松陰

松陰，一作「松蔭」。謂松樹之陰也。多指幽靜之地。北宋宣和間，陝西經略府衙有松陰堂，堂前植松成林。唐李山甫（？—？）方干隱居詩：「咬咬嗄嗄水禽聲，露洗松陰滿院清。」北宋蘇軾（一〇三六—一一〇一）病中游祖塔院詩：「閉門野寺松陰轉，欹枕風軒客夢長。」明唐順之（一五〇七—一五六〇）松關詩：「月出照松關，松蔭正滿地。」

三、松扇

古扇之一，亦稱松箑（ㄕㄚˋ）。據傳採柔韌松皮精編製成；一說用水椰皮製成之。北宋黃庭堅（一〇四五—一一〇五）次韻錢穆父贈松扇：「銀鉤玉唾明璽紙，松箑清涼並送似。」任淵注：「（穆父）元豐七年使高麗，松扇蓋奉使時所得。王雲雞林志云：『高麗松扇揭松膚柔者緝成，文如椶心，亦染紅間之，或言水椰皮也。』」南宋鄧椿（？—？）畫繼雜說論近：「高麗松扇如節板狀。其土人云：『非松也，乃水椰木之皮，故柔膩可愛，其紋酷似松柏，故謂之松扇。』」明陸容（一四三六—一四九四）菽園雜記摘抄卷三：「聞撒扇自宋時已有之。或云始永樂中因朝鮮國進松扇，上喜其卷舒之便，命工如式為之。」

四、松陵

吳淞江古稱松陵。為太湖支流三江之一，自吳江縣東流與黃浦江匯合，出吳淞口入海。唐陸廣微（？—？）吳地記：「松江，一名松陵，又名笠澤。」皮日休（八三四？—八八三？）松江早春詩：「松陵清靜雪初消，見底新安恐未如。」又，吳江縣別稱松陵。清顧祖禹（一六三一—一六九二）讀史方輿紀要江南六吳江縣：「吳江縣，府東南四十五里，東北至松江府，……唐曰松陵鎮。乾寧二年，楊行密與錢鏐相攻，設砦於此，屬松江鎮。」南宋姜夔（一一五五？—一二二一？）過垂虹詩：「曲終過盡松陵路，回首煙波十四橋。」

五、雪浪石

石名。質黑、有白脈狀似雪浪①，因以得名。北宋蘇軾（一〇三六—一一〇一）雪浪石詩：「太行西來萬馬屯，勢為岱岳爭雄尊，飛狐上黨天下脊，半掩落日先黃昏。削成山東二百郡，氣壓代北三家村。千峰右卷矗牙帳，崩崖鑿斷開土門。揭來城下作飛石，一礮驚落天驕魂。承平百年烽燧冷，此物僵臥枯榆根。畫師爭摹雪浪勢，天工不見雷斧痕。離堆四面繞江水，坐無蜀士誰與論。老翁兒戲作飛雨，把酒坐看珠跳盆。此身自幻孰非夢，故國山水聊心存。」（清王文誥輯注蘇軾詩集卷卅七）。又，雪浪齋銘并引：「予於中山②後圃得黑石白脈，如蜀孫位、孫知微所畫。石間奔流，盡水之變。又得白石曲陽為大盆，以盛之。激水其上，名其室曰雪浪齋，云：盡水之變蜀兩孫，與不傳者歸九原。異哉駮石雪浪騑，石中乃有此理存。玉井芙蓉丈八盆，伏流飛空漱其根。東坡作銘豈多言，四月辛酉紹聖元。」（東坡全集卷九七、文淵閣四庫本）。

張舜民（？—？）③蘇子瞻哀辭：「石與人俱貶，人亡石尚存。卻憐堅重質，不減浪花痕。滿酌中山酒，重添丈八盆。公兮不歸北，萬里一招魂。」（全宋詩卷八三四）南宋杜綰（？—？）雲林石譜雪浪石：「中山府土中出石，色灰黑，燥而無聲，混然成質，其紋多白脈，籠絡如披麻旋繞之勢。東坡頃帥中山④，置一石於燕處，目之為雪浪石。」（文淵閣四庫本）。

①雪色白，故白色浪花曰雪浪。唐元稹（七七九—八三一）遭風三十韻：「俄驚四面雲屏合，坐見千峯雪浪堆。」近人鄧中夏（一八九四—一九三三）過洞庭詩：「莽莽洞庭湖，五日兩飛渡。雪浪拍長空，陰森疑鬼怒。」

②北宋時，屬河北西路。定武軍節度使駐該地，原稱定州。政和三年（一一一三）升為府，改名曰中山。（宋史地理志二）又，中山原為西漢郡國名，高帝時已置，故所謂改名實改

稱原名也。

③生卒年待考。字芸叟，邠州（今陝西彬縣）人。治平二年（一〇六五）進士，建中靖國元年（一一〇一）以龍圖閣待制知定州（即中山）。當年，蘇軾自儋州北歸，七月丁亥卒於常州。

④紹聖元年（一〇九四）軾知定州；張舜民於渠後始知定州。

六、不死不生

意謂超脫生死之境界。

語出莊子大宗師：「無古今，而後能入於不死不生。」郭象注：「夫係生故有死，惡死故有生。是以無係無惡，然後能無死無生。」

七、雪中送炭

恒用以喻及時濟人困急。雪中，狀正在降雪。猶云雪裡。唐高適（七〇二—七六五）酬韋八雪中詩：「雪中望來信，醉裏開衡門。」杜牧（八〇三—八五二）寄贈許侍御棄官東歸江南詩：「他年雪中櫂，陽羨訪吾廬。」①宋史本紀第五、太宗二：「（淳化）四年二月壬戌，……。是日，雨雪大寒，再遣中使賜孤老貧窮人千錢、米炭。」送米供裏腹防飢、送炭供取火禦寒。南宋高登（？—一一四八）覓蠹椽②詩：「顧影低佪秖③自憐，怕寒時聳作詩肩……雪中送炭從來事，況寫羈窮覓蠹椽。」范成大（一一二六—一一九三）大雪送炭與芥隱詩：「不是雪中須送炭，聊裝風景要詩來。」二刻拍案驚奇卷十一：「此時若肯雪中送炭，真乃勝似錦上添花。爭奈世情看冷煖，望著那一個救我來。」明王世貞（一五二六—一五九〇）鳴鳳記驛裏相逢：「哇！你小人勢利，但知錦止上添花，我砥柱中流，偏喜雪中送炭。」兒女英雄傳第九回：「世情如紙，只有『錦上添花』，誰肯『雪中送炭』。」人生必讀卷上：「錦上添花人人有，雪中送炭『世間無。』」

雪裏炭，謂急需之物。明徐渭（一五二一—一五九三）答兒子官人：「信來，具見遠念，并惠種種，正逼歲除，真雪裏炭也。」雪中送炭一作雪裏送炭。唐德行禪師四字經甲乙：「雪裏送炭。」甬劇④兩兄弟第一場：「雪里（裏）送炭真難得，合作社比爺娘親。」

①許渾唐會昌前後人，生卒年待考。太和六年（八三二）進士，曾官監察御史，人稱許侍御。陽羨，漢縣名，隋唐改稱義興，即今江蘇宜興。杜牧曾於該處築室修榭。

②ㄉㄨˋ ㄔㄨㄢˊ。被蠹蝕的木條。椽，釋文：「榱也。圓曰椽，方曰桷。」檁上架屋瓦之木條。

③ㄓˇ。只。通「祇」。漢書鄒陽傳獄中上書：「……故無因而至前，雖出隨珠和璧，秖結怨而不見德。」（卷五一）

④寧波劇。寧波簡稱甬，因境內有甬江而得名。

八、雪胎梅骨

喻高潔。清李漁（一六一〇—一六八〇）憐香伴香咏：「小姐這等詩真有雪胎梅骨，冷韻幽香。」

九、雪北香南

形容華北冬景與華南春色。嚴冬，北方寒風凜冽、白雪紛飛；入春，江南桃花流水、花木芬芳。隨園詩話卷十引清王鳴盛（一七二二—一七九七）贈內詩：「一龕低處雙栖穩，雪北香南結託同。」

十、原始要終

意謂探究事物發展起源與歸宿。語出易繫辭下：「易之為書也，原始要終，以為質①也。」一作「原始反終」或「原始見終」。易繫辭上：「原始反終，故知死生之說。」反，通「返」。東漢王充(二七—約九七)論衡實知:「凡聖人見禍福也,亦揆端推類②,原始見終。從閭巷論朝堂,由昭昭③查冥冥④。」

①本體。論語衛靈公:「君子義以為質,禮以行之。」
②估量事物之端倪並以為依據舉述出相同或相似等情況。
③光明
④晦暗。

十一、杏花村

杜牧(八〇三—八五二)於池州(今安徽貴池)刺史任內遺有以清明為詩題之七絕一首①,語言清新、造句自然,為唐詩佳構:

清明

清明時節雨紛紛,路上行人欲斷魂。
借問酒家何處有?牧童遙指杏花村。

杏花村由是而成典源,恆為文人泛指為賣酒處:

北宋周邦彥(一〇五六—一一二一)滿庭芳憶錢塘詞:「酒旗漁市,冷落杏花村。」元謝宗可②（？—？）紅梅詩：「回首孤山斜照外，尋真誤入杏花村。」明高啟（一三三六—一三七四）五禽言和張水部詩：「提胡蘆，趣沽酒，杏花村中媼家有。」杏花村亦作「杏村」、「杏花莊」。清孫枝蔚（一六二〇—一六八七）落花詩：「杏村惟見酒旗搖，一去繁華不可招。」元康進之③（？—？）李逵負荊第一折：「你這杏花莊壓盡他謝家樓，你與我便熟油般造下春醅酒。」明賈仲名④（？—？）一枝花金童玉女傳奇曲：「垂陽院賣花人，一聲聲叫過紅樓，杏花莊題詩客，一個個醉眠芳草。」

地方志載：皖、晉、蘇等三省各有一杏花村。㈠在今安徽省貴池縣城西。向以產酒著名。㈡在今山西省汾陽縣東。相傳自南北朝以來，即以生產汾酒著名。近人謝覺哉（一八八四？—一九七一）游杏花村竟日雨留題詩：「逢人便說杏花村，汾酒名牌天下聞。」㈢在今南京市。明謝肇淛（一五六七—一六二四）五雜俎地部一：「金陵諸勝如鳳凰臺、杏花村、雨花臺，皆一抔黃土耳。」

①約作於會昌四年（八四四）九月至六年（八四六）九月間。

②元文宗至順初前後在世，生卒年、籍里、生平均待考。四庫全書總目載：渠遺有詠物詩一卷。

③生卒年月與生平均不可考；錄鬼簿將渠列入「前輩已死名公才人有所編傳奇行於世者」，屬元前期作家應可確定。所存梁山泊黑旋風（又稱李逵負荊）為元雜劇優秀之作，關目緊

湊，情節曲折生動、人物性格充分顯現。渠將曲詞，說白與動作表演融為一體，全劇非常流暢自然，對長篇章回小說水滸傳應有頗大影響。（左東嶺、民九五）。

④一作仲明。生卒年均不詳，元末明初山東人，洪武中前後猶在世，善吟咏、工曲。

十二、偕家

猶云本家。按：偕有俱、同等義。易乾：「亢龍有悔①，與時偕極。」王弼注：「與時運俱終極。」西晉何劭（?—三〇一）贈張華詩：「私願偕黃髮，逍遙綜琴書。」明徐有貞（一四〇七—一四七二）水仙花賦：「層臺之曲，有若蕭史之偕弄玉②。」本家謂同姓之家，亦即同宗之家也。

①亢，至高也。龍象君位。謂高位者應以驕傲自滿為戒，否則便有敗亡之災禍。抱朴子嘉遯：「畏亢悔而貧榮之欲不滅，忌毀辱而爭肆之情不遣。」

②蕭史一作簫史。善吹簫，作鳳鳴。秦穆公以女弄玉妻之，為作鳳臺以居。一夕，吹簫引鳳，與弄玉共昇天仙去。秦人作鳳女祠於雍宮內。（列仙傳上）

十三、壓勝

昔用符咒等法除邪得吉之謂也。清袁枚（一七一六—一七九七）新齊諧滇綿谷秀才半世女妝：「蜀人滇謙六，富而無子，屢得屢亡，有星家教以壓勝之法。」錢泳（一七五九—一八四四）履園叢話笑柄醬：「其製醬時，必書：『姜太公在此。』五字為壓勝。」

十四、聊爾、聊爾爾

前者猶云姑且；暫且。後者謂姑且如此而已。宋書王景文傳：「此選大備，與公卿疇懷，非聊爾也。」南宋楊萬里（一一二七—一二〇六）多稼亭前黃菊詩：「持以壽君子，聊爾慰孤斟。」明唐順之（一五〇七—一五六〇）題王世新一枝窩詩：「榮寂兩忘非所事，一枝聊爾寄吾巢。」清趙翼（一七二九—一八一四）甌北詩話白香山詩：「又云：『三嫌老醜換娥眉』，以色衰而別換佳麗，則更求精於色藝，非聊爾充數者。」南宋朱熹（一一三〇—一二〇〇）舫齋詩：「築室水中聊爾爾，何須極浦望朱宮。」

十五、留客、留客住、留客雨、留客袂

留客，有二義：

一、使人留連①忘返。楚辭大招：「長袂拂面，善留客只。」王逸注：「言美女工舞，揄其長袖，周旋曲折，拂拭人面，芳香流衍，眾客喜樂，留不能去也。」

二、挽留客人；招待客人。史記滑稽列傳：「（西門）豹：曰『廷掾起矣。收河伯留客之久，若皆罷去歸矣。』」南宋王楙（一一五一—一二一三）野客叢書陳遵投轄：「陳遵閒嘗因醉中留客不住，遂取客車轄投井中，史家記此一事，以見遵平時好客如此。」倪瓚②送張天民詩：「湖魚入饌常留客，沙鳥緣階不畏人。」

留客住，亦有二義：

一、唐教坊曲名。其後亦為詞牌名。雙調有九十八字、九十四字等兩體（詳詞譜卷廿六，茲從略）。

二、古兵器名。長槍其端有倒鈎者。水滸傳第二回：「外面火把光中，照得鋼釵、……留客住，擺得似麻木一般。」說岳全傳第廿七回：「我們何不把兵馬兩邊擺開，等他們來時，俱使長槍撓鈎，強弓硬弩，飛爪留客住，兩邊修削。」

留客雨　夏季五日降雨三次之稱。事類統編天文三、雨引西晉陸機（二六一—三〇三）

要覽：「昔羽山有神人焉，逍遙於中嶽，與左元放遊薊子訓所。坐欲起，子訓應欲留之，二日之中三雨。今呼五日三雨，亦為留客雨。」

留客袂　語出楚辭大招（參留客一）。指稱舞袖翩翩然，令人留連難舍。南朝梁簡文帝（蕭綱，五〇三—五五一）采桑詩：「重門皆已閉，方知留客袂。」劉孝綽（四八一—五三九）銅雀妓詩：「誰言留客袂，遂掩望陵悲。」

①一作「留聯」。在此，作「留戀不舍」解。三國魏曹丕（一八七—二二六）燕歌行之二：「飛鳥晨鳴聲可憐，留連顧懷不自存。」北魏元暉暮志：「密勿禮闈，留聯臺閣。」唐李白（七〇一—七六二）友人會宿詩：「滌蕩千古愁，留連百壺飲。」明高瑞南（生卒年待考）金落索題情曲：「我就生也留連，死也留連，愛你心生死都不變。」又，留連通「流連」。南朝宋傅亮（三七四—四二六）為宋公修張良廟教：「過大梁者，或佇想於夷門；遊九京者，亦流連於隨會。」榮按：流連尚有耽於遊樂而忘歸，如孟子梁惠王下：「流連荒亡，為諸侯憂。從流下而忘反謂之流，從流上而忘反謂之連。……」等義，茲從略。

②（一三〇六—一三七四？；一作一三〇六—一三八〇）元末明初常州無錫（今屬江蘇）人。字元鎮，號云林子。生平異名有東海瓚、懶瓚、奚元朗、元映、幻霞生、荊蠻民、淨名居士、朱陽館主、蕭閑仙卿。先世為吳中富戶，自幼好學，家有清閟閣，藏書數千卷，皆經渠一一勘定。時與友儕詩酒唱和，與當時詩壇領袖楊維楨、顧瑛等往來無間。渠工水墨山

水、書法，亦擅詩、詞、曲，惟以畫知名。詩作自然秀拔、素淡無華，長於淡墨輕抹，意境盡脫塵俗，其中七律尤其整飭。遺有清閟閣集十二卷、倪云林詩集六卷；新元史（卷二三八）、明史（卷二九八）有傳。

十六、滴水之恩，當涌泉相報

謂受人些許好處，要設法多多地報答。此則俗語（或稱俗話）又作「滴水之恩，當涌泉相報」。

東漢崔瑗（七七?—一四二?）座右銘：「施人慎勿念，受施慎勿忘。」其中，受施勿忘，意近前引俗語。施人常念即所謂伐善、施勞。論語公冶長：「願無伐善，無施勞。」

附　座右銘書影

座右銘

崔子玉 范曄後漢書曰崔瑗字子玉涿郡人也早孤銳志好學盡能傳其父業舉茂才爲汲令遷濟北相疾卒

無道人之短，無說己之長，施人愼勿念，受施愼勿忘。戰國策唐雎謂信陵君曰人之有德於我不可忘也吾之有德於人不可不忘也

世譽不足慕，唯仁爲紀綱，隱心而後動，謗議庸何傷？劉熙孟子注曰隱度也周易曰君子安其身而後動易其心而後語呂氏春秋曰內反於心不慚然後動也

無使名過實，守愚聖所臧，越絕書范子曰名過實者滅聖人不使名過實家語孔子曰聰明睿智守之以愚功被天下守之以讓 在涅貴不淄，曖曖內含光。論語子曰不曰堅乎磨而不磷不曰白乎涅而不淄晏子春秋仲尼曰星之昭昭不如月之曖曖周易曰含弘光大品物咸亨

柔弱生之徒，老氏誡剛强，老子曰人之生柔弱其死也堅强萬物草木生也柔脆其死也枯槁故堅强者死之徒柔弱者生之徒也又曰柔弱勝剛强河上公曰柔弱者久長剛强者先亡也

行行鄙夫志，悠悠故難量。論語曰閔子侍側誾誾如也子路行行如也子曰若由也不得其死然鄭玄曰行行剛强貌

愼言節飲食，知足勝不祥，周易曰君子以愼言語節飲食老子也知足不辱 行之苟有恆，久久自芬芳！郭璞三蒼曰苟誠也

卷五　筆　記

壹、文章二十五品

明吳訥（一三七二—一四七五）、徐師曾（？—？）先後撰成文章辨體、文體明辨二書，深入論述文章體式。同時期，李久我①則將先秦以迄唐宋各古籍、諸家名作，按其內容、筆法、特色……予以歸類並分別品評，而成文章二十五品，茲列表於次：

品目	古籍書名（篇名）、作者與作品文章名稱
簡古	禮記檀弓。（先秦）。
典則	左傳。國語。（先秦）。
雄偉	戰國策。（先秦）。
敘次	史記【孔子世家、管晏列傳、屈原列傳、封禪書、六國年表、儒林列傳序。】（西漢）
經濟	賈山至言、晁錯論貴粟疏、揚雄諫不受單于朝書（以上西漢）。蘇軾策略五、敦教化。（北宋）。
殊絕	司馬相如上林賦、大人賦。枚乘七發。終軍白麟奇木對。王褒聖王得賢臣頌。揚雄甘泉賦（以上西漢）。駱賓王應詔。王勃滕王閣序。（以上唐）。

抗直	路濕舒上尚德緩刑書。班彪王命論。司馬相如諫獵。枚乘上書諫吳王。貢禹言教化奏。（以上兩漢）。歐陽修朋黨論。蘇軾代張方平書。（以上北宋）。
諷切	魯共公酒味色論。東方朔答客難。揚雄解嘲。班固答賓戲。（以上兩漢）韓愈送許郢州序、送崔復州序。柳宗元捕蛇者說、種樹郭橐駝傳。（以上唐）
刺譏	賈誼過秦論。（西漢）。孔稚珪北山移文（南齊）。杜牧阿房宮賦。韓愈爭臣論。（以上唐）。歐陽修五代史宦者傳論。蘇洵管仲論。蘇軾始皇帝論。荀卿論。（以上北宋）。
攻擊	韓愈諱辯。柳宗元晉文公問守原議、桐葉封弟辨。（以上唐）。歐陽修縱囚論、蘇洵辨姦論。（以上北宋）
議論	司馬遷禮書、律書。（以上西漢）蘇洵春秋論、諫論。蘇軾留侯論。（以上北宋）。
正大	韓愈祭鱷魚文、原道、與孟簡尚書書。（以上唐）。司馬光諫院題名記。李覯袁州州學記。（以上北宋）。
節義	蘇武報李陵書。劉向條災異封事。劉陶上孝桓帝疏。梅福論王氏書（以上兩漢）。諸葛亮出師表。（三國）。胡詮上高宗封事。文天祥慧和尚記。謝枋得卻聘書。（以上南宋）。
懇至	韓愈祭十二郎文。白居易哀陸長源鄭通誡辭。（以上唐）。歐陽修祭蘇子美文。蘇洵族譜引。（以上北宋）。
標表	東方朔畫象贊序。蔡邕陳太丘碑文。（以上兩漢）。柳完元書箕子廟碑陰。（唐）。蘇軾表忠觀碑。范仲淹嚴先生祠堂記。歐陽修晝錦堂記。（以上北宋）。
玄虛	老子（先秦）。
神奇	莊子（先秦）。
幻款	列子（先秦）。

悲憤	屈原離騷。宋玉九辯。（以上先秦）。賈誼弔屈原賦、鵩鳥賦。鄒陽獄中上梁王書。司馬遷太史公自序、報任少卿書。李陵答蘇武書。中山靖王聞樂對。（以上西漢）。劉峻廣絕交論。（南齊）
幽思	曹植與吳質書。（三國）習鑿齒與桓溫書。（東晉）。駱賓王冒雨尋菊序、浮槎。韓愈祭田橫文。（以上唐）。歐陽修秋聲賦、讀李翺文。范仲淹岳陽樓記。（以上北宋）
機權	孫子。管子。（先秦）。
刻深	韓非子。（先秦）。
摭捃	呂氏春秋。（秦）。淮南子（西漢）
瀟灑	陶潛歸去來辭、五柳先生傳、王羲之蘭亭集序。（以上東晉）。韓愈送李愿歸盤谷序（唐）。歐陽修醉翁亭記。蘇軾超然亭記、赤壁賦。（以上北宋）。
豪放	李白與韓荊州書。（唐）。蘇軾上田樞密書、上梅直講書。（北宋）

文章二十五品對前清吳楚材編纂古文觀止、姚鼐輯成古文辭類纂，應不無啟示與影響，殊堪考證之②。

①生卒年不詳。渠與葉向高（一五五九—一六二七）、董應舉（？—？）為至文，今福建連江縣青芝山，相傳為三友讀書處。由是推斷：渠為萬曆前後間人。

②古文觀止等二書所蒐錄諸文，皆在李二十五品舉述諸籍、名作範圍之內，故有此推論。

貳、年紀用字、用詞

年紀大小除以數字直接表述外，自少至老，部分年齡亦可以適當用字（詞）表示，茲條舉如次：

呱呱墜地　謂嬰兒甫出生。呱，ㄍㄨ。嬰兒哭聲。詩大雅生民：「鳥乃去矣，后稷呱矣。」書益稷：「啟呱呱而泣。」

周晬　猶云周歲①。小兒周歲生日。晬，ㄗㄨㄟˋ。舊俗於嬰兒周歲日，以盤盛紙、筆、刀、箭……等物，聽其抓取，以占其將來志趣，謂之試兒，亦稱試晬、抓周。盛物之盤名晬盤。北齊顏之推（五二〇？—五九〇？）顏氏家訓風操第六：「江南風俗，兒生一期，為製新衣，盥浴裝飾，男則用弓矢紙筆，女則刀尺針縷，並加飲食之物及珍寶服玩，置之兒前，觀其發意所取，以驗貪廉愚智，名之為試兒，親表聚集致宴享焉。」南宋孟元老（？—？靖康間避地江左）東京夢華錄卷五育子：「生子百日置會，謂之百晬，至來歲生日謂之周晬，羅列盤琖於地，盛果木飲食，官誥筆研、筭秤等經卷針線應用之物，觀其所先拈者以為徵兆，謂之試晬，此小兒之盛禮也。」閩南語稱嬰兒周歲生日曰度晬、二周歲曰新生日。

弱年、髫丱（ㄊㄧㄠˊ ㄍㄨㄢˋ）②髫髮、髫齓（ㄔㄣˋ）③髫鬌（ㄉㄨㄛˇ）、髫辮、髫齡……皆指稱或借指童年、或謂幼年、幼童：

弱年，西晉陸雲（二六二—三〇三）兄平原贈詩附陸機贈詩序：「余弱年夙孤，與弟士龍銜恤喪庭。」（陸士龍集卷三）。東晉陶潛（三六五—四二七）有會而作詩：「弱年逢家乏，老至更長飢。」（陶淵明集卷三）

髫丱，梁書武帝紀上、移檄京邑：「獨夫（榮按：指東昏侯）……挺虐於髫齔之年，植險於髫丱之日。」唐劉餗（六八五？—？；父劉知幾。）隋唐嘉話序：「余自髫丱之年，便多聞往說，不足備之大典，故繫之小說之末。」

髫髮　本義童髮，借指童年。後漢書伏湛傳杜詩薦湛疏：「髫髮厲志。白首不衰。」顏注：「埤蒼曰：髫，髦也。髫髮謂童子垂髮。」（卷廿六）

髫齓　後漢書邊讓傳蔡邕薦讓書：「髫齓夙孤，不盡家訓；及就學廬，便受大典。」（卷八〇下）三國魏曹植（一九二—二三二）魏陳思王鼙舞歌靈芝篇：「髫齓無夭齒，黃髮盡其年。」（樂府詩集卷五三）

髫髻　漢書周燮傳：「始在髫髻，而知廉讓；十歲就學，能通詩、論，及長專精禮、易。」顏注：「髫，髮也。禮記（內則）曰：『子生三月之末，擇日剪髮為鬌，男角女羈，否則男左女右。』」

髫辮　垂髫、辮髫之時，指稱童年。南朝宋謝靈運（三八五—四三三）曇隆法師誄：「慧心朗識，發於髫辮。」

髫齡　唐王勃（六五〇—六七六？）四分律宗記序：「筠抱顯於髫齡，蘭芬凝於丱齒。」清鈕琇（？—一七〇四）觚賸酒芝：「梅村甫髫齡，亦隨課王氏塾中。」

髫年　猶云幼年。唐楊炯（六五〇—六九三）明威將軍梁公神道碑：「丱歲騰芳，髫年超靄。」明屠隆（約一五九二前後在世）曇花記尹公冤對：「你本是個最歹心人，方在髫年，便手刃父妾。」

髫初　指幼年時期。清李調元（一七三四—一八〇二）移居同年王心齋宅奉贈用前京中寄懷原韻：「與君業籍憶髫初，轉瞬今為兩隱君。」

髫冠，青少年。清方履籛（一七九〇—一八三一）宋母曹太宜人墓表：「上使期耋無私顧之憂，下授髫冠以門閥之舊。」

髫兒，垂髮兒童。北宋王安石（一〇二一—一〇八六）憶昨詩示諸外弟：「當時髫兒戲我側，於今冠佩何頎頎。」

髫時，謂幼年時期。清方文（一六一二—一六六九）從黃俞邰借宋遺民錄感舊詩之二：「海鶴先生在，髫時數問奇。」

髫童，猶幼童。唐柳宗元（七七三—八一九）道州毀鼻亭神記：「髫童之囂，公實智之。」明方孝孺（一三五七—一四〇二）御書贊：「髫童鮐叟，大訓宏謨。」

髫歲，指稱幼年。周書柳霞傳：「霞幼而爽邁，神彩嶷然，髫歲便有成人之量。」明胡應麟（約一五九〇前後在世）詩藪國朝下：「余髫歲從家居寓都下，裕卿自李臨淮處見余詩，輒擊節矜賞。」

髫穉　一作髫稺。猶云幼年；兒童。南宋蔡絛（？—？，紹興中，卒于白州貶所）西清詩話非稚語：「魯直少警悟，八歲能作詩。送人赴舉云：『送君歸去明主前，若門舊時黃庭堅，謫在人間今八年。』此似非髫穉語矣。」劉克莊（一一八七—一二六九）上巳為二客游水月洞詩：「高吟雜騷選，序酌逮髫穉。」明宋濂（一三一〇—一三八一）故茶陵貞母陳夫人譚氏墓志銘：「髫稚之手，婉慧絕品。」清戴名世（一六五三—一七一三）成烈婦傳：「子方髫稺，每從外塾歸，烈婦不令須臾閒，督益力，子畏之如嚴師。」

髫齒　猶云幼年。唐李揆（七一一—七八四）恭懿太子哀冊文：「秀發孩笑，惠彰髫齒。」

髫髻　本義謂垂髫、辮髻；恒借指幼年。廣陽雜記卷二引清錢馭少（？—？）居庸關詩：「髫髻生當戰伐年，南軍正戍白狼煙。」

髫孺　幼童。東晉葛洪（二八三—三六三）抱朴子官理：「髫孺背千金而逐蛺蝶，越人棄八珍而甘黿黽，即患不賞好，又病不識惡矣。」

髫齓　本義兒童髮髻；恒借指兒童。語本禮記內則，參髫髻引文顏注。清姚鼐（一七三二—一八一五）章華國課子圖詩：「室家勞問到髫齓，歲月崢嶸看髮齒。」

束髮　古男孩成童，將頭髮束成一髻。因用以指成童。大戴禮保傅：「束髮而就大學，學大藝焉，履大節焉。」漢書敘傳七十下：「……兒生亹亹，束髮修學，偕列名臣，從政輔

治。述……兒寬傳第廿八。」（卷一〇〇下）

弱冠　古男子二十成人，初加冠，時體猶未壯，故稱弱。禮記曲禮上：「人生十年曰幼學，二十曰弱冠，……。」後遂沿稱年少為弱冠。漢書敘傳七十下：「賈生矯矯，弱冠登朝。遭文叡聖，屢抗其疏。……吳楚合從，賴誼之慮。述賈誼傳第十八。」（卷一〇〇下）文選西晉左思（二五二？—三〇六？）詠史詩之一：「弱冠弄柔翰，卓犖觀羣書。」

及笄　笄（ㄐㄧ），簪也。以簪結髮如成人，相當於男子冠禮。禮記內則：「……十有五年而笄，二十而嫁。……」

破瓜　「瓜」可分剖為二「八」字，故昔詩文多稱女子十六歲（二八年華）為破瓜之年。東晉孫綽（三一四—三七一）情人歌之二④：「碧玉破瓜時，相為情顛倒。」（藝文類聚卷四三；按：樂府詩集卷四五作碧玉歌謂宋汝南王作，又，玉臺新詠與則作情人碧玉歌并誌之）。南宋陸游（一一二五—一二一〇）無題：「碧玉當年未破瓜，學成歌舞入侯家。」（劍南詩稿卷十五）清翟灝（？—一七八八）通俗編婦女：「破瓜，……宋謝幼槃詞：『破瓜年紀小腰身。』按：俗以女子破身為破瓜，非也。瓜字破之為二『八』字，言其二八十六歲耳。若呂巖贈張洎詩：『功成當在破瓜年。』則八八六十四歲。」（卷廿二）

唐皇甫枚（？—？咸通末出仕，後梁開平初猶在世。）三水小牘綠翹：「（魚玄機）色既傾國，思乃入神，……破瓜之歲，志慕清虛。」明王錂（？—？；萬曆前後間人）春蕪記賜婚：「主上聞知宅上小姐，雖至破瓜之年，未遂摽梅之願。」前述誤用，亦舉一例。警世通言杜十娘怒沉百寶箱：「那杜十娘自十三歲破瓜，今一十九歲，七年之內，不知歷過多少公子王孫。」

破瓜為一典實，其衍生典，略述如次：

一、分瓜　指稱女子青春成熟時。唐段成式（？—八六三）戲高侍御詩之三：「猶憐最小分瓜日，奈許迎春得藕時。」

二、瓜字初分　謂女子十六歲。唐李羣玉（？—八六二？）醉後贈馮姬詩：「桂形淺拂梁家黛，瓜字初分碧玉年。」

三、破瓜年紀　指稱女子青春年少之時也。北宋謝邁（一〇七四—一一一六）江城子詞：「破瓜年紀柳腰身，懶精神、帶羞瞋。」

摽梅　詩召南摽有梅：「摽有梅，其實七兮；求我庶士，迨其吉兮。」「摽有梅，頃筐墍之。求我庶士，迨其謂之。」詩序：「摽有梅，男女及時也。」有，助詞。摽梅謂梅墜地。後恒以摽梅指稱女子適婚之齡或喻待嫁女子。南齊書海陵王紀：「督勸婚嫁，宜嚴更申明，必使禽幣以時，摽梅息怨。」唐鄭世翼（武德、貞觀間人）看新婚詩：「初笄夢桃李，新粧應摽梅。」

「傾筐之歲」為其衍生典，用以指稱女子適婚之齡。唐白居易（七七二—八四六）得景嫁殤鄰人告違禁景不伏判：「……況生死寧殊，男女貴別；縱近傾筐之歲，且未從人；雖有游岱之魂，焉能事鬼！」

志學，而立（歲）、不惑、知命、耳順，從心均典出論語為政⑤：

志學　指稱十五歲。三國魏曹植武帝誄：「年在志學，謀過老成。」亦用以泛指年少。北宋孔平仲（？—？治平二年進士，崇寧初卒。）續世說紕繆：「隋王劭自志學至乎暮齒，篤好經史，遺落世事。」

而立（歲）　指稱三十歲。南宋嚴有翼（？—？宣和六年進士，約卒於建炎、紹興間。）藝苑雌黃：「頃有人年七十餘，置一侍婢，年三十。東坡戲之曰：『侍者方當而立歲，先生已是古稀年。』」

「當立之年」、「而立之年」、「過立」、「既立」、「立子」、「立年」、「三十而立」、「始立」、「逾立」、「立男」皆源自而立歲；又，「而立」同而立之年。

當立之年　警世通言宿香亭張浩遇鶯鶯：「今汝將及當立之年，猶未納室。」

而立之年　近人魯迅（一八八一—一九三六）阿Q正傳四：「誰知道他將到而立之年，竟被小尼姑害得飄飄然。」

過立　謂超過三十歲。東晉陶潛祭從弟敬遠文：「年甫過立，奄與世辭。」唐劉知幾（六六一—七二一）史通自敘：「及年以過立，言悟日多。」

既立　指稱三十歲。明徐渭（一五二一—一五九三）自書小象贊一：「吾生而肥，弱冠而羸不勝衣，既立而復漸以肥，乃至於若斯圖之痴痴也。」

立子　恒用以指成年男子。隋鄭子信（？—？）韋略墓志：「家無立子，妻女孤煢。」

立年 指三十歲。東晉陶潛飲酒詩之十九：「是時向立年，志意多所恥。」

三十而立 謂人於三十歲前後有所成就。今人陸繼宗三十而立：「他們都是二十幾歲作出貢獻，三十開外就榮獲諾貝爾獎金，真可謂三十而立。」

始立 謂三十歲。清吳偉業（一六〇九—一六七二）海虞孫孝維三十贈言詩之三：「始立何容減宦情？法曹有弟尚諸生。」

逾立 超過三十歲。南朝梁劉勰（四六六？—五三七？）文心雕龍序志：「齒在逾立，則嘗夜夢執丹漆之禮器。」

立男 義同「立子」。東漢蔡邕（一三三—一九二）被收時表：「臣年四十有六，孤特一身，前無立男，得以盡節王室，托名忠臣，死有餘榮。」

而立 同「而立之年」。聊齋志異長清僧：「……見其人默然誠篤，年僅而立。」

不惑 代稱四十歲。東晉陶潛飲酒詩之十六：「行行向不惑，淹留遂無成。」清方文初度詩：「行年將不惑，學道尚無聞。」

強仕 亦用以代稱四十歲。禮記曲禮上：「四十曰強仕。」本義謂男子年四十，智慧、體力皆強盛，可以出仕。梁書張緬傳蕭統與緬弟纘書：「……且年甫強仕，方申才力，摧曲落穎，彌可傷惋！」

知命 代稱五十歲。西晉潘岳（二四七—三〇〇）夏侯常侍誄：「如何斯人，而有斯疾，曾未知命，中年隕卒。」唐張說（六六七—七三一）豫州刺史魏君碑：「年近知命，位止方州。」

知命一典，衍生「知命之年」，亦指五十之齡。潘岳閒居賦：「自弱冠涉乎知命之年，八徙官而一進階。」唐白行簡（七七六—八二六）李娃傳：「（滎陽公）知命之年，有一子，始弱冠矣。」

五十，一稱艾年。語本禮記曲禮上：「五十曰艾。」孔疏：「年至五十，氣力已衰，髮蒼白色如艾也。」對老年人敬稱艾。方言卷六：「艾，長老也。東齊魯衛之間，凡尊老謂之傻（叟），或謂之艾。」西漢桓寬（？—？；宣帝時官廬江太守丞。）鹽鐵論未通：「五十已上曰艾老，杖於家，不從力役。」又，五十歲以上之健壯老者稱艾壯。同上引書：「五十以上，血脈溢剛，曰艾壯。」

榮按：古，「已」「以」通用。年老寡婦曰艾孀。清鈕琇觚賸睞娘：「聞女之姑在午溪東新巷，姑以艾孀守貞，女子就訪，合居共為晨昏」。

耳順之年　代指六十歲。漢書蕭望之傳：「至乎耳順之年，履折衝之位，號至將軍，誠士之高致也。」耳順，同耳順之年。舊唐書劉祥道傳：「壯室而仕，耳順而退。」清尹會一（？—？）與王若霖吏部書：「寄呈耳順，聊備薪水，節留數月之用，為禱！」

禮記曲禮上：「六十曰耆。」耆老，老者、老人。耆艾，年壽久長。荀子致士：「耆艾而信，可以為師。」耆年，老年人也。南齊王融（四六七—四九三）三月三日曲水詩序：「耆年闕市井之游，稚齒豐車馬之好。」

從心所欲，代指七十歲。明吳承恩（一五〇〇？—一五八二）壽王可齊七秩幛詞：「年由此晉，值　吾師從心所欲之年；月極其良，當我佛應世而生之月。」

從心、從心歲均從心所欲之衍生典，義同。唐戴孚（？—？，大歷前後人）廣異記丁約：「及從心之歲，毛髮皆鶴。」北宋蘇舜卿（一〇〇八—一〇四八）杜公求退第一表：「實已年近從心，體素多病，自忝魁任，于今累年。……」南宋劉克莊戊午元日詩：「再加孔子從心歲，三倍周郎破賊年。」

古稀，一作古希。典出杜甫曲江之二⑥。稀年、稀齡、希年皆為古稀之衍生典，均用以代稱七十歲。清平步清（一八三二—一八九五）霞外攟屑掌故瑞文瑞公重瞳：「公早貴，致位宰輔，壽臻古稀。」明李贄（約一五六七前後在世。）觀音閭詩之一：「如何古希人，不識三伏苦。」沈德符（一五七八—一六四二）野獲編科場三：「劉始登第，則年已及稀齡，張太翁受一品封久矣。」南宋李昴英（一二〇一—一二五七）水調歌頭壽參政徐意一：「地位到公輔，耆艾過稀年。」

禮記曲禮上：「七十曰老，而傳。八十、九十曰耄。……百年曰期頤。」⑦高齡男子敬稱老丈。東晉干寶（？—三三六）搜神記卷一：「見一少年在田中割麥，（管）輅嗟嘆之而過。少年問曰：『老丈有何事嗟嘆而過？』」高年曰耄（ㄇㄠˋ）。耄耋謂年壽高；耄期用以泛指高年長壽。百歲之人稱期頤。三國志魏志管寧傳注引晉皇甫謐高士傳：「舍足於不損之地，居身於獨立之處，延年歷百，壽越期頤。」東晉葛洪抱朴子自敘：「夫期頤猶奔星之騰烟，黃髮如激箭之過隙，況未明而殞籜，逆秋而零瘁者哉！」唐李華（七一五—七六六）四皓銘：「抱和全默，皆享期頤。」南宋陸游初夏幽居詩之五：「余生已過足，不必到期頤。」近人郁達夫（一八九六—一九四五）代洪開榜先生祝梁母鄧太夫人八秩大慶詩：「好待期頤觴咏白，重摩銅狄話滄桑。」

①期歲，一作朞歲，一周歲也。南朝梁任昉（四六〇—五〇八）王文憲集序：「朞歲而孤，叔父司空簡穆公，早所器異。」清徐士鑾（？—？）宋艷奇異：「我死無乳，故日市粥以活之，今已期歲。」

②丱，古，兒童束髮成兩角。詩齊風甫田：「婉兮孌兮，總角丱兮。」朱熹集傳：「丱，兩角貌。」

③一作「齔」，音、義同。

④「碧玉小家女，不敢攀貴德。感郎千金意，慚無傾城色。」（之一）「碧玉破瓜時，相為情顛倒。感郎不羞難，回身就郎抱。」（之二）

⑤為政：「子曰：『五十有五而志於學；三十而立；四十而不惑；五十而知天命；六十而耳順；七十而從心所欲不踰矩。』」（第四章）

⑥「朝回日日典春衣，每日江頭盡醉歸。酒債尋常行處有，人生七十古來稀。穿花蛺蝶深深見，點水蜻蜓款款飛。傳語風光共流轉，暫時相賞莫相違。」（曲江二首其二，杜詩詳注

卷之六、杜詩鏡銓卷四）榮按：朝，音潮。見音現。款款，一作緩緩。

⑦鄭玄注：「期，猶要也。頤，養也。不知衣服食味，孝子要盡養道而已。孫希旦集解：『百年者飲食、居處、動作，無所不待於養。』」

參、名　勝

一、名山五臺

山西五臺山、四川峨嵋山、浙江普陀山與安徽九華山合稱中國四大佛教名山。五臺山屬太行山支脈，繞周五百里（約二五〇公里），山勢險峻，由五峯環抱而成，其巔皆壘土如臺，故稱五臺。地處滹沱河與清水河間，滹沱河谷地斷陷，五臺山體隆起，形成北高南低之勢。五峯之外稱臺外，五峯之內稱臺內，臺內以臺懷鎮為中心。五臺各有其名：北臺葉斗峯（海拔三、〇五八公尺）有華北屋脊之稱，冰雪常年不化，人謂之萬年冰。南臺錦繡峯（海拔二、四八五公尺）。西臺掛月峯（海拔二、七七三公尺）。東臺望海峯（海拔二、七九五公尺），臺頂有望海樓，為觀五臺雲海、日出之佳處。中臺翠巖峯（海拔二、八九四公尺），苔蘚遍生、碧翠宜人。

五臺山山峯高聳，每年九月降雪，翌年四月解凍，「歲積堅冰，夏仍飛雪，曾無炎暑」，故又名清涼山。流水潺潺、澄澈甘甜。蒼松蓊鬱、古柏參天。寺院林立、梵音繞樑。明清涼山志載：東漢永平間（公元五八—七五）五臺山已建有佛寺，相傳今臺懷鎮西側山峯，與古印度靈鷲山酷似，該首座寺院遂命名曰大孚靈鷲山寺。北齊時，五臺山寺院已增至二百餘座、明萬曆間為其鼎盛期，大小寺院逾三百座。清初諸帝亦先後勅建新寺；現存四十七座（臺內卅八座、臺外九座）。茲將最負勝名者列表如次：

寺院名	簡介
顯通寺	・位於臺懷鎮北側，為五臺山五大禪處之一。 ・始建于東漢永平間（公元五八—七五），原稱大孚靈鷲寺。 ・北魏孝文帝在位期間（四七一—四九九）擴建，因寺側有一花園，賜名，花園寺。 ・唐武則天稱帝期間（六九〇—七〇五）改名大華嚴寺。（確切時間待考。） ・明洪武間（一三六八—一三九八）重修，賜額大顯通寺；前清再度重修，遂有今日規模。 ・目前寺宇面積八〇、〇〇〇平方公尺。中軸線殿宇七座，兩廂配殿嚴整，齋堂、禪院完好，各種建築達七百餘間，其中銅殿三間，柱額花紋、槅扇欞花，悉以銅鑄鈎勒而成。銅塔二座高八公尺；形制秀美。鐘樓懸萬斤銅鐘，晨鐘聲可及全山。無量殿屬磚構建物，重檐歇山頂，規模宏偉。 ・本寺於五臺山諸寺中，規模最大、歷史最古，俗稱祖寺，明版藏經、華嚴經字塔及各供器均保存完好，為歷史遺物。
菩薩頂（大文殊寺）	・位於顯通寺北側靈鷲峯上，為五臺山五大禪處之一。 ・傳為文殊居住處。創造於北魏孝文帝時，名大文殊寺。唐貞觀五年（六三一）僧法元重建之，改稱真容院。明以後仍稱大文殊寺至今。清順治十三年（一六五六）菩薩頂改為喇嘛廟。 ・全寺面積四、一〇〇平方公尺餘。殿堂一一〇間，通向山門計有一〇八石階，象徵世間一〇八種煩惱。前後院間過堂與後院立有乾隆御碑以漢、滿、蒙、藏文鐫刻。

佛光寺	•位於五臺縣城東北卅二公里佛光山腰。 •寺因勢修建，坐東向西，三面環山，西向低下且疏豁開朗。各建物高低錯落、主從有致。 •創建於北魏孝文帝在位期間（四七一—四九九）。 •本寺於隋、唐間香火鼎盛，且遠及日本。 •唐會昌五年（八四五）武宗禁佛，寺宇遭燬，宣宗嗣位後復佛，大中十一年（八五七）重建之。現存六角形祖師塔形制古樸，為北魏遺物。 •東大殿（唐建物）、文殊殿（金建物）、山門、伽藍殿、樂善堂、香風花雨樓、窯洞等皆明清重修者。
碧山寺	•位於臺懷鎮東北二公里北臺山麓，為五臺山最大之十方禪處。 •始建於北魏，高僧法聰禪師曾在此講經。明成化年間（一四六五—一四八七）重修，前清復重修。 •本寺殿宇壯麗、規模宏敞。以牌坊、山門為前哨，方丈、禪堂、賓舍、香積等套院為兩翼。中線分前後進，前院天王殿、鐘鼓樓、雷音殿、戒壇殿與東西配殿、廂房；後院地勢凸起；分設垂花門、藏經閣，左右為經堂香舍。前後多為單層殿堂、後院悉為重檐閣樓。各殿塑像均屬清代重裝。 •寺內存有成化、正德、嘉靖間等碑刻、
殊像寺	•位於臺懷鎮楊林街西南里許，為五臺山五大禪處之一。 •始建於唐。元延祐間（一三一四—一三二〇）重建，後毀於火，明成化廿三年（一四八七）再建。 •山內、天王殿為本寺前列，廊廡配殿為兩翼，禪堂、方丈居後，正中文殊閣五楹與鐘鼓二樓。僧舍廐廚俱備。閣內塑像成於弘治九年（一四九六），萬曆間（一五七三—一六二〇）曾局部補修之，龕背三世佛、兩側五百羅漢，全為明物，形象秀美、精巧。

尊勝寺	• 位於五臺縣城東北廿公里西峽村山峪。相傳唐代印度僧人佛陀波利在此拜見文殊菩薩，隨之建寺。宋時重修，民初又予修葺。 • 殿堂樓閣皆備，五進院落，逐級向上，層疊有致，左右設經樓禪舍。大雄寶殿、無量殿屬磚構，藏經閣木雕雀替，剔透玲瓏，閣側有九角崇樓分峙左右，塔院，磚塔矗立九級、四十五公尺。另有石幢一座，雕工極佳，為北宋大中祥符二年（一〇〇九）所造。
南禪寺	• 位於五臺縣城西南廿二公里李家莊西側。 • 創造年代不詳，重建於唐建中三年（七八二）（大殿平梁下留有墨書題記）。會昌毀佛，佛寺幾全毀。本寺地屬偏僻，幸免於禍。其中大殿為我國現存最古之唐木建築、龍王殿為明隆慶三年（一五六九）所建，其餘殿宇為清建物。各殿塑像造型精巧、手法純熟，為唐塑中之佳作。
竹林寺	• 位於臺懷鎮西南六公里竹林寺村西側。 • 唐高僧法照於現址化竹林創寺（清涼山志），故名。歷代迭有重修。 • 現寺宇殘破，惟布局、基址仍清晰可辨。 • 高塔五層、二十五公尺高，平面呈八角形，為嘉靖間（一五二二—一五六六）重建者，現仍完好無損。 • 唐時，日天臺宗高僧圓仁曾至本寺朝山拜佛，其後裔於民國卅一年（一九四二）鐫刻「圓仁慈覺大師研鑽之靈迹」漢白玉石碑一通，立於寺內。
秘密寺	• 位於臺懷鎮西南卅八公里維屏山秘密巖。 • 「秘密寺在西臺外秘密巖，巖谷幽深、隱者星布、唐木叉和尚于此藏修，始建寺。」（清涼山志）。 • 歷代重修，原建規模甚大。現僅存前院（天王殿、東西廂、正殿五間，內供三世佛脫沙貼金像，南、北藏經樓各五楹）；中院（配殿、正殿各五間，內供文殊與十八羅漢）；後院（部分殿堂

	殘壞）；惟北閣五楹猶存。此外，西庵、中庵及所供諸佛等像大抵保存完好。龍洞外石龕雕帶劍文殊、龕旁雕佛二尊屬明物，甘泉前七佛座似為元製，寺前有金代石幢、磚塔二座（木叉祖師塔、唐造明修，玄覺大師塔，五代北漢天會七年建）。
羅睺寺	•位於臺懷鎮顯通寺東隅。為五臺山五大禪處之一。 •始建於唐（年代待考）、明弘治五年（一四九二）重建。 •清康、雍、乾三朝先後再予修飾。 •現存天王殿、文殊殿、大佛殿、藏經閣、廂房、配殿、廊座、禪院與各殿塑像、殿頂脊飾……大體保存完好。 •後殿有一木製圓形佛壇名曰「開花獻佛」恒為觀者稱奇。 •本寺自康熙年間，已成喇嘛廟。
龍泉寺	•位於臺懷鎮南五公里九龍崗山腰。 •始建於北宋，寺旁有泉曰龍泉，因以得名。明嘉靖初重修，晚清，民初復重加修葺之。 •本寺分三座院落橫向排列、相互串通，又各有山門、自成格局。東院為殿院前後兩進，山門外，中線造佛殿二座，圍以廂房、配殿，塑像俱存、彩繪完好。中西二院為塔院，有倒座、廂房與獻亭，曲廊環繞、雙塔高聳，其中普濟禪師塔雕刻尤其精緻。 •寺前影壁構圖嚴謹、神情逼真；向北登一〇八級臺階即達山門，門前漢白玉石獅一對，勾欄小拱橋一座、石牌坊一座，雕工均佳，其中石牌坊最引人神往。 •寺西里許，有令公塔，六角、三級、高十公尺，傳說北宋楊業辭世後，其子五郎收遺骨藏於此。
南山寺	•位於臺懷鎮南三公里山腰。 •元元貞二年（一二九六）創建，明嘉靖廿年（一五四一）重建，清增修，並將祐國寺、極樂寺、善德堂合併，改稱今名。民初擴建，全部聯成一體。

	•寺區背山面水，林蔭蔽日。寺院依山勢營建，高低錯落，層疊有致。亭臺樓閣、殿堂石塔計三百餘間，山門下石磴一〇八級、影壁磚雕細緻、鐘樓構築精巧、殿宇形式結構各具特色，木雕圖案精巧、彩繪貼金、富麗堂皇。大雄寶殿所供奉釋迦與二弟子和脅侍菩薩、漢白玉送子觀音，工藝俱精。兩側存有明塑十八羅漢為五臺山諸羅漢像之佳品。殿牆繪有佛傳故事，自乘象投胎至涅槃計八十四幅，筆力流暢、色澤渾厚，屬明代原作。五臺諸寺雕刻藝術，以本寺居冠。 •本寺存有「真如自在」石刻一方，為慈禧所書。
廣濟寺	•位於五臺縣城內西街。 •創建於元至正間（一三四一—一三七〇）。明清先後局部整修之。俗稱西寺。 •寺門緊臨大街，院內東西配殿供奉觀音、地藏二菩薩，正中彌陀殿。其後為大雄寶殿五楹。大雄寶殿與殿內諸佛塑像保存尚完好，屬元代作品。殿前唐制八角石幢高約四公尺，座上鏤石獅，幢身雕佛像，頂覆寶蓋，刀法簡潔、形制古樸。
獅子窩琉璃塔	•位於臺懷鎮西南十公里山腰。 •始建於明萬曆十四年（一五八六）。「相傳昔人在此見億萬獅子遊戲。獅子乃文殊之乘騎，獅戲於此，文殊必在當空，建寺祀之，名曰文殊寺，俗稱獅子窩。」（清涼山志）。 •寺前有石獅一對，內有琉璃高塔，後為佛殿，配殿為禪堂。目前，寺宇殘壞，獨存琉璃塔。塔呈八角造型、十三級，高卅五公尺，亭座石質，束腰須彌式雕仰覆蓮瓣，塔身中空，可登至第五層。塔身外部悉以黃、綠、藍三彩琉璃貼飾，除脊獸瓦壠外，周身鑲嵌琉璃佛像約萬尊，故又名萬佛塔。極頂塔剎在仰蓮座上設風磨銅寶珠一枚，風力磨擦，光澤晶亮。第五層內鑲有琉璃塔銘一方，署「萬曆廿七年直隸真定州王慶孫等燒製」字樣。

廣宗寺	•位於臺懷鎮北側營坊村山腰。 •明正德初年，為生民祈福，遷中相韋敏建寺，鑄銅為瓦，賜印令其護持。前清曾作修葺。 •寺背依靈鷲山，面臨臺懷諸寺，規模不大，惟布局嚴謹。山門三楹，內設木製龕閣，供奉大肚彌勒佛。左右鐘鼓樓高聳，檐角翬飛，尤其醒目。院內配殿、廂房整潔。大佛殿居中，銅瓦覆頂，亦稱銅瓦殿；其後為藏經閣與禪院，為坐禪、誦經之所。銅瓦殿面闊三間、重檐歇山式，結構規整，格扇欞花，雕刻精巧，內外彩飾富麗，琉璃脊獸襯以銅瓦古色，別具風格。殿內供奉三世佛、十八羅漢，龕閣精緻，彩飾鮮艷。
觀音洞	•位於臺懷鎮南三公里棲賢谷口巖畔。 •始建於明（確切年代不詳），前清重修之。 •寺址原為達賴喇嘛朝山禮佛誦經之所，蒙藏僧入山多至此參拜。山岩石洞中塑觀音像，故名。 •寺居山麓，三院橫列，中院佛殿，左右偏院為禪堂僧舍。登山約四十公尺處築有香積佛殿，小巧玲瓏，清雅幽靜。其上崖石聳峙，石級崎嶇，百餘公尺處，劈山鑿石，建觀音殿三間，纖巧奇麗，鑲於壁間，供奉觀音、文殊。殿後石洞，滴水成泉，味甘清冽，洞內亦奉觀音。寺區流水潺潺、綠柳成蔭，風景秀麗，夏秋清幽宜人。
文宗寺	•位於靈鷲山峯。 •始建於明正德二年（一五〇七），寺宇面積二、九〇〇平方公尺。現存殿堂房舍廿八間，主殿銅瓦覆頂、木結構，其正前方橫梁懸有康熙御書「雲嵋筆法」匾額一方。
圓照寺	•位於臺懷鎮北隅顯通寺左側。 •明永樂初，印度僧寶利沙者來華弘法，受詔覲見，並勅封圓覺妙應輔國光範大善國師，賜金印、旌幡，圓覺坐化、荼毘後分舍利為二，一送都西建寺曰真覺，一留臺山普寧巷下建寺，曰圓照。古，亦稱普寧寺。宣德間重建，前清重修之。

	•永樂間，西藏黃教祖師宗喀巴大弟子蔣全曲爾計至五臺山弘法居此，為黃教入五臺山之始。 •寺前石獅一對、山門三間、掖門兩道，天王殿、大佛殿、塔院、藏經閣及殿內塑像俱全。 •大佛殿五開間，重檐歇山頂，樑架規整，檐下彩飾貼金，殿內三世佛，脅侍菩薩、帝釋天、大梵天、護法金剛……神態端莊嫻雅，於五臺山諸寺中塑工最精。 •寺後塔院建有白色喇嘛塔一座，塔臺方形，四角各建小塔一，五塔共峙，主塔最高，為印度高僧寶利沙者舍利塔，建於宣德九年（一四三四）。
普化寺	•位於臺懷鎮東隅山麓。 •創建年代不詳，明、清重修，民初增建玉皇閣，故又稱玉皇廟。 •寺前影壁磚雕精湛，仿心觀音菩薩雕工尤巧。院區有天王殿、大雄寶殿、三大士殿，玉皇閣與兩廂樓廊。左右二側為禪堂、僧舍、呂祖閣。玉皇閣位居最後山腰，已殘破坍圮，其餘保存完好。天王殿寬深各五間，四周圍廊、歇山頂、坎牆磚雕滿布、檐下木雕華麗，殿內供奉釋迦、文殊、普賢華嚴三聖（正面），護法金剛（前側），彌陀、觀音、大勢至西方三聖（背面），十八羅漢（兩側）。殿後檐，明間設板門一道，兩側各塑菩薩一尊，左老文殊、右大悲觀音神態自然。
塔院寺	•位於顯通寺南側。為五臺山五大禪處之一。 •原為顯通寺塔院，明重修舍利塔時，始獨立為寺。 •寺前樹木質牌坊三間，玲瓏雅致，為萬曆間（一五七三—一六二〇）所構建。主要建築，大雄寶殿居前，藏經閣後，舍利塔立其中，周設廊屋，東置禪院，各殿塑像保存完好。 •舍利塔塔基正方形，藏式、高五四・三七公尺，採米漿拌合石灰砌築，色白醒目。塔剎，露盤、寶珠皆銅鑄，塔腰與露盤四周各懸風鐸計二五二枚。風來作響，饒富禪趣。

萬佛閣	•位於塔院寺東南隅。 •原屬塔院寺，創建於明，重修於清。 •山門向南，二門面西，閣居寺區東隅，面寬三間，二層三滴水，歇山頂，上下二層塑佛像萬尊，故名。閣身前檐兩層皆旋廊柱，設勾欄憑依，閣上懸三、五〇〇餘公斤銅鐘一口，明物。寺西南，立藏式佛塔二座，青石雕製，高約四公尺，形制秀美。寺北隅有享亭一座。龍王殿三楹，內供奉龍王坐像。
金閣寺	•位於五臺山南臺西北嶺畔。 •唐大歷五年（七七〇），代宗詔高僧不空，赴五臺山修功德建寺，鑄銅為瓦，塗金瓦上，佛閣貼金，因名金閣寺。 •本寺亦幾經重修，惟仍以觀音閣為主體。山門前一對石獅雄健，庭院內高閣聳立。閣高二層，重檐歇山，寬七間，深六間，四周圍廊，閣內供奉銅質觀音立像高十七公尺。今銅造銅像外覆泥皮、兩側廿四諸天環侍。觀音閣後依序為毗盧、彌陀、觀音、地藏、菩薩、藥王等諸殿，內供事諸佛塑像近千尊，最後為大雄寶殿，奉三世佛與十八羅漢，保存完好。
延慶寺	•位於五臺縣城西南廿七公里善文村。 •創寺年代，文獻闕如，惟寺前樹有北宋景祐二年（一〇三五）石幢一座、四層、高約十公尺，其上鐫有陀羅尼經全文。 •四周環山，寺居盆地，現有各建物，除大佛殿外，皆為前清建築。大佛殿屬金代原構，寬三間、深六椽。 •單檐歇山頂，檐頭採五鋪斗栱，梁架屬月梁式六椽栿，其上不用四椽栿，而用駝峯，斗栱墊至平樑，平樑上用叉手，兩端用長跨兩椽通托腳，為我國古建築史上鮮見之結構形式。

黛螺頂	•位於臺懷鎮東山巔。 •背依東臺，面臨臺懷盆地，遠眺五峯頂隱約，近覽諸寺院如畫，地勢高聳（距臺懷鎮垂直高度約四百公尺），風景秀麗。 •寺區古柏參天，野花盛綻；規模不大，有牌樓一座、石獅一對，山門、中殿各三間，左右配殿、正殿為五楹。殿內供奉文殊菩薩五尊，神態各異，象徵東、西、南、北、中五臺，不同形象。有乾隆十五年（一七五〇）御製黛螺頂碑記、乾隆五十一年（一七八六）上登黛螺頂題訪等石刻二方立於寺庭。
廣仁寺	•位於羅睺寺東側。又稱十方堂。 •建於前清，為蒙、藏諸僧朝山棲息之所。 •山門、天王殿、鐘鼓樓、中殿、後大殿、配殿、廂房俱保存完好。中殿（原稱三寶殿）四周圓廊，前有享亭、重檐歇山頂，內供奉宗喀巴、藥師、釋迦，四周壁龕供佛千餘尊，亦稱千佛殿。後殿五楹，單檐懸山頂，前檐廊屋一間，內飾天花藻井，內供奉彌勒佛與宗喀巴，兩側依壁作經櫥，存有清版藏文佛經一〇八卷。各殿結構規整、雕刻精巧，彩飾貼金、富麗堂皇。全寺布局嚴謹，建築秀麗，其中享亭雕工尤佳。
鎮海寺	•位於臺懷鎮五公里山腰。 •寺側清泉，長流不息，名曰海底泉。相傳：此泉乃海眼龍王九子貪戀民女，橫溢為災，文殊發覺降大鍋鎮之，後人遂於此地建寺，名曰鎮海。前清建造之。 •現存山門、鐘鼓樓、天王殿、大佛殿、宣教殿與左右配殿。各殿佛像俱全，皆為清物。寺南側為永樂院，清章嘉活佛居所，院內石雕十五世章嘉佛塔，乾隆五十一年（一七八六）所造，傳為金頂玉葬。塔周雕佛傳故事，上部為四方佛像，周設廊屋，繪有十大明王與十二圓覺菩薩。十五世以後，歷代章嘉皆至此避暑，蒙藏教徒朝山禮佛，多赴本寺瞻仰活佛。 •本寺兩山夾峙、中峯微緩，古柏蒼翠，山花遍野，風景殊為秀麗。寺庭立有康熙五十年（一七一一）御製碑文一方。

唐、宋以來，善男信女僉以五臺山乃佛教聖地，千里跋涉，朝山禮佛，甚至日本、朝鮮、尼伯爾、不丹、印度、錫蘭等國僧侶、信士亦不乏慕名而至者。五臺山現存佛寺中，唐時所建南禪寺（大佛殿）、佛光寺，金代所建延展寺（大佛殿），蒙元所建廣濟寺等，於我國建築史上皆頗具價值，為世界文化主要遺產。

附錄：菩薩頂文殊殿楹聯一則　作者佚名

兩千年香火，斷斷續續，又是晨鐘悠揚、晚磬清澈、香煙繚繞、勝幡翩躚；

五百里道場，風風雨雨，依然日出東臺、月掛西峰、花發南山、雪霽北顛。

五臺山臺懷盆地周遭佛寺分布示意圖

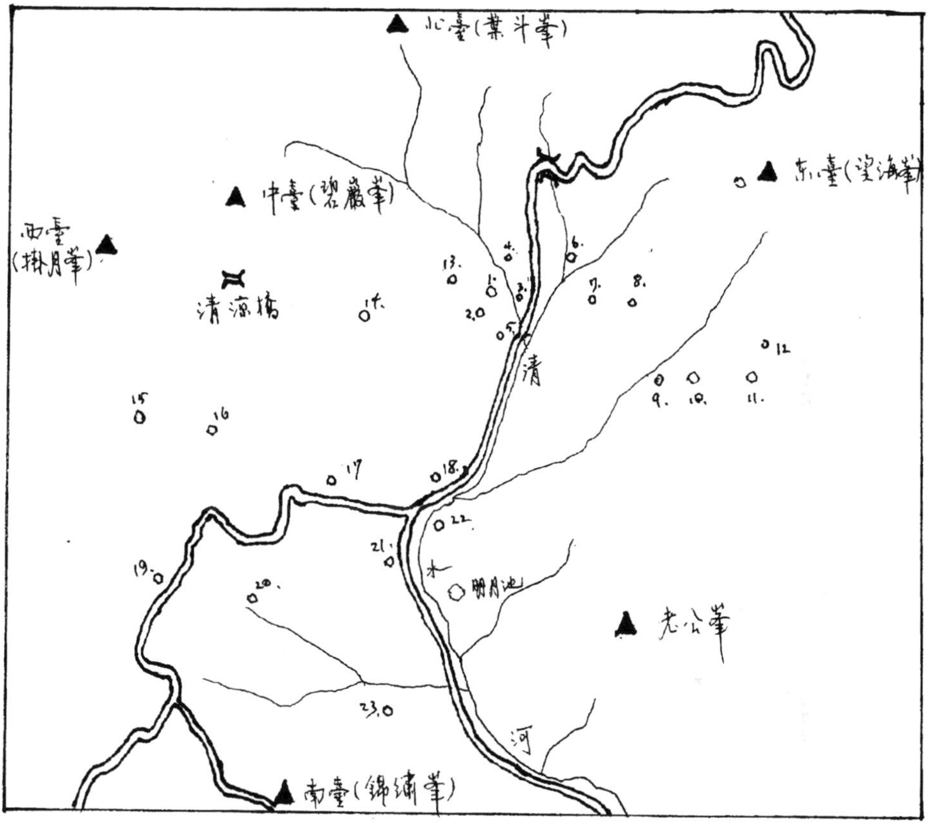

公路
河川
山峯
佛寺

1. 顯通寺　2. 塔院寺　3. 碧山寺　4. 文殊寺　5. 廣宗寺
6. 光明寺　7. 普化寺　8. 黛螺頂　9 圓照寺　10. 羅睺寺
11. 萬佛閣　12 廣仁寺　13 菩薩頂　14 鳳林寺　15. 獅子窩
16. 竹林寺　17. 龍泉寺　18. 觀音洞　19. 金閣寺　20. 日照寺
21. 鎮海寺　22 南山寺　23 千佛洞

※臺外諸寺如廣濟、佛光、尊勝、延慶、南禪等六寺院位于五臺縣城內外。

塔院寺

顯通寺正面鳥瞰

佛光寺東大殿（唐建物）

南禪寺大殿（唐建中三年公元七八二年建）

鎮海寺

五臺縣臺懷鎮（臺懷盆地一隅）

二、白雲觀

白雲觀為夙負盛名之道教宮觀、全真道三大祖庭之一，號稱全真天下第一叢林，座落北京西便門外（現址：北京市西城區白雲路）。前身稱天長觀，唐開元廿七年（七三九）動土、廿九年（七四一）竣工。金正隆五年（一一六〇）毀於火，大定七年（一一六七）重建，改名十方大天長觀。明昌間屢毀，泰和三年（一二〇三）復改名太極宮。金哀宗正大元年（蒙古成吉斯汗十九年，一二二四、甲申），邱處機（一一四八—一二二七）①應元祖之邀，主持該觀、住持於此，改名長春宮。邱真人羽化，其弟子葬其於處順堂。元末，長春宮毀於兵火。明永樂末年間（一四二二—一四二四），以處順堂為中心進行修繕、擴建。正統八年（一四四三）易名白雲觀。現存建築多為有清時重建者，主要有牌樓、山門、靈宮殿、玉皇殿、七真殿、邱祖殿、四御殿、戒臺等。其中，邱祖殿為最主要建物，內供奉長春真人泥塑造像，像座下埋其遺骨。四御殿三清閣存有明版正統道藏一部。觀內庭有大量碑刻②。

白雲觀平面圖

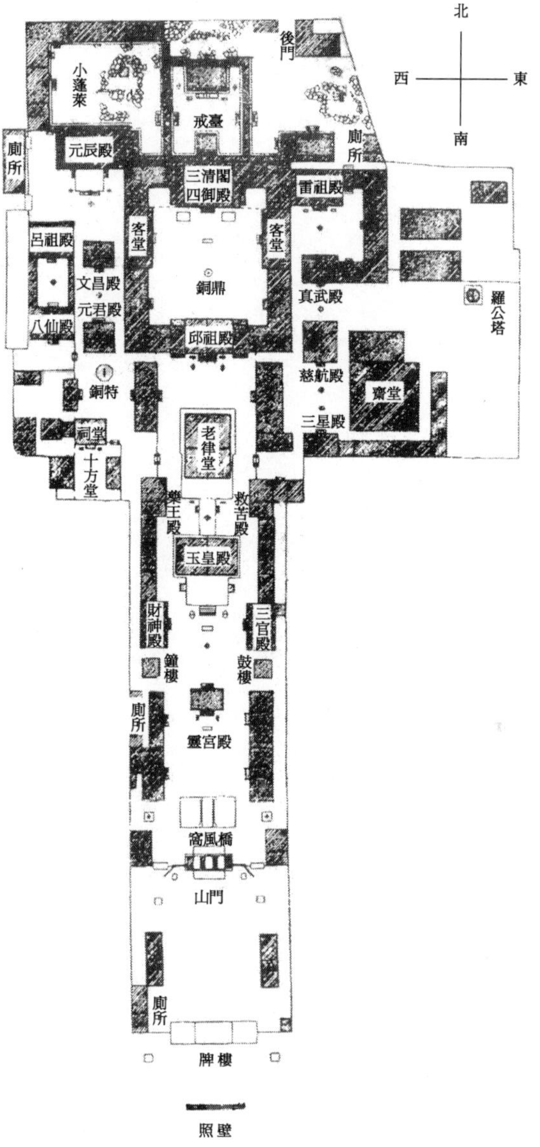
北
西
東
南
後門
小蓬萊
戒臺
廁所
元辰殿
三清閣
四御殿
雷祖殿
客堂
客堂
呂祖殿
文昌殿
元君殿
八仙殿
銅鼎
真武殿
邱祖殿
羅公塔
慈航殿
齋堂
銅特
三星殿
老律堂
祠堂
十方堂
藥王殿
救苦殿
玉皇殿
財神殿
三官殿
鐘樓
鼓樓
廁所
靈宮殿
窩風橋
山門
廁所
牌樓
照壁

（白雲觀參觀券，上有牌坊正面照。）

①全真道北七真之一。字通密、號長春。世稱長春真人。宋末元初登州棲霞（今屬山東）人。十九歲出家，次年拜王重陽為師。王逝後，渠於陝西磻溪洞穴閉關六年，苦心修道。後又

於龍門山（今寶雞東南）隱居潛修七年。奉金世宗詔至燕京（今北京）主持萬春節醮事。明昌元年（一一九〇），金章宗以惑眾亂民為由，下詔禁罷全真道等教，渠即返故里。泰和七年（一二〇七）章宗元妃贈以大金玄都寶藏一藏。次年，章宗賜渠所居觀名為太虛觀。貞祐二年（一二一四）秋，請命招安山東楊安兒獲成，名噪一時。興定三年（一二一九），居萊州（今屬山東）昊天觀，南宋及金廷先後派使者召請，皆未應詔。後應成吉斯汗召請，自萊州遠赴西域大雪山，行程萬里。元祖詢以治理天下事，渠答以「敬天愛民為本；又詢長生久視之道，渠復「以清心寡欲為要」。元祖待之甚厚，尊其為神仙。弟子李志常所撰長春真人西游記，述之綦詳。返燕京後，元祖賜以虎符、璽書，命掌天下道教，並下令免除道士、道院一切稅賦徭役。真人先後於燕京建立平等、長春、靈寶等八會，於各地立宮觀，設壇作醮。一時，教門四闢、道侶雲集，全真道由是達於鼎盛。成吉斯汗廿二年（一二二七）真人羽化於寶玄堂，葬於處順堂（今北京白雲觀邱祖殿）。元世祖至元六年（一二六九），詔贈長春演道真人。武宗至大三年（一三一〇）加封長春全德神化明應真君。生前所創龍門派，乃全真道傳承之主要教派。

②大陸文革期間，北京白雲觀遭破壞亦不能免。二十世紀末，雖經修復，惟仍無法完全回復舊觀，如建物修葺不能悉以傳統工法，所用材料亦不講究；碑碣等悉以現代水泥敷補。該觀現為中國道教協會會址。

卷六 隨筆

壹、サヨンの鐘

電影片名與其主題曲名稱一致者，屢見不鮮。サヨンの鐘，是其中之一。該插曲，由西條八十作詞、古賀政男作曲，傳唱迄今已七十年。

西條八十（さいじょうやそ）（一八九二—一九七〇）東京牛込區人。明治廿五年（一八九二）生。四十二年入學早稻田大學英文科，未幾，退學，四十四年重新入學，大正四年（一九一五）畢業。在學期間即熱衷參與日夏耿之介（ひなつこうのすけ）①所創雜誌仮面新詩創作等活動。大正八年發表渠處女詩集砂金，文字洗練、內容華麗且富幻想性，被公認為大正時期名詩集。大正十年任母校講師，十三至十五年留法，歸國後專授法文，昭和四十五年八月十二日病逝，享年七十八歲。遺有砂金（大正八年）、白孔雀（譯詩集、大正九年）、鸚鵡と時計（童謠集、大正十年）、蠟人形（詩集、大正十一年）、美しき喪失（昭和四年）、一握の玻璃（昭和廿二年）等書，此外，民謠、歌謠之作亦豐，戰前軍歌，渠作詞者，如：同期の桜、若鷲の歌……②。

古賀政男（こがまさお）（一九〇四—一九七八）福岡縣三潴郡四口村（今大川市）人。明治卅七年（一九〇四）十一月十八日生。少年時期（大正元年至十一年），隨雙親寓朝鮮。昭和四年明治大學商學部畢業。在學期間（昭和三年），該校マンドリン倶樂部演奏會與當時人氣歌手佐藤千葉子合作演出，發表處女作影を慕いて。六年，加入日本コロムビア社，渠所作旋律，人稱古賀メロディー。為昭和時代演歌作曲之主流作家。代表作有丘を越えて、酒は涙ガ溜息か、東京ラプソディ、人生劇場、湯の町エレジ、柔等。昭和五十三年七月廿五日病逝東京自宅，享年七十三歲。生前獲頒紫綬褒章③。

サヨンの鐘詞曲抄錄於後：

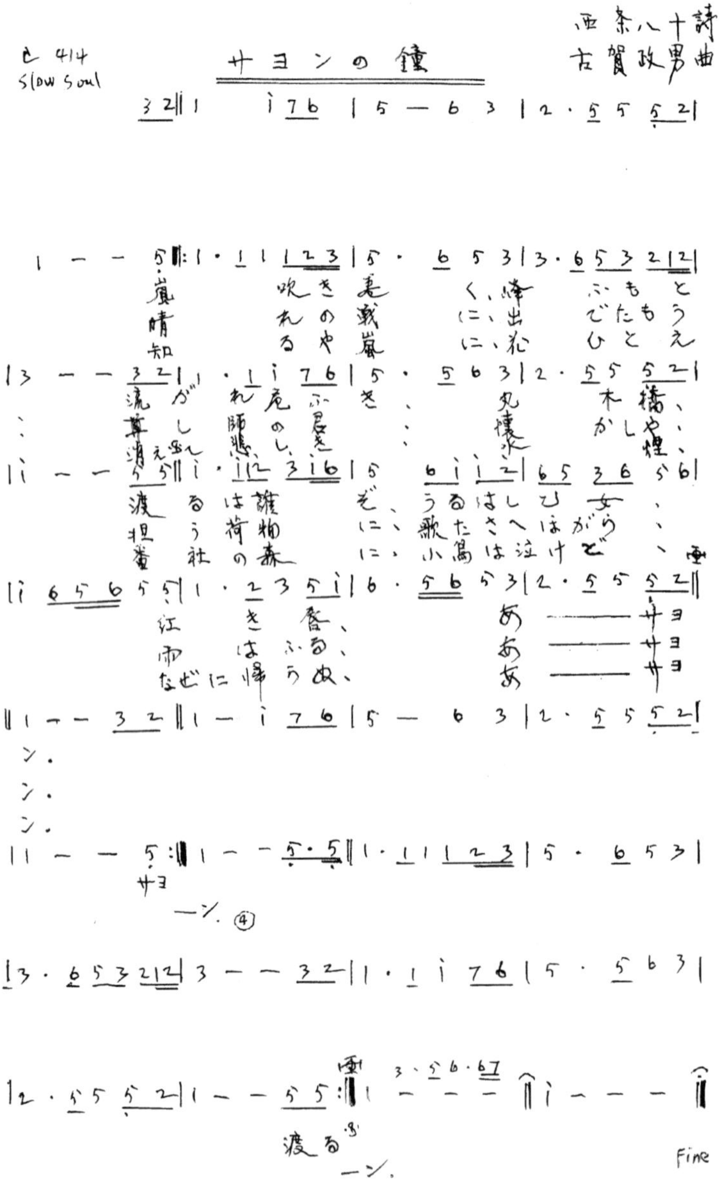
西条八十詩
古賀政男曲
サヨンの鐘
slow soul
Fine

サヨン，戰前泰雅族一少女名，或譯莎韻、莎勇、沙勇、紗容不一。

①一八九〇——一九七一。本名樋口圀登（くにと），別號黃眠（こうけん）。長野縣人。早稻田大學畢業，遺有明治大正詩史全二卷（昭和四年利）等書，為日本大正、昭和時代詩人、英文學者。

②橫山青娥西條八十半生記、西條嫩子父西條八十（以上日本中公文庫。）

③古賀政男歌はわが友わが心、園部三部編日本の詩歌。

④第四闋歌詞如下：「清き、乙女の、誠心を、乾わた涙に・しのばざる・南の島の、黃昏深く……、鐘は鳴る、……、ぁ、ぁ、ぁ、ぁサヨン。」前第二闋：「尊し師の君、…」一作「雄々師の君」，第三闋：「小鳥は泣けど」一作「小鳥は啼けど」按鳴、泣、啼均讀作「な」。

附：我見我思

莎韻不只是莎韻

■晏山農 100,08,23 中時

歷史如流星，總是偶然翩至；但歷史詮釋卻似夜觀辰星，星座的想像都是各民族集體心性的投射。而今因為台新金控總經理林克孝的不幸遇難，由他召喚而出的泰雅族少女莎韻精靈，也成為各方議論的話題。不過，若執泥於莎韻傳奇的真偽，未免單薄無趣。若把《サヨンの鐘》串起的歌曲、人物（尤其是女性）和電影置於廣袤星空下，那能織造何種星座，想像力就豐富許多。

因為太平洋戰爭爆發，日本殖民當局為紮根「皇民運動」，刻意將已然「愛國化」的莎韻故事影像化，一九四二年《サヨンの鐘》正式開拍，並請來滿映大明星李香蘭擔綱演出，次年上映。片中插曲〈サヨンの鐘〉（西條八十詞，古賀政男曲，一九四一年發行）悅耳動聽，電影開拍前即傳唱各地，戰後更被翻唱為華語歌〈月光小夜曲〉─其實，張淑美也曾翻唱成台語歌〈紗容〉。二十年前史學家周婉窈即已初步解構莎韻（她譯為莎勇）神話，惜乎多數人未識，直至林克孝的殉山，吾等才得以再上歷史課。

《サヨンの鐘》電影值得一提的是，它的拍攝地點並非事件發生地的南澳，而是霧社的櫻社。此時距「霧社事件」已十餘年，日人挪移場景套入莎韻傳奇，原民「從反抗到愛國」的意象轉換，頗似哪吒蓮花化身，顯見殖民當局對清洗記憶、再造歷史頗有自信；而力邀李香蘭拍片，係因當時多數人都誤以為李香蘭是中日混血，「日滿提攜」、「日華親善」的形像，適足以彰顯「皇民化」的終極目標─八紘一宇。

無獨有偶的，就在莎韻涉水遇難事件不斷被加工美化的同時，另個原民少女佐塚佐和子也在歌壇上展頭角。佐塚佐和子之父佐塚愛祐本為霧社分室主任，於霧社事件中死難，母親則為白狗群總頭目之女，因此佐和子被日人視為「死難者家屬」和「原民身分」的樣板，刻意加以栽培。佐和子初試鶯啼的〈蕃社の娘〉由於輕快活潑，日後以多種語聲傳唱迄今。然而世人多不知作曲者「唐崎夜雨」就是寫下「四月望雨」的臺灣人鄧雨賢，此詞曲日後以華語歌〈姑娘十八一朵花〉、台語歌〈十八姑娘〉廣為人知。今人不知其源、甚至誤植妄語的情況極普遍，頗讓識者慨歎。

佐和子曾於一九四一年返臺演唱〈莎韻之鐘〉，讓形像模糊的少女莎韻注入「真實」的原民「愛國」意象。於是，莎韻、李香蘭、佐塚佐和子三個不同身分的年輕女性，卻同時在「皇民化」中角色吃重。只是，一切均由軍國男性躲在暗處執導、編劇本。而今，但求透過《賽德克・巴萊》和十一月將上映的《不一樣的月光》來光照史實現場了。

貳、擊□吟

100.08.

擊鉢催詩萌於南齊，自江東而贛、閩。乾、嘉後臺灣移民日增、拓殖益廣，富而後教，詩社相繼成立，刻燭擊鉢、擲箋鬥捷、以詩會友、樂此不疲，擊鉢吟遂成當時騷客、文士之共同雅趣。乙未割臺後十三年，竹梅吟社發起人蔡振豐（啟運）囑其冢子汝修將立社以來歷年聚會詩作選輯錄存四百餘首，題曰臺海擊鉢吟集，期出諸劫火之餘而留此泥痕之迹者。臺灣省通志稿學藝志文學篇第七節第四項作「臺灣擊鉢吟集」（民七二・三、黃純青等主修）未悉究係手民誤植或撰者筆誤？按：斯集並未能於輯成時如期梓行，遲至民初（約一九二四年前後）始公開刊行。其詩作數則增至五三五首，另附錄趙鍾麒輓蔡啟運七律四首。所增錄百餘首皆為詩友於日據時之作品。臺海擊鉢吟集作者籍里、詩作等統計詳表一至表四。目前所知，臺海擊鉢吟集原刊本尚存五冊，其中臺灣大學庋藏石印本兩冊，央圖臺灣分館、新竹市文化中心各存石印本一冊，博揚出版公司依原刊本影印全部詩作列入臺灣民俗宗教專輯第二輯（收藏者待查）。另，央圖臺灣分館藏有陳燉厚先生手抄本臺海擊鉢吟集全冊。

臺海擊鉢吟集刊後十年左右，臺北曾笑雲（朝枝）輯成東寧擊鉢吟前集並正式梓行，錄存絕句達四、〇〇〇首。蘆溝橋事變前，復刊東寧擊鉢吟後集，錄五律四八一首、七律一、

表一　臺海擊鉢吟集諸作者籍里統計

籍里		人數	%	備注	籍里		人數	%	備注
臺灣	臺北市／縣	1	1.4	依今行政區歸類。		晉江縣	1	1.4	
	桃園縣	1	1.4		江蘇（府縣不詳）		1	1.4	流寓
	新竹市	26	25		江西（府縣不詳）		1	1.4	流寓
	苗栗縣	4	5.4		廣東	新會縣	1	1.4	遊客
	臺中市／縣	9	12.1			澳門（一稱廣州）	1	1.4	
	彰化縣	5	6.7		日本（郡縣不詳）		1	1.4	遊宦
	嘉義市／縣	1	1.4		不可稽		13	17.6	其中遊宦1人
	臺南市／縣	4	5.4						
福建	福清縣	2	2.7	遊客、遊宦各1人、流寓3人	合計		74	100	
	閩縣	2	2.7						

表二　臺海擊鉢吟集詩作統計

韻目		詩作數	%	韻目		詩作數	%
上平	東	24	4.48	下平	先	33	6.16
	冬	11	2.05		蕭	29	5.43
	江	6	1.12		肴	6	1.13
	支	22	4.11		豪	6	1.13
	微	10	1.86		歌	18	3.36
	魚	13	2.43		麻	14	2.62
	虞	27	5.00		陽	26	4.85
	齊	13	2.43		庚	28	5.23
	佳	13	2.43		青	18	3.36
	灰	30	5.6		蒸	5	0.93
	真	30	5.6		尤	29	5.43
	文	24	4.48		侵	12	2.24
	元	17	3.17		覃	6	1.13
	寒	31	5.79		鹽	9	1.68
	刪	12	2.24		咸	13	2.43
小計		283	52.89	小計		252	47.11
總計30韻、535首、100%							

表三 臺海擊鉢吟集詩題、詩作統計

區分	校注本編次	詩題數（則）	詩作數（首）	區分	校注本編次	詩題數（則）	詩作數（首）
詠史	1-141 首	101	141	詠月	348-357 首	7	10
傳奇	142-179 首	31	38	詠四君子	358-390 首	22	33
月旦	180-212 首	24	33	花：百花	391-409 首	8	19
懷古	213-234 首	17	22	草：草木	410-426 首	10	17
形容	235-246 首	8	12	詠鳥獸蟲魚	427-449 首	21	23
生活點滴	247-265 首	13	19	詠物	450-513 首	43	64
記事	266-277 首	10	12	雜詠	514-532 首	12	19
時令	278-309 首	25	32	哀輓	533-535 首	2	3
寫景	310-347 首	25	38	15 類		379	535

表四 臺海擊鉢吟集諸作者作品數量統計

作品數量（首）	作者人數	%	作品數量（首）	作者人數	%
1	23	31	11	1	1.3
2	17	23	15	1	1.3
3	11	15	16	1	1.3
4	5	7	19	1	1.3
5	5	7	51	1	1.3
6	2	2.7	54	1	1.3
7	1	1.3	61	1	1.3
9	1	1.3	118	1	1.3
10	1	1.3	535	74	100

表五　東寧擊鉢吟前後集諸作者籍里統計

籍里	人數	籍里	人數	籍里	人數	備注
臺　北	156	臺　中	77	鹽　水	3	
文　山	8	大　甲	15	新　化	8	
新　莊	2	梧　棲	3	善　化	7	
松　山	7	清　水	18	新　營	3	
淡　水	3	沙　鹿	6	新　港	8	
北　投	1	豐　原	14	東　石	8	
汐　止	18	東　勢	1	北　門	14	
樹　林	1	彰　化	63	佳　里	12	
瑞　芳	6	鹿　港	58	學　甲	10	
雙　溪	8	永　靖	2	佳里興	5	
基　隆	43	員　林	11	麻　豆	17	
頭　圍	26	田　中	5	布　袋	19	
宜　蘭	27	北　斗	14	高　雄	32	
羅　東	6	二　水	1	義　竹	2	
蘇　澳	1	二　林	7	岡　山	7	
桃　園	38	大　城	3	鳳　山	1	
大　溪	15	南　投	18	東　港	8	
中　壢	21	竹　山	2	旗　後	1	
楊　梅	3	草　屯	4	旗　山	2	
龍　潭	7	埔　里	5	竹　塘	3	
新　竹	131	斗　六	8	沙　山	1	
新　埔	2	斗　南	3	潮　州	4	
關　西	8	西　螺	9	里　港	1	
竹　東	4	嘉　義	46	澎　湖	3	
竹　南	2	民　雄	1	臺　東	1	
後　龍	13	朴　子	19	鷺　江	3	
苗　栗	12	北　港	3	東　京	2	（寄寓）
苑　里	10	臺　南	75	神　戶	1	（寄寓）

合　計　1,256

表六　東寧擊鉢吟前後集詩題數統計

韻目	前集	後集		韻目	前集	後集	
	詩題數	七律詩題數	五律詩題數		詩題數	七律詩題數	五律詩題數
東	79	37	10	先	84	38	17
冬	30	12	4	蕭	35	18	4
江	22	5	2	肴	16	7	2
支	106	50	12	豪	33	7	2
微	32	13	4	歌	37	14	4
魚	26	13	4	麻	25	12	6
虞	64	12	9	陽	88	35	25
齊	31	8	3	庚	87	45	13
佳	17	4	1	青	29	12	2
灰	50	22	6	蒸	21	10	1
真	80	33	7	尤	59	37	7
文	58	8	5	侵	43	13	6
元	34	16	5	覃	21	4	3
寒	53	19	8	鹽	16	8	2
刪	27	8	4	咸	9	2	2

三〇五首計一、七八六首。二集作者達一、二五六人。東寧擊鉢吟前後集作者籍里、詩題等統計詳附表五、六。該前後集採洋式裝訂，央圖臺灣分館庋藏一套。

附書影六頁。

臺海擊鉢吟集（原刊線裝本）封面書影闢

臺海擊鉢吟集（原刊線裝本）蝴蝶頁書影圖

臺海擊鉢吟集序

光緒丙戌秋余與吾台諸友倡立竹梅吟社而為擊鉢之舉初尚吟侶寥寥繼則聞風至者甚多月夕花晨鑪香椀茗刻燭命題擲箋閱卷會唱後起風雅不減昔安己丑而後或則應官遠去或即作客他方甚有騎鯨長辭相繼而逝修文之聘者吟壇樂事於焉中止甲午春陳君瑞陔禮闈報捷歸旋後復與余興懷前事雅訂後期正擬大會衣冠重張旗鼓不謂良緣有限盛事難逢當天心爛醉之頃正海水奔飛之日江山無恙風景全殊城郭依然人民非

臺海擊鉢吟集（原刊線裝本）書影黏

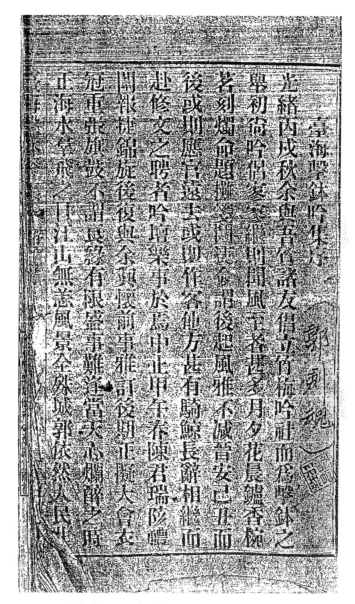

臺海擊鉢吟集　　新竹蔡汝修編輯

范蠡載西施遊五湖

飄然穩載落花紅少伯風流一葉中底事胭脂沈辱井君
王偏作可憐蟲　瑞陔

諸葛武侯南征

寄託恩深更鞠躬七擒七縱著奇功渡瀘五月渾閒事爲
有中原在意中　子潛

王景略捫蝨

直教抵掌論生風睥睨公然意氣雄一笑清談揮麈輩功

臺海擊鉢吟集（原刊線裝本）書影鈸

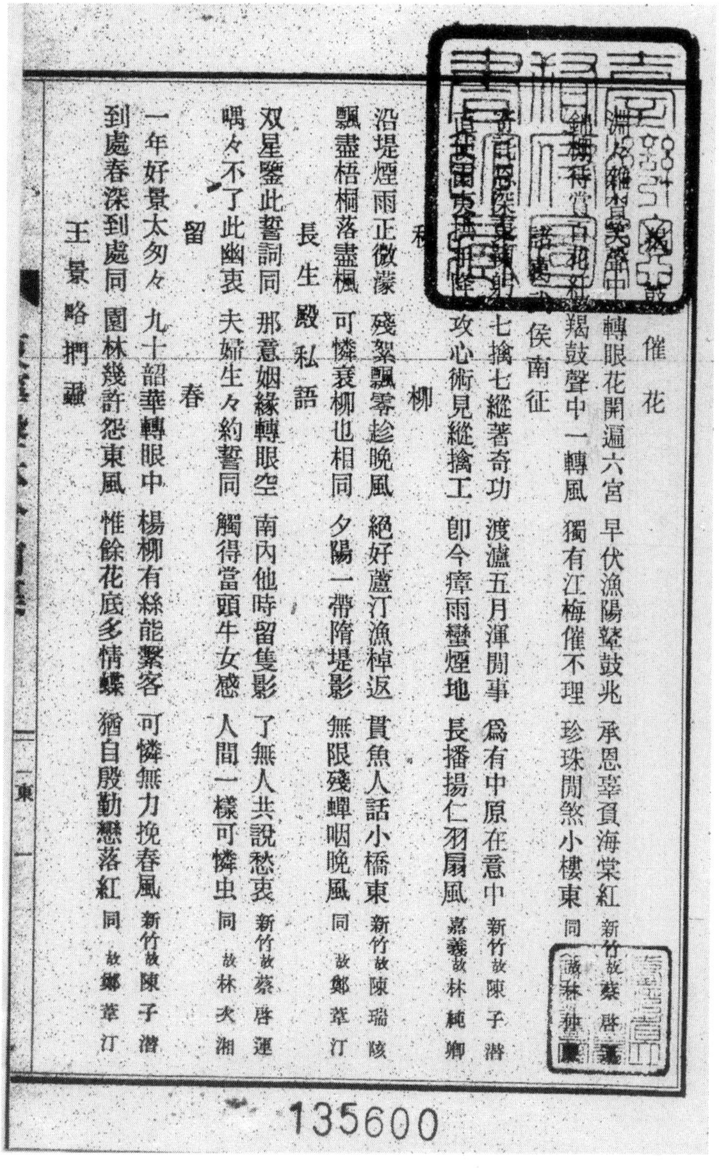

催花

[illegible]中轉眼花開遍六宮　早伏漁陽鼙鼓兆　承恩辜負海棠紅　新竹故蔡啓運

[illegible]羯鼓聲中一轉風　獨有江梅催不理　珍珠閒煞小樓東　同

諸葛武侯南征

[illegible]七擒七縱著奇功　渡瀘五月渾閒事　爲有中原在意中　新竹故陳子潛

[illegible]攻心術見縱擒工　卽今瘴雨蠻煙地　長播揚仁羽扇風　嘉義故林純卿

秋柳

沿堤煙雨正微濛　殘絮飄零趁晚風　絕好蘆汀漁棹返　貫魚人話小橋東　新竹故陳瑞陔

飄盡梧桐落盡楓　可憐衰柳也相同　夕陽一帶隋堤影　無限殘蟬咽晚風　同　故鄭萃汀

長生殿私語

双星鑒此誓詞同　那意姻緣轉眼空　南內他時留隻影　了無人共說愁衷　新竹故蔡啓運

喁々不了此幽衷　夫婦生々約誓同　觸得當頭牛女感　人間一樣可憐虫　同　故林次湘

留春

一年好景太匆々　九十韶華轉眼中　楊柳有絲能繫客　可憐無力挽春風　新竹故陳子潛

到處春深到處同　園林幾許怨東風　惟餘花底多情蝶　猶自殷勤戀落紅　同　故鄭萃汀

王景略捫蝨

東寧擊鉢吟前集書影

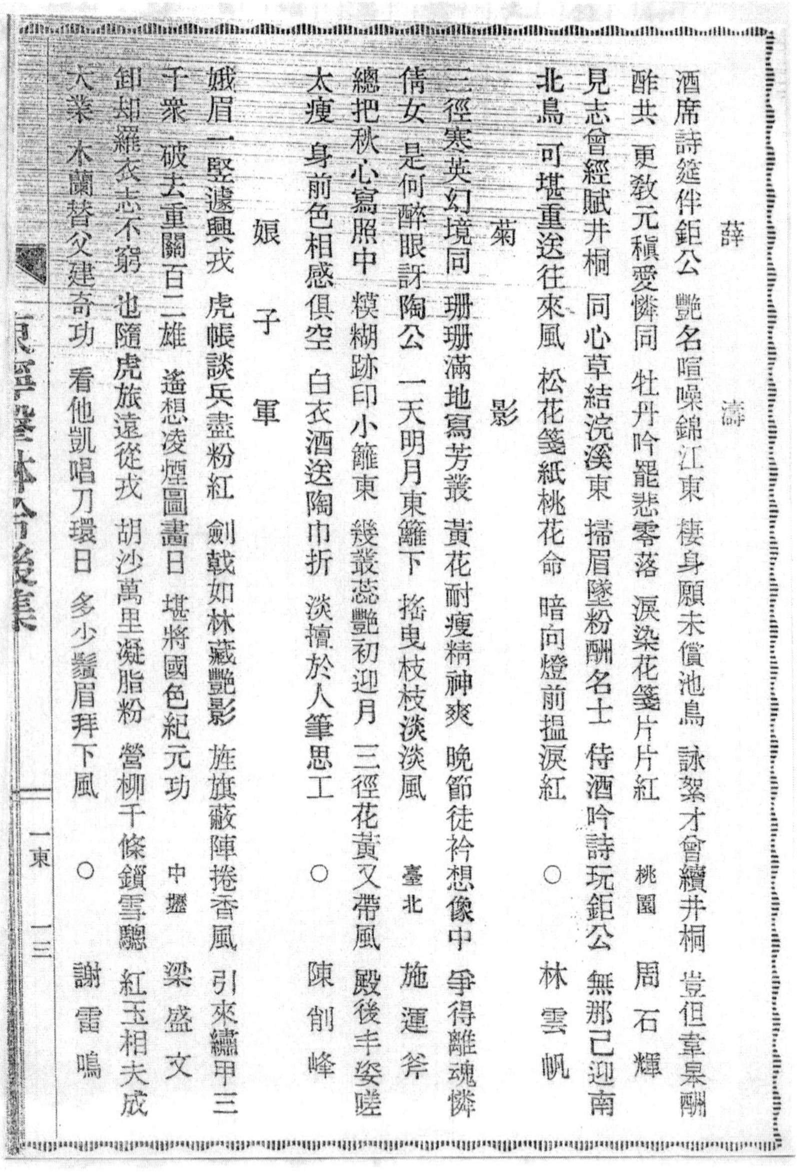

薛濤

酒席詩筵伴鉅公 艷名喧噪錦江東 棲身願未償池鳥 詠絮才曾續井桐 豈但韋皋酬酢共 更教元稹愛憐同 牡丹吟罷悲零落 淚染花箋片片紅 桃園 周石輝

見志曾經賦井桐 同心草結浣溪東 掃眉墜粉酬名士 侍酒吟詩玩鉅公 無那已迎南北鳥 可堪重送往來風 松花箋紙桃花命 暗向燈前搵淚紅 ○ 林雲帆

菊影

三徑寒英幻境同 珊珊滿地寫芳叢 黃花耐瘦精神爽 晚節徒衿想像中 爭得離魂憐倩女 是何醉眼訝陶公 一天明月東籬下 搖曳枝枝淡淡風 臺北 施運斧

總把秋心寫照中 模糊跡印小籬東 幾叢蕊艷初迎月 三徑花黃又帶風 殿後丰姿嗟太瘦 身前色相感俱空 白衣酒送陶巾折 淡擅於人筆思工 ○ 陳創峰

娘子軍

娥眉一豎遽興戎 虎帳談兵盡粉紅 劍戟如林藏艷影 旌旗蔽陣捲香風 引來繡甲三千衆 破去重關百二雄 遙想淩煙圖畫日 堪將國色紀元功 中壢 梁盛文

卸却羅衣志不窮 也隨虎旅遠從戎 胡沙萬里凝脂粉 營柳千條鎖雪驄 紅玉相夫成大業 木蘭替父建奇功 看他凱唱刀環日 多少鬚眉拜下風 ○ 謝雷鳴

東寧擊鉢吟後集 一東 一三

東寧擊鉢吟後集書影

參、從兩幀舊照談起

民國七十五年江蘇文獻資料社與臺北市南通同鄉會，為紀念南通聞人張季直先生逝世六十周年，特會同編印紀念集，於當年十月廿五日出版。其中有一幀舊照，上款「張嗇公榮中一甲一名所著朝服衣冠照」，下款「清光緒二十年甲午攝於北京時年四十二歲　曾孫慎為提供」等字樣。

對照本文所附兩幀舊照（舊照一、二詳頁七七八、七七九），可以發現：張嗇公與江朝宗所著衣冠完全一模一樣；嗇翁曾孫慎為先生不察，該冠服乃洪憲朝服也，屬漢冠服，絕非大清衣冠。

張謇（一八五三—一九二六）江蘇南通人（先世常熟），字季直。十六歲中秀才，四應鄉試未舉，入慶軍統領吳長慶幕，隨軍赴朝鮮。光緒十一年舉人得售，先後掌教贛榆、崇明書院。光緒廿年中甲午恩科狀元（即一甲一名），授翰林院修撰。中東事起，曾劾李鴻章妥協。其後返里興辦實業，建大生紗廠、通海墾牧公司、麪粉廠、輪船公司，榨油、酒、繅絲、機器等廠。同時創辦南通師範、南通女子師範，農業、紡織、醫藥、盲啞、伶工等學校及南通學院。渠於故里且創辦南通圖書館、博物苑、氣象站、育嬰堂、養老院、殘廢院等社教、社會公益事業。晚清新設學部，嗇翁被舉為中央教育會會長。曾支持清廷立憲，與湯壽潛等成立預備立憲公會。民國成立，曾任南京臨時政府實業總長、北京政府農商總長兼全國水利局總裁等職。袁世凱帝制自為前後，南歸。嗇公大事年表：「民國四年、乙卯、六十三歲。……籌安會議起，即自解各職返里。袁世凱慰廷謀帝制失敗，旋卒。……」舊照一或係於渠解職離京前，敷衍籌安會諸君與袁「大皇帝」所攝，其絕非前清朝服、亦非於甲午年所攝，則毋庸辯解也。慎為！慎為！竟不慎而為。

舊照一

張嗇公榮中一甲一名所著朝服衣冠照

清光緒二十年甲午攝於北京時年四十二歲

（南通張季直先生逝世六十周年紀念集附圖、臺北市南通同鄉會、民 75.09.28）

曾孫愼爲提供

舊照二

參加祭天的江朝宗

1914 年 12 月 20 日，袁世凱模仿清帝舊制一切儀禮，舉行祭天。袁世凱在江朝宗等人護衛下，前往天壇，在更衣殿換上古衣冠，登壇頂禮膜拜。這是身著古代服裝參加祭天儀式的步軍統領江朝宗。

江朝宗（1861-1943），安徽旌德人。淮軍劉銘傳舊部，1894 年隨袁世凱出關，遂成為袁之心腹。袁世凱稱帝時任大典籌備處處員。

（中國近代珍藏圖片庫袁世凱與北洋軍閥頁 115，
臺、商務、民 83）

肆、一方扇面話拱乾喬梓

壬辰五月癸亥，天朗無雲，余走訪世彥年弟於三峽，並與其夫婦作滬尾半日之游。車自北二高循東西快速路經板橋、新莊、八里而行，抵目的地已近黃昏。彥弟二姊賢伉儷所置豪厝背枕紗帽山餘脈，前臨蕩蕩巨流。臺山蒼蒼淡江茫茫，盡收眼低。竹圍沙洲，青翠欲滴、關渡虹橋車流如織，捷運往來活似游龍飛奔。萬籟俱寂時，觀音山古剎暮鼓晨鐘，當依稀可聞。景觀殊麗，不虛此行。起居間陳設雅潔，明式交椅，尤具古風。壁上懸扇面一方，乃三百餘年前遺作，紙略泛黃，惟保持完好。字蹟秀約自然、柔中寓剛，章法有致、清爽可人，有文衡山①之氣韻，下款鈐一公分見方私章，陽篆「江左郈邨」，毫無匠氣，應出自高手所治。二姊夫謂：「確有其人。」是確有其人也！作者方亨咸，生卒年待考，約天啟、康熙間明末清初安徽桐城人，父拱乾移家金陵，遂為江左②之人。郈邨一作郈村，乃前清江寧（昔亦稱金陵，今名南京）城郊地名。順治四年（一六四七）舉丁亥科進士，官至御史。渠工詩文、善書，精於小楷兼長山水與程青溪、顧見山稱鼎史，為乾隆間揚州八怪之先輩名家。第孝標、章鉞亦皆能詩文③。

方拱乾（生卒年不詳）本名若策、字肅之、號坦庵，晚署甦翁、甦庵、甦老人、甦庵老學人。安徽桐城人，徙居江寧（今南京）。明崇禎元年（一六二八）登進士，官少詹。清順治九年，荐補翰林學士，仍官詹事。十四年（一六五七）江南科場罣誤④，與子孝標、亨咸俱謫戍寧古塔。後捐資贖還，卒年七十許。謂「詩必從杜入，方有真性情，修飾辭華不能登大雅之堂。」遺有方少詹集、寧古塔志（一卷）等書⑤。

方孝標（一六一七—一六八〇？），拱乾次子。原名玄成，避聖祖諱，以字行，又字樓岡、號樓江。順治六年（一六四九）進士，改庶古士、授編修，歷官侍讀學士。江南科場案與父兄、弟同流戍寧古塔。十七年納贖放歸，應吳三桂之邀赴雲南，充翰林承旨，卒於康熙十九年後。所撰鈍齋文集、滇黔紀聞部分內容為戴名世採錄於南山集。南山集案發，遭劈棺戮屍，親屬亦多受株連。⑥遺有鈍齋詩選廿二卷。

①文徵明（一四七〇—一五五九）明長洲人，號衡山居士。以歲貢生荐試吏部，任翰林院待詔，後辭官歸。工詩文字畫，尤善山水，花卉、蘭竹、人物皆佳，稱吳門派。與沈周、唐寅、仇英合稱明四大家。著有莆田集。（明史卷二八七）

②長江下游以東地區，昔稱江左、一稱江東，今江蘇省一帶。

③清李垣輯錄國朝耆獻類徵初編卷一三三（光緒甲申版、台、文海民五五縮幅影印）清震鈞國朝書人輯略卷二（光緒戊申金陵刊本）。

④「達官世族子弟，初制一體應試，而中式獨多。其以交通關節敗者，順治十四年，少詹事方拱乾子章鉞應江南試，以與正主考方猶聯族獲中，事覺遣戍。」（清史稿卷一〇八、選

舉志三）
⑤清沈德潛國朝詩別裁集、又，皖雅初集、問花樓詩話。
⑥晚清簃詩滙、詩話。

附　戴名世南山集案

本案為康熙晚年重大文字獄案。

戴名世（一六五三—一七一三）安徽桐城人，字田有、一字褐夫、號藥生，自署憂庵。渠精治明史，積極蒐集明史科，編撰之。康熙四十一年（一七〇二）名世于故里置房一所，門人龍雲鄂將其師所撰專文百餘篇輯成南山集十三卷，朱書、方苞先後貽序。四十八年，名世會試第一名進士、殿試一甲二名（榜眼），授翰林院編修，供職京師。五十年，左都御史趙申喬（一六四四—一七二〇）據南山集參戴名世妄竊文名、恃才放蕩、前為諸生時，私刻文集，肆口游談，倒置是非，語多狂悖，逞一時之私見，散不經之亂道。十月壬午下部嚴審，牽連達百餘人，皆入獄。查戴作南山集直書南明年號，為大逆罪，名世處斬，株連者多革職流放。雍正元年（一七二三）重察此案，大赦，盡釋歸籍。

主要文獻：

清史稿卷八、卷二六三
清代文字獄史料彙編（民20故宮博物院文獻館輯）

伍、軍訓教官退出校園的省息（原載新生報84.03.23.）

軍訓教官退出校園這個問題，究竟有多少人好好去想過？憑什麼，依據甚麼，要教官退出校園？從法律層面？從實際運作層面？從極少數師生的好惡，即可以決定？雖然不能說呼之則來，但是可以說是揮（喝）之即去！

學校實施軍訓，絕非戒嚴時期的產物。全面長期戒嚴始於中央遷台，早在民國十七年第一次全國教育會議全體予會人員鑒於各級各類學校之發展應有共通性前瞻性的具體指標，兼以確定中華民國教育宗旨，殊有必要；因此，大會針對實現三民主義，促進世界大同作成四項原則性的宣言送交全國最高教育、學術機關—大學院，呈請中央政治會議審議通過。國民政府正式明令公布；而其實施方針第七條明白規定中等以上學校應實施相當的軍事訓練。

高級中等以上學校學生軍訓原以加強愛國情操，陶冶高尚品德，鍛鍊強健體魄，修習現代軍事學術，養成良好生活習慣，培養智勇兼備之優秀人才為目標，兼顧知識、技能與情操，固然符合訂定教學目標時所應考量的整體範疇；惟其能否藉實際教學而完全實現，又是否務實、周延或毫無牴觸範疇合宜性等，均非拙文討論的重點；應由教育當局研擬計畫、客觀評鑑、審慎斟酌。

依照習慣性的說法，中等以上學校工作人員向稱教職員工，包括從事教學（當然包括輔導、研究、推廣……等）為主的「教師」，處理教學等所衍生的行政事務為其法（固）定工作的「職員」，以上合稱教職員，以及負責勞動任務：如辦公室清潔、文書遞送，實習場（廠）與設備之初級維修、保養……等技工、工友而言。揆諸事實，仍無法以「教職員工」完整且概括地統稱全體學校工作者。因此，教育人員任用條例有所謂「本條例未規定者，適用其他有關法律之規定。」所稱教育人員界定為公立各級學校……人員，又職員之任用資格有除外之規定，且明訂該條例施行前已遴用者適用之規定。有教職員之職務等級由教、銓二部會同訂定，有教學、研究及稀少性科技人員不在其內等但書之規定並明訂其辦法另訂之，軍訓教官不受教育人員任用條例的規範，乍看之下，似乎言之有理；而該條例第一條適用其他有關法律之規定，第二條不包括私立各級學校的界說……。同時，軍訓教官並不佔其所服務學校的員額編制，渠等任官、待遇另有法律規定；輪調、昇遷亦別有法規予以一一規範。

教育部邀集專上校院等學者、專家，依據原大學規程，研訂大學必修科目，訂定大學必修科目施行要點俾各校據以規劃共同科目授課內容，揆其用意在統整施教科目，便於研發教材，同時使學生轉系、轉學不致頻生「權益糾紛」，立意至善、用心良苦；而其作為有所據更不待言。今後，因應修正大學法的公布施行，將如何調整？怎麼改革，筆者不得而知；若說教育部「自行」以「大學必修科目表施行要點」規定軍訓為必修科目，顯然不去正視其法源依據、設計過程，逕自簡化說辭，其居心固不容亦不易瞭解，謂「空口說白話」總不能說是一種汙衊吧？

「軍訓」是否給人予「戒嚴」的「感覺」，言人人殊；「軍訓」應否改為選修，茲事體大，宜審慎研酌，國家既為全民所有：任何重大變革，不應僅由少數人專斷決定，以學生軍訓的存廢為例，似乎是純純校園問題—中等以上學校的問題，其實不然。學生、教師、教官、教育主管機關……固須關心；父兄、母姊、全國各界也應予以重視，集眾智、凝共識，才能產生良好的決定！

學生軍訓源於全國教育會議之提議與宣言，繼之由執政黨經三全大會充分討論，呈經中央政治會議初步確認，再交付國民政府明令發布，著行政院轉教育部據以訂定規範正式施行，迄今已六十年；任何興革是否需經完整程序予以處理？單校、片面、感性的決議，其代表性如何？在在值得商榷！職是之故，筆者不揣愚陋，建議：

一、釐清學生軍訓的本質—學生軍訓的對象為在學中等以上學校未役且接近起役或已起役之男生與免役之女生，後者酌減基本教練等知識之訓練，另增以急救等之護理教學，本質是一種「訓練」；在專上院校則另計學分，但不及格不得畢業，主張將軍訓（護理）進而歸類為大學一般科目或通識課程顯然不諳課程屬性。繼續在中上學校實施學生軍訓、倘經確定有其必要，仍應維持現有模式處理方妥。

二、全面評量實施成效、提昇訓練品質—普遍實施學生軍訓至今共有四十年，其實施成效如何？有必要進行「評鑑」，期發現優點和缺失。在師資方面，首應確定教官在校園中的角色；教官為現役軍人，最講求服從，導致他們在校園忙得團團轉，只要教師職員甚至工友不願做，推卸掉的工作，都要他們去做，而且要達成目標！試問：國家名器置諸何地？教官正常的職責安在？近年來，一再為人詬病，說穿了，只有一句話！教官管得太多、太雜了！多管閒事、吃力而不討好，形象破壞殆盡，角色曖昧不明。今後，應該著重在兵學、國防、護理（女生）等基本知識的系統傳授與有效訓練，真正落實「國家、責任、榮譽」的薰陶，期「知」、「情」、「意」三者兼籌並顧，教學生動活潑。如此方能端正軍訓指標，一新軍訓形象，莘莘學子必樂於接受。

三、廣納建言、落實革新，建立制度—時代在變，潮流在變，民主化的腳步只容加速前進，不容往後退卻！任何建言均應予以重視，排除主觀認知的限制，澄清激情的說辭，邇來，部分學界人士倡言改為選修或實施美國ROTC制……等，均應詳予分析、深入瞭解。

四、尊重決策程序、事緩則圓—北伐成功、全國統一。學生軍訓施行既始於全國教育會議之提議，循序構思，集議以成。當前，學生軍訓之興革，自有前案可稽，據悉：第七次全國教育會議預定於今夏舉行，是否應將此一問題送交該會充分討論、作成結論，經由教育部、行政院逐層考量，並提交執政黨中央常會斟酌後轉請行政院交付教育部進一步規劃辦理，朝野及學界皆宜尊重上述程序，事緩則圓、臨事而懼，好謀以成。

卷七　書　序

壹、公文掇拾自序

文體每隨時代而轉變。我國歷史悠久，文化璀燦，書契始自羲倉，甲金篆隸、爭奇鬥艷；真草行楷、多采多姿。先秦詩騷、兩漢樂賦、六朝駢儷、盛唐律絕、宋詞元曲、明清戲劇小說，各領風騷。而綿亙二千有餘年、經史子集、汗牛充棟；清季科舉廢、制藝停、西風漸，文體復為之丕變。辛亥鼎革、民國成立，白話文學大興。

概言之：今之文字，大抵以質樸易讀為尚，藻詞麗句罕有用焉。崇簡單、講明確、重淺顯、求普及；其為各界之所必需，且為社會恒常交際往來所不可或缺者，厥為應用文也。以書信為例：可以通情愫，可以抒己見、陳事實；用字遣詞，稍有不當，隻字之訛，竟生誤解，糾擾纏身，不唯鬧笑柄抑且傷感情也。

目今，交通便捷、工商鼎盛、人事益增、交際愈廣，微自互易名刺、電報往返、柬帖相遞，均不能免。而公文者各級政府間、政府與人民、團體間因公務所為之文書。倘因片語之失，恐即有礙公務執行、貽誤機要、損害權益。雖然，海嶠教育普及，國民知識水準顯著提昇，濟濟多士竟仍有撰作公文、下筆為難之嘆！本書之撰，冀應有心人之需要耳。

余不敏，試就公文意義、源流變遷，創始與改革，本質與要件，撰擬要訣等分十章詳述之。其中舊例百餘則，不乏珍貴文獻；新例約二百則，均可為範本。另有附編近十餘年高、普、特考考題試答七十三則等。木屑竹首，匪盡棄材，牛溲馬勃、亦堪濟用。剞劂前，辱蒙考試院副院長毛高文博士、教育部政務次長楊朝祥博士、常務次長李建興博士、高等教育司司長楊國賜博士、臺灣省長宋楚瑜博士、高雄市長吳敦義宗兄、臺灣省政府教育廳長陳英豪博士、臺北市政府教育局長林昭賢先生等或慨允題耑或寵賜題辭，使本書倍加增色；同仁陳國斌先生利用公餘悉心校稿，均此一併申謝。敝帚自珍，冒然付梓，但求聊盡區區之心；魯魚亥豕，恐亦難免，敬希讀者、方家不吝指正！是為序。

甲戌大雪　吳椿榮　識於知命之年

貳、應用文自序

我中華文化，發皇於亙古、成型於先秦、昌明於漢唐、再生於宋明，綿綿不絕、悠久璀璨，冠絕寰宇、震鑠古今。典章制度迭有損益、經史子集汗牛充棟，詩騷歌賦、駢儷律絕、詞曲小說，各領風騷。洎乎西風漸、海禁開，文體隨之丕變，民八五四運動，白話文學幾如日中天。

昔人正視文章之流別與變體，概始於蕭梁，而定於近代，人言言殊、各持其故，著作之夥、不勝舉述。曾文正承盛清姚姬傳之餘緒，編纂經史百家雜鈔，將所集作品分三門、十一類，輓近或分純文學與雜文學、或分有韻文與無韻文、楊家駱氏將之歸納為三大類，即韻文、散文與駢文。詩、詞、曲、賦，韻文也；序跋（含贈序），詔令，奏議（公牘今謂公文）書牘、傳狀、碑誌、雜記、小說，或散或駢；八股制義亦散亦駢；聯語歸屬駢文。

嚴可均云：「文章者，所以宣上下之象，明人倫之序，窮理盡性，以究萬物之宜（誼）者也。」由是益徵文尚載道久矣！名曰「應用文」者，蓋強調其實用性並有別於載道、怡情之文也。互易名片、增進彼此認識，訪友未遇、便條留言，喜慶佳節柬帖奉邀，丁憂訃告、壽序祝嘏，祭文悼逝，友儕遷居、嘉禮、…或撰聯誌慶、或題詞申賀、或電傳賀慰，悉本禮而有節、應對有方、高雅得體、不免俗而能脫俗。通情愫、抒己見，書信是賴；處理公務，憑藉公文。此外，立契約、登啟事、刊廣告……亦均與現代日常生活無不相關。

余不揣愚陋、不自量力、試就各類「應用」之文分章編寫；凡同類書所一時未盡其詳者，逐一彌縫，措詞力求深入淺出，內容冀其切合實用，舉例多而週延，並附錄禮儀、會議等規範、公文程式條例、學對歌訣、公文考題詳解，俾便教學、研究與運用。自忖所學不精、所知膚淺，眼高手低，勉成是編，匆匆付梓，魯魚亥豕必在所難免，尚請　讀者、方家慨賜指正，爰綴數語，聊充篇首以為序。

中華民國八十四年乙亥大暑　吳椿榮　謹識

參、若川吟草校注序

詩者，押韻叶律可歌詠之文體也。書舜典：「詩言志，歌永言。」昔賢亦嘗論之，在心為志，發言為詩。湯語伊尹：「若告我曠夏，盡如詩。」仲尼勉其子鯉：「不學詩，無以言。」

先秦古詩多四言，兩漢以迄魏晉，則多五、七言，洎乎盛唐而有古、近體之別。前者多樂府之作，後者乃通稱律詩、絕（截）句也。

簡公若川先生，清末民初海嶠大詩家。公諱楫、乳名舟，以字行。原籍閩南漳州府南靖縣，十四世祖俊達公攜眷浮海來臺。父諱傳業商，善營籌，家道漸亨。公幼岐嶷，博聞強記，品端行正，歷事鄉賢簡鴻年、簡日新茂才，復拜明經簡銘鐘為師，遍涉經史，學問大進。光緒壬辰一舉榮登府學案首，時年甫二十有四。方期更上層樓；詎甲午清廷喪師，乙未中日議和，割臺卒成定局，由是舉業遂寢。公窮而韜光養德，設案授徒，春風化雨，多所裁成。不忮不求，與人忠、事親孝，旦夕視膳，數十年如一日，撫養諸從子，情逾己出，鄉梓稱賢。

民初，公與鄭永南諸紳合組桃園吟社，雅好詩詞，以文會友，同倡風雅。綜觀公之遺作，以絕句為夥，律古次之。或見物興感、或月旦古今，或寄情寓意、屢見題外之音，未拘泥於迹相，尤見其冰清玉潔之高操，皆屬神來之筆。余不敏，酷好詩文自娛，勉成斯編，所以懷先賢且自勵焉。剞劂之際，聊綴蕪言，藉充篇首。

壬冬 吳椿榮 謹識於中和寄寓

肆、石頭紅樓典自序

傳奇、小說，汗牛充棟。余酷嗜紅樓夢、儒林外史、水滸全傳與三國演義，屢讀未厭，尤獨鍾巨作紅樓。

紅樓夢傳抄之初或以石頭記為其書名。石印本梓行，始改稱紅樓夢；手抄本除蒙府本、楊藏本外，多八十回本或殘本，石印及活字刻本則皆已為一二〇回本；

一、書名多　或稱石頭記、或稱情憎錄、或稱風月寶鑑、或稱金陵十二釵、或稱紅樓夢，一書五名。

二、版本多　手抄本有甲戌、庚辰、己卯、列藏、蒙府、甲辰……諸本。活字本有程（又分程甲、程乙、程丙）、戚二系、廖序有正本及近四十年陸續匯整校柱各新本。

三、人物多　書中有姓有名有職稱者五八三人，無姓名以職銜（務）稱呼者與歷史人物各十七人，總數逾六百人之眾。

四、典故、名句多　書中所用典故、名句、俗（諺）語多達四〇八則，徵引或所創作之詩、詞、文，計二一二篇。

五、禮制、風俗、生活器用多　包括儒、釋、道宗教詞彙、禮儀制度與風俗用語、生活器用與（中）醫藥材、症候諸稱，總計多達一、七六五種（則）。

六、續貂之作多　於今尚存世者，即有（一）後紅樓夢（三〇回、逍遙子撰、乾隆晚年）、（二）紅樓復夢（一〇〇回、陳少海撰、嘉慶間）、（三）續紅樓夢（三〇回本、秦子忱撰、嘉慶間）、（四）續紅夢新編（四〇回、海圃主人撰、嘉慶間）、（五）紅樓圓夢（三一回、夢夢主人撰、嘉慶間）、（六）紅樓夢補（四八回、歸鋤子撰、嘉慶間）、（七）綺樓重夢（四八回、蘭皋居士、嘉慶間）、（八）續紅樓夢（四八回）增補紅樓夢（三三回）以上二書均係嫏嬛山樵撰於嘉、道間、（九）紅樓幻夢（二四回、花月痴人撰、道光間）、（十）續紅樓夢稿（二〇回、張曜孫撰、道光間）、（十一）紅樓夢影（二四回、雲槎外史撰、光緒初年）、（十二）紅樓逸編（未分回贗叟、宣統元年）。

「六多」之外，又有「二長」：

一、篇幅長　以當世通行一二〇回本為例，總字數（不加標點）近八十萬字。

二、風行期長　溯自乾隆間（約公元一七五四年）迄今二百五十餘載，其閱眾與年俱增，謂紅樓夢膾炙人口，誰曰不宜？清季至今，且先後譯成外文，計有日文本（一七種）、英文本（一一種）、法文本（六種）、俄文本（五種）、德文本（三種）、朝鮮文本（二種）、義文本（二種）、荷文本、希臘文本、捷克斯拉夫文本、匈牙利文本、羅馬尼亞文本、越文本、泰文本（以上均各一種），總數十四國語文、五十三種版本，謂其風行海內外，名登國際古典小說名著之列，誰曰不宜？

至其原撰者曹雪芹，出身世襲織造家族，工詩畫、能詩文、擅工藝，所製紙鳶借風展翅，栩栩如生。不幸遭抄沒之厄，北還京師西郊，境況蹭蹬、三餐不繼，恆以食粥度日，猶撰成此巨作鴻篇，誠屬難得之怪傑奇人也。

丙戌秋，余整理舊匣，隨手將昔日讀紅筆記稍作整理、潤飾，茲以「石頭・紅樓・典」為書名付剞，或尚可資有意探紅者導讀之助。敝帚妄予自珍，貽笑在所不免。至懇同好大家，不吝賜教。梓行在際，略綴蕪言，聊充卷首。

庚寅初夏朽翁吳椿榮序于中和寄寓

伍、代筆拾遺

一、逢甲大學創校卅周年暨人言大樓竣工實錄序

三十寒暑，物換星移。民國四十八年秋，倉海先生之哲嗣丘公念老與士林耆宿楊公亮老、史家銅山蕭一山先生有鑒於興學育才─加強學術研究、培養高級人力，當仁不讓、捨我其誰？乃集議籌辦逢甲工商學院。越明年，報准立案，初設工科─土木工程、水利工程，商科─會計與工商管理等四學系，招收新生二百餘名，暫假臺中北屯觀音山麓授課。五十一年秋，遷校西屯現址、規模粗具，逐年增系設所、開辦夜間部。五十三年復接受政府委託辦理華僑專修、海外青年技術訓練班。六十九年夏，經本部核准改制大學；現有理、工、商與管理四學院、日夜間部二十七學系、博（碩）士研究所十四班，學生逾一萬八千八百餘人；畢業校友亦已達六萬有餘，分布海內外，貢獻所學、服務社會，其中卓然有成者，頗不乏人。逢甲大學巍昂屹立於中台，為一名至實歸之高等學府矣。

丘公諱逢甲、字仙根，民國以後改名倉海。本籍廣東蕉嶺，嘉慶間先人徙台，同治甲子，

先生誕於貓狸（今苗栗），幼岐嶷、博聞強記，髫齡即擅詩文，年十四榮登府學前茅，閩撫丁日昌譽為東寧才子，二十五歲舉鄉試，明年高中三甲進士、授工部主事，不仕。返台講學於崇文書院。甲午中東戰役、清廷喪師、割台求和，全台聞訊、官民激憤，遂舉巡撫唐景崧為台灣民主國總統，年號永清，先生佐理之，並辦團練於台中，與台南劉永福會同抗日。失敗後，方黯然內渡，致力於粵中教育，自署臺灣遺民。辛亥武昌起義，締造共和，積極參與中華民國政府之籌組，南北奔波、辛勞倍至，舊疾復發、嘔血西歸，年僅四十有九。天喪英才，舉世同哀，遺囑墓園東向海嶠，其不忘台員也、死生一之。高老等擇倉海君之諱為名、卜臺中為址，並揭「忠、勤、誠、篤」以為校訓，其來有自；而逢甲大學致廣大、翹宏遠，日新又新，非唯社會各界之所殷殷期許；仙根有靈亦當含笑九泉。

歷年以來，逢甲大學復積極執行中長程校務發展計畫，重視人文與科技兼籌並進、禮聘各學門優秀碩彥、大力充實圖書設備、強化忠勤誠篤之學風。八十年春更聚資興建創校三十周年紀念大樓，擴增各科實習與專業研究教室，期提昇教學品質、落實學術研究與發展。樓成行將啟用，將編紀念冊詳誌募款、興工之始末，屬序於余，茲不揣愚陋，聊綴數語，以充篇首耳。

注：本文屬捉刀之作。人言大樓基地約六、二〇〇平方米、樓高五五米，地下兩層、地上十二層，樓地板總面積計六、二二八・九坪。造價新台幣三億三千九百餘萬元。自七十九年九月廿日動工至八十二年五月竣事，同年十一月十五日正式啟用。

二、藝術概論序

精神生活和物質生活須兼籌並重、等量齊觀，人生才有幸福可言。藝術正是人類不能忽略、不可或缺的精神食糧。真、善、美，每被懸以為幸福人生的至高標的，其中「美」又與藝術息息相關、密不可分。

人類運用其豐沛的感情和近乎無限的想像，把握並反映其所存在的世界的一種特殊的方式，就是藝術。換句話說，藝術是一種通過審美創造的活動以呈現創作者的人生體驗和理念，在想像過程當中，實現了（審美）主體和（審美）客體的相互對象化。由於不同意識型態的存在，對於藝術的認知和詮釋，無可諱言確有相當地紛歧。個人比較傾向於接受，藝術是吾人實際生活和其精神世界的一種形象反映；當然也是藝術家學識、情感和理念等的一種綜合性心理活動所呈現出來具有生命的（或謂有機的）作品。如：文學、音樂、繪畫、戲劇、建築、雕刻（塑）、舞蹈、影視。

因此，藉藝術必然可以滿足吾人各種審美的需求，並且進一步對其精神領域產生潛移默化的作用。「移風易俗莫善於樂」或許可說是一種明證。民主自由的社會，教育的目的固在發展個體獨特性，同時也注重發展個體的社會意識。換句話說，教育不僅僅是一種完成個人化的歷程，而且也是一種統整的歷程。本世紀五十年代中期，英國著名的藝術教育家芮德爵士（Sir Herbert Read），在他的大作《透過藝術的教育》（Education Through Art）的首章就篤定地指出：「藝術應該是教育的基礎。」

今年初冬，我有幸拜讀○○○先生和○○○○長二人的新作《藝術概論》（副題藝術與人生）的樣書，是書文字簡潔生動，選圖周延具代表性，章節分明，字體大小適當符合視力保健要求；而內容精彩尤其使我獲益良多。○君專攻教育，學識宏富，教學與行政經驗俱全；目前任○○○○○，是我在工作上的好伙伴。○君早年畢業於師範學校，隨即在鄉間國民小學服務，教學之餘不忘進修，勤教、苦讀，樂以忘憂；專攻藝術，卒獲文學博士學位，並在大學校院作育英才，現任○○○○○○○長，作品、論文等身，享譽海內外。這一本書是他們二人分別發揮專長，合作研究、相互切磋的精心嘔血之作，深信一經公開梓行，必定會獲得普遍的肯定和相當的迴響，我非常樂意為它作序。

中華民國○○年十一月　○○○ 謹序

自注：代筆之作

三、自　序（代筆）

藝術有廣狹二義。就前者言：舉凡吾人之思慮、技巧等活動及其創作、製作等作品，如營造亭臺、樓閣，編織錦鏞、藤器……均是。其義概與技術一詞相當。自後者言：凡具審美價值之活動或該活動之作品，如詩歌、詞曲、繪畫……等均是；甚至僅專指繪畫，其義則與美術（fine arts）非常近似。概言之，吾人經由塑造形象以反應生活且較現實更具典型性之一種社會意識形態，如文學、舞蹈、繪畫、音樂、建築、雕、影視……皆可稱之為藝術。

至於藝術之分類，依其表現手法、方式言，可分為一、語言藝術（如文學）二、表演藝術（如音樂、舞蹈）三、造形藝術（如繪畫、雕刻、雕塑）四、綜合藝術（如戲劇、影視）；若按創作者表現之時空言，則可分為一、時間藝術（如音樂）、空間藝術（如繪畫、雕刻、雕塑）三、綜合藝術（如戲劇、影視）。

藝術固為吾人人生追求「美」之主要精神食糧；惟其亦包含認知（知）、情意（情）與技能（技）三大範疇，缺一而不可。本書即把握上述前提，悉心編撰，旨在提供有心研究藝術或愛好藝術欣賞者一本新穎、可讀，兼顧學術與通俗之基本入門讀物。首章至第三章分別就藝術之意義、特質、分類、特色與藝術起源各說，詳加論列、詮釋。四至六章針對藝術創作過程中有關想像力、創作思考、材料分類與藝術表現之內容與形式逐一探究、深入剖析。七至十章以讀者為主體、除將藝術欣賞、藝術批評、藝術與人生分章分節撰述外，並殿以我國繪畫代表人物及其作品介紹。囿於篇幅，所舉作品實例概以繪畫作品居多。

本書文字深入淺出，各幀藝術作品說明儘其可能言簡意賅，各章並附有自我評量，期方便使用者瞭解閱讀或學習效果。作者學識有限，訛誤、遺漏諒在所難免，至盼 讀者、方家、各界先進惠予指正。

中華民國〇〇年〇月〇〇〇〇序於臺北

四、專科學校教師手冊序（代筆）

現代化國家之建立，亟應重視其人力之適當培育與運用。蔣總統經國先生於七十六年教師節賀詞中曾剴切提示：「教育是立國的根本。國家的進步是由於教育的普及，社會的健全發展也端賴教育的推動。」近四十餘年，世界國無不積極從事國家經濟建設，其卓然有成者，率將「教育」置諸經建過程中之樞紐性地位。換言之：人力、教育與經濟發展三者一體、相輔相成，並具有一貫性與連環性等密切關係。

三十八年於茲，我國各級教育均有顯著之成長與發展，以七十五學年度為例：接受技術及職業教育之人口計有六八二、四〇六人，其中百分之卅五點一八為專科學校學生。同一學年度專科學校與大學（含獨立學院）學生數之比，約為六：四。如何落實教育目標、提昇教學品質以造就更多有為有守之技術人力，允為當前專科教育之重要課題，而其主要關鍵端在師資素質之提昇。蓋有優良之教師，才有進步之教育與強盛之國家。

本部有鑒於此，除積極執行「輔導專科學校提高師資素質實施要點」外，並賡續擬訂「編撰專科學校教師手冊工作計畫」商請國立雲林工業專科學校總其事。關於手冊內容經邀聘學者、專家共同研議，始確定就專科教育之目標與功能，專科學校之課程與教學、心理與輔導、研究與發展、教師之權利與義務撰寫之，凡分五章廿四節，並殿以結語，都十五萬餘言。執筆諸先生，利用公餘戮力完成，國立雲林工專〇校長〇〇博士及工作同仁規劃、連繫、協調皆備極辛勞，一併誌謝。本手冊行將付梓，爰綴數語略述原委，以為序。

中華民國七十六年九月　〇〇〇謹序

五、專科學校教師教學評量手冊序（代筆）

專科學校以教授應用科學與技術，養成實用專業人才為宗旨；亦即在造就國家經濟建設所需之各行業優秀人力。換言之：專科學校應以培育具有通識基礎之專業技術人才為其辦學目標。

目前，我國公、私立專科學校合計七十所，在學學生人數達二七一、七一〇人，佔全部教育人口百分之五點二三。專任教師約一〇、五四二人，具有碩士以上學位者已提高至百分之五十一點三。整體而言：絕大多數教師皆具備豐富之專業學識與高度之服務熱忱；惟教育理念、教學方法、評量技術、輔導知能⋯等則有待加強與充實。

本部有鑒於此，自七十五學年度起，規劃辦理教育理念研習會，繼而敦請學者專家針對專科學校目標與功能、課程與教學、心理與輔導、研究與發展、權利與義務等編撰為「專科學校教師手冊」免費分送各校人手一冊，供教師同仁課餘自行研讀，期有助於專科教育之建全發展。七十六學年度起復辦理教學評量技巧、教學媒體製作等一系列之研討，期我專科學校教師於教學知能有顯著之提昇。

成功之教學與學習環境、班級組織、教室經營、教學內容編配、教學方法之熟練及活用、教學評量之瞭解及運用…息息相關。其中教材與教法尤須相互聯絡貫穿，兼籌並重；輕忽教材而虛構教法，固不切實際；迴避教法而獨重教材亦不足取。易言之：教材、教法、評量應等量齊觀，教學品質始可望改善。

專科學校教學評量技巧研習計畫於國立臺灣教育學院工業教育學系康主任自立博士悉心擘劃下，順利進行，除分北、中、南三區辦理研習外，更商請有關講座就評量的基本概念、教學目標與評量、認知評量的方法、技職教育與情意教學、技能評量的方法，評量結果的解釋與應用、教學評量的設計共同編撰之。取材新穎、言簡意賅、條分縷析、論斷尤多獨到，執筆教授學識精湛與用力之勤、蓋可見矣。

本手冊旨在使讀者對專科學校教學評量之主要理論與實務有正確且全盤性之瞭解，付梓之際，爰綴數語，以為序。

中華民國七十八年六月　〇〇〇序

卷八　賀辭拾零

壹、桃李芬芳百年樹人（原載桃園國民小學百周年校慶專刊）

詩云：「芃芃棫樸，薪之槱之。」傳曰：「終身之計，莫如樹人，一樹百獲者，人也。」人生期頤，固稱難得；歷盡滄桑、創校百年，亦屬不易。欣逢　母校—桃園國民小學開校一世紀，謹遵師友之囑，略綴數言以為慶。

夫明鄭季年，北台全境猶山深林密、蔓草荒煙。漳州司馬郭光天偕同知尹士良，率先渡海屯墾，樂土興歌，庶民踵接。乾隆二年，復有粵人薛啟隆奉閩督許可，領隘丁數百抵桃澗台地墾殖，引泉灌溉，荒野循成阡陌。蓽路藍縷，艱辛何只備嘗。東自龜崙嶺，西迄崁子腳；北起南崁，南抵宵裡。禾黍豐碩、雞犬相聞。啟隆復率眾於今民權、民生、中山，北新諸街道間，遍植桃木，十載寒暑，奇葩盛綻、紅萼芬芳；朱雲搖曳，滿地生春，固以桃仔園為名。

當是時也，桃園固鄰邑之附地；然開闢既廣、移殖日繁。有識者積極勸學，有心者主動潛修，文風丕振；惟終有清之治台，仍乏正規之學制行焉。甲午中東之役，清廷喪師，與日帝簽約於馬關春帆樓，台疆易手。丁酉九月杪總督府台北師範學校國語講習所增設桃園分教場，假孔廟文昌祠招生授課，母校誕生焉。明年獨立，改稱桃仔園公學校。

壬子、癸丑間，鄉先賢鄭永南熱心公益，力倡價售景福宮公產田興築校舍。丙辰夏竣工遷至今址，戊午春改名桃園第一公學校，學區已廣及全郡，今桃園、龜山、蘆竹、八德等五鄉鎮市均屬之。同年因另設坑子、龜山二校。辛巳春，易名武陵國民學校。迄光復前，自母校所分設者計今東門等十一校。

民國三十五年四月，母校改名新竹縣立桃園鎮中心國民學校，明年改稱新竹縣桃園鎮桃園國民學校。三十九年桃園置縣，設立主體正式更易。四十一年秋新設中山分校。而後四十餘載，學區持續縮小，新校逐年增設。今成功、南門等校均其所從出；北門、中興、自強皆屬其「孫」校，謂桃園國民小學，三代同在，一門鼎盛，洵非虛言。

「一年樹穀，十年樹木，百年樹人。」物換星移，期頤於茲，校舍悉數改建、美侖美奐。昔日木屋、矮牆已了無遺蹟可尋，獨中庭老樹依舊挺立、生氣猶盛。人事迴異，新秀取代老成；設備充實，不復因陋就簡。教學推陳出新，比賽屢占鼇頭。校譽益蒸蒸日上，畢業校友已逾三萬而有餘，或升學或就業，均各有所成。獨領風騷者不勝枚舉。桃李芬芳，承先啟後，有厚望焉。

贊曰：

檜丘鍾靈，崁溪淙淙。分教文廟，定址武陵。昭若日星，如沐春風。英才輩出，貢獻卓著。展望新紀，璀燦可期。

貳、莊君嘉禮祝辭

（前　略）

相敬相讓，互諒互信。
齊眉舉椀，鶼鰈情深。
金石玉盟，喜結良緣。
兩府聯姻，衍芳永昌。

（後　略）

參、何小姐于歸筵祝辭

（前　略）

互敬互諒，同德同心。
甘苦共嘗，和諧無間。
齊眉舉案，鶼鰈情深。
天作之合，永浴愛河。
佳緣天成，安樂綿綿。
兩府聯姻，千秋永昌。

（後　略）

肆、華公榮退祝福辭

仰高先生惠存

戊辰菊月 吾公以副司長職榮退，旋應健行工業專科學校董事會禮聘出任校長。

我儕撰辭同申歡送祝賀之意，曰：

德潤珪璋 胸貯豹韜

氣宇宏昂 恂恂樸茂

用行舍藏 岱岳崇標

廉介裴彰 蹇直聲高

出掌學堂 望邁眾豪

作育培養 君子陶陶

教育部技術及職業教育司長 ○○○ 暨全體員工 敬貽

中華民國○○○年○月吉日

伍、楊司長榮升賀辭

旃蒙大淵蒙之長贏　欣悉

司長楊國賜博士榮升本部常務次長喜訊傳來　吾

儕咸感與有榮焉　謹撰辭申賀　曰：

弘農裔胤　器宇弘深

神表峰峻　學識淹通

高志潔行　任教上庠

桃李芬芳　資歷完整

循序而升　深慶得人

一展經綸　揚名顯親

教育部高等教育司學術審議委員會　全體同仁鞠躬

中華民國〇〇〇年〇月吉日

陸、曾副司長榮升賀辭

曾副司長江源先生榮升本部督學兼僑民教育委員會主任委員名至實歸吾儕特撰辭以賀

洙泗盛宗
南豐甲族
品端行正
忠孝純篤
雅博蜚鴻
清操自處
榮獲擢升
同寅景慕

教育部技術及職業教育司全體同仁

中華民國〇〇〇年〇月吉日

柒、楊司長榮升賀辭

己巳七月下澣楊司長朝祥先生榮升本部常務次長，吾儕謹撰辭申賀：

品高行正　才能著稱
性理詳明　志切赤松
光佩芙蓉　杏壇蜚聲
博古通今　雅重儒林
蓬島稱俊　桃李盈門
名成題枕　報國忠貞

教育部技術及職業教育司全體同仁敬賀

中華民國〇〇〇年〇月吉日

捌、陳編輯商調高雄市政府任職祝福辭

陳編輯武雄先生商調高雄市政府教育局任職

存念

孝行純篤　玉山照映

涉獵群書　性理詳明

廉介儉樸　有高士風

赤心洽溥　才能著稱

循良彌著　器凝堪重

返鄉服務　光佩芙蓉

教育部高等教育司學術審議委員會全體同仁祝福

中華民國〇〇〇年〇月吉日

卷九　贊　銘

一、先父像贊

丁丑冬謹撰

丹心獨耿，處世率真。居敬主誠，淵冰日省。侍親孝順，黽勉于行。余等子孫，永懷典型。

二、自贊

壬辰端午作

三考登庸，兢業戒慎。不期聞達，但求心安。未及知命，齒搖髮蒼。知其所止，堅辭乞歸。身無長物，唯有禿管。好書未已，撰述未輟。以硯為田，勤耕勤耘。詩酒自娛，欣悅何其。

三、三未齋銘

屋何須大，雅潔為佳。房不在多，敷用無瑕。斯是吾齋，唯余德馨。露臺多植栽，青翠入目深。廳室衛廚四全、採光通風上乘。譚笑有知音，往來悉俊秀。可以搊胡琴、誦詩經。無絲竹之亂耳，無公牘之勞形。春蘭夏荷秋菊冬梅，四季芬芳。主人耽飲未輟、嗜書未已，愛葩未歇，由是齋名三未。吳子曰：「曷其有幸，棲此清寓，夫復何求！」

自注：襲劉賓客陋室銘句法，撰此銘以自遣。

四、文房四寶銘并序

筆硯紙墨合稱文房四寶，「此四者為學所資，不可斯須而闕者也。」①四寶各有名姓、爵位：管成侯毛元銳、即墨侯石虛中、好畤侯楮知白、松滋侯易玄光，諡稱四侯②。

筆銘

君名紅豆，似好相思。產自滬濱，昆仲六人。管直且堅，毫細柔順。於公於私，恆賴此君。六存其二，餘藏筆塚。而今而後，仍恃其佐。

硯銘

端溪土產，竟歸我有。形體拙樸，凹凸奪天。大小適中，我尤珍愛。
發墨速捷，質色兩佳。汁帶馨芳，誘人遐想。悠悠歲月，筆耕胥賴。

紙銘

潔白近霜雪，方正如淮南。且來承斑管，揮毫龍蛇走。

墨銘

東瀛一游，擕回此君。骨削清臞，體散異香。
研之即發，濃且有光。迢迢千里，寄寓臺員。

①北宋徐鉉文房四譜序。
②南宋王應麟小學紺珠卷十器用引北宋蘇易簡文房四譜抄錄文嵩四侯傳。按：蘇譜所錄管成侯作管城侯。（文淵閣本）。

卷十　行狀、行述、事略

壹、林買老先生行述

83.07

先生姓林、諱買，臺灣省雲林縣台西鄉海口村人也。高祖士永公自閩攜眷渡海來臺，忠厚傳家，定居斯土。先生幼雖岐嶷，惟家貧如洗、三餐且不繼，遑論就學。髫齡即傭價易食，及長以操舟維生。洎乎同邑吳擔女士來歸，仍貧困淒其，然齊眉舉案、里人美之也。德配吳夫人終生鶉衣蔬食、不怨不尤，井臼操作不以為苦；正當政府努力改善漁民生活、家境漸趨豐厚之際，竟因長年憂勞而瓔疾，卒於民國五十二年〇月享年〇歲，哀哉！

先生與夫人育有二男三女。長男吉成君，天資穎悟，惜家道困頓，小學畢業後，隨先生操舟海上，勤習漁撈技能，青出於藍並主動協助同行改進捕魚訣竅，鄉民受益良多，其執著公益，不遺餘力，自愛愛人，口碑載道，經舉為台西鄉模範青年。次子聰明君，克勤克儉，悉心向學，為減輕家累，虎尾初級中學畢業後，隻身北上，投考明志工專，以半工半讀，完成技術及專業教育，成績優異，留校任助教。公餘繼續充實，順利通過留考，赴美國新墨西哥大學深造，旋獲南卡羅來納州克雷姆森大學獎學金，民國六十六年完成博士學位，先後任職台灣塑膠股份有限公司工程師、國立臺灣工業技學院教授、系主任、訓導長，經濟部科技顧問、行政院環境保護署處長，現任教育部技術及教育司司長。此期間，並當選中華民國十大優秀青年工程師（七十三年）、獲頒傑出工程師獎章（七十八年）。長女秀霞、二女足、三女瑞，刻苦耐勞、端莊賢淑，先後于歸，甘旨奉親、相夫教子，家庭美滿。

先生自幼家無寸楮、孤弱無依，備嘗失學之苦，一生崇尚儉樸、胼手胝足，毋畏勞鉅，挺拔於艱苦蹭蹬之間，夙夜辛勤，奮勉恬如，督教子女：「立志、奮鬥，以底於成」，榮任鄰長幾達半世紀，為鄉里建設，貢獻良多。耄耋猶不忘公益，一生謙和禮讓，枌榆稱賢。先生體素健，年邁老化、醫石罔效、壽終正寢，距生於民前九年農曆十二月初三吉辰，享年九十有二齡。蘭桂並芳、丕振家聲，先生無憾焉！一門挺秀，天之報施善人也，如吉成、聰明賢昆仲，可以見之。先生慈祥歸真，其景德高行，永存人寰，某謹恭述先生事略，用彰潛德、藉資恒念，俾傳諸永遠。

貳、張宏仁先生行狀

先生諱宏仁，其先閩南望族，太高祖前公渡臺，卜居竹塹，耕讀傳家。尊翁張環老先生，久任警官，奉派外社、大園等地服務，遂籍桃園。

君生於癸未一月廿四日，幼而岐嶷，秉性忠厚。髫齡就學外社國民學校，勤勉有加，學行皆優，免試入學新竹縣立第二初級中學，父職遷調，因此，轉學南崁初農，隨後考取臺灣省立桃園農業職業學校高級部畜牧獸醫科。此期間，渠於體能技藝已漸露頭角，手足靈巧、悟性尤佳，稍經教練指點，無不了然於心，顯之於技，田、徑各項均有表現，尤擅於撐竿跳。嘗代表桃農參賽，成績特優，經膺選為桃園縣十項競技代表。歷屆省運、中運，奪金、掠銀、拔銅，不計其數。桃農高級部畢業，即以優異成績錄取政工幹校體育系，詎家逢大難，尊翁橫遭誣陷，身繫囹圄。翌年，改報考臺灣省立體育專科學校繼續深造。民國五十六年秋，應大園中學之聘，初任教職。五十七年夏，全面實施九年國民教育，改應青溪國民中學之聘，積極參預創校，而後並兼體衛組長多年，於青溪體育衛生規章之制定，體能教學、活動之規劃與執行，獻替良多。八十五年秋，轉任大成國民中學專任教師以迄退休。

渠學有專精、術德兼修，於教學，循循善誘，有教無類，裁成後進，不遺餘力。生前且曾兼任桃園市體育會總幹事、桃園縣體育會理事、常務理事，田徑委員會總幹事，始終積極投入地方體育之推展，績效卓著。此外，又膺聘省、縣運、中上運動會、專上運動會田賽裁判長、審判委員、教練等職，無不表現傑出，迭著口碑。可謂「身騎箕尾歸天上，譽滿體壇榮鄉里」。尤難能可貴者，厥為至友至孝。乙巳之難，前後長達十年，渠依違濡忍，苦撐順受，期減輕老母重擔；節衣縮食，盡力扶持諸弟完成學業。己酉冬，與賢匹曾素貞女士結褵，夫妻攜手合作，共苦同甘。曾女士長於生理，聚資經營寢具被服等銷售，善待顧客、服務周到、價格公道、品質第一。由是，生意鼎盛，為同行之冠，遠近稱賢。

先生碩人其頎、天姿英發，體氣素健、起居有律，每日且運動如恒。去歲初冬，偶感吞咽稍難，經臺北榮總檢查，始悉罹食道腫瘤已近末期，隨即住院診治，手術長達十小時，一切幸好順利。出院後，切遵醫囑，繼續接受化療。詎本年春夏之交，病情復發，雖持續治療，何期回天乏術，於九十四年六月廿七日戌時壽終正寢，享壽六十有四齡。嗚呼！天不憖遺，怛化於瞬息，醫石罔效，竟成永別，痛哉！

張君賢伉儷，恩愛如恒，相敬如賓。膝下育有子女二人，冢子、次子先後均已成家立業，孫男女各一人，尚在襁褓。天慘慘而色黯，風蕭蕭而聲悲。人生倏短，禍福無常，謹述張君之生平事略，以彰潛德，而資景仰。

參、莊母黃夫人事略

莊母黃夫人閨諱蕙娟女士不幸於中華民國九十五年（丙戌）九月廿五日午時病逝，距生於民國戊戌正月辛未，得年四十有九齡。噩耗傳來，親友彌不驚愕。人生之無常也，曷至於斯，悲夫痛哉！蕙娟女士，江蘇海門克中公賢伉儷之掌上明珠。己丑冬，神州局勢逆轉，黃父時值英年，與鄉親隨軍渡臺。患難中，邂逅田心嫺女士，彼此相知相惜，丁酉論及嫁娶，旋成秦晉之好於臺北。賢伉儷育子女三名，蕙娟女士居長。渠自幼伶俐聰明、善解人意，個性和順，尤知進取。六十二年秋入學泰北高級中學更求精進，奈黃公竟於此時積勞成疾、溘然辭世。為分擔家計、照拂幼弟，女士遂自該校日間部轉夜間部半工半讀並欣然應教育部之約僱，於同年孟冬到部供職。渠先後受分派社會教育司、總務司等單位。每日早出晚歸、勤奮如恆。主動積極、有為有守。不怨不尤、不忮不求。主管、長官咸一致肯定，乃職工之楷模也。八十一年秋，與莊建豐先生結褵，二人攜手同心、胼手胝足、克勤克儉、互敬互諒，遂得於短短五年間自賃屋寓居而購宅木柵。屋雖狹而窗明几淨，薪固薄惟量入為出。一家齊諧，眾儕稱羨。建豐君稟性豁達、英姿煥發，有丈夫風。渠於七十四年到職，分派於學生軍訓處，廿載一心，戮力從公。去歲孟春，擢升教育部警衛隊分隊長。夫妻方共期繼續努力，同譜理想願景。詎本年春節銷假未幾，黃女士突感背痛難耐，及時入臺大醫院就診。經斷已罹骨癌，且癌細胞有蔓延之跡，隨即手術。悉從醫囑，繼之以化療。此期間，黃女士本其堅強之意志與病魔鬪，專心養病、準時服藥、忍痛理療；而冢子澤淵，純孝天成，課餘侍奉湯藥未嘗廢離，噓寒問暖、無微不至。惜天不憖人，十月上旬病情惡化，延至十一月十五日（農曆九月廿五日）午時終告不治，與世長辭。盛年蚤亡，痛之極矣！哀哉！綜女士一生行止，爰誄之曰：

寬厚謙和、溫柔婉約。知書達禮、聰慧力學。為親分憂、約僱公廨。盡心竭力、辛勤匪懈。公而忘私、迭著勞績。來歸莊氏、情投意合。相夫教子、家庭和樂。突罹惡疾、始料未及。盛年仙遊、親友難捨。粧靈不朽、永祐子息。

肆、吳母陳太夫人行述

行政院政務委員兼教育部部長吳京博士賢昆仲之高堂陳太夫人愛芳女士，不幸於中華民國八十六年六月二十日凌晨仙逝；耄齡棄養，慈雲頓杳，風木含悲，識者咸慟。

吳母陳太夫人籍屬江蘇揚州。父榮華公，少稱穎異，長益岐嶷；髫齡就傅，授以四書、經、傳，過目成誦；尤擅簿記、珠算之學，解悟逾於恆人。及長，善營殖，度支得當，出入有方，以巨賈聲聞鄉邑。母李太夫人，懿德垂庥，佐公主中饋，一堂雍熙，敦親睦鄰，濟貧解困，戚黨稱賢。

太夫人於民前一年誕生，稟性敏慧，幼承庭訓，熟習生活禮儀，尤嫻內則。民國十九年夏畢業於江蘇省立南京女子中學高師科，矢志以教育為業。曾任鎮江縣立宗張巷小學、江蘇小學、江蘇省立鎮江小學、南京市第四五區中心國民學校等校教師。卅八年初，渡海來臺，應臺灣省立臺東師範學校附屬實驗小學之聘，繼續任教。含今咀古，吐雲氣於行間，擷秀佩芳，生珠光於字裏。循循善誘，弟子傾心，如沐春風，傳為美譚。

太夫人年二十一于歸筱樓公，伉儷情深，朋儕稱羨。筱樓公英年早發，民國十八年畢業於國立中央大學，終生服務公職。歷任中國國民黨江蘇省黨部總幹事、江寧縣黨部書記長、江蘇省政府財政廳視察、江蘇省農民銀行經理、江蘇省立東海師範學校、鎮江中學等校教導主任。二十六年抗戰軍興，筱樓公愛國不後於人，毅然投身軍旅，隨政府轉進四川；曾供職中央陸軍軍官學校、第三戰區司令部及國民政府軍事委員會政治部　太夫人攜二子京、海輾轉返歸蘇北，獨撐家務二年餘。此期間，時相往返於鄉里與淪陷區，迭冒槍林彈雨；而敵氛正熾，安全可慮，　太夫人猶不忘二子課業，使免於輟學，用心良苦，辛勞備嘗。民國二十九年夏，自鄉里赴滬濱，舟行越南，水涉滇西，千里迢迢，危機重重，始抵重慶，轉往成都與筱樓公團聚。渝、成之途，竟然夫妻、父子相錯而過，未能面晤，亂世多磨，不勝欷歔。勝利還都，公曾任糧食部、社會部專員。神州易色，攜眷避秦，卜居東臺，任教臺東師範、臺東中學等二校。綜筱樓公畢生勞碌，自奉儉樸，誠正信實，絜矩自持，為人耿介，迭著勛勤；不幸於民國四十七年六月積疾辭世，國失楨榦，世折坊表，著績載譽，遍留去思。識與不識，同深悼念。

當是時也，長子京服役方畢，應聘臺東高中執教，二子海大學應屆畢業，三子渝就讀高二，一門孤寡，生計維艱。　太夫人強抑悲痛，母兼父職，撫育孤遺。積極鼓勵京、海二子奮發圖強，繼續深造。二子留美期間，家計益窘，曾多方張羅，部分川資、保證金等，迭向親友借貸，始克應付；而渝不欲重加擔負，毅然放棄留學，白手創業。　太夫人茹蘗含辛，不怨不尤，終年勞瘁，備嘗艱難，其堅毅苦節，宗親戚友，靡不欽仰。建中賢昆仲稟承　太夫人勤儉誠樸之懿訓，敦品勵學，戮力經營，咸卓然有成，此皆　太夫人培育之功也。

太夫人育子三，膝下孫男七名，女孫成雙。長子京字建中，國立成功大學土木工程系畢業，愛荷華大學流體力學博士，沈潛學術，造詣深邃。榮膺美國國家工程研究院院士，中華民國中央研究院院士。民國八十三年回國，擔任成功大學首屆遴選校長，績效斐然，現任教育部部長。長媳張紫君，成大化工系畢業，美國明尼蘇達大學化學碩士，愛荷華大學博士研究；秀外慧中，學養湛深，任職美國國家衛生研究院研究員。次子海字振中，成大機械工程系畢業，美國凱斯大學機械工程博士，專攻流體航太汽車科學，出類拔萃。現任美福特總公司研究發展部經理。三子渝字慶中，東吳大學經濟系畢業，創業有成，熱心公益，現任佳華建設股份有限公司及開羅事業股份有限公司董事長。三媳劉文瀅，東吳大學政治系畢業，溫良恭讓，與人無忤。孫男、孫女或就業或升學。一門挺秀，皆學有所成，業有所立；天道無親，惟德之親，天之厚佑善人如建中賢昆仲者，信然有徵也。

太夫人平素生活規律，健康良好，鮮有病疾，蓋仁者壽也。八十五年二月二十六日突感不適，即時就醫，旋轉診國立成功大學醫學院附屬醫院，斷為中風之症。群醫悉心診治，子孫傾力照料，病情逐漸穩定。距知本年六月十八日再度惡化，全力急救，延至二十日凌晨一時零八分，回天乏術，竟此永別。昊昊蒼天，愴痛曷極！綜吳府盈庭蘭桂，潭第馨香，是所謂明德之後，必有達人。太夫人淑德懿範，夙已邀天錫純祜；而仁德義行亦將澤流後昆；靈爽有知，蓋可以無憾矣。福壽全歸，天下之至難，當代所鮮有。謹述太夫人生平事略，以彰淑範，而資景仰。

附錄　先慈事略

棘人吳怡瑱 怡諏謹述

先慈簡老師閨諱秀月，晚清海嶠詩人若川公之女孫也。丁亥七月十六壬午卯生。外大翁如淡公尊賢伉儷育三男一女，先慈居季。外大母王太夫人高齡有孕，平安弄瓦，明珠難求，闔府忭躍，集愛聚寵，呵護逾恒。庚寅春，士紳舉薦、鄉親力挺，如淡公脫穎勝選桃園縣治首屆民選鎮長。翌秋，縣府擇定縣治北郊虎頭山麓公有地為校址，指示桃園鎮公所董理建校工程。當年，資源匱乏、建材價昂，且物價波動一月數揚；而縣府所撥預算極其有限，工期且短促緊逼，如淡公不辭艱巨，親率公所同仁，殫精竭慮，突破萬難，如期竣事。縣立桃園中學（其後改制省立，今為國立），遂得依原計畫公開招生、準時開學。公好義急公，慷慨成性。每遇鎮民急困，恒主動解囊以濟，甚至為謀生計。由是，口碑載道，遍獲人心。惟任滿退職，竟債務纏身。民國四十四年閏三月戊寅病逝，鼎盛之齡，與世長辭。噩耗傳來，至親哽咽，鎮民欷歔；而先慈年僅九歲，黃髮孩提，夙遭閔凶。王太夫人強抑喪夫之痛，節哀應變，養雞畜豚、編笠織屩，掙蠅利、維家計。諸舅棣萼聯輝，合作無間。啖菜根、啜薄粥，儉省度日。母子齊心，清償父債。如此十載，再振門庭。先慈自幼敏慧伶俐，明事理、知進取，自國校至大學，每名列前茅，品粹學醇，深得諸師長之嘉許。庚戌夏，渥蒙小學恩師陳蘭珍女史之力薦，野公校長欣然首肯邀聘。八月下澣，國民中學教師職前訓練班甫結業，即入青溪國民中學任教數學並兼導師。六十一年三月，與家父文定，翌春，緣結連理，值政府厲行革新，合巹之日，僅邀介紹人，證婚人及男女雙方至親觀禮而已。六十四年二月生哀女怡瑱。翌秋，應聘壽山國民中學。七十二年春，舉家遷居永和。甲子四月，生哀子怡諏。七十八年二月，轉調臺北市立忠孝國民中學繼續任教迄九十一年元月退休。先慈從事教育工作前後逾卅年，以教育為終身志業，恒視學生若己出，身教與言教兼顧，教學與輔導並重，活用教材教法，關心學生學習動機及學習興趣，故無論升學或就業，皆著績效。在職期間迭獲記功、嘉獎，並獲頒領綬四維獎章，三、二、一等服務獎章。先母與同仁情誼至深，諸好友暱稱曰老太婆。先慈身體羸弱，惟素重養生，稍有不適，恆及時就診服藥，故精神堪稱奕奕。八十三年春夏之交，自覺胸部似有硬塊，數度請教公保大夫，迭告知無礙；經轉診臺大附屬醫院進行切片，終證實所疑，確定罹患乳癌。切除出院後，遵醫囑循序化療，按時服藥，定期追蹤。九十一年轉臺北榮總繼續長期治療，迄九十五年秋，前後大小手術十餘次，化療等更不勝數。其與病魔搏、與死神爭，可謂備受煎熬，忍人所不能忍之苦矣；而堅強不屈、雖挫猶勇，其毅力洵非常人能及也。詎本年元月，病情仍告惡化，數度出入急診。嚥飲兩難，以點滴維持基本營養。吐納受阻，藉供應氧氣以助呼吸，形容憔悴、骨瘦如豺。舉步惟艱，輪椅代步。五月二日，轉該院大德病房接受安寧緩和療護，棘人侍奉湯藥，未嘗廢離。廿二日（農曆四月初六）凌晨一時五十二分，宣告不治，與世長辭，春秋六十有一。嗚呼！痛哉！樹風不止，草露忽傾。劬勞之恩，未及反哺。彼蒼者天，還報無方。棘人怡瑱、怡諏泣述　先慈事略如上，並為之銘曰：范陽簡胤，詩禮緜傳。世載羽儀，奕葉冠冕。承芳至德，稟質天靈。端莊外朗，溫肅內成。至柔且順，有諒斯貞。婉嫕婦道，載理慎恭。年念又四，于歸吳門。夫婦情篤，甘苦同嚐。矢志教育，以校為家。棫樸作材，成績斐然。卅載如恒，為世典範。榮退養痾，二豎為虐。勇搏病魔，意志彌堅。胡天未慭，藥石罔效。吁嗟吾母，和而克莊，嚴而靡忒。種德惟寬，斂德以勤。淑慧且均，寬積諸幽。晷運難留，生涯何久。式紀徽猷，流芳裕後。

卷十一 悼挽

壹、挽聯

一、挽王處長

天奪俊士，綠水青山皆失色；
雲揜文星，落花啼鳥總傷情。

二、挽友端先生

處世不阿，潔身自好，早歲縱艱虞，富貴乃從勤苦得；
煙雨淒迷，音容寂寞，霎時聞噩耗，老成雖謝典型存。

三、挽歐陽母董太夫人

訓子已成名，正欣硯席常聯，得聆荻教；
有孫堪娛目，詎料瑤池促召，倏慟萱摧。

四、挽鄭母蔡太夫人

四德播芳聲，久欣婺女星明，絢爛祥雲輝五色；
一門遵慈教，報道太君城隕，迷茫皓月冷三春。

五、挽友妻某

一段狂風，雲鎖巫山人不在；
萬年生氣，月明仙嶺鶴歸來。

六、挽吉老

揖讓謙和，遺澤尚貽佳子弟；
三多五材，歸魂長伴好湖山。

注：吉老字揖三。

七、挽林學傑老先生

父執云亡，此日難忘青笠句；
慈容如昨，斯行定赴赤松遊。

八、挽佳傑老先生

弔河山風景不殊，抱一片孤忠，驀目騎箕天上去；
慨世局滄桑幾變，堅興學夙志，傷心仰斗後生來。

九、挽張老先生

忠厚存心，功在剞劂，友儕咸欽盛德；
音容隔世，永懷典範，哲嗣堪續長才。

十、挽美英女史

塵世長辭，翩翩環珮歸仙島；
儀容宛在，郁郁芝蘭列繡幃。

十一、挽曾母賴夫人

鴻案本多情，何妨踞坐鼓盆學莊叟；
鸞絃忽中斷，贏得薄薪營奠傲微之。

十二、挽江母傅太夫人

望壽母不歸，隻影杳隨蓬島月；
聞嗣君哀嚎，數聲啼破雪山雲。

十三、挽表嬸某夫人

別諸親作九泉遊，竟不顧肖子愛女終朝聚泣；
悵慈顏如千里隔，何忍對淒風苦雨冷夜招魂。

十四、挽表妹某夫人

四德播芳聲，誼屬重親如昨夢；
一生渾樸著，情關伉儷自神傷。

十五、挽許母張老夫人

有子能新貨殖傳；
夫人應媿懷清臺。

十六、挽李母徐夫人

仙班聯金母，天上新栽益壽桃；
李下仰門楣，枌榆中共推賢母。

十七、挽張母洪太夫人

勵節等松筠，寶婺騰輝，壽母是幾生修到；
陳疇全福備，淑德維昭，仙班又添一座來。

十八、挽林母許太夫人

羨生平善行嘉言，可作枌榆模範；
嘆今日歸真返樸，便為天下神仙。

十九、挽廖母李太夫人

長者非三代下人，榘範偶親，頓覺篤厚慈祥，純粹是兩間元氣；
福報近百齡上壽，宿根自遠，飽看滄桑雲狗，歸休作上界神仙。

二十、挽洪老先生

煙雨淒迷，故里園葩凝血淚；
音容寂寞，清溪流水是哀聲。

二十一、挽黃老先生

哲嗣可成名，鸞鶴聲中君竟去；
良朋雖不少，友儕羣裏我尤悲。

二十二、挽凌校長

冷月照吟魂，不圖對此良宵，忍驚仙去；
梅葩留小影，最是重翻畫稿，無限心酸。

二十三、挽凌校長

兄乃五材人，經之營之，真性虛涵，治校不虧功九仞；
佛說三緣斷，杳矣渺矣，禪機妙悟，乘風歸去月十二。

自注：代筆之作。

二十四、挽嚴前總統靜波先生

具滿腹淵謨，承續　蔣公薪傳，仁心仁政，道通斯土，名高寰宇，功望崇隆垂青史；
窮一生睿智，力行　國父遺教，大業大勛、績著三臺，愛在人間，盛德璀巍被蒼生。

自注：奉　諭恭製。

二十五、挽霍母鄭太夫人

令子媳皆富文教長才，顯揚毋忝；
唯賢母永留女宗令德，彤史增輝。

貳、悼鄭校長野公

庚戌夏，余自國立臺灣師範大學教育學系結業，應聘桃園縣立青溪國民中學任教。癸秋，野公校長囑意本人兼教務主任之職。渠個性寬和、待人以誠、嚴謹清廉，處事積極，個人於服務青溪國中期間，受益良多。庚秋，驚聞病逝，哲人其萎，令人欷歔。茲就其生前行誼，撰聯以悼之：

律己綦嚴、脩德崇廉，忠孝仁恕、溫良恭儉，永為師生表率；

治校彌謹、育才尚道，新實勤和、真誠樂毅，不愧杏壇楷模。

附公祭悼辭

維中華民國九十九年夏曆庚寅九月重陽之吉辰，陽愚晚舊屬吳椿榮偕青溪國民中學諸退休同仁，謹以鮮葩素果敬悼於老校長

鄭公存野先生之靈前曰：

悠悠天地，有生有名。閩都雋秀，英年早萌。

負笈羊城，專攻獸醫。學優而教，贛南初啼。

渡海來臺，任教府城。宜農桃農，迭著令名。
赴美深造，卓爾不羣。學養益博，專業益精。
延長義教，錐囊穎脫。接篆青溪，百事待舉。
輕重緩急，擘畫悉宜。治校彌謹，五育並重。
新勤實和，術德兼全。真誠樂毅，校風醇樸。
績效卓越，杏壇楷模。幹局恢宏，矜式羣倫。
律己至嚴，溫良恭儉。克諧以孝，方寸有容。
先生盛德，可師可則。榮退隱市，澹泊恬適。
不忮不求，有為有守。讀書未輟，蒔花有得。
票戲弄孫，心曠神怡。伉儷情深，鴻案相莊。
子孫賢孝，眾媳淑慧。愛女嫻雅，東牀傑異。
蘭桂騰芳，家聲遠揚。壽祝期頤，純嘏可待。
庚星韜彩，痛失老成。典型不朽，表率永存。
厥公之功，庶其合莫。人苟有心，魂斯無化。
曷其奈何，永襲長夜。虔其一奠，祈鑒衷誠。
神其有知，伏維來格。嗚呼哀哉，尚　饗。

參、恩師莊金定先生銅像贊

您　典型不朽。
髫髻，家徒壁立；
您！不為所困，愈挫愈勇。
少小，狼煙四起；
您！半工半讀，鋒鏑餘生。
青壯，莫知我勩；
您！奮勉上進，精益求精。
英年，執著謙仰；
您！勤敷教澤，力圖報稱。
耆齡，睿智澉澉；
您！經營有方，駿業熙豐。
您！清率可風。

90.06.10.

桃園國民學校四七學年度畢業生 吳椿榮 恭撰

卷十二 詩草拾零

一、壬寅述懷

窮達浮沉各有因，蝸居且喜竹為鄰。
投林倦鳥棲纔遲，傾蓋知交老逾親。

二、杜牧

牀頭金盡妹絕情，楚館恩絕今方醒。
秦淮夢覺十年後，如何贏得薄倖名。

三、春寒 甲申元宵後一日

細而綿綿天猶寒，三二好友談興酣。
濃茶烈酒落花生，大伙寄望四季安。

四、武夷泛舟

雲岫嶙峋勢峻峭，林木蓊鬱水清澈。
一葉扁舟徐徐行，兩岸景色真奇饒。

五、韓信

王孫落拓飯漂母，強忍街坊胯下辱。
攻城略地無出右，天下既定竟遭誣。

六、昧

風刀霜箭競揮動，是非正義何處尋？
任令紊亂頻頻生，安和樂利不可能。

七、省

真真假假假亦真，是是非非是耶非。
世事何須太認真，唯有讀書可去昏。

八、庚寅驚蟄口占

之一

手擎酒甌對春風，三分酩酊七分醒。
登樓竟有無窮感，百鉢盆栽落照中。

之二

辛勤筆耕十餘年，卒成千萬敝帚珍。
太上不朽有立言，毋負今生是文人。

九、無題

卅年浮沉在塵寰，只有公牘伴我煩。
難去風騷餘韻在，題紅佳話落人間。

十、述懷二首

之一

天佑拙夫再數載，讀遍今世諸佳構。
健飯健行精神旺，勤務筆耕為往昔。

之二

宦海浮沉四十載，鬢灰鬚白年齒耄。
乞退詩酒聊自娛，蚤起早眠元氣好。

十一、言語

話多惹人厭，寡言引友嫌。
令人不厭嫌，適時然後言。

十二、南寮遊

藍天碧海綠草茵，一望無垠心神清。
遠山含笑樹森森，滔滔水浪滌心塵。

十三、壬辰立春口占

之一

坐擁書堆樂無窮，忘卻俗世諸凡庸。
讀書養性元家教，積學參微況祖風。

之二

大地回暖春又來，連日霪雨水成災。
物價飛漲炊難為，蔬水曲肱莫怨哀。

十四、趙普 讀宋史趙傳

出身小吏人清正，追隨點校司機要。趙甫罹疾侍湯藥，不分晝夜蹲牀前。
噓寒問暖如親子，贏得匡胤昆仲敬。公而忘私人稱賢，開國著勳不爭名。
二度拜相得人和，朝野一致相推崇。萬端經緯朝政繁，調和鼎鼐竟第一。
燮理國務萬民頌，學富才高不堪比。公餘勤讀小兒書，學思兼顧啟示多。
寡學有術非譏諷，論語半部天下平。

卷十三 談書

壹、古今圖書集成

古今圖書集成，原稱匯編，成書於康熙晚年（確切時間待考），時皇四子胤禛對該書內容及纂者①皆有微詞；康熙六十一年（一七二二）十一月、甲午，帝殯天；辛丑，雍親王嗣位，十二月，癸亥，詔古今圖書集成一書尚未竣事②，宜速舉淵通之士編輯成書。雍正三年（一七二五）重編③竣。四年，以銅活字刷印，僅印六十四套。全書一〇、〇〇〇卷，目錄四十卷，分六編、卅二典④、六、一〇九部。每部先列匯考，次列總論，有圖表、列傳、藝文、選句、紀事、雜錄、外編諸項。概言之，「匯考」紀大事，「總論」錄經史子集各議論，「圖表」插圖列表，「列傳」敘人物事略，「藝文」採擇詩文，「選句」多摘儷句、對偶，「紀事」集錄不見於匯考之瑣細事蹟，「雜錄」則專搜不宜入匯考、總論與藝文等三項諸素材，「外編」則錄載荒誕無稽之言。本書所輯錄諸內容，多就原作整部、整編或整段抄入，藉此處理，保存諸多古籍且甚完整。其中引證，恒一一詳注出處、標示書名、篇目、撰作者，便於閱者查索原書。全書內容豐富、分類詳晰、一改之前類書部類重複、分合不當諸病，且各部復逐項排比事文、捨取綦嚴，條理清楚，讀者能自此書索尋較有系統之資料，是我國現存諸類書中一套規模最大、用處最廣、體例亦最完善之類書。廿世紀六十年代，臺北文星書店曾影印，並改採西式精裝裝訂、梓行。戰後，日本文部省曾延聘漢學宿儒多人合編古今圖書集成索引庋藏內閣文庫書房及京都大學漢學研究室等。英人查理斯亦編成索引。另，瓦博氏則就該書方輿彙編纂作索引。惟外人恒將古今圖書集成視為中國大百科全書，是一錯誤之歸類，附誌之。

康熙稽古右文，潤色鴻業，在位期間屢勅儒臣纂諸經解、字書、詩集，較著有孝經衍義一〇〇卷、朱子全書六六卷、性理精義十二卷、康熙字典十二集（每集分上、中、下），另編有補遺、備考各十二集。此外如：全唐詩，此唐詩總集出於康熙間，由曹寅、彭定求等十一人編成，總集九〇〇卷，搜集唐、五代詩作四八、九〇〇餘首，並附錄唐、五代詞。作者二、二〇〇餘人。

①原奉勅編者陳夢雷（一六四〇—一七一二）字則震、號省齊，福建侯官（今福建林森縣）人。年卅一（康熙九年）舉進士，選庶吉士，授編修。康熙十三年（一六七四）三月十六日，靖南王耿精忠叛清，遍羅名士，夢雷遭耿幽縶脅迫而授以偽職。十五年（一六七六）十月初四，耿獻城降，亂事平；夢雷以從逆罪論斬。徐乾學、王掞等友僉為之不平，密設法開脫，卒獲免除死刑，改流放尚陽堡（今遼寧省開原縣東、小清河北岸）。康熙廿一年

出關，卅七年召還，教習西苑，侍誠親王胤祉（聖祖第三子，一作允祉。）奉命編圖書集成。雍正踐阼，帝以夢雷嘗從逆，不宜久留誠親王身旁，令與家眷遣發黑龍江，後歿於戍所，享年七十三。夢雷夙以文章名世，尤長古體。所擬古詩十九首及西郊雜咏，絕工。所作戊午春入都請罪施介平又韓追送江干詩以謝之、西曹坐繫出懷兼寄兩弟、寄答李厚庵百韻等詩對渠經歷耿亂事件諸坎坷有詳細記述。關於渠與同年李光地在耿亂事件中各糾葛，除當事二人詩文各有諸多記述外，徐乾學、全祖望等人文集亦留有若干資料。謝國楨撰明清之際黨社運動考——清初順治康熙間之黨爭一文有詳盡論述。渠生平事蹟詳陳壽祺撰陳編修夢雷傳；遺有松鶴山房詩人集廿九卷。

②詔書所稱「尚未竣事」係隱示不滿意該初編之婉詞。

③奉勅重編者蔣廷錫（一六六九—一七三二），一名酉君、字揚孫，號西谷、又號南沙，別署青桐居士。江蘇常熟人。康熙四十二年與汪灝、何焯同榜進士，歷官禮部侍郎、戶部尚書兼兵部尚書、文華殿大學士、加太子太傅，曾充明史總裁、佩文韻府、康熙字典及古今圖書集成編纂顧問。渠明練恪謹，世宗朝累遷擢，被恩禮始終。廷錫為清初名畫家。工花鳥、牡丹；遺有牡丹百咏、秋風集、青桐軒集。（清史稿列傳七十六）

④古今圖書集成內容概略：

彙編	諸典
歷象彙編	乾象寅、歲功典、曆法典、庶徵典。
方輿彙編	坤輿典、職方典、山川典、邊裔典。
明倫彙編	皇極典、宮闈典、官常典、家範典、交誼典、氏族典、人事典、閨媛典。
博物彙編	藝術典、神異典、禽蟲典、草木典。
理學彙編	經籍典、學行典、文學典、字學典。
經濟彙編	選舉典、銓衡典、食貨典、禮儀典、樂律典、戎政典、祥刑典、考工典。

「是書為編有六，一曰曆象彙編，二曰……。法象莫大乎天地，故彙編首曆象，而繼方輿，乾坤定而成位，其間者人也，故明倫次之。三才既立，庶類繁生，故次博物。裁成參贊，則聖功王道以出，次理學經濟，而是書備焉。」（古今圖書集成凡例一）

貳、四庫全書

唐開元間京師長安、東都洛陽藏書之所稱四庫①。前清乾隆卅八年（一七七三）二月十一日，高宗特命輯修四庫全書，以皇六子永瑢、大學士于敏中、劉統勛、劉綸，尚書福隆安、王際華、裘曰修等為正總裁，紀昀、陸錫熊為總裁，揀選翰林官三十員專司纂輯，並置辦事翰林等為提調、司掌，擇翰林署內迤西房舍一區開館纂修。修書所據原本有六種：㈠敕撰本、㈡內府藏本、㈢永樂大典本、㈣各省督撫採進本、㈤私家進獻本、㈥通行本。任事諸臣多至三百六十人，謄錄書手更多達二、八二六人，裝池工等尚未計列於內。前後歷時十年始竣事，宿儒戴震、王念孫、姚鼐、朱筠、邵晉涵、周永年、朱珪……皆參預修纂②。

四庫全書開館相關記事

時間		大事記
中國紀元	西曆	
乾隆卅七年	一七七二	正月初四，命各省督，撫會同學政搜集古今羣書，將各書敘列、目錄、朝代、作者、提要等具奏。

乾隆卅八年	一七七三	二月十一日，以翰林署內迤西房舍一區為修書辦事之所，開館纂修，俟成編時名為四庫全書。簡派皇六子永瑢、大學士于敏中等七人為正總裁，紀昀、陸錫熊等二人為總裁，揀選纂修、詳校諸官及謄錄監生。
卅九年	一七七四	六月廿五日，浙江寧波天一閣主人范懋柱進書取多，命賞給古今圖書集成一部。 八月初五日，命各省督、撫積極採訪遺書：「前曾諭令各督、撫，採訪遺書，滙登冊府。下詔數月，應者寥寥。彼時恐有司等，因遺編中或有違背忌諱字面，懼涉干礙；而藏書家，因而窺其意指，一切秘而不宣。因復明切宣諭各督、撫等，『應將可採擇之書，開單送館。其或字義觸礙者，亦當分別查出奏明，或封固進呈，請旨銷毀；或在外焚棄，將書名奏聞，方為實力辦理。乃各省進到書籍，不下萬餘種，並不見奏及稍有忌諱之書，豈有裒集如許遺書，竟無一違礙字迹之理？況明季末，造野史者甚多，其間毀譽任意，傳聞異詞，必有詆觸本朝之語，正當及此一番查辦，盡行銷毀，杜遏邪言，以正人心，而厚風俗。』……」 十一月初九，命將屈大均悖逆詩文削版焚篇。
四十年	一七七五	本年，修建文淵、文源、文津等三閣，以備庋藏四庫全書。
四十一年	一七七六	十一月十六日，諭各省督、撫遍訪遺書，陸續呈現，由總裁等悉心校勘，分為應刊、應鈔及存目三項，以廣流傳。對明季諸人書集，『詞意牴觸本朝者，自當在銷燬之列』；對劉宗周、黃道周、熊廷弼、葉向高、楊漣、左光斗等人書集，其『所有觸礙字樣，固不可存，然只須刪去數卷、或刪去數篇或改定字句，亦不必因一二卷帙遂廢全部。』其後大肆焚刪書集。（十一月甲申），命四庫全書館詳覈違禁各書，分別改燬。諭曰：「明季諸人書集詞意牴觸本朝者，如錢謙益等，均不能死節，妄肆狂狺，自應查明燬棄。劉宗周、黃道周立朝守正，熊廷弼材優幹濟，諸人所言，若當時採用，敗亡未必若彼其速，惟當改易字句，毋庸銷燬。又直臣如楊漣等，即有一二語傷觸，

乾隆四十二年	一七七七	亦止須酌改，實不忍並從焚棄。」（清史稿高宗本紀五） 十一月，江西（新昌）舉人王錫侯刪改康熙字典，另撰字貫，以其不知尊君親上之義，十二日命交刑部嚴訊。巡撫海成等以失察革職。尋令通行訪查，如有與字貫相類之書，無論舊刻新編，俱查出奏明，解京銷燬。
四十三年	一七七八	四月，山西巡巴延三奏，舉人王爾揚所撰李范墓志，於「考」字擅用「皇」字，實屬悖逆，已派員馳赴其住處搜查，並將其押解到省。初八日，上諭：「皇考之字，見於禮經、屈原離騷及歐陽修瀧岡阡表俱曾用之。在臣子尊君敬上之義，固應迴避，但迂腐無知，泥於用古，不得謂之叛逆。著毋庸查辦。」 十月，故江蘇東臺舉人徐述夔，於一柱樓詩集，有「明朝期振翮，一舉去清都」、「大明天子重相見，且把壺兒擱半邊」等詩句，以其影射譏刺，廿七日，令將徐述夔、述祖（夔子，已亡）戮屍，孫徐食田論斬，江蘇布政使陶易、校對徐首發，以失察罪俱判斬監候。故禮部尚書沈德潛嘗為之作傳，令將其御賜碑仆倒並磨毀碑文，鄉賢祠內沈神位應予撤毀。 本年，四庫全書薈要（一一、一五一冊）成書，分繕二部。
四十四年	一七七九	八月初一日，令國史館會同理藩院，將各蒙古札薩克事蹟譜系，詳加採訂，以一部落為一表傳，其事蹟顯著之王公每人立一專傳，用滿、蒙、漢文三體合繕成帙；漢文錄入四庫全書。 本年，鎮江文宗閣（建於金山寺內）落成，為儲藏四庫全書之用。
四十五年	一七八〇	本年，揚州（時稱江都）文匯閣（建於天寧寺內）落成，為庋藏四庫全書之用。
四十六年	一七八一	二月十三日，紀昀、陸錫熊領銜繕進四庫全書總目提要著錄收入全書者三、四六一種，七九、三〇九卷。存目者六、七九三種、九三、五五一卷，合計一〇、二五四種，一七二、八六〇卷。

乾隆四十七年	一七八二	正月乙卯，盛京文溯閣竣工。廿九日，首部四庫全書繕就（三六、三〇四冊）後又繕寫六部，分別庋藏於紫禁城文淵閣、圓明園文源閣、盛京文溯閣、避暑山莊文津閣、鎮江文宗閣、揚州文滙閣與杭州文瀾閣。另，副本一部藏京師翰林院。二月己巳，高宗於文淵閣賜宴四庫全書總裁等官，賞賚有差。（清史稿高宗本紀五）

四庫著錄存目統計

區分		鄭堂讀書記		四庫全書答問		四庫簡明目錄標注		文溯閣四庫全書要略		
分類數據		種類	卷數	種類	卷數	種類	卷數	種類	卷數	冊數
經	著錄	六八四	九、六六二	六九三	一〇、二六〇			七四八	一〇、二四二	五、五七七
	存目	一、四七二	一〇、一五九	一、〇八〇	一〇、一六九					
史	著錄	五六三	二一、九五三	五六四	二一、九五三			五八一	三二、一一二	九、四〇八
	存目	一、五七二	一六、二九三	一、五六四	一六、三四三					
子	著錄	九二四	一七、八九三	九二四	一七、八三三			九五七	一七、九四五	九、〇七〇
	存目	二、〇一四	四一、三八八	一、九九五	四一、三八七					
集	著錄	一、二七七	二九、二五四	一、二七六	二九、〇二六			一、三〇四	二九、五八九	一二、二六六
	存目	二、一二五	二四、四〇一	二、一二七	二五、六五八					
計	著錄	三、四四八	七八、七六二	三、四五七	七九、〇七〇	三、四七〇	七七、六九六	三、五九〇	七九、八九七	三六、三三一
	存目	六、七八三	九二、二四一	六、七六六	九三、五五六					
總計		一〇、二三一	一七一、〇〇三	一〇、二二四	一七二、六二六					

四庫全書庋藏處已如前述；四庫全書薈要當時僅繕寫兩部，一存內廷摛藻堂、一置西郊長春園味腴書屋。書、閣歷盡滄桑。目前，四庫全書尚存四部。文淵閣本現庋藏於臺北故宮博物院、文津閣本藏北京國家圖書館、文溯閣本改藏甘肅省圖書館③、文瀾閣本存浙江省圖書館④；薈要本一部珍藏於臺北故宮博物院。四庫七閣詳左表——

區分	閣名	全書用紙別、尺幅、規格	地點與沿革	存燬狀況
北四閣	文淵閣	採用化榜紙繕製，開本欄框較寬，書高三一・五公分，寬二〇公分，版心高二二・三公分，寬一五・三公分，半葉八行，行二十一字。	位於紫禁城東南隅，乾隆四十年重修。	書、閣完好；書現珍藏於臺北故宮博物院。
	文源閣		位於圓明園內，乾隆四十年竣工，燬於英法聯軍。	咸豐十年，英法聯軍，書、閣俱燬。
	文津閣		位於承德避暑山莊。乾隆四十年修竣。	書、閣完好；書藏北京圖書館。
	文溯閣		位於瀋陽故宮內，乾隆四十七年修竣。	書、閣皆存。書原藏遼寧省圖書館，民五五，改藏甘肅省圖書館。
南三閣	文宗閣	採太史連紙繕製，開本較小。書高二七・六公分，寬一七・二公分，版心高二〇・七公分，寬一三・九公分，半葉八行，二十一字。	位於鎮江金山寺內，乾隆四十七年修竣，燬於太平軍。	咸豐三年（一八五三）太平軍掠鎮江，書、閣皆燬於戰火。
	文匯閣		位於揚州天寧寺大觀堂，乾隆四十五年修竣，燬於火。	咸豐三年，太平軍取揚州。書、閣併燬於戰火。
	文瀾閣		位於杭州孤山南麓聖因寺，乾隆四十七年竣工，燬於太平軍。	咸豐十一年（一八六一）冬，太平軍奪杭州，閣燬書散，經丁氏兄弟等搶救，得八千餘冊，現藏浙江省圖書館。

廿世紀末，四庫全書再度受到應有之重視與補強，其犖犖大者，表述如次：

書名	主持單位、編輯者	出版社	裝訂方式、規格尺寸	冊數	備注
景印文淵閣四庫全書	臺北故宮博物院 臺灣商務印書館	臺灣商務印書館，民七五。	西式裝訂，精裝。各分冊高26.7厘米，寬20.3厘米，厚4厘米±。	全1,500冊；另編目錄索引等。	另刊有依原書規格複製之線裝本
景印摛藻堂四庫全書薈要	臺北故宮博物院 臺灣世界書局	臺灣世界書局，民七二。		全500冊。	
續修四庫全書	續修四庫全書編纂委員會主編顧延龍編委、特約編委百餘人。	上海古籍出版社，民八四。		全1,800冊；另編提要稿本37冊、索引卷1冊。	採原籍影印方式處理。
四庫全書存目叢書	四庫全書存目叢書編纂委員會、總編纂季羨林、實際參與編纂者近三百人。	莊嚴文化事業有限公司（經授權出版）民八六。		全1,300冊（含卷首目錄編、目錄索引及補編在內）。	採原籍影印方式處理。
四庫禁燬書叢刊	四庫禁燬書叢刊編纂委員會主編王鍾翰、實際參與者近百人。	北京出版社，民九九。		全311冊⑤。	採原籍影印方式處理。
四庫未收書輯刊	四庫未收書輯刊編纂委員會主編	北京出版社，民九九。		全10輯，300冊；另編卷首1冊。	民八六編輯完竣，民九九始梓行
四庫全書圖鑒	張福江	東方出版社（北京）民九三。	西式精裝，787x1092毫米	全10冊	

就規模言，四庫全書堪稱國史上最浩瀚的一部官修綜合性大叢書。該書收錄古籍三、四六一種、七九、三〇九卷⑥，每部繕成三六、三〇〇冊、六、七五二函。總頁數二、二九〇、九一六頁⑦，近十億字；編纂範圍囊括先秦至雍、乾間公、私所庋藏之圖書，故稱「全書」。其實，著錄書約僅佔書籍總數百分之卅二弱，尚不足三分之一⑧。吾人於今，宜自廣義層次瞭解四庫全書。亦即所謂四庫全書，除其已著錄者外，應包括當年㈠經列為存目之諸書、㈡禁燬各書、㈢四庫未收各書。

①新唐書藝文志一：「兩都各聚書四部，以甲、乙、丙、丁為次，列經、史、子、集四庫」。

②清史稿高宗本紀四，又藝文志一。

③原庋藏遼寧省圖書館，民五五移撥之。

④原繕本僅存八千餘冊，補鈔二萬七千餘冊。乾隆間各有進呈本，部分現藏於臺北國家圖書館。

⑤經部十冊收書十六種，史部七五冊收書一五七種，子部卅八冊收書五九種，集部一八七冊收書四〇種，三一〇冊收書六三四種，另編索引一冊，總計三一一冊。（四庫禁燬書叢刊編纂後記）。

⑥乾隆六十年刊四庫全書總目（浙江杭州府）；另，陳垣學術論文集第二集編纂四庫全書始末（中華、滬、民七一）數據略有出入，附誌之。

⑦民九春，葉恭綽（一八八一—一九六八）與陳垣等人親點文津閣本後公開之數據。（詳遐庵年譜）

⑧

區分／書籍種類數／資料來源	著錄	存目	禁燬	合計
周中孚	三、四四八 (33.7%)	六、七八三 (66.3%)	？	一〇、二三一 (100%)
任松如	三、四五七 (33.81%)	六、七六六 (66.19%)	？	一〇、二二三 (100%)
四庫禁燬書編纂委員會	1	1	634	
比較	±9 (±0.11%)	±17 (±0.11%)		

%區分	著錄	存目	禁燬	合計	備注
I	31.73%	62.42%	5.85%	100%	
II	31.84%	62.31%	5.85%	100%	

薈要：全書三〇・七九：六九・二一（依冊數計算）。

卷十四　壽序注

張漢卿先生九秩壽序

張岳軍撰
吳椿榮注

古之良史，不以魁傑英偉之士，盛年意氣，一失慮失據，而遂非之議之；其必以能悔禍蓋愆，卒之守死善道，而偉之重之。如我張漢卿先生者，不當以此論之耶？先生為雨亭將軍哲嗣，自幼習聞賓僚高言讜論，於中外史實文化，世界大勢，早已會心神悟，迨入東北講武堂，研習軍事新知，科學技術，武略文韜，馴且兼備。年未弱冠，即總師干，智勇英特，軍中暱稱「少帥」而不名，天下仰望丰采，比之霍去病、孫仲謀焉。

民國十七年六月，雨亭將軍遘難皇姑屯，事出非常，一時中外震駭，東北人心，尤為惶懼。先生茹痛銜哀，沈著肆應，外以杜釁隙之來，內以安反側之慮；劇變之後，居然安堵。是歲十二月二十九日，通令易幟，歸誠中央，全國遂告統一，國內莫不頌先生之識時務、伸大義，信所造於邦家者大也。

論者謂其時也，內多老宿之反對，外受日本帝國主義之脅誘。先生毅然決然以國家之統一為重，謂東北不能孤子於國家之外；唯國家統一，東北始有保障。卒之力排眾議，改懸青天白日滿地紅國旗，此非有大智慧、大擔當者，曷克臻此。中央感其忠懇，即任為東北邊防軍司令長官，統率軍民如舊。蔣主席尤愛之重之，視如昆季。先生於是遵奉中央政令，纘承雨帥志事，訓厲婦子甲士，發揚民族氣節，揭露日本侵華陰謀。其治軍也，採寓兵於農方針，實施屯墾政策，俾整軍與發展生產相互結合；開發邊陲與鞏固國防齊驅兼進。至於營陣之制，餉糈之出，將士之勇怯材鄙，車甲兵械之良楛，皆出自一心稱量，而各得其宜。其理政也，尤重民生疾苦，先生臨事之初，即力克東北金融危機，使貨幣日趨穩定。東北荒原廣袤，因設置興安屯墾安署，移河北、山東、安徽等處災黎，墾殖其間，使民生隨之裕厚。又以發展教育，提倡科學，培養人才，為建設之要務，於十七年八月兼任東北大學校長，自出囊橐，仿柏林大學規模，擴建北大校舍。充實各項設備，禮聘國內外名儒碩彥，講學其間。一時東北大學聲譽斐然，稱國內第一流學府焉。又復捐資鉅萬，建立漢卿教育基金會，作資助中小學教育及社會教育活動之用，並資助高材生出國深造。數年之間，民物康阜，文化教育，蒸蒸日上，尤以交通之發達，電訊之綿密，為全國冠。此則先生治理東北之大要也。

十九年六月中央任先生為海陸空軍副司令，羣銜命賚送印信，並宣達中央意旨，先生竭誠款接，相交莫逆。既而中原鼙鼓相尋，先生居舉足輕重之地；各方信使絡繹，煽構不已，先生唯知擁戴中樞，屹不為動，於九月十八日通電全國，籲請各方即日罷兵息爭，靜候中央措置，此即世所備誦之巧電也。於是，渠魁譸禍，分崩離析之局，復告統一，此又先生有造於國家至大者也。兵氛既銷，舉國銳意建設，國勢亦駸駸日盛，而日本謀我之心亦日亟，且復尋釁不已，然我以國力未充，不得不多方忍隱，迨九一八瀋陽變起，東北三省相繼淪胥，政府訴請國際聯盟制裁，惜國聯虛弱，又袒強權，唯知使一調查團來華，聊塞眾口而已。東北之失，先生負天下重謗，中樞揆度形勢，亮其深衷，翌年八月，復任先生為軍事委員會北平分會代委員長，負華北軍事重任。旋日人來寇山海關，令何柱國部奮起迎擊，遂啟長城抗敵之序幕。無何而熱河失守，先生援春秋責帥之義，引咎請辭，自赴歐洲各國考察。二十三年一月奉召回國，二月任為鄂豫皖三省勦總副司令，駐節武昌，二十四年二月，改任為軍事委員會武昌行營主任，四月二日政府授為陸軍一級上將。時中共西竄，自七月起，先生即經常馳驛於武昌西安之間，十月任為西北勦總副司令代理總司令職務，移駐西安，申儆軍政，督厲戎行，撫字流移，惕厲加甚。惟以連年征戰，寇訌於內，敵伺於外，喪亂孔亟，憂心如酲；重念東北子弟，轉徙溝壑，關外父老，瞻望旌旗，國仇家恨，交熾於衷。時陝北勦撫失利，共黨以停止內戰共同抗日相煽惑，遂誤兵諫之義，致有西安之變。顧旋即悔悟，躬送領袖安返首都，束身待罪。向非先生翻然悔禍，赴事果決，稍一猶豫，國事其何堪設想？且以此一舉世震驚之事變，造成全國安內攘外之共識、與非蔣委員長領導不足以抗日之全民擁戴，禍福倚伏之理，蓋有難明者。中央念其前功，原其心跡，先生自是即脫然於軍政之外；蔣委員長為保障其安全，曲加衛護，蔣夫人亦時相存恤。幽居讀書，養性慎道。後過貴州修文，蓋王陽明先生謫居龍場驛之所，因而引發研究明史之興趣，卒乃大有得於其心。嗣受蔣夫人之啟發，篤信基督教義，曾有句云：「主恩天高厚，富貴如浮雲」。抱天地間無窮之感，舉平生𩥭歷之盛，無論建樹之隆，任事之勇，一生委諸露電泡影，不足控摶之數。樂天知命，於事於人，從無怨懟，時時與羣等過從，印心證道，高談轉清；又性樂書畫，嗣張大千先生歸國，每煮酒話舊，言笑晏晏，時人偉之重之，且美之為「三張先生」，以羣附驥尾云。先生與夫人趙一荻女士，優游林下，見者疑為神仙眷屬。故總統蔣經國先生及今總統李登輝先生，均加優禮焉。

先生得天獨厚，閱世方新，今歲六月之吉，壽躋九秩，同人等或誼屬桑梓，或情殷袍澤，或為著籍之門生，或為縞紵之故舊，永懷雅誼，願晉一觴，諺有之曰：英雄回首即神仙，其先生之謂歟！至於南山北山臺萊之什，不足為先生誦也。

張　羣岳軍薰沐敬撰時年一百又三歲

①古　本義作「時代久遠」解。與「今」相對。湯・繫辭下：「古者包羲氏之王天下也，仰則觀象於天，俯則觀法於地，……於是始作八卦。」在此引申作「過去」解。

②良史　記事信而有徵的優秀史官。左傳・宣公二年：「董狐，古之良史也，書法不隱。」漢書・司馬遷傳贊：「然自劉向、揚雄博極羣書，皆稱遷有良史之材，服其善序事理，辨而不華，質而不俚。」

③不「以」　介詞。因為。論語・衛靈公：「君子不以言舉人，不以人廢言。」

④魁傑英偉之士　省作「魁士」；高大傑出，才德生眾、特異的人。魁，ㄎㄨㄟˊ。高大。史記・

孟嘗君列傳：「始以薛公為魁然也，今視之，乃眇小丈夫耳。」傑，才智超羣者。荀子・非相：「古者桀紂長巨姣美，天下之傑也。」英，優異。多指才德出眾。荀子・正論：「堯舜者天下之英也。」禮・禮運：「大道之行也，與三代之英，丘未之逮也。」注：「英，俊選之尤者。」偉，壯美，特異。史記・留侯世家：「衣冠甚偉。」文選・張衡思玄賦：「偉關雎之戒女。」士，本義作「從事耕種活動的男子」解。易・歸妹：「女承筐，无實；士刲羊，无血。」後衍用為對男子之美稱。詩・鄭風女曰雞鳴：「女曰雞鳴，士曰昧旦。」疏：「士者，男子之大號。」在此，從後解。

⑤盛年意氣　青壯年的階段憑感情衝動辦事。未能兼顧理智。盛年，指青壯之年。漢書・張敞傳：「今天子以盛年初即位，天下莫不拭目傾耳，觀化聽風。」晉陶潛・雜詩之六：「求我盛年歡，一毫無復意。」李公煥注：「男子自二十一至二十九則為盛年。」意氣，血氣盛往往自負得意，辦事每易但憑感情，忽略理性思考。

⑥一失慮失據　或者疏忽考量、欠缺周延的憑藉。一，或者。左傳・昭公元年：「疆埸之邑，一彼一此，何常之有？」失，未能把握或控制。猶言疏忽，欠缺。慮，考量。據，憑藉，憑依。

⑦而遂　所以就……。

⑧非之議也　責備他、指責他。非，責備。管子・山權數：「禁繆者，非往而戒來。」議，指責。論語・季氏：「天下有道，則庶人不議。」之，指魁傑英偉之士。

⑨悔禍蓋愆　後悔造成禍害，一肩承擔罪責，遮覆他人的過失。舊唐書·越王係傳：「雖好生息戰，每冀其歸降；而餘孼昧恩，靡聞於悔禍。」明張居正·答薊遼總督梁鳴泉計處市馬書：「若二酋能悔禍服罪，自致塞下，亦可待以不死，不必深治矣。」書·蔡仲之命：「爾尚蓋前人之愆。」清王夫之·宋論太祖：「一事之得，不足以蓋小人；一行之疵，不足以貶君子。」

⑩卒之　猶云終於。

⑪守死善道　終生堅持並踐履正道而不改變。論語·泰伯：「篤信好學，守死善道」。朱註：「蓋守死者，篤信之效；善道者，好學之功。」

⑫偉之重之　景仰他、推崇他。偉，崇敬，猶言景仰。漢應劭·風俗通十反：「叔方雅有高問，遠近偉之。」重，推崇。宋陸游·老學庵筆記卷五：「承平日，甚重宮觀。宣和中，晁以道知成州，有請，吏部報云：『照會本官，歷任已曾住宮觀，不合再有陳乞。』遂致仕而歸。」

⑬如我　好像……。如，好像。詩·王風采葛：「一日不見，如三秋兮。」我，表親密之詞。論語·述而：「竊比於我老彭。」朱註：「我，親之之詞。」

⑭張漢卿　張學良（一九〇一——）字漢卿，號毅唐，乳名小六子。雙十二事件（西安事變）後，隨侍蔣委員長返京。未幾，國民政府軍事委員會組成高等軍事法庭會審，依刑法第五十六條、陸海空軍刑法第六十七條第二款前段減處有期徒刑十年，並依刑法第三十七條第

二項，褫奪公權五年。後雖經特赦，仍遭幽禁，輾轉浙、贛、皖、湘、黔、川等地，民國卅五年冬，徙臺，民國八十五年定居夏威夷。

⑮不當以此論之耶　不應該採用這種觀點來品評、議論他嗎？此處，作者係採反詰法敘述。不當，ㄅㄨˋ ㄉㄤˋ。不應該。元王實甫．西廂記二本四折：「你那裏休聒！不當一箇信口開合。」以，用，使用。書．立政：「繼自今立政，其勿以憸人。」此，這，這個（觀點或角度）。與「彼」相對。詩．周頌振鷺：「在彼無惡，在此無斁。」孟子．公孫丑下：「彼一時，此一時也。」論，品評、議論。禮．王制：「凡官民材必先論之，論辨然後使之。」

⑯雨亭將軍　張作霖（一八七五—一九二八），字雨亭，遼寧海城人，先世直隸河間（今河北河間縣）人。崛起草莽，光緒十六年（一八九〇）投北洋毅軍為營勇，曾參加甲午之役，二十六年庚子拳亂起，渠與張景惠（一八七三—）組織團練，獨霸一方，於八角臺（臺安縣）附近，維護治安。二十九年，接受新民府增韞招撫收編，初為千總，旋擢騎兵營管帶，駐屯新民。宣統三年（一九一一）兼奉天中路巡防統領。民國成立，張部改編為陸軍第二十七師，任師長、授陸軍中將。民五，四月擢盛武將軍督理奉天軍及兼代巡閱使。七月改任奉天督軍兼署省長。民十一，東三省省議會聯合會通電贊成東三省統一，並舉張為保安總司令。民十三，第二次直奉戰爭，奉軍破山海關，直下京津，十五年春，奉軍再度入關，與張宗昌會師天津，並與吳佩孚棄嫌修好，共執北京政權。秋，就任安國軍總司令、中華民國海陸軍大元帥。民十七國民革命軍進逼京津，張通電聲明奉軍出關，六月四日晨

五時二十三分，張專車至皇姑屯附近（南滿鐵路與京奉（後稱北寧）路交會陸橋），為日本關東軍預埋地雷炸成重傷，九時卅分辭世。

⑰哲嗣　令嗣。敬稱他人之子。明張居正・答司成姜鳳阿書：「兒曹寡學，幸與哲嗣同登，奕世之交，殆亦非偶。」按：張學良先生為雨亭將軍之長子，趙夫人所出。

⑱習聞　常聞。漢書・董仲舒傳：「習聞其號，未燭其理。」唐韓愈・原道：「為孔子者，習聞其說，樂其誕而自小也。亦曰：『吾師亦嘗云爾。』」清王夫之・知性論：「習聞而識之，謂有名之必有實，而究不能得其實。」聞，聽見。書・康誥：「我聞曰：『怨不在大，亦不在小。』」禮・大學：「心不在焉，視而不見，聽而不聞。」

⑲賓僚　賓客幕僚。南朝宋劉義慶・世說新語言語：「桓征西治江陵城甚麗，會賓僚出江望之。」宋陸游・除制司參議官謝趙都大啟：「攝郡壘之左符，已愈素望；備賓僚之右席，復玷明恩。」本文此處係指張雨亭將軍所禮聘之謀士、幕僚等而言。

⑳高言讜論　善美的言辭，正直的立論。文選・古詩十九首之四：「令德唱高言，識曲聽其實。」注：「廣雅曰：『高，上也。謂辭之美者。』」抱朴子・行品：「憎賢者而不貴，聞高言而如聾者，嚚人也。」宋歐陽修・文忠集論杜衍范仲淹等罷政事狀：「昔年仲淹初以忠言讜論，聞於中外，天下賢士，爭相稱慕。」

㉑中外　中國與外國；猶言中西也。

㉒大勢　整體局勢；大局及發展趨勢。亦指事情發展的大略。三國志・魏志劉放傳：「乘勝

席卷，將清何朔，威刑既合，大勢已見。」

㉓會心神悟　深入的領會與高超出奇的理解。南朝宋劉義慶・世說新語言語：「簡文入華林園，顧謂左右曰：『會心處不必在遠，翳然林木，便自有濠濮閒想也。』」又，「謝仁祖年八歲，謝豫章將送客，爾時語已神悟，自參上流。」神，謂機靈穎異，不尋常也。

㉔迨入　等到進入。迨，ㄉㄞˋ。同「逮」。

㉕東北講武堂　原稱奉天陸軍速成將弁學堂。光緒卅二年（一九〇五）盛京將軍趙爾巽選定奉天（今瀋陽）大北關老將軍府為校址開辦。遴選巡防營官弁入堂肄業，修業期限一年。翌年三月清廷罷將軍改置東三省總督，趙留位，卅四年十月改校名為陸軍講武堂，校址移至小東邊門外；修業期限減為半年。民國四年，一度停辦，民八，張作霖下令恢復招生，定名東三省陸軍講武堂，學員悉由各師旅選送，修業期限一年六個月。民十六，三月增設北京黃寺分校，招收中等以上學校畢業生入校，奉天本校，學員仍由各師旅選送，並改稱東北講武堂，十七年三月，取消「東北」二字，稱陸軍講武堂。

㉖武略文韜　本作「文韜武略」，猶云文才武略。謂文武兩方面的才具、謀略。水滸傳第四七回：「你便有文韜武略，怎逃出地網天羅？」古兵書有六韜、三略，後因以韜略指用兵的謀略。周書・王悅傳貽楊賢書：「大將軍高陽公韞韜略之祕，總熊羆之旅，受脤廟堂，威懷巴漢。」

㉗馴且兼備　美善均全。謂文武造詣具優，兩全也。馴，美善。墨子・修身：「藏於心者，

無以竭愛；動於身者，無以竭恭；出於口者，無以竭馴。」清王夫之．宋論徽宗：「知惡政之不可久，則雖苛煩之法，自可調之使馴。」同時具有曰兼。易．繫辭下：「兼三才而兩之。」備，完全。詩．周頌有瞽：「既備乃奏，簫管備舉。」

㉘弱冠 古男子年二十成人，初加冠；惟體猶未壯，故稱弱。禮．曲禮上：「二十曰弱，冠。」後沿稱年少為弱冠。

㉙總師干 統領部旅。總，統領，統管。左傳．僖公七年：「若總其罪人以臨之，鄭有辭焉，何懼。」注：「總，將也。」師干，泛指軍隊。詩．小雅采芑：「其車三千，師干之試。」傳：「師，眾；干，扞；試，用也。」按：民國九年，時壽翁年甫二十，以第一名畢業於東三省陸軍講武堂，授礮兵上校，任奉天巡閱使署衛隊旅第二團團長。秋，奉命率部剿吉黑二省土匪，採剿撫並重措施，所部紀律嚴明，頌聲載道。自吉林一面坡至佳木斯，所向皆捷，十一月凱旋返奉天，晉升陸軍少將。

㉚智勇英特 聰明果決，優異傑出。

㉛軍中 指奉軍而言。易幟後東北軍之前身。

㉜暱稱 私下叫（他）做……。暱，ㄋㄧˋ。同「昵」。表親近之意。私。稱，ㄔㄥ。叫做；稱做。論語．季氏：「邦君之妻，君稱之曰夫人，夫人自稱小童。」

㉝少帥 少元帥的簡稱。少，ㄕㄠˋ。與「老」相對。主將全軍曰元帥。左傳．僖公廿七年：「晉作三軍，謀元帥。」唐置天下兵馬元帥、副元帥與行軍元帥，元帥始為官銜。參見唐

會要卷七八。

㉞不名　本義謂不直呼其名。表優禮或尊重之意。後漢書・梁冀傳：「冀入朝不趨，劍履上殿，謁贊不名。」本文此處係謂奉軍袍澤不直呼渠姓氏與官銜，暱稱之，以表親近與尊崇也。

㉟仰望　敬仰期望。孟子・離婁下：「良人者，所仰望而終身也。」續資治通鑑・元武宗至大元年：「陛下縱不自愛，獨不思祖宗付托之重，天下仰望之切乎？」

㊱手采　風度神采。明史・張居正傳：「以天下為己任，中外想望手采。」丰，ㄈㄥ。風度；風姿。

㊲比之　將渠與……相類。比，ㄅㄧˇ。相類。

㊳霍去病　公元前一四〇—前一一七年。西漢河東平陽人，衛青姊子。為人少言不泄，果敢任氣。年十八為侍中，善騎射。曾六次出擊匈奴，涉沙漠，遠至狼居胥山。封冠軍侯，為驃騎將軍。漢武帝為之建造府第，去病辭謝曰：「匈奴未滅，無以家為。」史記、漢書均有傳。

㊴孫仲謀　孫權字仲謀。公元一八二—二五二年。東漢吳郡富春人。繼兄策據江東六郡。獻帝建安十三年，與劉備合力破曹於赤壁。嗣西聯蜀漢，北拒曹魏，成鼎立局面。公元二二九年定都建業稱帝，國號吳。三國志吳志有傳。

㊵遭難　遭遇災厄。南史・齊紀上高帝：「癸巳，遣大使巡慰淮、肥、徐、豫邊人尤貧遭難

者。」

㊶皇姑屯 地名。在奉天（今瀋陽市）西郊。昔京奉（今稱北寧）鐵路與南滿鐵路於此交會，設有車站。餘註注⑯。

㊷事出非常 炸車事件的發生，先前毫無徵兆，可說是突如其來的變故。事，指日本關東軍預謀在皇姑屯炸車的事件。出，發生。易・說卦：「萬物出乎震。」非常，謂突如其來之變故。史記・項羽本紀：「所以遣將守關者，備他盜之出入與非常也。」

㊸一時 即時。南朝宋劉義慶・世說新語容止：「始入門，諸客望其神姿，一時退匿。」

㊹震駭 驚懼。三國魏曹丕・與鍾大理書：「鄴騎既到，寶玦初至，捧匣跪發，五內震駭。」明沈德符・野獲編吏部一堂官笞屬官：「海剛峯起南總憲，到位後，忽設二大紅板櫈，云：『欲笞御史不法者。』一時震駭以為未有怪事。」

㊺惶懼 恐懼，驚慌。漢書・杜周傳：「敞惶懼，移病，以語延年。」北齊書・司馬子如傳：「稍不合意，便令武士頓曳，白刃臨項。士庶惶懼，不知所為。」

㊻茹痛 忍受痛苦。清紀昀・閱微草堂筆記灤陽消夏錄六：「汝人茹痛九泉，訴於地府。」

㊼銜哀 心懷哀痛。三國魏嵇康・養生論：「終朝未餐，則囂然思食；而曾子銜哀，七日不饑。」晉陶潛・悲從弟仲德詩：「銜哀過舊宅，悲淚應心零。」銜亦作「銜」。

㊽沈著肆應 冷靜不浮躁，妥善地應付、處理。宋范成大石湖集讀白傅洛中老病後詩戲書詩：「陶寫賴歌酒，意象頗沈著。」清史稿・文宗紀論：「文宗遭陽九之運，躬明夷之會，外

強要盟，內孽競作，奄忽一紀，遂無一日之安；而能任賢擢材，洞觀肆應。」榮按：老師辭世時，壽翁正督師邯鄲北郊，接四姨太（壽懿，人稱壽夫人。民五五病逝臺北）電話，始悉老帥遇難，渠未公開死訊，隨即將所部撤守灤州，安排返奉。

㊾外以杜釁隙之來　對外，立即防堵所面臨的任何可能造成糾紛的端倪。外，指外國而言，尤特指日本。以，即，立即。猶言以時。杜，堵塞。釁隙，糾紛，爭執。宋吳曾・能改齋漫錄記事一：「甲之所為，無一善者。欲開釁隙，而無其端。」釁，ㄒㄧㄣˋ。由彼到此曰來。

㊿內以安反側之慮　對內，及時穩定人心恐懼不安的意念。內，指東三省全境而言。安，穩定。易・繫辭下：「是故君子安而不忘危」反側，翻來覆去，形容睡臥不安。詩・周南關雎：「悠哉悠哉，輾轉反側。」本文此處引申作人心恐懼不安解。慮，意念。楚辭屈原・卜居：「心煩慮亂，不知所從。」事發四日內，除將所部悉數撤守灤州待命外，並於六月八日召集張作相、楊宇霆、孫傳芳在漢沽商議奉軍與直魯聯軍今後有關問題。十五日化裝為炊事兵，偕貼身衛士離灤，潛返奉天。十九日就任奉天省督辦，二十日以奉天督辦向全國各界發表通電謂：「今後謹當遵大元帥（張作霖）息爭通電，停止一切軍事行動，抱息事寧人之旨，以期貫徹初衷；……決不輕言戰事。……國於天地，必有與立；交鄰親善，古有明言。東省地界邊陲，尤宜講求外交親睦。自今以往，當以最誠懇之態度，與友國相周旋，摒除挑撥離間陰謀，務達共存共榮之目的。……」翌日，始正式發表張作霖死訊，稱二十一日子刻去世。

51劇變　極大的變故。
52居然　竟然。南朝宋劉義慶・世說新語品藻：「有人問袁侍中（恪之）曰：『殷仲堪何如韓康伯？』答曰：『理義所得，優劣乃復未辨，然門庭蕭寂，居然有名士風流，殷不及韓。』」
53安堵　相安。史記・田單列傳：「願無虜掠吾族家妻妾，令安堵。」
54是歲　這一年，指民國十七年。
55易幟　改變所懸掛的國旗。中華民國臨時政府期所議定之五色旗（自上至下依序為紅、黃、藍、白、黑色），北洋政府始終沿用；所謂易幟係指改懸青天白日滿地紅的旗幟。
56歸誠　猶言服從。
57中央　指中華民國國民政府。
58頌　讚美。荀子・天論：「從天而頌之，孰與制天命而用之？」
59識時務　能看清形勢，認識時代潮流。三國志・蜀志諸葛亮傳注引襄陽記：「劉備訪世事於司馬德操（徽）。德操曰：『儒生俗士，豈識時務？識時務者在乎俊傑。』」
60伸大義　發揚正道。伸，ㄕㄣ。抒。新唐書・方技傳王遠知：「已到詔不違雅素，并敕立祠觀，以伸曩懷。」大義，正道。易・歸妹：「彖曰：『歸妹，天地之大義也。』」
61信所造於邦家者大也　對國家的貢獻，確實很大。信，確實。清王士禎・池北偶談談異六老僧：「張云，牡丹高六七尺，大十五圍。曩見河南段凝之氏六十年牡丹，不及其半，信百年物也。」所，助詞，與動詞「造」相結合，表結構。造，成就，引申作「貢獻」解。邦家，猶言國家。

⑫論者 議論東北易幟這一史實的人。

⑬內多老宿之反對 （東三省）內部，有不少老成具名望的人，不贊成統一。老宿，年高有德且具名望的人。三國志・魏志曹爽傳注引魏略：「於時曹爽輔政，以（桓）範鄉里老宿，於九卿中特敬之，然不甚親也。」反對，持異議。按：當時東三省內部有老派與新派之分，後者又分洋、士二系。其中如楊宇霆等即公開反對統一。

⑭外受日本帝國主義之脅誘 外部遭遇日本關東軍當局直接的威脅利誘。茲舉數則史料為證：一、民十七年六月二十五日，日相田中義一電奉天總領事林久治郎，飭渠警告張學良，勿與南方（按指國民政府）妥協。翌日再電林，飭轉告張：「在這個時際，勿遽採取迎合南方的態度，是毫無必要的，應該維特現狀，保境安民，以觀形勢。」二、七月十八日林久治郎求見張，要求執行「滿蒙新五路協定」。三、十九日，林再謁張，告以日本帝國當局之意見：㈠日本在利害關係上，不願見東三省政治有急劇變化；㈡依日本觀察，國民政府基礎尚未底於確定，此時與之合為一體，似有考慮餘地。並轉呈田中義一信箋一則。此期間，張仍於七月一日通電表示：「……以無違佳日息爭電之旨為戒；……國難所在，學良當以民意為依歸。……學良愛鄉愛國，不甘後人，決無妨害統一之意。」（引自羅家倫主編：革命文獻第二十一輯）

⑥⑤毅然決然　形容態度非常決斷。左傳．宣公二年：「殺敵為果，致果為毅。」

⑥⑥為重　ㄨㄟˋ ㄓㄨㄥˋ。是重。重，重任；重大。

⑥⑦孤孑　屬同義複詞，謂單獨也。孤，單獨。唐王維．王右丞集使至塞上詩：「大漠孤煙直，長河落日圓。」孑，ㄐㄧㄝˊ。單獨，孤單。文選漢孔融．論盛孝章書：「單孑獨立，孤危愁苦。」

⑥⑧力排眾議　傾力疏通大家不同的意見。排，疏通。孟子．滕文公上：「決汝漢、排淮泗而注之江。」

⑥⑨改「懸」ㄒㄩㄢˊ。掛，繫。後漢書．費長房傳：「以朽索懸萬斤石心上。」晉書．顧榮傳：「懸膽於庭，以示辛苦。」

⑦⓪青天白日滿地紅國旗　興中會會員陸皓東於第一次廣州起義（光緒廿一年九月初九，公元一八九五年十月廿六日）前設計以藍色為底，表示青天，中置一射出叉光之白日；並曾議決以此旗取代清廷黃龍旗，此即世所謂青天白日旗。光緒二十六年（一九〇〇）惠州起義，首度用為標幟。其後，尤列於南洋創中和堂，其各會所均懸此旗。旗上叉光原多寡不一，孫中山先生定為十二，象徵十二時辰。光緒卅一年（一九〇五）同盟會成立，決定議制中華民國國旗，孫提議使用此旗，並增紅色於上，以示自由、平等、博愛之義，未通過，惟此後同盟會多次起義均使用之；訓政時期始作為國旗。

⑦①曷克臻此　那能夠達到這種境地。曷，ㄏㄜˊ。何。表疑問。詩．王風揚之水：「懷哉懷哉！

曷月予還歸哉？」克，能。臻，ㄓㄣ。達；及。周禮・冬官：「允臻其極。」後漢書・章帝紀：「澤臻四表。」

(72)東北邊防軍司令長官　中央任命張氏為該長官並兼東北政務委員會政務，下轄奉天（翌年，改名遼寧）、吉林、黑龍江等四省及興安屯墾公署。

(73)昆季　兄弟。長者為昆，幼者為季。梁書、江革傳任昉與革書：「此段雍府妙選英才，文房之職，總卿昆季，可謂馭二龍於長途，騁騏驥於千里。」

(74)遵奉　遵照奉行。

(75)政令　行政措施與法令。

(76)纘承　繼承。纘，ㄗㄨㄢˇ。繼承。詩・魯頌閟宮：「奄有下土，纘禹之緒。」纘承亦屬同義複詞。

(77)志事　抱負。唐王勃・守歲序：「悲乎年華將晚，志事寥落。」清曾國藩・羅忠節公神道碑銘：「屢建大勳，朝野歎仰，以為名將，而不知其生平志事，裕於學者久矣。」

(78)訓厲　教誨勉勵。北魏崔鴻・十六國春秋西涼李暠：「寫諸葛亮訓厲以誡諸子。」南唐劉崇遠・金華子雜編卷上：「太夫人孀居之歲，才未中年，貞幹嚴肅，姻族敬憚，訓厲諸子，言動以禮。」

(79)婦子　妻子兒女。詩・豳風七月：「嗟我婦子，曰為改歲，入此室處」後漢書・孔融傳：「初，曹操攻屠鄴城，袁氏婦子多見侵略。」

⑧⓪甲士　披甲的戰士。泛指兵士。左傳·閔公二年：「齊侯使公子無虧帥車三百乘，甲士三千人，以戍曹。」

⑧①發揚　提振激揚。

⑧②氣節　志氣節操。史記·汲黯列傳：「黯為人性倨，少禮，……然好學，游俠，任氣節，內行修絜。」

⑧③揭露　公布披露。謂揭示隱蔽的事物。今人洪深·五奎橋第一幕：「你怕我將你的底細都揭露出來麼？」

⑧④陰謀　秘密的計謀。史記·齊太公世家：「周西伯昌之脫羑里歸，與呂尚陰謀修德以傾商政。」

⑧⑤治軍　管理部隊。治，ㄓˋ。管理。論語·憲問：「仲叔圉治賓客，祝鮀治宗廟。王孫賈治軍旅。」

⑧⑥寓兵於農　軍隊屯墾，平時務農，暇時訓練，有事參戰。清昭槤·嘯亭雜錄八旗之制：「宜仿周禮寓兵於農之策，開墾塞上閒田，以及京畿旗稅官地，使各事南畝，生有定業。」

⑧⑦方針　喻指導工作或事業經營的方向與目標。梁啟超·論支那獨立之實力與日本東方政策：「認定方針，一貫以行之，必有能達成其目的之時。」

⑧⑧屯墾政策　駐兵邊陲或重要關隘，兼顧開墾荒地與戰備訓練的一種國防行動根據與教戰準則。

⑧⑨整軍　整頓軍備。左傳．宣公十二年：「見可而進，知難而退，軍之善政也；兼弱攻昧，武之善經也。子姑整軍而經武乎？」

⑨⓪邊陲　邊境。史記．律書：「秦二世宿軍無用之地，連兵於邊陲，力非弱也。」邊陲，本作「邊垂」。陲，ㄔㄨㄟˊ。

⑨①國防　今義謂捍衛領土主權，防備外來侵略所採行的各項防務措施。

⑨②齊驅兼進　形容同時進行。齊驅，驅馬並進。唐元稹．長慶集縛戎人詩：「緣邊飽餧十萬眾，何不齊驅一時發。」兼進，同時進行。

⑨③營陣之制　結營、佈陣之規劃與實施。營陣，亦作「營陳」。指軍隊結營、佈陣。史記．李將軍列傳：「程不識正部曲行伍營陳，擊刀斗，士吏治軍簿至明，軍不得休息。」按：張氏將所部改稱東北邊防軍，統一編制，取消原軍團、軍、師番號，改以旅為戰略單位，下設團、營；慎選旅長，裁汰違法亂紀的軍官，精簡組織，使部旅整齊劃一、便於指揮統御。為提昇部隊素質，積極落實東北講武堂在職與職前訓練功能，並注重軍士官兵文化及愛國教育，期軍隊不愚忠於長官，而知保家衛國之責。

⑨④餉糈之出　軍士俸給、食糧等的撥付支出。餉，ㄒㄧㄤˇ。亦作「饟」、「餉」。軍糧；後泛指軍隊的俸給。漢書．嚴助傳淮南王安上書：「丁壯從軍，老弱轉餉。」糈，ㄒㄩˇ。糧食。史記．貨殖傳：「醫方諸食技術之人，焦神極能，為重糈也。」

⑨⑤將士　軍官、士卒之統稱。

(96)勇怯材鄙　勇敢或膽小，靈敏能幹或庸俗淺薄。

(97)車甲兵械　車輛、盔甲、被服、緇重與兵器裝備。車，ㄐㄩ。

(98)良楛　好壞。楛，ㄎㄨˇ。器物粗製濫造。荀子・議兵：「械用兵革窳楛不便利者弱。」注：「楛，濫惡，謂不堅固也。」

(99)一心稱量　專心一志地衡酌考量。一心，專心一志。書・盤庚下：「式敷明德，永肩一心。」稱，ㄔㄥ。稱量，猶云衡量。

(100)各得其宜　本義謂各自得到適宜的位置。唐韓愈・進學解：「夫大木為宲，細木為桷，欂櫨侏儒，椳闑扂楔，各得其宜，施以成室者，匠氏之工也。」本文此處，係作「於整頓軍備諸措施，規劃用心周延，績效卓著」解。

(101)理政　處理政務。

(102)民生疾苦　眾民的憂慮與痛苦。民生，平民的生計。左傳・宣公十二年：「民生在勤，勤則不匱。」楚辭屈原・離騷：「長太息以淹涕兮，哀民生之多艱」疾苦，患苦。史記・蕭相國世家：「漢王所以具知天下阨塞，戶口多少，彊弱之處，民所疾苦者，以何具得秦圖書也。」

(103)臨事之初　一開始接事；猶言就任伊始。臨事，治理政事。管子・立政：「臨事不信於民者，則不可使任大官。」初，開始。易・既濟：「初吉終亂。」

(104)力克　努力克服。

(105)金融危機　本作貨幣信用危機，亦稱貨幣金融危機。貨幣信用制度混亂與動盪，危機必然呈現。一般係伴隨著生產過剩危機而發生；在某些情況下，亦有不因生產過剩而致之。前者稱為周期性貨幣信用危機，主要是在生產高漲時期過度膨脹的信用在危機中被強制收縮的結果；後者稱為特殊性貨幣信用危機，主要係因戰爭、政治動蕩、災荒等特殊原因所引起。具體表現在債務關係因債務人無力清償而遭到破壞；企業體與銀行大批破產；普遍追逐支付手段，銀行存款呈現擠兌；借貸資本極端匱乏，市場利息激烈提高……。按：緣於連年爭戰等情，民國十七年東北金融已相當混亂，貨幣泛濫、貶值，且發生毛荒。張氏主政之始，立即與金融界人士研商，並斷然採行回收奉票、發放新幣、發行公債等措施，遂及時穩定物價、安定人心。貨幣日趨穩定，貨幣的流通、交易、升（貶）值等逐漸地呈現正常，市場亦逐漸繁榮，公庫益加充實。

(106)荒原廣袤　廢棄而無人修治的平坦土地，既寬且廣。荒，無人修治，長滿雜草的田地。莊子・漁父：「故田荒室露，衣食不足，……庶人之憂也。」國語・周語下：「民力彫盡，田疇荒蕪。」原，寬闊平坦之地。詩・小雅常棣：「脊令在原，兄弟急難。」爾雅・釋地：「廣平曰原。」廣袤，寬廣。東西曰廣，南北曰袤。周髀算經上：「天地之廣袤。」漢趙君卿注：「袤，長也。東西南北謂之廣長。」袤，ㄇㄠˋ。

(107)興安屯墾公署　民國十七年七月，張氏令置興安屯墾區督辦。易幟後，正式設屯墾公署，職司該地區軍墾、民墾等事宜。

(108) 災黎　猶言災民。災，ㄗㄞ。亦作「烖」、「災」、「菑」、「甾」。泛指各種天然災害。國語・周語下：「古者，天災降戾，於是乎量資幣，權輕重，以振救民。」注：「災，謂水旱、蝗螟之屬。」

(109) 墾殖　開墾營生繁殖。三國志・吳志華覈傳：「勉墾殖之業，為饑乏之救。」亦作「墾植」。晉書・公孫永傳：「非身所墾植，則不衣食之。」

(110) 裕厚　充足豐富。裕，充足不虞匱乏。詩・小雅角弓：「此令兄弟，綽綽有裕。」厚，富。韓非子・有度：「毀國之厚，以利其家，臣不謂智。」

(111) 東北大學　民國十二年，張作霖創辦之，校址在今瀋陽市（舊稱奉天市），其初僅設文法、理工二科。十三年，八月擴充為文、法、理工三科。十七年，三月增設師範部、八月張學良兼第三任校長。次年，一月改科為院，分設文、理、法、工、教育等五學院。九一八事變後，分別內遷北平、西安、四川三臺等地。二十六年，五月改名國立東北大學。卅五年遷瀋陽原址復校，瀋陽失守前，一度又遷北平。卅七年底，瀋陽易手，中共將該校農學院併入哈爾濱東北農學院。次年，三月，工學院教師四十餘人，學生二百餘人由北平返瀋陽，四月，以之為基礎成立瀋陽工學院。卅八年夏，由長春東北大學（卅九年三月改制東北師範大學）接管。工學院電機工程系併入瀋陽機電學院。

(112) 囊槖　囊（ㄋㄤˊ）、槖（ㄊㄨㄛˊ），本皆用以盛物，因稱富於才學者曰囊槖。漢王充・論衡案書：「案東番鄒伯奇、袁太伯、袁文術……之輩，位雖不至公卿，誠能知之囊槖，文雅之英雄也。」按本文此處「自出囊橐係謂張氏慨捐私人積蓄。」按：張氏出任校長未幾，即將雨帥遺產一八〇萬元撥交以充做教育經費，又陸續捐助私款近二百餘萬元，營新校舍。

⑬柏林大學　全名「柏林斐得烈支—威廉大學（Friedrich-Wilhelm Universität zu Berlin）」。公元一八〇九年八月，普魯士王國內務部文教總盛洪保德（Freiherr von Karl Wilhelm Humboldt, 1767-1835）籌建，一八一〇年十月正式開學。設哲學、法學、醫學與神學四學院。其建校理念係順應當時歐陸新人文主義思潮，強調：一、尊重科學的學術自由為獨立，國家不宜干預大學校務、教會尤不能施加影響。二、教育之目的並非百科全書式的知識灌輸，學生應在教師指引下，培養獨立思考，充實理智、實踐道德。三、各科教學均應落實提高學生之科學研究能力，教師為發展科學而教、師生應於此基礎上緊密結合。四、大學應以教學、研究並重為指標經營之。五、國家應提供大學必要之經費與各項資源，包含選聘適任教職員。該校首位校長為非希特（Johann Gottlieb Fichte, 1762-1814）。黑格爾（George Wilhelm Friedrich Hegel 1770-1831）曾於該校執教十年，並於一八三〇年接任校長。馬克斯（Karl Marx 1818-1883）、恩格斯（Friedrich Engels 1820-1895）先後於該校就讀。二次大戰結束後，一九四八年底，部分師生於西柏林另成立柏林自由大學、一九四九年德意志民主共和國（即東德）成立，將原校改名柏林．洪保德大學。

⑭規模　規制格局。唐白居易．長慶集題周皓大夫新亭子二十二韻詩：「規模何日創，景緻一時新。」

⑮擴建東大校舍　加大營造東北大學的建物、房舍。按：指北陵新校舍言，該建築羣又分漢卿南樓與漢卿北樓。

⑯禮聘國內外名儒碩彥　以禮敦聘中外著名的儒者、才智傑出的學者。南史・隱逸傳下陶弘景：「帝手敕招之，錫以鹿皮中，後屢加禮聘，並不出。」國內外，海內外，猶言中外。漢書・匡衡傳：「望之名儒，有師傅舊恩，天子任之，多所貢獻。」明胡應麟・少室山房筆叢九流緒論中：「三子（按指：蔡邕、葛洪、劉知幾）皆鴻生碩彥，目無今古。」按：劉仙洲（一八九〇—一九七五），河北完縣人。曾任北洋大學校長。著名機械工程學家，渠早年所撰機械原理、熱工學、英漢機械工程辭典等書，為我國近代最早自編的教科書與專業工具書。）章士釗（一八九一—一九七二），湖南善化人，字行嚴，清季曾任蘇報主編，民國成立後，曾任北大教授、段政府司法總長兼教育總長，主編甲寅周刊，著有柳文指要等書。黃侃（一八八六—一九三五），湖北蘄春人，字季剛、自號量守居士。曾師事章太炎；擅長音韻訓詁，兼通文學，曾任北大、武昌高師、金陵等校教授，著有音略、聲韻通例等書。梁漱溟（一八九三—一九八八），原名煥鼎，字壽銘，廣西桂林人，民六曾任北大印度哲學講席，後熱衷平民教育與鄉村建設。民二十於鄒平創辦山東鄉村建設研究院，為名哲學家，主要著作有東西文化及其哲學、中國文化要義、人心與人生等書。梁思成（一九〇一—一九七二），廣東新會人，梁啟超長子。學成後，終生專注中國古建築的科學研究，曾任清華大學建築系教授、主任、主要著作有中國建築史、清營造則例、營造

法式注釋，遺有梁思成文集四卷。吳蘊瑞（一八九二—一九七五），江蘇江陰人。民五畢業於南京高師體育專修科，其後赴美留學，民十六返國。先後任教於北師大、中央大學等校。著有運動學、體育原理、體育教學法、田徑運動等書，為著名體育教育家。渠等均曾應張氏之聘，講學東大。

(117)聲譽斐然　名聲校譽顯著。斐然，顯著貌。清陳康祺・郎潛紀聞卷十三：「周侍郎亮工，文章政績，斐然可觀。」斐，ㄈㄟˇ。

(118)教育基金會　從事教育有關活動的非營利性社會團體組織。由發起人、贊助人等擬定會務章程，報請社政主管機關核定後成立之。

(119)民物康阜　國民生活安定、物質富足。本作「民安物阜」。西湖佳話・三臺夢跡：「上有女中堯舜的張太皇太后，下有楊士奇、湯溥、楊榮三相公，故治得天下民安物阜。」阜，ㄈㄨˋ。

(120)蒸蒸日上　形容發達向上很快的樣子。漢書・酷吏傳：「而吏治蒸蒸，不致於姦。」

(121)綿密　細緻周密。按：東北自民十九開始，陸續於各地完成中小電臺，至民二〇上半年已形成一龐大可觀之通訊系統。無線電臺星羅棋布，節目內容自新聞、氣象、文藝、社教乃至商情行市可謂琳瑯滿目，不僅於區域內各地遍布，且亦與美、德、法及南洋各國建立通訊聯繫。

(122)為全國「冠」　ㄍㄨㄢˋ。超出眾人，位居第一。史記・魏其武安侯列傳：「身荷戟，馳入不測之吳軍，身被數十創，名冠三軍。」

⑫大要 概要。

⑭十九年六月中央…… 民國十九年六月二十一日國民政府特任張學良為陸海空軍副司令（按：總司令為蔣中正。）

⑮羣 作者名諱。榮按：渠時任上海市長。張羣（一八八九—一九九〇）四川華陽人。字岳軍，清光緒十五年生。幼入塾館讀經，後入華陽中學堂肄業。光緒卅三年夏入保定陸軍速成學堂，冬，赴日入振武學校，旋加入同盟會，宣統二年冬，畢業，以士官候補生分發高田野砲兵第十九聯隊入伍與蔣公同隊。宣統三年秋，參加光復上海之役，任滬軍都督府科長。二次革命失敗，亡命東京，入日本陸軍士官學校第十期，民四夏畢業。應南洋友人之邀，任教爪哇巴達維雅中華學校。冬，返國參加討袁。六年秋，任護法軍大元帥參軍，民七迄十四年曾主辦民國日報、中央新報並任職北洋政府，返穗參加國父革命軍戎機前，曾任河南省警務處長兼省會警察廳長。北伐勝利後，出任國府軍委員會軍政部次長，上海市長、中央政治會議委員、國民黨中執委、湖北、四川等省省主席、外交部長、國民大會籌備委員。行憲後，出任總統府秘書長有年，民六一，獲聘總統府資政，七十九年十二月十四日病逝於臺北榮總。

⑯銜命 受命，奉命。禮·檀弓上：「銜君命而使。」漢書·孫寶傳上書：「臣幸得銜命奉使，職在刺舉，不敢避貴幸之勢，以塞視聽之明。」

⑫㉗齎送　持送。齎，亦作「賫」，ㄐㄧ。持，帶，送。戰國策・齊策四：「齊王聞之，君臣恐懼，遣太傅齎黃金千金，文車二駟，服劍一，封書謝孟嘗君。」

⑫㉘印信　中央政府或中央政府授權地方政府依法頒發給有關機關、學校、法人團體，供其處理公務鈐印的一種信物；分印（正方形）關防（長方形）與圖記（正方形）三種。此外尚有職章（俗稱小官章，均為正方形。其尺寸、質地、字體均有明確之規範。）按：張岳軍於六月二十九日攜特任狀及副司令職章抵瀋陽，與張學良見面，張並未表示何時宣誓就副司令職，對出兵入關夾擊閻、馮亦無明確肯定之態度。（劉心皇輯注張學良進關秘錄頁三）。

⑫㉙竭誠款接　盡心熱誠優厚地招待。竭，盡也。誠，真心。款接，猶款待。明沈德符・野獲編・鬼怪穆象元判冥：「間以相問，則舊者告以此舊寅文穆公，重加款接。」清袁牧・隨園詩話卷六：「余從西粵過長沙，中丞款接其殷。」

⑬㉚相交莫逆　彼此來往，同心相契，無所忤逆。猶云已成知己之友。相，其，交互。易・咸：「柔上而剛下，二氣感應以相與。」交，往來。戰國策・秦策三：「王不如遠交而近攻。」莊子・大宗師：「（子祀、子輿、子犁、子來）四人相視而笑，莫逆於心，遂相與為友。」

⑬㉛既而　時間副詞。猶云不久。左傳・僖公十五年：「晉侯許賂中大夫，既而皆背之。」

⑬㉜中原鼙鼓相尋　中原戰鼓之聲相繼（交互持續）。鼙，ㄆㄧˊ。民國十九年一月十日閻錫山電國府主席蔣介石，聲稱「武力不足以統一全國」，要求蔣與渠同時下野；惟晉軍已暗中南

移備戰；閻（原國民革命軍第三集團軍總司令）、馮玉祥（原第二集團軍總司令）、李宗仁（原第四集團軍總司令）聯合一致，反抗中央。三月一日，張學良發東電，力勸蔣、閻息爭；五月一日國府頒布對閻、馮之討伐令。主要戰場在河南、山東與蘇北。

⑬³舉足輕重　一舉足就影響雙方的分量、輕重。形容所處地位重要，一舉一動皆關係全局。後漢書・竇融傳：「方今益州有公孫子陽（送），天水有隗將軍（囂），蜀漢相攻，權在將軍，舉足左右，便有輕重。」按：當時蔣、閻雙方均寄望張氏支持。

⑬⁴各方信使　指蔣、閻兩方的說客、使者言。古稱使者為信，亦稱信使。史記・司馬相如傳喻巴蜀檄：「故遣信使，曉喻百姓以發卒之事。」

⑬⁵絡繹　來往不絕，接連不斷。玉臺新詠古詩為焦仲卿妻作：「交語速裝束，絡繹如浮雲。」亦作「絡繹」，又作「駱驛」、「落驛」。

⑬⁶煽構不已　不停地鼓動、捏造。煽，ㄕㄢ。鼓動。清唐孫華・贈同年趙蒙泉詩：「是時輕薄曹，讒言猶煽構。」按：自十九年二月十八日起，迄巧電公開前，計有梁汝舟、覃振（代表閻錫山），薛篤弼（代表馮玉祥），郭泰祺、陳公博（代表汪兆銘），方本仁、何成濬、吳鐵城、張羣、李石曾（代表國府）等人，或充當說客或代表中央，穿梭於關內外，期待得到張氏的支持。（以上根據劉紹唐主編民國大事日誌第一冊、方正張學良與東北軍、東北年鑑民二〇、劉心皇輯注張學良進關秘錄及國聞周報七卷八期等書報整理之）

⑬⁷唯知　只知。

⑱擁戴中樞　支持尊奉中央。擁，持，抱。莊子・知北遊：「神農隱几擁杖而起。」在此，引中作「支持」解。戴，尊奉。書・大禹謨：「眾非元后何戴？后非眾罔與守邦。」中樞，中央。西漢揚雄・太玄周：「植中樞，周無隅。」唐劉禹錫・劉夢得集外集和令狐相公初歸京國賦詩言懷：「凌雲羽翮掞天才，揚歷中樞與外臺。」

⑲屹不為動　矗立不動。形容張氏有堅定的立場，不被各方的鼓動、利誘等所動搖。時，張曾致電中央，主張開誠布公，擁護中央，以圖統一，（二月十二日東電勸息爭）。三月一日致電閻、馮願任調停之勞。六月十二日電何成濬「決願為國家，為介公效命。」六月十七日電閻、馮「請將鄭州、開封一帶備作緩衝區，撤軍停戰……。」六月二十二日在北戴河表明只求有利於國，決不謀私利，希雙方各退一步等四點建議與立場。九月十八日巧電全國，籲弭兵息事。以上資料來源：國聞周報七卷七期、東北年鑑民二〇、畢萬聞編張學良文集第一冊、方正張學良與東北軍。

⑳罷兵息爭　停戰並中止彼此對抗。莊子・盜跖：「與天下更始，罷兵休卒。」息，停止。易・乾：「天行健，君子以自強不息。」爭，亦作「争」；ㄓㄥ。對抗。漢班固・答賓戲：「七雄虓闞，分裂諸夏，龍戰虎爭。」

㉑備誦　大家一致稱道的……。備，皆，盡。楚辭屈原・離騷：「百神翳其備降兮，九疑繽其並迎。」誦，ㄙㄨㄥ。稱道；頌揚。多作「頌」。左傳・襄公卅一年：「文王之功，天下誦而歌舞之，可謂則之。」

(142)巧電　電報向以地支代月、韻目代日。一至十五日通常使用上平聲或下平聲韻目均可；十六至卅日通過上聲或去聲各韻目；二十九日上聲韻目「豏」，因碼中缺此字碼而例用去聲「豔」字代之。三十日，去聲「陷」犯忌，改用「卅」；三十一日無韻目可代，通用「世」或「引」，前者形似「三十」，後者形似阿拉伯數字「31」也。（九月）十八日所拍發的電報，故稱巧電。按：張氏先於九月十七日發布進兵關內動員令，以于學忠、王樹常、胡毓坤分統一至第三軍，張煥相為前敵總司令，十八日分隊入關，同日上電，表示擁護中央，電文除重申東電主要內容外，強調「戰端一起，七月於茲，廬里坵墟，人民塗炭，……戰局倘再延長，勢必致民命滅絕。國運淪亡，補救無方，……良委身黨國，素以愛護民眾維持統一為懷，不忍見各地同胞再罹慘劫，……籲請各方即日罷兵以紓民困。……。」謹查：國史館編中華民國史事紀事—民國十九年九月十八日條，其本文所謂「中原大戰方酣之際，東北邊防軍司令長官張學良作壁上觀，……」等語及其按語，均多曲筆，甘犯史家大忌，不容緘默以對，特借此處明確指出。

(143)渠魁諱禍　元凶（知道應該）回避兵變所（可能）造成的災殃。渠魁，大頭目，首領。書・胤征：「殲厥渠魁，脅從罔治。」孔傳：「渠，大。魁，帥也。」孔穎達疏：「殲厥渠魁，謂滅其元首，故以渠為大，魁為帥，史傳因此謂賊之首領為渠帥，本原於此。」諱，「ㄏㄨㄟˋ」。回避。墨子・非命上：「福不可請，禍不可諱。」禍，「ㄏㄨㄛˋ」；亦作「旤」。災殃。詩・小雅何人斯：「二人從行，誰為此禍。」本文此處係指人為之兵災也。

⑭分崩離析　分裂、瓦解的形勢。論語・季氏：「遠人不服而不能來也，邦分崩離析而不能守也。」注：「民有異心曰分，欲去曰崩，不可會聚曰離析。」局，本謂棋盤；引申作「形勢」解。

⑮兵氛既銷　戰爭的凶氣已經不存在了。兵，戰爭。漢書・項籍傳：「軍未戰先見敗徵，可謂知兵矣」氛，凶氣。國語・楚語上：「故先王之為臺榭也，榭不過講軍實，臺不過望氛祥。」注：「凶氣為氛，吉氣為祥。」既銷，已失。銷，通「消」，失也。

⑯舉國　全國，舉，全。南朝宋劉義慶・世說新語雅量：「亂兵相剝掠，射誤中柂工，應弦而倒，舉船咸失色分散。」

⑰銳意　專心一意。文選南朝梁沈約・游沈道士館詩：「銳意三山上，託慕九霄中。」

⑱駸駸日盛　一天比一天快速地興旺，駸駸，疾速。南朝梁簡文帝集・如影詩：「朝光照皎皎，夕漏轉駸駸。」駸，ㄑㄣ。日盛，日益興旺。盛，ㄕㄥˋ。國語・越語下：「盈而不溢，盛而不驕。」

⑲日亟　一天天地加快。亟，ㄐㄧˊ。趕快，急速。左傳・隱公元年：「亟請於武公，公弗許。」

⑳尋釁　製造事端，蓄意發生裂痕。尋，求也。墨子・修身：「思利尋焉。」釁，ㄒㄧㄣˋ。縫隙，裂痕。左傳・桓公八年：「讎有釁，不可失也。」又，宣公十二年：「會聞用師觀釁而動。」按：其中最著者為萬寶山事件（民國二〇年七月一至三日前後）與中村事件（民

國二〇年六月廿六日）。

⑮1 未「充」 ㄔㄨㄥ。滿，足。孟子・梁惠王下：「而君之倉廩實，府庫充。」

⑮2 忍隱 克制而不明顯地表示委曲。本作「隱忍」。史記・伍子胥列傳贊：「方子胥窘於江上，道乞食，志豈嘗須臾忘郢邪？故隱就功名，非烈丈夫孰能致此哉？」

⑮3 迨 ㄉㄞˋ。同「逮」。等到。晉陸雲・陸士龍集牛責季友：「迨良期於風柔，競悲飆於葉落，……子如不能建功以及時，予請迹於桃林之薄。」

⑮4 九一八瀋陽變起 九一八事變發生。民國二十年九月十八日，日本關東軍蓄意炸燬南滿鐵路柳條溝地區一段橋樑，誣稱係我東北軍有意破壞。當日夜間，突然炮擊瀋陽，同時向吉林、黑龍江發動進攻。時，國府密令張學良「不抵抗」，旋東北軍匆匆撤至山海關。十九日，日軍占領瀋陽，並分兵侵占遼寧省其他縣（市）及吉、黑二省。至次年二月，東北全境完全淪陷，史稱九一八事變。

⑮5 東北三省 時我東北地區仍沿清季之行政規劃，分遼寧（原稱奉天，北伐後改名）、吉林與黑龍江三省。

⑮6 淪胥 本謂相互牽連而受苦難。詩・小雅雨無正：「若此無罪，淪胥以鋪。」後用以泛指淪陷。宋書・武帝紀中詔：「曩者永嘉不綱，諸夏幅裂，終古帝居，淪胥戎虜。」

⑮7 訴請 控告請求。訴，ㄙㄨˋ。同「𧦝」、「愬」。控告。漢書・成帝紀鴻嘉元年詔：「刑罰不中，眾冤失職，趨闕者告訴不絕。」

⑱國際聯盟　League of Nations，亦譯作國際聯合會，簡稱國聯。第一次大戰結束後所成立的國際組織。根據公元一九一九年巴黎和會通過的國際盟約，於次年一月正式成立。先後加入該組織者計有六十三國。美國本為創始國之一，後因與英、法爭取主導權失敗而未參加。國聯標榜以促進國際合作，維持國際和平與安全為目的，實際上淪為列強其等於第一次世界大戰後形成的凡爾賽體系之工具。主要機構有大會、行政院、秘書處，附設國際法庭、國際勞工局等。總部設於日內瓦。第二次世界大戰爆發後無形瓦解，公元一九四六年四月正式宣告解散。

⑲制裁　屬同義複詞。懲處。資治通鑑・後唐明宗天成三年：「及安重誨用事，稍以法制裁之。」

⑳袒　ㄊㄢˇ。亦作「襢」。處事毋視於公正之原則而支持或包庇某一方。按：袒本作「露」（ㄌㄡˋ）解。

㉑強權　憑藉其優勢的地位，欺壓別人或別國者。本文此處係指日本帝國主義言。孫中山・大亞洲主義：「講功利強權，是用洋槍大炮來壓迫（別）人。」強，ㄑㄧㄤˊ；亦作「彊」。

㉒唯知使一調查團來華　單單曉得派遣一個調查團來中華民國進行瞭解。九一八事變後，國際聯盟接受中華民國政府之訴請，由英、美、法、意、德等五國薦舉代表組團。團長為英人李頓（Lytton, Victor A.G.R. 1876-1947）故名李頓調查團。該團於民國二十一年三月抵華，同年十月發表「國際聯盟調查團報告書」。確認「東三省為中國的一部份」，指出日

本發動九一八事件並非合法的自衛手段，但認日本在中國東北的特殊利益，主張在中國東北建立一個主權屬於中國，但受以日本為主的外國控制的所謂「滿洲自治政府」。並提議「自治政府」聘請外籍顧問，將一切政治、財政、警察等事權，均交由外國人所組成的「顧問會議」掌控。該調查團此種縱容侵略、企圖乘機瓜分中國的陰謀，益發令國人氣憤填膺；而日帝不知悔悟，拒絕接受國聯調查報告書，且於次年（一九三三）三月二十七日宣布退去國際聯盟。

⑯聊塞眾口　姑且堵住悠悠之口。聊，ㄌㄧㄠˊ。姑且。詩・檜風素冠：「我心傷悲兮，聊與子同歸兮。」楚辭屈原・九歌湘夫人：「時不可以驟得，聊逍遙兮容與。」塞，ㄙㄜˋ。堵，阻隔。詩・豳風七月：「穹窒熏鼠，塞向墐戶。」墨子・親士：「諂諛在側，善議障塞，則國危矣。」眾口，眾人之口，即悠悠之口也。史記・孔子世家：「桀溺曰：『悠悠者天下皆是也。』」（按：論語微子作「滔滔」。）引申為眾人。

⑯東北之「失」　失，ㄕ。不再保有；意謂淪入敵手。

⑯重謗　很大且嚴苛的指責。重與「輕」相對，形容質量。謗，ㄅㄤˋ。他人採信似是而非或不實的訊息，妄加指責。論語・子張：「信而後諫；未信，則以為謗己也。」楚辭東方朔七諫沈江：「正臣端其操行兮，反離謗而見攘。」時中央主張「攘外必先安內」堅持不抵抗之策略，先有銑電指令，繼之於九月十二日蔣、張石家莊密晤垂示，張氏謹遵國府令示，唯外界不察，交相指責，其犖犖大者有：㈠馬君武（時任廣西大學校長）哀瀋陽之一「趙

四風流朱五狂，翩翩蝴蝶正當行。溫柔鄉是英雄塚，那管東師入瀋陽。」㈡時論謗為「不抵抗將軍，民族敗類」㈢中國評論家諷舉為諾貝爾和平獎候選人。㈣林語堂著文謂「你為我們丟失了祖國的大片領土；當然你也為我們保護了許多國寶。」（張氏嗜好蒐集古瓷）㈤學生演員在北平上演話劇，劇名「不愛江山愛美人的將軍。」指責尖銳，諷謔紛至沓來，故謂重謗。趙四，天津中西女校學生，詳注(268)，朱五，北洋政府大老朱啟鈐（一八七二—一九六四）之五女，本名湄筠，又名秦羽。蝴蝶應作胡蝶，本名胡藝華，名藝人。

(166)揆度形勢　估量當事者（即張氏）個人的形象與整個事件發展的狀況，揆度，估量；揣度。文選漢東方朔・非有先生論：「圖畫安危，揆度得失。」淮南子・兵略：「能治五官之事者，不可揆度者也。」揆，ㄎㄨㄟˊ。形，指形象言。勢，事件發展的狀況。

(167)「亮」其「深衷」　亮，通「諒」。信。孟子・告子：「君子不亮，惡乎執？」。深衷，深摯切實的內心。深與「淺」相對。不淺、密厚皆曰深。孟子・盡心上：「獨孤臣孽子，其操心也危，其慮患也深。」

(168)翌年　明年，指民國二十一年。翌，ㄧˋ。亦作「翼」、「翊」。明（明日、明年）。爾雅・釋言：「翌，明也。」注：「書曰：『翌日乃瘳。』」

(169)軍事委員會　簡稱軍委會。民國十四年七月六日於廣州成立。設委員八人，選一人為主席。受國民黨中央執行委員會（簡稱中執會）之指揮監督，統率並管理國民政府所轄海陸軍、航空隊及其他軍事機構、單位。民十六、三月國民黨二屆三中全會通過軍事委員會組織大綱，規定該會為國府最高軍事行政機關，委員由中執會於高級將官中遴選九至十三人，於非軍職之中執委，遴選六人，共同組成。廢除主席，改置七人主席團，主席團之決議或發布命令須有主席團委員四人簽名方生效力。十七年二月，國民黨二屆四中全會通過軍事委員會組織大綱修正案，規定委員由中執會遴選交國民政府特任，並指定委員十一至十五人，以一人為主席，頒發命令由主席及常委署名。同年十一月九日國府下令裁撤。淞滬一二八事變後，於民國二十一年三月恢復設置，同月公布軍事委員會組織大綱，規定該會直隸國民政府，為全國最高軍事機關。總理國防、綏靖事宜。置委員長一人，負責執行軍令，委員七至九人，由中央政治會議選定交國府特任，行政院長、參謀總長、軍政部長、訓練總監、海軍部長及軍事參議院院長為當然委員，委員互選三至五人為常委。設第一、二、三廳，分辦會務，後增設航空委員會、軍事長官懲戒委員會、資源委員會、調查統計局等單位，另設有各綏靖分署、衛戍司令部及剿匪各路總司令，分管各省區事務。七七事變後，機構持續調整。民國二十六年九月八日起設有第一部（作戰）、第二部（政治）、第三部（國防工業）、第四部（國防經濟）、第五部（國防宣傳）、第六部（民眾訓練及後方勤務部與衛生勤務）。九月十七日，國民黨中常會決定，由委員長行使陸海空軍最高統帥權，並授權該會統一指揮黨政務。原隸國府所轄參謀本部、訓練總監部、軍事參謀院、行政院所屬軍政、海軍軍法執行總監及農、工礦、貿易等部會，國民黨中央組織、宣傳、訓練等部均歸其指揮、兼領，成為戰時大本營。民二七，國府頒布中央機構調整案，所屬執掌經濟各部分機構裁併，改隸行政院，組織宣傳仍歸中央黨部。職權遂偏於軍事。設軍令、軍政、政治、軍法執行後勤、海軍總部、軍事參議院、航空委員會等。並取消委員制改採幕僚長制（參謀總長兼任）。置委員七至九人。二十八年後，受國防最高委員會指揮並增設戰地黨政委員會、撫卹委員會等。卅五年五月裁撤該會，六月於行政院下設國防部。

⑰⓪華北　一般係指京、津及冀、晉、熱、察等省。於自然地理上，指長城以南，秦嶺、淮河以北及黃河中下游等地區。亦泛指中國大陸北部地方。

⑰①寇　ㄎㄡˋ。侵犯。書・費誓：「無敢寇攘。」左傳・文公七年：「兵作於內為亂，於外為寇。」

⑰②山海關　古稱渝關、亦作榆關。又名臨榆關、臨閭關。乃河北省臨榆縣舊城東門，長城東端起點。明太祖時，築城置衛設戍，洪武十五年（一三八二）築城為關，因其背山面海，故名山海關。關城東臨渤海、北依角山，扼東北至河北的咽喉，自古為戰略要隘，城門榜書「天下第一關」，故有天下第一關之稱。

⑰③何柱國　（一八九七—一九八五）廣西容縣人。保定軍校畢業，赴日陸軍士官學校深造，民八返國。歷任保定軍校、東北講武堂教官，東北軍團、旅、師長，國民革命軍第五十七軍軍長。民二十一、六月奉張氏指派為臨渝警備司令，積極部署，阻止日軍入關（史稱長城保衛戰）。抗戰爆發後，歷任騎兵軍軍長、第十五集團軍總司令、第十戰區副司令長官等職。勝利後，雙目失明，退役養病。大陸棄守後任中共全國政協委員、常委，民革中央

委員、常委。民七四、九月三日病終北京。

⑰④奮起迎擊　猛勇挺進，痛殲來敵。奮，表性態；猛勇，晉書·陶侃傳：「將士奮擊，莫不用命。」起，立。左傳·宣公十四年：「楚子聞之，投袂而起。」迎，接；遇。儀禮·士昏禮：「主人迎賓於廟門外。」擊，殺，刺。左傳·昭公元年：「子南知之，執戈逐之，及衝，擊之以戈。」擊，ㄐㄧˊ。迎擊。謂接敵攻打。

⑰⑤遂啟　於是打開。

⑰⑥長城抗戰　日本於占領東三省全境後隨即西進熱河，大舉揮軍山海關。張氏火速部署防禦。渠令何柱國部（五十七軍）固守山海關、北戴河至界嶺口一線，商震部（卅二軍）開赴灤河轉冷口；宋哲元（二十九軍）守喜峰口；王以哲（六十七軍）赴古北口；萬福麟部（五十三軍）支援熱河保衛承德，此即近代史所稱長城抗戰。民國二十二年元旦，日軍進犯山海關，何部奮勇抵抗，揭開長城抗戰之序幕；惜，熱河省主席湯玉麟與日軍暗通款曲，三月四日承德陷。九日敵占喜峰口，廿九軍夜襲敵營奪回，並自十日至二十五日，於喜峰口至羅山峪的長城戰線上，屢次擊敗日軍進攻。駐守冷口與北口的我軍亦對敵進行頑強抵抗，戰鬥激烈。三月下旬，日軍進攻灤東，由於中央奧援不繼，糧秣、彈藥遲遲未予補給，四月初石門寨、海陽、秦皇島等地遂相繼失陷，五月下旬我軍陸續放棄長城各口，轉進通縣等地佈防。長城抗戰予日軍以沈重之打擊，單古北口一役日軍傷亡即達二千餘名，顯示國軍禦侮之英勇氣概。

⑰序幕　本義係指多幕劇，其第一幕之前的一場戲，用以介紹劇中人物歷史與劇情發生的原因，或預告全劇主題。亦泛指某些敘事性文學作品於情節尚未展開前，對人物的歷史、所處的時代背景和社會環境以及主要人物間的關係所作的交代、提示。在此，係用以比喻重大事件——長城抗戰的開端。

⑱無何　無幾何時，不久。亦作「亡何」。史記·曹相國世家：「惠帝二年，蕭何卒。參聞之，告舍人趣治行：『吾將入相。』居無何，使者果召參。」

⑲熱河失守　熱河，民國成立後設省；省名。面積十九萬九千平方公里，人口二百萬。（民卅五年統計）漢族多分布於南部，蒙族多居於北部。屬大陸性沙漠乾燥型氣候，冬苦寒，夏酷熱，農作以雜糧為主，間產甘草，鑛產以朝陽、阜新等地之煤、石油為著，北部則以畜牧為盛。省會承德。失守，城邑失陷。全唐詩·劉兼蜀都道中：「千載龜城終失守，一塊鬼錄漫留名。」餘詳注⑯。

⑱援　引；引用。爾雅疏·序：「事有隱滯，援據徵之。」

⑱春秋責帥之義　春秋主張下屬有罪，要處分統帥的義理法則。春秋，編年體史書名。相傳孔子據魯史修訂而成。所記起於魯隱公元年（周平王四十九年、公元前七二二年），止於魯哀公十四年（周敬王卅九年、公元前四八一年），凡二四二年。敘事極簡，用字寓褒貶。為其傳者，以左氏、公羊、穀梁最著。漢武帝建元五年（公元前一三六年）始列為五經之一。宋蘇洵·春秋論：「賞罰者天下之公也；是非者一人之私也。位之所在，則聖人以其

權為天下之公；而天下以懲以勸。道之所在，則聖人以其權為一人之私；而天下以榮以辱。」責帥，謂處分統帥。三國蜀諸葛亮・街亭自貶疏：「臣明不知人，恤事多闇，春秋責帥，臣職是當。」義，義理法則。

⑱引咎請辭　歸過失於自己，並以書面文件呈送長官，表達自願卸任離職。引，承擔。魏書・辛雄傳：「經拷不引，傍無三證。」咎，ㄐㄡˋ。罪過，過失。詩・小雅北山：「或湛樂飲酒，或慘慘畏咎。」請辭，陳請辭職。按：民國二十二年三月七日，張氏電中央請辭本兼各職，電文謂：「……自東北淪陷之後，效命行間，妄冀待罪圖功，勉求自贖；詎料熱河之變未逾旬日，失地千里……學良雖粉身碎骨，亦無補於國家，無補於大局，應懇迅賜命令，准免各職，以示懲儆。」同月十一日，發表辭職通電。（畢萬聞主編：張學良文集第一冊，頁六六一、六六四—六五〇。）

⑱自赴歐洲各國考察　私費前往義、英、德、法等國家實地瞭解、研究，仔細觀察、體會。按：民國二十一年四月十一日，張氏自費放洋。渠偕夫人于鳳至、趙一荻、子女閭琪、閭珣、閭英、顧問端納、義駐華公使齊亞諾（墨索里尼之婿）夫婦，秘書沈祖同夫婦等一行，搭義大利郵輪康脫羅素伯爵號出國，首抵羅馬，再赴倫敦、柏林、巴黎等地拜謁各國元首、政要，參觀各國軍事設施、兵工廠、海軍基地、農經發展現況等，十二月二十五日自威尼斯乘船返國，二十三年一月八日下午四時返抵上海。（蘇墱基・東北少帥榮枯浮沈實錄，頁二〇一—二〇七）。

(184)奉召回國　接受上級的徵召返抵國門。奉，接受。多用於對尊長或上級，含表敬之意。史記・孟嘗君列傳：「聞先生之言，敢不奉教焉。」按：民國二十二年十二月十八日蔣委員長電召張氏返國。（中華民國史事紀要民國二十二年七至十二月）

(185)鄂豫皖三省剿總副司令　全稱為鄂豫皖三省剿匪總司令部副司令；總司令由軍委會委員長兼。鄂，湖北省簡稱；豫，河南省簡稱；皖，安徽省簡稱。

(186)駐節　政府要員出外執行公務，於當地住下。節，符節。宋曾鞏・送陳世修詩：「歸路賞心應駐節，客亭離思暫開樽。」

(187)武昌　地名。漢置沙羨縣，隋改江夏。明清為武昌府置。民元改武昌縣，屬湖北省轄。中共建政後將武昌、漢口、漢陽整併為武漢市。

(188)行營　全稱「國民政府軍事委員會委員長行營」，屬軍事委員會的外派組織，為當地最高軍政機關，直接受委員長的指揮監督。置主任一人綜理營務，下分設若干次級單位與人員。民國二十二年，為統一指揮參剿部隊，首設南昌行營，而後，依序於武昌、重慶、桂林、北平、石家莊等地設置之；勘亂時期改稱行轅。

(189)中共西竄　中國共產黨（紅軍）向西邊逃亡躲藏。竄，ㄘㄨㄢˋ。逃匿。國語・周語上：「我先王不窋，用失其官，而自竄於戎狄之間。」注：「竄，匿也。」按：中共自稱「中國工農紅軍長征」或「二萬五千里長征」，簡稱「長征」。時間自民國二十三年十月迄二十五年十二月，前後達兩年三個月。路程自閩、贛經川、黔、雲、貴，由川北入陝，橫跨七省，約二萬五千餘里。民國九年（一九二〇）八月起，李大釗、陳獨秀、毛澤東、周恩來等人，於上海、武昌、濟南、長沙、廣州等地先後成立共產主義（研究）小組。翌年，七月廿三至卅一日，各共產主義小組代表計十三人，於上海召開「第一次全國代表大會」，秘密組成中國共產黨（以下簡稱中共）。民國十三年一月，中國國民黨第一次全國代表大會假廣州召開，會議決定貫徹實施三民主義、廢除不平等條約，扶助工業等建國重要主張，並同意共產黨黨員得以個人身分，申請加入國民黨，開啟國共第一次合作的序章。民國十五年秋，國民革命軍進抵武漢三鎮，並於次年三月二十三日收復南京。此期間，國民黨內部意見發生分歧，循至發生寧漢分裂，而後國民黨進行清黨，國共由是決裂；中共改採武裝鬥爭方式圖存。民國十六年八月中共製造南昌暴動，隨即持續進行武裝鬥爭與路線之爭，並建立所謂「蘇維埃政權」，於各省邊區成立「蘇區」（詳附表）。民國十九年迄二十五年，國民政府展開五度圍剿，中共「工農紅軍」由是而有「長征」之舉。其主力行進路線大體自瑞金（中央蘇區核心）出發，經國興、大庾、汝城、全縣、黎平、遵義，轉貴陽、紫雲、興仁、宣德、會澤、會理，北上德昌、天全、懋功，越邛郲山入毛兒蓋，西北入西固直趨環縣遁至延安。

附表

（根據中華民國史事紀要，民國十六年至廿五年各冊及Salisbury, H. E: The Long March等調製之）

區分	發展概況
中央蘇區	民十六年十月至翌年三月賴經邦、李文林、古柏等人於贛西、贛南領導武裝暴動；民十七三至六月郭滴人等於閩西暴動；民十八，毛澤東、朱德、陳毅等率紅四軍抵贛南、閩西，民十九年六月，紅三、四、十二軍合編紅第一軍團，八月紅一、三軍團會師組成紅第一方面軍。民二〇元月成立中共蘇區中央局，九月「贛南」、「閩西」二蘇區合併，十一月於瑞金成立「中華蘇維埃共和國」臨時政府。本區占有瑞金等廿餘縣，當時人口約二五〇萬人。
陝甘蘇區	民十六、十月，民十七、五月，唐澍、劉志丹、謝子長等人領導清澗、渭南、華縣一帶農暴。民二〇、十月與晉西、南梁二游擊隊會合。民廿一至廿三年，先後闢建「陝甘邊」與「陝北」二蘇區。民廿三年、元月成立「陝北省蘇維埃政府」。次年，九月紅廿五軍抵陝北與紅廿六、廿七軍會合，組成紅廿五方面軍團。本區占有陝、甘二邊界與陝北計二十餘縣，當時人口約九〇餘萬人。民廿七年九月改稱「陝甘寧邊區」。
鄂豫皖蘇區	民十六年十一月潘忠汝、吳光浩、戴克敏等人領導鄂省黃安、麻城等縣農暴，闢成「鄂豫蘇區」。民十八年五月徐子清、肖方等人領導豫省商城縣農暴，闢「豫東南蘇區」，十一月舒傳賢、周狷之等人領導皖省六安、霍山一帶農兵暴動，闢「皖西蘇區」；並分別成立紅第十一軍，第卅一、卅二、卅三師。民十九年六月成立「鄂豫皖（省）蘇維埃政府」，民廿年元月，紅一、十五軍合編為紅四軍，十一月成立紅第四方面軍。本區位於大別山脈周圍。
閩浙贛蘇區	民十六年十二月方志敏、邵式平、黃道領導弋陽、橫峰等縣農民武裝暴動，成立「贛東北蘇區」。民十七年十月崇安等地農暴，建立「閩北蘇區」。民十八年十一月成立「贛東北省蘇維埃政府」。民廿一年底擴大為「閩浙贛三省蘇維埃政府」。民廿三年十月紅十軍與紅七軍團合編為紅十軍團。本區占有閩、浙、贛三省邊界約二十餘縣，當時人口約百萬人。民廿三年八月以後為游擊區。
湘鄂西蘇區	民十七年元月賀龍、周逸群領導荊江兩岸農暴，並先後組成紅四、二軍。民十九年二月續成立紅六軍。七月紅二、六軍合編為紅第二軍團。民廿年三月成立中共「湘鄂西中央分局」。

湘鄂贛蘇區	民十七年七月彭德懷、滕代遠、黃公略等人領導平江暴動，並成立紅五軍。同年十一月轉移井岡山。民十九年六月紅五、八軍組成紅三軍團，七月紅十六軍編入該軍團，八月紅三軍團主力與紅一軍團合編為紅第一方面軍。民二〇年九月成立「湘鄂贛省蘇維埃政府」，民廿一年二月建立紅十八軍。本區占有湘、鄂、贛三省邊境二〇餘縣。
湘贛蘇區	民十八年五月彭德懷、滕代遠率紅五軍重返井岡山。民十九年八月以江西永新為中心約十餘縣成立「湘贛省蘇維埃政府」。民廿一年二月湘贛獨立一、三師合編為紅八軍。明年六月紅十七、十八師合編為紅六軍團。本區占有贛江以西、袁水流域以南、粵漢鐵路以東各縣。
川陝蘇區	民廿一年十二月紅第四方面軍，自「鄂豫皖蘇區」入川，繼而攻占通江、南江、巴中等縣闢建之。翌年二月於通江成立「川陝省蘇維埃政府」至民廿三已擴大至占有二十三縣，時人口六百萬；紅第四方面軍亦增為五個軍，八萬餘名。本區位於川、陝二省邊界，因以為名。
湘鄂川黔蘇區	以永順、桑植、大庸三縣為中心，以紅三軍、紅六軍團為核心武力。民廿三年六月自湘、鄂邊轉至黔東的紅三軍與十月自「湘贛蘇區」轉來之紅六軍團，於賀龍等領導下闢之。本區占有湘、鄂、川、黔四省邊界各縣。

右表所提各省全稱、簡稱序列於次：

陝西（陝）、甘肅（甘）、湘北（指鄂省）、河南（豫）、安徽（皖）、福建（閩）、浙江（浙）、江西（贛）、湖南（湘）、四川（川）、貴州（黔）。

「蘇區」係「蘇維埃區」之簡稱。蘇維埃，音譯自俄文COBET。英譯作soviet。意謂工農兵代表會議。帝俄末期，俄境內無產階級領導羣眾從事革命鬥爭的組織型態。十月革命後，列寧（Впапимир Илрьич Ленин, 1890-1924）使成為蘇聯權力機關的名稱，稱之為工農兵代表蘇維埃，一九三六年改稱勞動者代表蘇維埃，一九七七年又改稱人民代表蘇維埃。中共師法蘇聯，於民國二〇—卅〇年代武裝鬥爭時期將當時「工農民主政權組織」稱為「蘇維埃」。

⑲⓪馳驛　駕乘驛馬疾行。魏書・邢巒傳：「司法崔浩對曰：『穎臥疾在家。』世祖遣太醫馳驛就療。」唐高適・餞宋八充彭中丞判官之嶺南詩：「北雁送馳驛，南人思飲冰。」驛馬，驛站供應的馬匹。供傳遞公文者與來往官員使用。史記・汲鄭列傳：「孝景時，（鄭莊）為太子舍人。每五日洗沐，常置驛馬長安諸郊，存諸故人，請謝賓客，夜以繼日，至其明旦，常恐不徧。」驛馬猶今之公務車也。

⑲①西安　市名。位於渭河平原中游，隴海鐵路線上，為陝西省政治、經濟、文化、交通等中心。古稱長安，自公元前十一世紀起，陸續有（西）周（前一一二一—前七七一）、（西）漢（前二〇六—公元二三）、西魏（五三五—五五七）、北周（五五七—五八一）、隋（五八一—六一八）、唐（六一八—九〇七）等六朝在此建都，為我國六大古都之一。市內外及附近有諸多名勝古蹟如：碑林、大（小）雁塔、秦皇陵、鐘樓、鼓樓、大清真寺、驪山風景區、古城牆及諸多古墓、遺址。

⑲②申儆軍政　一再審慎部旅的稽考。申，一再。左傳・成公十三年：「申之以盟誓，重之以昏姻。」儆，ㄐㄧㄥˇ。警戒；國語・魯語下：「夜儆百工，使無慆淫。」在此引申作「審慎」解。清包世臣・族兄紀三先生鄭本學庸說序：「是故鄭義儆切，無可非議，無有滲漏。」明清對武官之定期考核曰軍政。明沈德符・野獲編禁衛錦衣官考軍政：「武職五年軍政，

一如京官六年大計，其典至鉅至嚴。」清史稿・世祖紀二：「丁巳，詔軍政六年一舉行。」

⑲督厲戎行　督率策勵行伍。督厲，亦作「督勵」。督率（導）策勵。三國志・吳志諸葛謹傳：「不能躬相督厲，陳答萬一。」戎行，ㄖㄨㄥˊ ㄏㄤˊ。行伍，軍隊。左傳・成公二年：「下臣不幸，屬當戎行，無所逃隱。」

⑭撫字流移　安撫體恤逃亡遷移的難民。撫字，謂對百姓（今宜稱國民）的安撫與體恤。北齊書・封隆之傳：「隆隆之素得鄉里人情，頻為本州，留心撫字，吏民追思，立碑頌德。」宋陸游・戊申嚴州勸農文：「雖誠心未格於豐穰，然拙政每存於撫字。」流移，流亡、遷移。後漢書・朱穆傳：「百姓荒饉，流移道路。」

⑮惕厲加甚　益發謹慎小心。惕厲，亦作「惕勵」。易・乾：「君子終日乾乾，夕惕若厲，无咎。」加，增也。甚，很。加甚，猶言益發，更加。

⑯惟以　但因為。

⑰連年征戰　接續多年出征作戰。漢書・王商傳：「商死後，連年日蝕地震。」管子・小匡：「君有征戰之事，則小國諸侯之臣有守圉之備矣。」

⑱寇訌於內　盜賊在內爭亂。寇，ㄎㄡˋ。盜賊。書・舜典：「寇賊姦宄」傳：「羣行攻劫曰寇。」訌，ㄏㄨㄥˊ。爭亂。詩・大雅召旻：「天降罪罟，蟊賊內訌。」按：寇係指馮（玉祥）、閻（錫山）、唐（生智）、張（發奎）、李（宗仁）及中共等而言。

⑲敵伺於外　強敵在外窺視等候。敵，主要係指日本帝國主義者。伺，ㄙˋ。偵察、等候。

⑳⓪喪亂孔亟 喪亡禍亂非常的大。孔，大也。亟，至也。孔亟，猶云至大無比。

⑳①憂心如酲 擔憂焦慮有如宿醉後神智不清。酲，彳ㄥˊ。宿醉後神智不清。

⑳②重念 一再地想及。

⑳③東北子弟 東三省年青力壯的同胞。

⑳④轉徙溝壑 戰亡而棄屍山溝谿谷。孟子・梁惠王下：「凶年饑歲，君之民老弱轉乎溝壑，壯者散而之四方者，幾千人矣。」轉乎溝壑，謂死而陳屍山溝、谿谷。按：民國廿四年六月東北軍奉令向豫、陝移動，往陝甘寧剿共。十月一日東北軍自延安回防甘泉，行至勞山，遭共軍徐海東、劉志丹部襲擊，兩團及師部悉數被殲，全師潰敗，師長何立中、參謀長范駇洲雙雙陣亡。同月廿二日東北軍一〇七師六一九團於榆林橋接敵，損失四營，團長高福源為共軍所俘。十一月廿一日直羅鎮之役，血戰兩天，一〇六師被殲一團、一〇九師師部及二個團全數陣亡，師長牛元峰舉槍自戕。短短兩個月，東北軍精銳幾全部犧牲。（吳福章編：西安事變親歷記頁二——一六）

⑳⑤關外父老 山海關外面的年長同胞。關外，通指東三省及熱河等地區。父老，對年長同胞的敬稱。史記・馮唐傳：「文帝輦過，問唐曰：『父老何自為郎？家安在？』」漢書・高帝紀下十二年：「上還過沛，置酒沛宮，悉召故人父老子弟佐酒。」

⑳⑥瞻望旌旗 遠望旗幟，形容東三省同胞企盼國軍早日打回東北，收復河山，東北軍得以安返家園與親友故舊重聚一堂。詩・邶風燕燕：「瞻望弗及，實勞我心。」旗幟通稱旌

（ㄐㄧ）旗。在此係用以形容政府軍。民國二十三年九月二十九日，張氏對廬山軍官訓練團第三期東北軍畢業學員訓話，渠特別強調：「我們不要忘記生於東北的軍人對於收復失地復興民族的責任，應當無時無地不在記著，你們是生於東北，長於東北，東北父老對於你們有最殷切的期待，而且你們的田園廬墓，都已丟在異族鐵蹄之下。更回頭一看到家鄉父老，所遭遇到的壓迫與苦楚，真使我們痛心疾首，慚愧萬分！……今後，我們只有跳火坑，死裏求生，才有出路。……望你們能追隨著我向前邁進！……」（畢萬聞主編：張學良文集第二冊頁八一〇—八一三）

⑳⑦國仇家恨　邦國與家庭的仇恨。仇，ㄑㄡˊ；今音ㄔㄡˊ。怨，恨。書・五子之歌：「萬姓仇予。」仇恨屬同義複詞。瀋陽事變，東三省淪陷；長城抗戰，熱河失守，……是謂國仇。皇姑屯雨帥遇難是謂家恨。

⑳⑧交熾於衷　在內心深處相互燃燒著。

⑳⑨時陝北剿撫失利　那個時候，在陝北征剿、招撫共軍，並不順利。餘詳注⑳④。

⑳①0煽惑　煽動蠱惑。以似是而非的事理，別有用心地不斷說服、迷惑對方，使對方誤入圈套，進而支持其作為。

②①①遂誤兵諫之義　於是曲解兵諫的正當性。誤，ㄨˋ。謬誤。引申作「曲解」。兵諫，用武力規勸元首或尊長，使其接受自己的意見。左傳・莊公十九年：「初鬻拳強諫楚子，楚子弗從；臨之以兵，懼而從之。」晉范寧・春秋穀梁傳序：「左氏（傳）以鬻拳兵諫為愛君。」

申伯純•記西安事變二：「『哭諫』失敗了，張學良當晚回到西安，同楊虎城商量，按照預定的第二個步驟實行『兵諫』。」義，宜也。引申作「正當性」。

⑫西安之變　即西安事變。民國廿五年，日本繼續擴大侵華，國府仍堅持貫徹攘外必先安內之政策，傾力剿共。此期間張氏與楊虎城已凝聚「停止內戰，聯共抗日」的主張，並數度面陳蔣委員長，均為委員長所堅拒、怒斥，且謂：「如張、楊不願意剿共，則東北軍將調閩、西北軍調皖，中央軍進駐陝甘，以完成剿共大業。」十二月四日，蔣委員長自洛陽專車西行，夜抵西安，設行館於臨潼華清池。七日，召集張、楊等指示剿共機宜。夜，張氏復就改變剿共向委員長諍諫，委員長厲聲堅拒，並怒斥張年輕無知，受共黨欺騙迷惑。翌日，張氏與楊虎城會商，認為剿共政策既已無法扭轉，為抗日救國計，只有將委員長暫予扣留，惟行動日期未作決定。九日夜，張氏抵臨潼面陳該日西安中上學校學生萬餘人參加一二九運動一周年紀念會時要求「一致抗日」遊行請願，其處理情形，伺機再度請求停止剿共，仍為委員長所堅拒並力斥其謬，兩人爭論至深夜。同日凌晨，張召集王以哲、劉多荃二將領，表示決心扣蔣。十日，委員長召集蔣鼎文、衛立煌、陳誠、朱紹良，確定對中共第六次圍剿計畫，且直接由中央軍全力執行。同日，張、楊再度洽商，決定扣蔣行動由東北軍負責，解除西安城內中央軍、警、憲、特武及逮捕隨行大員等行動由十七路軍（即西北軍）執行，時間定為十二日。當晚，於公館向東北軍將領宣布，並指示：「譚海負責扣蔣，師長白鳳翔、團長劉桂武與第二警衛營營長孫銘久直接完成此一重大任務。」特別

命令：「把委員長平安帶回城裏，不到萬不得已，不准開槍，委員長一定要活著帶到。」十二日凌晨三點，孫銘久等二〇〇名東北軍官兵分乘四輛卡車駛向臨潼。五時卅分許抵蔣行館。雙方短兵相接，委員長聞槍聲及警衛呼聲而驚醒，研判以為紅軍來襲，匆匆避往後院巨岩「虎絆石」間隙。八時許，為孫銘久所發現，隨即簇擁乘車，九時許，返抵西安，拘於新城大樓。張、楊於是日上午通電全國、國民黨中央及各省等，提出救國八項主張，強調「大義當前，不容反顧，只求救亡主張貫徹，有濟於國家；為功為罪，一聽國人之處置。」此期間，張氏曾數度謁蔣，西安、南京、延安間持續磋商，函電交馳，人員來往頻頻，卒以十二月二十三日之會談協議為基礎，達成默契：委員長同意聯共抗日，一致對外，由蔣夫人與宋子文代表簽字確認，端納（Donald, W. H. 澳人，曾作張氏秘書）為見證人。廿五日下午二時許，宋氏兄妹等於文件上署名，楊同意釋放委員長。旋，張陪侍委員長伉儷等驅車赴機場登上專機，並聲稱：「已向各將領表示，願負擔此次事變之全部責任」，更欲「藉獲送入京之舉，證明此次事變，無危害委員長之惡意及爭奪個人權位之野心。」當晚，夜宿洛陽。廿六日下午，安抵南京。廿七日西安將領遵照張氏指示釋放被扣各中央要員等離陝飛京。由於扣蔣之日為十二月十二日，故亦稱雙十二事件（變）。

(213) 顧　但是，可是。關係詞，作限制詞用，表轉折。連橫・臺灣通史序：「顧修史固難，修臺之史更難，以今日修之尤難。」

(214) 旋即悔悟　馬上追悔前非，醒悟改過。旋即，隨即，立即。宋葉適・福建運使趙公墓誌銘：

「公雖以徽猷再任，而旋即用為太府少卿。」悔悟，亦作「悔寤」。後漢書．皐陵質王延傳：「今王曾莫悔悟，悖心不移，逆謀內潰，自子魴發，誠非本朝之所樂聞。」

(215) 躬送　親自護送。餘詳注(212)。

(216) 領袖　指蔣公。國家、政治團體、羣眾組織等之最高領導者均通稱領袖。時，蔣公為軍事委員會委員長，執掌最高軍政事宜。

(217) 安返首都　平安地回到國都南京。首都，國家中央政府所在地，為全國的政治中心。民國十六年，國民政府遵照孫中山先生遺言，定都南京。

(218) 束身待罪　主動抵京，靜候處分。束身，本義作「自縛其身」解。淮南子．人間訓：「衛君之來也，衛國之半曰：『不若朝於晉。』其半曰：『不若朝於吳。』然衛君以為吳可歸骸骨也，故束身以受命。」在此，引申作主動而未逃避責任；即時抵京。待罪，等候處分。漢書．匡衡傳：「衡子昌為越騎校尉，醉殺人，繫詔獄。越騎官屬與昌弟且謀篡昌。事發覺，衡免冠徒跣待罪。」按：東北軍將領等聞釋蔣之餘，張氏尚擬躬送蔣返京，頗多質疑，僉以為不妥。惟張氏謂：「此次事變對蔣打擊甚大，今後猶將擁蔣抗日，須給蔣撐面子，以恢復其威信……」又對楊表示：「……假如萬一我回不來，東北軍今後即完全歸你指揮。」離陝前隨手以紅鉛筆書一手令交楊：「弟離陝之際，萬一發生事故，切請諸兄聽從虎臣、孝侯指揮。此致何、王、繆、董各軍師長。」（蘇墱基：張學良生平年表頁三二二—三三四）

⑲向非 假若不是。唐杜甫・惜別行送劉僕射判官詩：「向非戎事備征伐，君肯辛苦越江湖？」宋范成大・回黃坦詩：「世界真莊嚴，造物極不俗。向非來遠遊。那有此奇矚！」

⑳翻然悔禍 改變追悔所造成的禍亂。翻然，亦作「幡然」、「反然」。改變貌。荀子・大略：「君子之學如蛻，幡然遷之。」注：「幡與翻同。」左傳・隱公十一年：「若寡人得沒於地，天其以禮悔禍于許，無寧茲許公，復奉其社稷。」

㉑赴事果決 做事果敢決斷。赴，投入。荀子・不苟：「負石而赴河是行之難為者也。」果決，謂敢作敢為能當機立斷。文選晉潘岳・西征賦：「健子嬰之果決，敢討賊以紓禍。」

㉒稍一猶豫 有一點兒遲疑不決。稍，小，少。稍一，猶言些許也。猶豫屬雙聲複詞，以聲取義，本無定字，故亦作「猶與」、「尤與」、「猶夷」……。舊說以猶豫為二獸名，性皆多疑，非是。（清黃生・義府卷上猶豫。）

㉓國事 國家的政事。史記・屈原列傳：「入則與王圖議國事，以出號令。」

㉔其何堪設想 可誰能想像（會變成什麼局面）？其，語氣詞，表測度。可。何，疑問代詞。誰。左傳・昭公十一年：「景王問於萇弘曰：『今茲諸侯何實吉？何實凶？』」堪，能（夠）。

㉕且以 而且因為……。

㉖舉世 全世界；國際。

㉗震驚 震動驚訝。

㉘安內攘外　漢張仲景・傷寒論太陽病上：「甘草甘平，有安內攘外之能。」原就藥之療效而言。後多指安定內部，排除外患。明史・文震孟傳：「數年來，振綱肅紀者何事？推賢用能者何人？安內攘外者何道？富國強兵者何策？」

㉙共識　眾人都有的認知。

㉚非　不是。

㉛禍福倚伏　禍福相因，往往福因禍而生，而禍藏於福。老子：「禍兮福之所倚，福兮禍之所伏。」禍，災殃。福，富貴壽考康寧等。倚，立身也。伏，下身也。禍福遞來，猶如倚伏也。

㉜蓋有難明者　或許有不容易了然的地方罷。

㉝「原」其心「跡」　原，推究。荀子・儒效：「俄而原仁義，分是非，圖回天下於掌上而辨白黑，豈不患而知矣哉！」心跡，本作「心迹」。存心與行事。文選南朝宋謝靈運・齋中讀書詩：「矧乃歸山川，心跡雙寂寞。」

㉞自是　從此；從這個時候起。按指民國二十五年十二月底起。

㉟脫然於軍政之外　在軍政、政界之外，超脫無累。宋曾鞏・發松門寄介甫詩：「今諧與子脫然去，亦有文字歌唐周。」按：民國廿五年十二月廿九日國民黨中央政治委員會會議決議軍委會組織高等軍事法庭會審張學良，並任命李烈鈞為審判長，朱培德、鹿鍾麟副之。卅一日高等軍事法開庭會審，宋子文陪同張氏到庭應訊，庭訊後，同日宣判「依刑法第五

十九條，與陸海空軍刑法第六十七條第二款前段，減處有期徒刑十年，並依刑法第卅七條第二項，褫奪公權五年。」民國二十六年一月四日，特赦獲准：「張學良所處十年有期徒刑本刑，特予赦免。仍交軍事委員會嚴加管束。此令　主席林森　司法院院長居正」（蘇墱基：張學良生平年表頁三三八—三四一、頁三六九）

㉟曲加衛護　多方面地予以關心。曲，ㄑㄩ。周徧。荀子‧非相：「曲得所衛焉，然而不折傷。」梁啟雄釋：「荀卿書『曲』字多有周徧之義。」衛護，偏袒。說唐第五十七回：「為今世民這般衛護他，實係蓄心不善，故此收羅這些亡命之徒，日後定然擾亂江山。」本文此處引申作「關心照顧」解。

㊲蔣夫人　宋美齡（一八九七—）海南島文昌縣人，光緒廿三年生於上海。年十一，隨姊慶齡（時十六歲）同赴美，入皮德蒙學院（Piedmont College）預科就讀。民元，入學衛思理學院（Wellesley college）主修英國文學。民六，畢業返滬。民國十六年十二月一日與先總統蔣公結縭。民十九至廿一年夫人出任立法委員。民廿三，國府倡導新生活動，夫人負責婦女訓練等工作，民廿五，任航空委員會秘書長襄助建立中國現代化空軍。西安事變發生，夫人從容應付危局。抗戰軍興，夫人持續對美宣述中國的處境曾手撰戰爭與和平中的中國、這就是我們的中國等二書在美刊行。民卅二年二月十八日應邀於美參眾兩院聯席會議演說，頗獲美朝野各界高度好評，同年六月訪加並於國會演講，中美、中加邦誼日益密切。夫人自民卅二迄五六年，每年均被列為全美最受崇拜之十大女性。中央遷臺後，夫人主要投注

於中華婦女反共聯合會會務及有關慈善公益活動。今人石之瑜所著宋美齡與中國自序指出：她「集第一夫人、歸國華僑、買辦後裔、外交鬥士、基督信徒、國畫名家於一身。」近年，夫人已離臺長寓紐約。

㊳ 時相存恤　經常彼此慰勉體恤。存恤亦作「存卹」。

㊴ 幽居　深居。漢書．蒯通傳：「婦人有夫死三日而嫁者，有幽居守寡不出門者。」西安事變後，張氏幽居地點如左表：

時間	幽居地點：省別	幽居地點：住處
26 01 13	浙江	溪口、武嶺學校
26 01 15	浙江	雪竇山、中國旅行社招待所
26 09 21	浙江	暫居雪竇寺（中國旅行社失火）
26 10 15	安徽	黃山居士林
26 10 18	江西	萍鄉、絳園
27 02	湖南	郴州城郊蘇仙廟
27 04	湖南	沅陵城外鳳凰寺
29 11	貴州	修文龍岡山陽明洞
30 05	貴州	黔靈山麒麟洞（暫居）
31 02	貴州	開陽縣劉育鄉
33	貴州	春，移居息烽縣陽朗壩 冬，移桐梓縣郊天門閣

時間	幽居地點：省別	幽居地點：住處	備註
35 10	四川	重慶戴公祠	一、民國四十九年非公開結束「管束」。 二、民國八十年三月十日張氏伉儷赴美探親，應視為渠幽居期正式結束，恢復自由之身。 三、民國八十二年十二月張氏伉儷飛美定居夏威夷（張本人於八十四年四月公開對外發布此訊息）。
35 11 02	臺灣	臺北草山（自重慶飛抵臺北）	
35 11 03	臺灣	新竹竹東井上溫泉招待所	
37	臺灣	高雄西子灣	
38	臺灣	新竹竹東井上溫泉招待所	
43	臺灣	高雄西子灣	
48	臺灣	臺北北投臺航招待所（島內解禁）	
50	臺灣	於北投復興路自建房舍定居	

㊵養性慎道　涵養本性，遵循事理。孟子盡心上：「存其心，養其性，所以事天也。」淮南子・俶真：「靜漠恬澹，所以養性也。」慎，遵循；依順。墨子・天志中：「今天下之君子，中實將欲遵道利民，本察仁義之本，天之意，不可不慎也。」道，事理，規律。易・說卦：「是以立天之道曰陰與陽，主地之道曰柔與剛，立人之道曰仁與義。」

㊶後過　後來到達……。過，到達。唐韓愈・過襄城詩：「郾城辭罷過襄城，潁水嵩山刮眼明。」

㊷貴州修文　貴州省修文縣，位於黔中，貴陽與息烽之間。

㊸王陽明　（一四七二—一五二八）明浙江餘姚人，本名守仁，字伯安，弘治十二年進士。正德初，因忤權宦劉瑾，謫龍場驛丞。瑾誅，移廬陵知縣，累擢右僉都御史，巡撫南贛，總督兩廣。平定宸濠之亂，官至南京兵部尚書，封新建伯，卒謚文成。渠主張「心」為本體，提倡「良知良能」，「格物致知，自求於心」，反對朱子的「外心以求理」，提出「求理於吾心」的知行合一說。世稱姚江學派，以其曾築室於陽明洞。學者稱陽明先生，亦稱陽明學派。有王文成全書卅八卷存世（隆慶年間謝廷傑刻），明史有傳。

㊹謫居　猶言貶居。謫，ㄓㄜˊ。職官因罪降級並調往邊陲或偏遠地方服務。

㊺龍場驛　明驛站名，在今貴州修文縣境內。

㊻明史　清順治二年詔設明史館，徐元文、張玉書、陳廷敬、王鴻緒等人先後為總裁，先成列傳，萬斯同（黃宗羲之弟子）以布衣參史局，主編纂事。康熙晚年紀、志、表亦脫稿。

雍正二年又以張廷玉任總裁，據史稿加以修訂，乾隆四年成書刊行，凡三三二卷，目錄四卷。自初修至刊行，歷時六十年。明史紀述自洪武元年至崇禎十七年止，有明二百餘年之史實，在唐代以後官修正史中，以材料豐富、體例嚴謹著稱。但前清入關階段文網甚密，修史諸臣對建州女真、南明史迹，諱莫如深，曲文偏辭，亦為前史所罕見。

㉔⑦大有得於其心　猶云大有心得。

㉔⑧嗣受　後來。三國魏曹操．蒿里行：「勢利使人爭，嗣還自相戕。」

㉔⑨篤信　真誠地信奉（或信仰）。

㉕⓪基督教義　基督教其教徒所信奉的義理，如聖經（Bible）是。

㉕①主恩天高厚，富貴如浮雲　民國七十八年三月十八日張氏復東北大學旅美校友會來函，婉謝渠等組團來臺祝壽，特於該函中錄其近作二十字以示信。全文：「白髮催年老，虛名誤人深，主恩天高厚，世事如浮雲。」

㉕②抱天地間無窮之感　心懷天地之間，無盡無極的思念。抱，持，懷。天地間，天地之間。文選漢張衡南都賦：「今天地之睢剌，帝亂其政，豺虎肆虐，真人革命之秋也。」無窮，無盡，無極限。書．畢命：「公其惟時成周，建無窮之基，亦有無窮之聞。」

㉕③敭歷之盛　謂居官經歷之多。敭，ㄧㄤˊ。古「揚」字。盛，ㄕㄥˋ。極。莊子．德充符：「平水停之盛也者。」平者，水停之盛也。按：張氏曾任旅、師長，東北邊防軍司令長官、東北政務委員會委員長、國民政府委員、國民黨中執委、東北大學校長、陸海空軍副司令、豫

鄂皖三省剿總司令、軍委會武昌行營主任、西北剿總副總司令等職。（中華民國史事紀要，民國十六—廿四年各冊）

㉔④無論　不必說；且不說。晉陶潛・桃花源記：「問今是何世，乃不知有漢，無論魏、晉。」

㉔⑤建樹之榮　治績顯著。書・康王之誥：「乃命建侯樹屏，在我後之人。」陳書・衡陽獻王昌傳：「欽若姬漢，建樹賢戚。」均指裂土設國、分封諸侯而言，本義為建立。榮，繁茂，茂盛。素問・四氣調神大論：「春三月，此為發陳，天地俱生，萬物以榮。」晉陶潛・歸去來兮辭：「木欣欣以向榮，泉涓涓而始流。」建樹之榮猶云治績可觀，獻替良多也，按：張氏於奉軍時期，重視軍士訓練與紀律，剿撫吉黑土匪，所向皆捷，為其初試啼聲之作。而後，於改革軍制、嚴訓勤技、規劃航空武力，第一次直奉戰爭順利轉進，全師返藩。渠主張統一、自動易幟，東、巧二電化解紛爭，經營東北大學，蜚聲全國，設興安屯墾公署，寓兵於農、休養生息，調整金融，繁榮經濟……均著績效。

㉕⑥任事之勇　做事果敢有擔當。按：民十六歲末，東北順利易幟乃張氏堅定主張，力排眾議、悉心規劃，始底於成。又，雙十二兵諫之後，渠公開承擔一切責任，主動表示將躬送委員長返京等均為張氏任事之勇的明證。

㉕⑦一皆委諸露電泡影，不足控搏之數　全都付之於瞬逝的虛幻，是人所不能把握的命數。形容張氏胸懷大度、個性豁達。一皆，全部，一切。委，付託。露電，朝露閃電。前者易乾、後者瞬逝。喻迅速逝去或消失。泡影，喻虛幻、無望之事也。金剛（般若蜜多心）經：「一

切有為法，如夢幻泡影，如露亦如電，應作如是觀。」控摶，把握，引持。史記（屈原）・賈誼列傳賈生服鳥賦：「忽然為人兮，何足控摶。」索隱：「控摶，謂引持而玩弄，貴生之意也。」漢書賈誼傳作「控揣」。摶，ㄊㄨㄢˊ。數，ㄕㄨˋ。天命：命運。後漢書・鄭太荀彧等傳論：「及阻董昭之議，以致非命，豈數也夫！」

㉕⑧樂天知命　樂從天道的安排，安守命運的分限。易・繫辭上：「樂天知命，故不憂。」孔疏：「順天意之常數，知性命之始終，任自然之理，故不憂也。」

㉕⑨從無怨懟　心平氣和，從來沒有絲毫不滿。怨懟，不滿。漢書・王商傳：「章下有司，商私怨懟。」懟，ㄉㄨㄟˋ。

㉖⓪時時　經常。

㉖①過從　互相往來。宋黃庭堅・豫章集次韻德孺五丈新居病起詩：「稍喜過從近，扶笻不駕車。」按：張氏於民國四十八年起，始非正式地結束軍委員會「嚴加管束」，於島內恢復自由之身。五十年前後，覓妥北投復興路自建房舍定居之，並與本文作者、王新衡（一九〇八—一九八七，時任立法委員）、張大千（一八九九—一九八三）組成「三張一王」轉轉會，四人輪流做東，每月聚餐一次，在家操辦菜肴酒食，品茗賞花、談畫論詩。

㉖②印心證道　印證於心，頓悟事理。佛家稱印證於心而頓悟曰印心。宋蘇軾・書楞伽經後：「吾觀震旦所有經教，惟楞伽四卷可以印心。」印證，亦作「印正」、「印政」。謂通過對照比較，證明與事實相符。證道，悟道。宋陳善・捫蝨新話漢儒誤讀論語：「予舊曾為

中庸之說，謂中庸者，吾儒證道之書。」

㉖③高談轉清　侃侃而談，大發議論；體力不濟疲憊之時，又不約而同地回歸寂靜。高談又作「高譚」。三國魏劉劭・人物志接識：「是故多陳處直，則以為見美，靜聽不言，則以為虛空，抗為高談，則為不遜。」轉，返（歸）。清，寂靜。老子：「重為輕根，清為躁君。」

㉖④性樂書畫　本來就喜愛書法、國畫。性，原指人的本性。易・繫辭上：「一陰一陽之謂道。繼之者善也，成之者性也。」孔疏：「若能成就此道者，是人之本性。」唐韓愈・原性：「性也者，與生俱生也。」宋司馬光・善惡混辨：「夫性者，人之所受於天以生者也。」故亦泛指天賦、天性。本文此處引申作「本來」解，似較妥。樂，一幺。喜愛。論語・雍也：「知者樂水，仁者樂山。」按：張氏自幼好文，頗喜書畫古玩，蒐藏甚多，於真跡字畫常愛不釋手。民十九，於北平琉璃廠見紅梅圖，經研判確為名人真跡，以高價購之。然此畫原已為張大千所訂購，後張氏得悉此中內情，於民國五十年將該圖慨貽張學良。

㉖⑤張大千　（一八九九—一九八三）原名正權，後改名爰，小名季，又名季爰，四川內江人。兄善孖擅畫虎。民六，隨兄赴日京都，習繪畫並研究染織工藝。民八，返國，從李瑞清（一八六七—一九二〇）、曾熙（一八六一—一九三二）習詩文書畫。渠一度為僧，法號大千，還俗後以法號行。民廿五，受聘為中央大學（南京）美術系教授。擅山水、花鳥、人物，工意俱佳。初習清初四高僧（朱耷、原濟、髡殘、弘仁），抗戰期間，泛涉各家，後往敦煌石室揣摩三年，超越宋、元、明、清而上承北魏、隋、唐，遂創其特有之畫風。整體演

變與發展，識者以為：大千卅歲以前追求「清新俊逸」，天命之年前後進而「瑰麗雄奇」，耳順後，因飽滄桑、學養已深，人畫俱老，臻「蒼渾淵穆」之境。晚年與畢卡索（Pablo Picaso, 1881-1973 西班牙人，法國現代畫派主要代表。）締交，互表欽慕，人稱「東張西畢」，馳譽國際藝壇。五十年代棲身海外，卜居巴西八德園；民六七歸國，定居臺北市外雙溪摩耶精舍。」遺有張大千畫冊、張大千書畫集於世。

㉖⑥歸國　回國。

㉖⑦煮酒話舊　且燙酒且敘談往事舊聞。元薩都剌・寒夜與王記事宴集詩：「玉奴燭剪落燕尾，銀瓶煮酒浮鵝黃。」煮酒亦作「煑酒」。敘談往事舊聞曰話舊。唐李益・下樓詩：「話舊全應老，逢春喜又悲。」

㉖⑧言笑晏晏　說說笑笑，和柔溫順。詩・衛風氓：「總角之宴，言笑晏晏。」毛傳：「晏晏，和柔也。」晏，ㄧㄢˋ。言笑晏晏與「言宴」同源、同義。

㉖⑨三張先生　依庚序排列：㈠張羣，㈡張大千，㈢張學良，合稱三張先生。先生，屬稱謂敬詞。

㉗⓪以羣附驥尾云　姑且拿我來追隨各位先輩之後。按：屬謙遜性短句。以，把，拿。左傳・僖公廿三年：「子犯以璧授公子。」羣，作者名諱。作者自稱。附驥尾，典出史記伯夷列傳：「顏淵雖篤學，附驥尾而行益顯。」索隱：「蒼蠅附驥尾而致千里，以喻顏回因孔子而名彰。」後因多用以喻追隨前輩、名人之後。清唐孫華・有感明季黨事二十二韻：「聲

名驥尾附，假竊虎皮蒙。」云，句尾語助詞，無適切白話可資翻譯，附記之。

(271)趙一荻　（一九一二—二〇〇〇）原籍浙江金華，民國元年生於香港，本名媞，又名綺霞，因上有六兄「三姊」，故家人暱稱之為「趙四」。渠入學時，曾取一英文名字Edith，遂依諧音，又名一荻。父趙慶華（字燧山），個性耿介，為官清廉，曾任津浦鐵路局局長、北洋政府航政司司長等職，民十四春辭官留京從商。民十六年五月經趙絳雪（慶華長女）引介邂逅張氏於天津蔡公館舞會，二人一見投緣，感情迅速增溫，遂私訂終身。未幾，六兄燕生協助夜奔瀋陽，造成轟動京津之「綺霞失蹤案」。一荻為愛情，不計名分。到瀋陽後，曾入東北大學進修。張氏幽居期間，一荻始終陪伴左右，不怨不尤；而渠與張氏元配于鳳至夫人相處融洽，形同姊妹，尤令人稱道。民五十三年三月于夫人主動提出離婚請求，期促成囚籠鴛鴦早結網羅。張趙二人於同年七月四日假友人Jimmy Elder台北寓所完成婚禮。夫婦二人均為虔誠基督徒，曾由張氏口述，一荻執筆，完成好消息、新生命、直省內、大使命、女人、相逢骷髏地、毅荻見證詞等教義性專篇。民八十九年六月廿日病逝於美夏威夷寓所。

(272)優游林下　悠閒自得地漫步於山林田野之間。優游亦作「優遊」。詩·大雅卷阿：「伴奐爾游矣，優游爾休矣。」林下，指山林野退隱之處言：南朝梁慧皎·高僧傳義解二竺僧朗：「朗常蔬食布衣，志耿人外……與隱士張忠為林下之契，每共遊處。」

(273)見者　看到的人。

㉗④疑為　不相信，還以為……。疑，不相信。穀梁傳·桓公五年：「春秋之義，信以傳信，疑以傳疑。」

㉗⑤神仙眷屬　神仙夫妻。神仙亦作「神僊」。傳說具超人之能力，得超脫塵世，長生不老。史記·孝武本紀：「海上燕齊之間，莫不搤捥而自言有禁方，能神僊矣。」眷屬謂夫妻。西廂記第五本第四折：「願普天下有情的都成了眷屬。」清黃遵憲·以蓮菊桃雜供一瓶作歌：「有時並肩相愛憐，得成眷屬都有緣。」

㉗⑥故總統　已辭世的總統。

㉗⑦蔣經國　（一九一〇—一九八八）譜名建豐，浙江奉化縣（溪口鎮）人。前清宣統二年生，先總統　蔣公之長公子。幼承庭訓，曾受業於吳敬恆，立志報國。民國十四年赴蘇俄，就學於莫斯科孫逸仙大學、列寧格勒中央政治學校，留蘇期間對共產主義之理論與實際有相當深入之體認。民國廿六年返國，於贛南行政督察專員任內，建設尤稱卓著。民國卅七年奉派至滬濱督理經濟管制，旋轉任國民黨臺灣省黨部主任委員。政府遷臺後，先後出任行政院國軍退除役官兵輔導委員會主任委員、中國青年反共救國團主任、國防部副部長、部長、行政院副院長、院長、中國國民黨主席……等職。民國六十年代，於行政院長任內厲行十項行政革新、推動十項國家建設，厚植國力，功不可沒。六十七春，當選為中華民國第六任總統，惜於第七任總統任內病逝。遺有一個平凡的偉人、痛定思痛、我的父親、危急存亡之秋等書存世。

㉗今總統　現任總統。按：時為中華民國七十九年，蔣故總統經國先生辭世第三年。

㉗李登輝　（一九二三—）臺灣臺北縣（三芝鄉）人。生於民國十二年（日治大正十二年）。臺北高等學校（大學預科）畢業後，赴日就讀京都帝國大學（京都大學），繼續未竟之學業。民國卅八年夏畢業於臺灣大學，留校任教。四十一年獲中美基金獎學金赴美愛荷華州立大學研究農業經濟，返國未幾，任職臺灣省政府農林廳技士、股長，後轉任合作金庫研究員（民四四）、中國農村復興聯合委員會農經組技士（民四六）。此期間仍兼臺大講師。民國五十四年再度獲獎學金赴美康迺爾大學專攻農經學，五十七年獲該校農經博士，返國仍任職農復會經擢升為技正。六十一年改任行政院政務委員兼農復會顧問，參預制定國家農業政策。六十七年出任臺北市長，七十年改任臺灣省政府主席，七十三年當選中華民國副總統，七十七年元月蔣經國先生病逝旋接任總統，同年七月並當選國民黨主席，八十九年五月卸任。著有臺灣農業經濟論文集（民七二）、經營大臺灣（民八四）、臺灣的主張（民八八）等書。

㉘均加優禮焉　都益發厚待禮遇呢！均，都，皆。加，增益，更加。論語・子路：「加我數年，五十以學易，可以無大過矣。」孟子・梁惠王上：「鄰國之民不加少，寡人之民不加多。」又，「加」有施及、加以等義，亦通。明史・李獻可傳：「帝怒加甚，奪嗣成職。」優禮，厚待、禮遇。漢書・劉向傳：「上以我先帝舊臣，每進見常加優禮，吾而不言，孰當言者？」按：蔣故總統在位期間，經常撥冗探訪張氏伉儷，張氏恒直言不諱，表達對時

局、國事之獨到看法與建議，蔣均虛心聆聽。李前總統曾數度邀請張氏伉儷茶敘或同做禮拜。（李翠蓮著：張學良頁二九一—二九二）

㉘得天獨厚　獨邀天眷；獨具特殊且優越的條件。清趙翼．甌北詩話陸放翁詩：「先生具壽者相，得天獨厚，為一代偉人，豈偶然哉？」

㉘閱世方新　將跨越新世紀而矍鑠依然也。屬祝福禱頌之辭。經歷時世曰閱世。清．鈕琇．觚賸石言：「端凝靜默，有勵俗之守焉；厚重不毀，有閱世之壽焉。」方，將，將要。表未來。詩．秦風小戎：「方何為期，胡然我思之。」岳公吉人吉語，其老友張氏今歲在美安渡百秩晉一壽辰，依然精神抖擻如恒（九〇、九、一八誌）

㉘今歲　今年。指民國七十九年。

㉘六月之「吉」　吉日良辰。按：張氏於前清光緒廿七年四月十七日（換算新曆為六月三日）誕生於奉天（今稱遼寧）臺安縣桑子林詹家窩舖。父張作霖（字雨亭），母趙氏。（蘇編張學良生平年表頁一）

㉘壽躋九秩　年紀登上九十。壽，ㄕㄡˋ。年歲。左傳．襄公八年：「周詩有之曰：『俟河之清，人壽幾何？兆云詢多，職競作羅。』」躋，ㄐㄧ。上升，登上。十年曰一秩。唐白居易思舊詩：「已聞第七秩，飽食仍安眠。」

㉘同人　易卦名。☲☰，離下乾上。與人同和之意。後因稱志同道合的友人曰同人。唐韋應物．韋江州集附錄陪王郎中尋孔徵君詩：「俗吏閒居少，同人會而難。」

㉗287 誼屬桑梓　具有同鄉的關係。誼，交情，友誼。諸・小雅小弁：「惟桑與梓，必恭敬止。」古人恆於宅旁栽桑植梓。東漢以來遂用以喻故鄉。文選漢張衡・南都賦：「永世克孝，懷桑梓焉；真人南巡，覩舊里焉。」

288 情殷袍澤　感情深厚的弟兄。殷，盛大深厚。詩・秦風無衣：「豈曰無衣，與子同袍。王于興師，修我戈矛，與子同仇。」又「豈曰無衣，與子同澤。王于興師，修我矛戟，與子偕作。」衣服襯以綿絮者曰袍，貼身裹衣謂澤。後軍人相稱曰「同袍」，曰「袍澤之誼」，義本此。袍澤，近代漢語稱「弟兄」也。

289 著籍之門生　學生及其弟子。著籍與門生原有別，前者係指親炙門下者，即一般所謂弟子。後者係用以稱再傳弟子，即弟子之門人是也。此處所述——著籍之門生，以迻釋為學生及其弟子或弟子及其門人為妥。按：張氏曾兼任東北大學校長多年，附記之。

290 縞紵之故舊　友誼深厚的舊識、老友。縞紵，ㄍㄠˇ ㄓㄨˋ。左傳・襄公二十九年：「（吳公子季札）聘於鄭，見子產，如舊相識，與之縞帶，子產獻紵衣焉。」後因以縞紵喻友誼深厚。縞帶，以白細生絲織成的衣帶。紵衣，以苧麻織成的粗布衣物。故交、老友曰故舊。論語・泰伯：「故舊不遺，則民不偷。」間亦作「舊故」。史記・（范睢）蔡澤列傳：「然則君之主慈任忠，惇厚舊故，其賢智與有道之士為膠漆，義不倍功臣，孰與秦孝公、楚悼王、越王乎？」

291 永懷雅誼　長久地珍惜這份美好的交情。永，長久。書・高宗肜日：「降年有永有不永。」

詩・大雅既醉：「君子萬年，永錫祚胤。」懷，想念。引申作愛惜。楚辭屈原・九歌東君：「長太息兮將上，心低佪兮顧懷。」雅誼，美好的交情。

(292)願晉一觴　衷心期盼奉上一杯祝福的壽酒。願，希望。論語・先進：「非曰能之，願學焉。」孟子・公孫丑下：「不敢請耳，固所願也。」晉，亦作「晋」。進。易・晉：「晉，進也。」疏：「古之晉字，即以進長為義。」奉上曰進。禮・曲禮上：「侍飲於長者，酒進則起。」觴，盛有酒的杯子。

(293)諺　長期流傳的一種相當固定的常言。左傳・桓公十年：「周諺有之：『匹夫無罪，懷璧其罪。』」

(294)英雄回首即神仙　創造時勢、叱吒風雲的人上人，回過頭來竟是仙風道骨、超脫塵凡從此不與聞世事的耋翁。喻提得起亦放得下。

(295)其先生之謂歟　這不正是壽翁張公的寫照嗎？

(296)南山北山臺萊之什　謂頌德祝壽之詩。詩小雅南有嘉魚之什：「南山有臺，北山有萊。樂只君子，常壽無期。」

(297)不足為先生誦也　不值得拿來為壽翁朗讀。意謂俗之甚也。商君書・便法：「拘禮之人不足與言事。」

(298)薰沐　淨衣薰香，潔身沐浴。意謂誠心誠意，慎重其事。

(299)撰　ㄓㄨㄢˋ。著作，著述。

張漢卿先生九秩壽慶請柬（原版影印）

中華民國七十九年國曆六月一日為
張漢卿先生九秩大慶謹詹於是日正午十二時假座
圓山大飯店十二樓崑崙廳潔治壺觴共申祝嘏之忱
尚祈
高軒涖臨以介眉壽

張　岸
丁　農　王　翼　王一方　王必成　王多年
王叔銘　王禹廷　王愓吾　王壽幼蘭　王鐵漢
田長輝　江兆申　衣復恩　宋心濂　宋長志
李國鼎　李達海　何世禮　何洪奇芬　何鴻毅
吳　平　吳幼林　林　燈　林和鳴　林嘉政
杭立武　金克和　易勁秋　邱進益　周聯華
姜必寧　徐　亨　徐　鼐　烏　鉞　殷之浩
倪文亞　夏功權　袁守謙　秦孝儀　郝柏村
孫運璿　梁肅戎　唐德剛　馬安瀾　馬紀壯
馬英九　黃少谷　崔垂言　郭冠英　郭婉容
溫哈熊　馮國卿　張心一　張式綸　張杜芬
張徐雯波　張祖詒　張捷遷　張繼正　張寶樹
楊大中　辜振甫　辜嚴倬雲　趙自齊　熊　丸
劉安祺　劉紹唐　劉廣凱　寧恩承　蔣彥士
鄧述微　鄭彥棻　鄭德齡　謝森中　羅　光
羅　啓　羅光瑞　嚴王宏毅　嚴雋寶

謹訂

附錄：張漢卿先生事略（未定稿）

張公諱學良，遼寧海城人。字漢卿，號毅菴。①父雨亭公②、母趙太夫人。前清光緒廿七年（一九〇一）陰曆四月十七日出生於新民府臺安縣。民國九年秋，畢業於東三省陸軍講武堂，曾任東三省巡閱使署衛隊營營長、混成旅團長、旅長、鎮威軍第二梯隊司令、二十七師師長、東三省陸軍訓練副監、鎮威軍第三軍軍長等職。民國十七年六月四日拂曉，大元帥專列遭日軍預謀炸燬於皇姑屯（京奉鐵路與南滿鐵路立體交叉點），雨帥身受重傷，延至上午十時辭世，眾推漢卿為東三省保安司令。同年十二月，宣布東北易幟，任東北邊防司令長官。民十九，任全國陸海空軍副總司令。廿年九月十八日，日本關東軍夜襲北大營，為執行中央不抵抗政策，東北軍轉進關內。廿一年，任軍事委員會北平分會委員長，翌年辭職，廿三年，任鄂豫皖勦匪副總司令，代行總司令職。次年，任武昌行營主任、西北勦匪副總司令，代行總司令職。廿五年十二月十二日，與楊虎城發動兵諫，扣押蔣委員長於西安華清池。廿五日，親送委員長返京，旋遭軟禁。卅一日，高等軍事法庭開庭會審，判決有期徒刑十年、褫奪公權五年。廿六年一月四日，國民政府主席林森明令特赦張學良，免除其徒刑；交付軍事委員會嚴加管束。從此，渠幽居生活長逾五十餘年③。此期間，張氏先沈潛於明史，後專心於研究聖經。元配于鳳至於廿九年春，因乳癌赴美就醫，遂滯美未歸。五十三年三月，同意與公仳離；七月，張氏與趙一荻女士於臺北結婚。晚年旅居美國，八十九年六月十一日趙夫人病逝檀香山，享年八十八歲。九十年十月十四日，張氏於夏威夷辭世，享年一〇一歲④。

①張氏除名號外，年幼時親友多謔稱渠「小六子」。弱冠後，袍澤多以少帥尊稱之。室名先後有東山小白樓（葫蘆島別墅）、樸園（幽居臺灣時，於北投購建，民八二已轉售）、毅荻書齋【美哥倫比亞大學張氏專屬文物陳列室，又稱張學良紀念圖書館。庋藏渠夫妻部分重要交獻、圖書資料。毅（毅菴）、荻（一荻）】。

②張作霖（一八七五—一九二八）奉天（今遼寧）海城人，原籍河北河間、一作大城。本姓李，出嗣張姓親友，因改姓張。字雨亭。青壯時，落草為寇，光緒季年接受清廷收編，歷任管帶、統領。民初，任廿七師師長，升奉天督軍兼巡按使，後改督軍兼省長。民七，任東三省巡閱使，為奉系領袖。兼蒙疆經略使，節制熱、察、綏等區都統。民十一，第一次直奉戰爭，敗退關外，經東三省議員推舉為東三省保安總司令。民十三，第二次直奉戰爭，直系鍛羽，渠執掌北政府，民十五就任中華民國安國軍總司令，翌年夏，自任中華民國軍政府陸海軍大元帥。民十七夏，遭日本關東軍預謀殺害。雨公正室趙夫人、續配盧夫人，另有姬人三名，共育八子六女；男依序為：學良、學銘、學曾、學思、學森、學俊、學英、學詮；女依序為首芳（冠英）、懷英、懷瞳、懷卿、懷曦、懷敏。

③（一九三七、〇一—一九九〇、六）

民國年月日	西曆	記事
26 01 04	一九三七	國民政府發布特赦令略以：「張學良所處十年有期徒刑，特予赦免。仍交軍事委員會嚴加管束。」該令由國民政府主席林森署名、司法院長居正副署。軟禁於孝陵衛孔祥熙公館。
01 13	一九三七	專機押送張氏自京抵杭，改由陸路至溪口武嶺學校暫住二日。
01 15	一九三七	幽居雪竇寺中國旅行社溪口分社。旋，趙一荻、于鳳至二人輪班於幽居處作陪。
09 21	一九三七	溪口分社失火，暫居雪竇寺。
10	一九三七	中旬（確切日期不詳）移居安徽黃山居士林，三日後，移江西萍鄉綘園（約住三個月）。
27 02	一九三八	移湖南郴州，幽居城外蘇仙嶺蘇仙觀大殿東側廂房。轉永興亭司鎮文明書院。
03 22	一九三八	移湘西沅陵鳳凰山鳳凰寺送子巖。（一作四月，待考）。
04	一九三八	長沙大火。
11	一九三八	自沅陵經辰谿、芷江、黃屏抵貴陽，轉修文縣龍崗山陽明洞繼續幽禁。
29 02	一九四〇	于鳳至因病赴美診治，趙一荻自港趕抵龍崗山陪侍。
30 05	一九四一	下旬，急性闌尾炎，及時手術切除，出院後暫居黔靈山麒麟洞以便複診。
31 02 02	一九四二	移開陽縣劉育鄉（距貴陽八二公里）繼續幽禁。
33 12 07	一九四四	本年春，移息烽縣城外小鎮陽朗壩，十二月上旬，始移居桐梓縣（距開陽約百餘公里）天門洞。
35 10	一九四六	移居重慶戴公祠。
11 02	一九四六	專機押送至臺北，暫住草山。

35 11 03	一九四六	移居新竹竹東鎮井上溫泉招待所。
37	一九四八	移居高雄西子繼續幽禁。
38	一九四九	轉返井上溫泉招待所。
43	一九五四	再移居西子灣。
48 03	一九五九	移居北投臺航招待所；總統府秘書長張羣傳達蔣公解除管束之「命令」，為張氏安全計，改以警察人員執行「保護任務」。
50 08 31	一九六一	長女閭瑛偕婿陶鵬飛來臺探視。
09 01	一九六一	遷入新北投復興三路自購新宅。
79 06 01	一九九〇	友假圓山大飯店為渠九〇壽辰祝嘏，幽居生涯始告結束。

④夫妻合葬於夏威夷墓園。民國六十四年四月五日蔣公辭世，張氏曾往靈堂悼祭，並輓以：

「關懷之殷，形同骨肉；政見之爭，宛如仇讎。」

張作霖（雨亭）脈下世系表

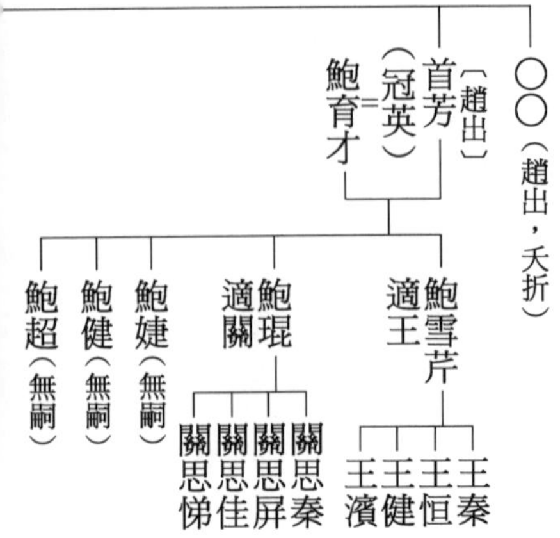

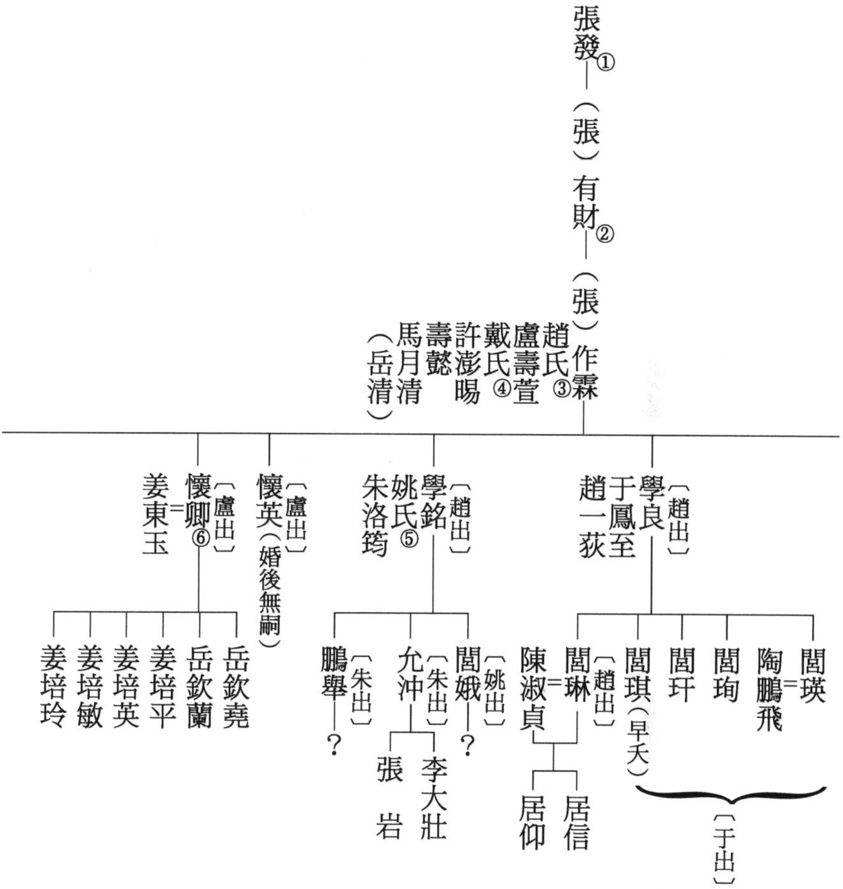
張發①
（張）有財②
（張）作霖
趙氏③
盧壽萓
戴氏④
許澍暘
壽懿
馬月清（岳清）
學良（趙出）
于鳳至
趙一荻
學銘（趙出）
姚氏⑤
朱洛筠
懷英（盧出）（婚後無嗣）
懷卿（盧出）⑥
姜東玉
閭瑛
陶鵬飛
閭珣
閭玗
閭琪（早夭）
（于出）
閭琳（趙出）
陳淑貞
居信
居仰
閭娥（姚出）
？
允沖（朱出）
李大壯
張岩
鵬舉（朱出）
？
岳欽堯
岳欽蘭
姜培平
姜培英
姜培敏
姜培玲

- 懷瞳〔許出〕（婚後育二子一女）＝趙世輝（天賜）
- 學曾〔許出〕（婚後育二子一女）＝蔡氏⑦
- 懷曦〔許出〕（婚後育二子一女）＝張曉雪
- 學思〔許出〕＝謝雪萍
  - 光毅（育一子）
  - 仲羣（育一子）
  - 曉曉（育一女）
  - 嘯嘯（育一女）
  - 東然（育一女）
  - 子京（育一子一女）
- 學森〔壽出〕＝王美茜
  - 閭蘅 適黃
    - 黃大昆
    - 黃雙
  - 閭芳
  - 閭芝
- 學俊〔壽出〕（婚後育六子女）

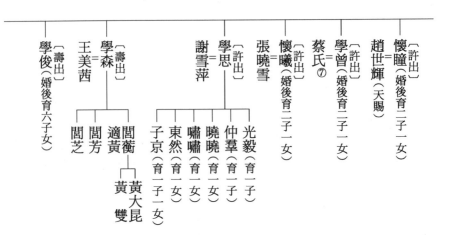

- 學英（壽出）（？）＝朱文馨
- 學銓（壽出）＝馬蘊蘭
  - 閻琪（婚後育一子）
- 懷敏（馬出）＝翟元坤
  - 翟魯本（婚後育二子）
  - 翟芸臺
  - 翟海蒂

①姒待考。
②同①。
③閨諱待考。
④同③。
⑤同③。
⑥先適岳，仳離後再婚。
⑦同③。

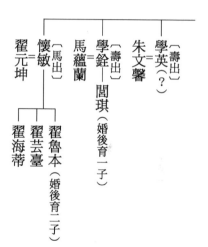

附篇　桃園勝利居簡姓宗牒（初稿）

徙臺前原鄉—南靖，近影五幀

勝利居舊居

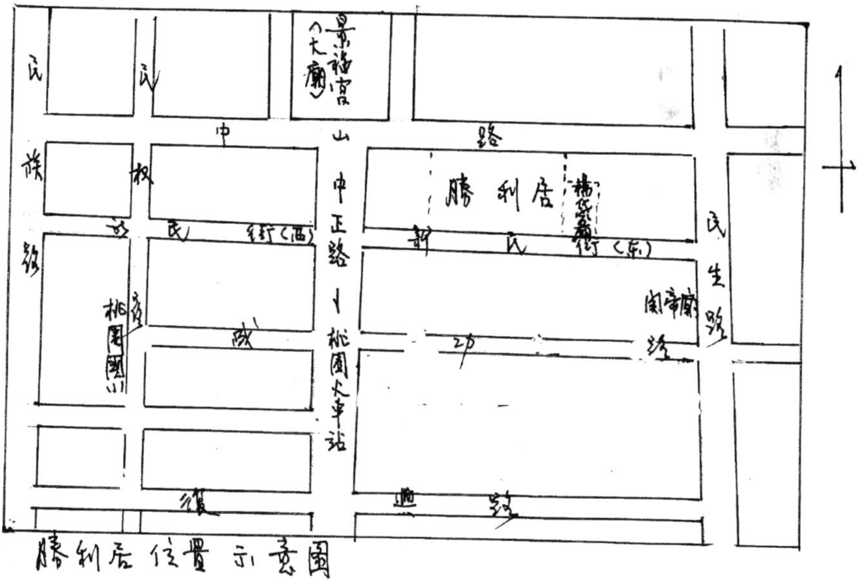

勝利居 位置 示意圖

例言

一、勝利居簡姓一族於前清乾嘉間自南靖（靖邑）渡海來臺墾殖，迄今已綿衍十代，宗親人口已逾三百餘人，桃園乃其新郡望，茲將所修譜牒定名曰桃園勝利居簡姓宗牒。

一、本宗牒以現存大溪埔尾簡日盛公祠堂所修簡氏族譜為主要依據，遍查左傳、史記、前後漢書、三國志、新舊唐書、新舊五代史、十國春秋、明史、清史稿等史籍，涿州（范陽）、袁州、南靖、桃園等州（縣、市）志，川、贛、閩、臺等省通志，其信而可徵之史料、文獻始加以採擇、編纂之，分溯源、尋根與徙臺三編。

一、本宗牒文字、圖表皆求言而有據、簡明扼要、嚴謹可考。編纂原則悉準詳今略古、信雅兼顧處理之。遠（上）古各先祖於史乘有傳者，均未另撰新傳，既未掠美前賢，又能精省篇幅。各編文字酌作附注，俾明主從。凡所徵引必注明出處，以昭信實。

一、各房宗親一時未能提供其故人具體事蹟等資料者，概以編年表記錄之。宗親資料齊全可徵者，或以合傳撰作之，或以行述、事略撰擬之。

一、本宗牒為求周延並符合今世男女平等之旨，自來臺第七代起各房女性宗親悉設法遍查、列入世系圖。

一、本宗牒附錄有空白世系圖、考妣資料紀錄表多頁，俾供諸宗親於子孫完婚、生產、……等適時填製、紀錄，期資料保存益臻理想，日後修訂本宗牒亦得提供較完整之資料。

桃園勝利居簡姓宗牒（初稿）

目次

序

譜，牒也；所以紀世系、別宗屬者也。昔名門右族無不寶宗牒以為子孫，是譜之所繫重矣。

萬姓統譜云：「簡姓根源于東周大夫簡師甫。」秦代周興，師甫後裔悉淪為庶眾，並自洛邑，驅遣上谷，服苦役、修長城。於是，簡姓族人散居今涿縣與魯西間。東漢季年，黃巾亂起，東胡掠邊，大局杌隉，民不聊生，兵連禍結，諸路英雄紛紛揭竿共逐天下。族人簡雍隨從劉玄德，轉戰南北，入益州、取成都。玄德稱帝華陽，憲和因功拜昭德將軍，郡望范陽，其來有自。簡姓子孫俊秀，千秋萬葉，縷縷不缺。

兩晉間，入川胤裔，先徙豫章、再移閩南，此乃簡氏諸舊譜所稱南靖支派也。前清乾嘉間靖邑十四世祖俊達公買舟攜眷東渡，墾殖于坑仔口，耕地既增、蓄積日豐，儼然已奠磐基。而文公昆仲三人，棣華增映，合作無間，繼志承緒，家境益亨。而文公與德配王太夫人育子一人，即來臺第三代（靖邑十六世祖）振昌公也。振昌公伉儷亦僅得子一人，諱濱河，詎白玉樓成，存年十六耳。夫婦痛不欲生，強忍此無常舛運，情商于大湖同宗遠親領養嗣子，期兼祧有後，此來臺第四代（靖邑十七世祖）傳公是也。傳公早慧，悟性尤佳，善貨殖，初以販售陶瓷為業，經營得法，乃擴及腦油提煉、出口，與兩岸米、糖、藥材等貿易，商網遍香江、閩、臺，終成巨富。日治初，總督府所刊臺灣大地主名錄名列其中，除擁有水、旱、山地逾百餘甲外，並於桃園街武陵段構築勝利居，基地橫寬幾達今新民街東段之半，與金浦楊氏家廟櫛比緊鄰，南北縱深面臨中山路與新民街，首尾門面皆可供做店面，紅磚粉瓦、美侖美奐；如今，物換星移，多以拆除重建，惟仍可自尚保存舊居一幢，依稀見及當年勝利居巨構風貌。公賢伉儷育子四，皆懍遵乃翁切囑承祧濱河公。來臺第五代諸昆玉，以若川公最稱傑出。渠博通經史。弱冠，登臺北府學榜首，補學生弟子員。工詩、長於五古；善書、以真行二體見著，人稱簡秀才。生前，糾合詩友組桃園詩社，時相酬唱切磋，臺海繫鉢吟集、櫟社集、東寧吟集均錄其作多首，所作各體詩已輯城若川吟草存世。日治大正六年，公與桃園諸紳創辦信用組合（今桃信前身）規模業績俱可觀。公任取締役（今稱董事）至病逝。公與德配育子五，三子如淡公，臺北師範學校畢業，任教有年。光復後，曾任桃園縣治桃園鎮（今稱桃園市）首屆民選鎮長。在職期間，排除萬難，不負眾望，如期完成桃園縣立桃園中學（今國立桃中前身）第一期校舍工程，順利依預定時間招生，贏得地方與各級政府之肯定。

溯自來臺初祖俊達公至今勝利居簡家已傳衍十代，子子孫孫亦達三百餘人之眾。從內兄簡東淮先生感懷先世胼手胝足，立業維艱，為富居仁、急公好義，情切宗族，冀毋忝所生，乃積極鼓吹族人合力修譜，珍視家聲，囑余主持。不佞既為簡府愚壻，何敢拒辭。僅就所知，略抒范陽簡姓一族成長、綿衍、發展之梗概，聊充卷首。夫渡臺以來，二百有餘載矣，綿傳既繁，諸祖妣行止事蹟尤堪矜式，因訂其譜名曰桃園勝利居簡姓宗牒，應屬貼切，新郡望桃園名至實歸焉。至盼一代殷商簡傳後人，繼往開來，迭創宏業偉猷，宗親諸戶，幸福美滿，各展長才，千秋永昌。是為序。

辛卯春分日勝利居第六代愚壻吳椿榮拜譔

壹、溯源編

簡姓一族，原與周王室同宗、姓姬，世襲畿內大夫職。公元前六三六年，東周襄王之異母弟叔帶圖奪大位，勾結狄人攻王城，襄王奔于氾（今河南襄城南）。是年冬，王遣師父求援于晉、使左鄢父告于秦。公元前六三五年三月甲辰，晉文公採大夫狐偃建言，勤王弭亂，取叔帶于溫，殺之于隰城，師甫忠心事君、功在王室，卒後謚號簡，其子孫以簡為姓，並奉渠為簡姓始祖。

圖一 簡姓祖源世系圖

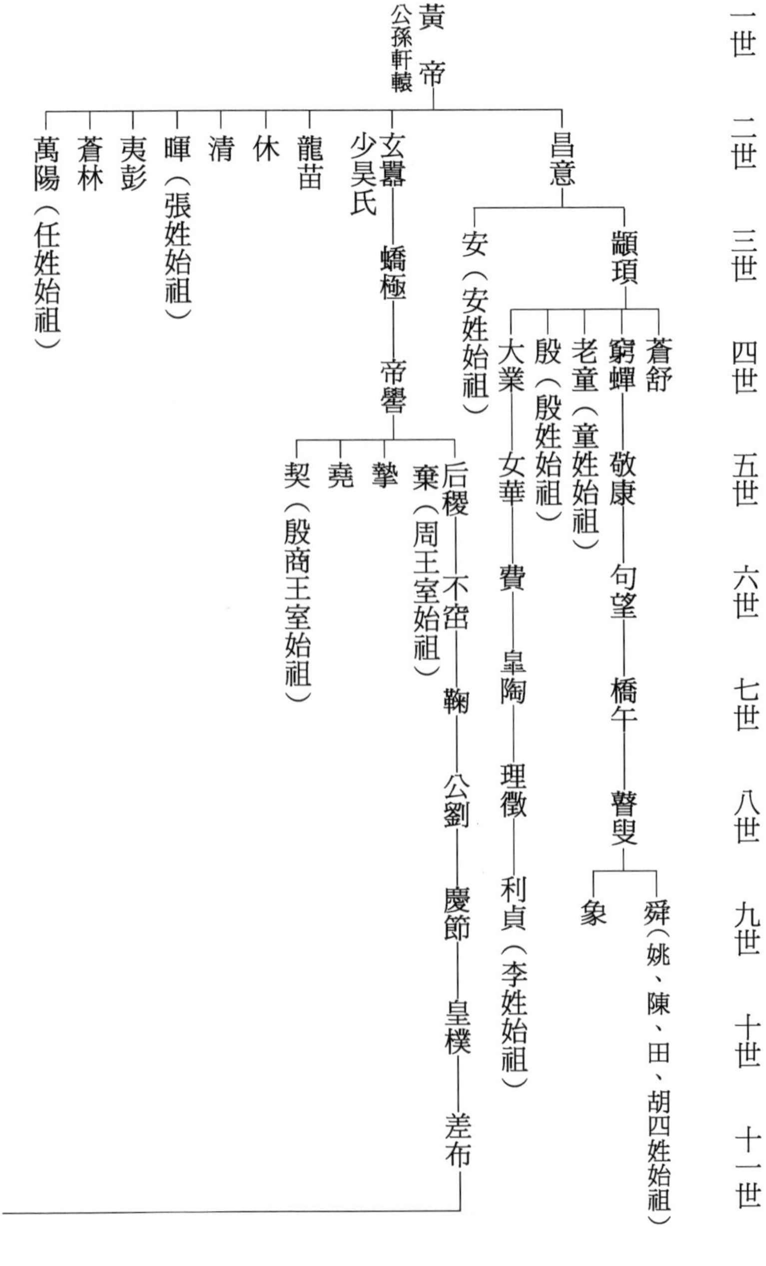
一世
二世
三世
四世
五世
六世
七世
八世
九世
十世
十一世
黃帝
公孫軒轅
昌意
玄囂
少昊氏
龍苗
休
清
暉（張姓始祖）
夷彭
蒼林
萬陽（任姓始祖）
顓頊
安（安姓始祖）
蟜極
帝嚳
蒼舒
窮蟬
老童（童姓始祖）
殷（殷姓始祖）
大業
敬康
句望
橋午
瞽叟
舜（姚、陳、田、胡四姓始祖）
象
女華
費
皐陶
理徵
利貞（李姓始祖）
后稷
棄（周王室始祖）
摯
堯
契（殷商王室始祖）
不窋
鞠
公劉
慶節
皇樸
差布

十二世　毀隃
十三世　公非
十四世　高圉
十五世　亞圉
十六世　公叔祖類
十七世　古公亶父
十八世　泰伯、仲雍（虞仲）（吳姓始祖）、季歷
十九世　昌（追尊文王）
二十世　伯邑考、發（武王）、管叔鮮、周公旦、蔡叔度、曹叔振鐸、成叔武、霍叔處、康叔封、冉季載
廿一世　誦（成王）
卅七世　鄭（襄王）
（以下略）

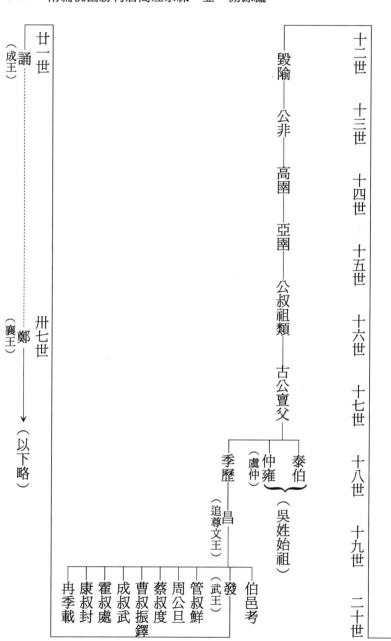

圖二　簡姓直系世系圖

始祖		一世	十世	十一世	十五世	十六世	十七世	十八世
師父	卿	雍	淳	樸	熙	皞	轍	晟

始祖

簡師父　一作簡師甫，生卒年待考，約生活於東周惠王、襄王在位期間（即公元前六七六年—前六二六年左右），為成周公族大夫，掌教誨公諸子弟與卿大夫子弟。襄王十七年，襄王后隗氏私通叔帶，王廢之，另立新后，狄人怒，與叔帶共圍王城，敗王師，襄王出奔于氾。秋，遣師父、鄢父等為使，分告難于晉、秦、魯等諸侯。左傳僖公廿四年：「冬，王使來告難，……王使簡師父告于晉，使左鄢父告于秦。」又，僖公廿五年：「秦伯師于河上，將納王。狐偃言於晉侯曰：『求諸侯，莫如勤王。諸侯信之，且大義也。繼文之業，而信宣於諸侯，今為可也。』」「晉侯辭秦師而下。三月甲辰，次于陽樊，右師圍溫，左師逆王。夏四月丁巳，王入于王城。取大叔于溫，殺之于隰城。」師甫終毋負使命。卒，王謚曰簡。夫謚者，行之迹。逸周書謚法云：「一德不懈曰簡。」又，「平易不訾曰簡。」是可徵師甫行端品正，平易且誠也。

簡　卿　西漢牟平（今山東牟平）人。生卒年代考，約生活於武帝在位期間（公元前一四〇—前八七年），倪寬門人，通尚書，夏侯勝事之為師，……由是西漢尚書有大小夏侯之學。謹按：漢書作「蕳」卿。蕳，讀作ㄐㄢ。簡、蕳應有別，附誌之。

始祖至一世祖間，文獻不足，暫從缺，俟來日補訂之。

一世祖

簡　雍　生卒年待考，約生活於公元一六〇至二二〇年左右。字憲和，涿郡（今河北涿縣）人。與劉備同鄉，且少即有舊，隨從周旋。建安十九年（公元二一四年）備入益州，旋圍成都，遣雍說劉璋，璋從雍言，出城歸降。因功拜昭德將軍。史稱：「雍優游風議，簡傲跌宕。」簡姓郡望范陽，蓋自雍名載史冊而生焉。（三國志蜀志列傳第八、卷卅八）另，涿縣志第六編第一卷亦有傳。

一世祖至十世祖間，文獻不足，俟爾後補訂。

十世祖

簡　淳　雍公之裔孫，生活于南北朝季年，潔身自持，隱居未仕。生子樸。

十一世至十四世祖，文獻不足，待來日補訂。

二、隋唐至五代（公元五八一—九六〇年）

十五世祖

簡 熙 樸公之四世孫。唐順宗永貞元年（八〇五）劉闢自為西川節度使留後，上表朝廷，不許，勅赴闕，不奉詔，且舉兵梓州。公謂家人曰：「亂邦弗居，宜避之。」遂徙江右。

劉闢（？—八〇六）貞元間（約七九五年）舉進士，宏詞登科。韋皋辟為從事，累遷至御史中丞、支度副使。永貞元年（八〇五）皋卒，自為西川節度使留後，上表請降節鉞，廷議不許，除給事中，令赴闕，不奉詔。遂授檢校工部尚書，充劍南西川節度使。渠竟益為凶悖，舉兵圍梓州。憲宗令高崇文率兵討之。元和元年（八〇六）九月，收復成都府。闢遁走，被擒，檻送京師處斬，亂始平。（舊唐書卷一四〇、新唐書卷一五八）

十六世祖

簡 皞 配何氏，居江右。

十七世祖

簡 轍 熙公之孫。昭宗大順二年（八九一）舉家歸西川簡州舊居。

十八世祖

簡 晟 任後蜀簡州記事。配李氏，生子憲字慶源。

十九世祖

簡　憲　字慶源。南唐進士，累官至袁州刺史。配黃氏，一作王氏，生子國鳴、國齊。

三、兩宋至清初（公元九六〇—一七八〇年）

廿世祖

簡國鳴　字元音。舉人。仕宋為江州助教。配盧氏，生子韶、護、武。

廿一世祖

簡　韶　字世昌。乳名三一郎。遷桐村。配黃氏，生子念二郎、念七郎、念廿郎。

廿二世祖

簡念七　舉進士，官翰林學士，配劉氏、朱氏。生子模。

廿三世祖

簡　模　舉人。生子魯仲。

廿四世祖

簡魯仲　明經進士，居臨江府。生子九萬、九鵬。九萬遷福建建寧府，為洪源派開基祖曾益公。

圖三 簡姓十九至廿五世世系圖（接圖二）

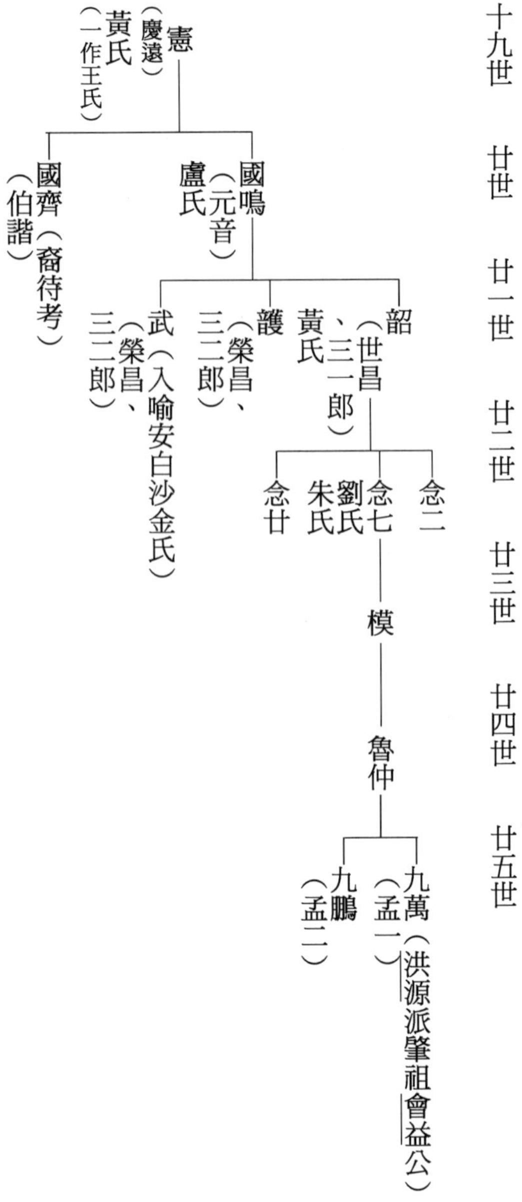

圖四 洪源派世系圖（接圖三）

一世：會益（萬五郎）　鄧氏

二世：驅（千五郎）　林氏；驥；騄

三世：志德（小一郎）　李氏

四世：永同（小四郎）　揭氏

五世：宣（十六郎）　劉氏

六世：宇遠（三六郎）　張氏　白氏

七世：長源（四九郎）　林氏　呂氏

八世：開華（六七郎）　陳氏

九世：公甫；德甫；智甫；德潤*；明甫；郎甫

十世（德潤子）：貴甫；貴賢；貴禎；貴仁；貴義；貴禮；貴智**；貴信

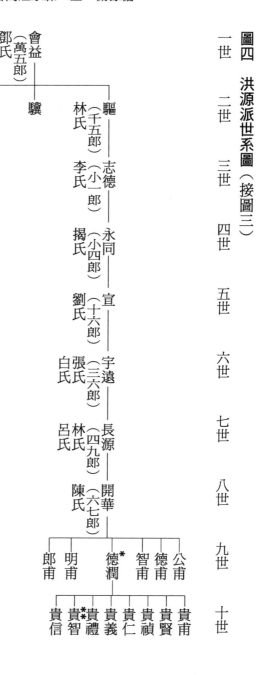

圖五 南靖簡姓世系圖（接圖四）（南靖一世即洪源九世）

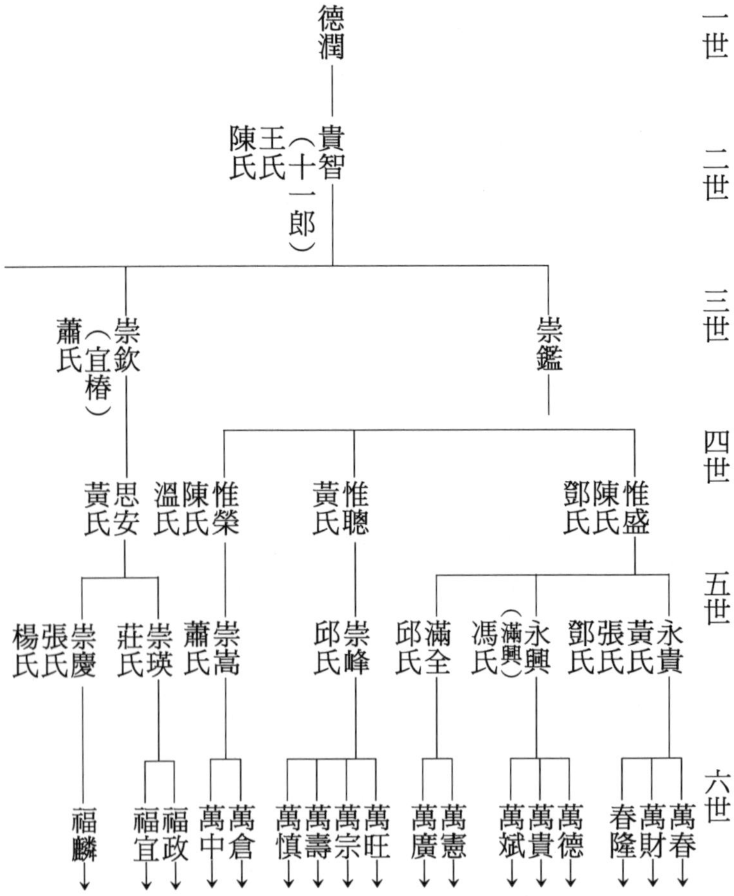

接續前頁

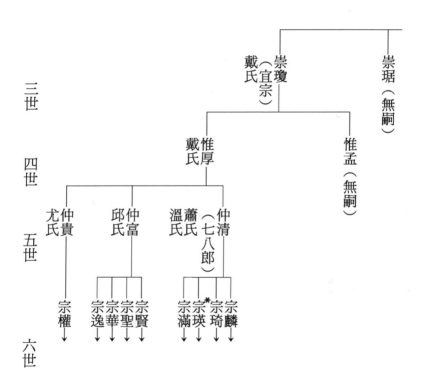

三世
- 崇琚（無嗣）
- 崇瓊（宜宗）　戴氏

四世
- 惟孟（無嗣）
- 惟厚　戴氏

五世
- 仲清（七八郎）　蕭氏　溫氏
- 仲富　邱氏
- 仲貴　尤氏

六世
- 宗麟↓
- 宗琦↓
- *宗瑛↓
- 宗滿↓
- 宗賢↓
- 宗聖↓
- 宗華↓
- 宗逸↓
- 宗權↓

圖六　南靖簡姓六至十一世世系圖（接圖五）

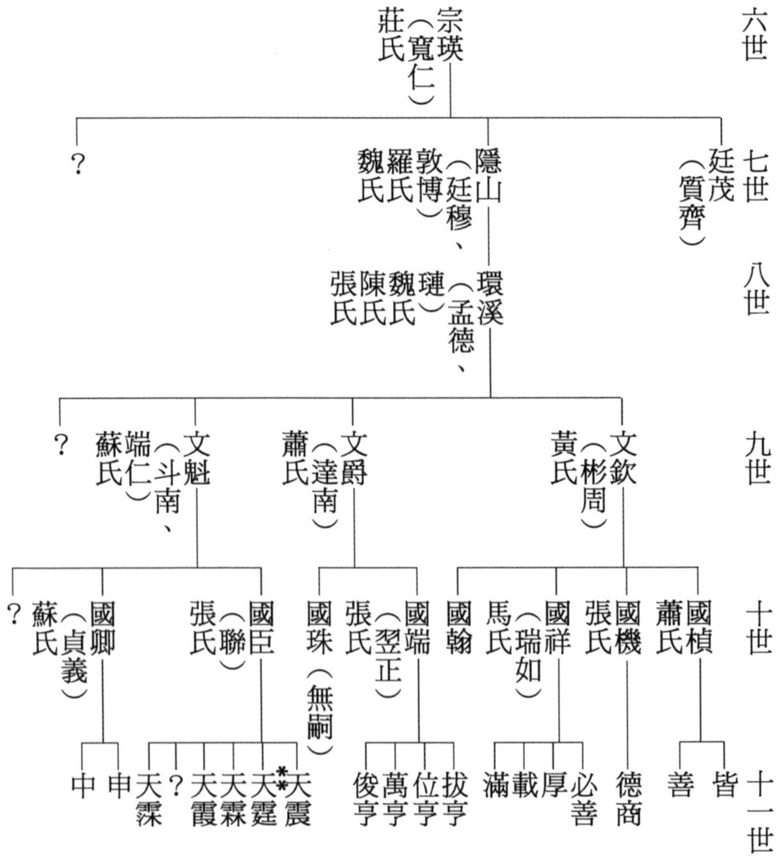

圖七　南靖簡姓十一至十四世世系圖（接圖六）

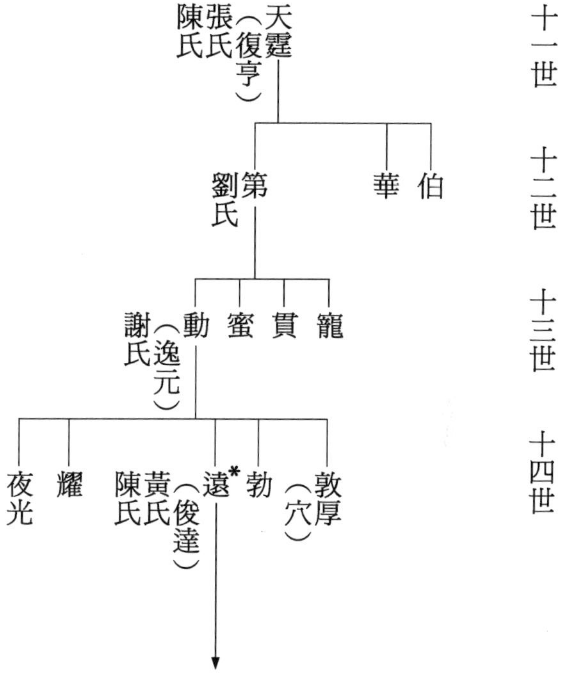

圖八 范陽堂簡姓宗族遷徙示意圖

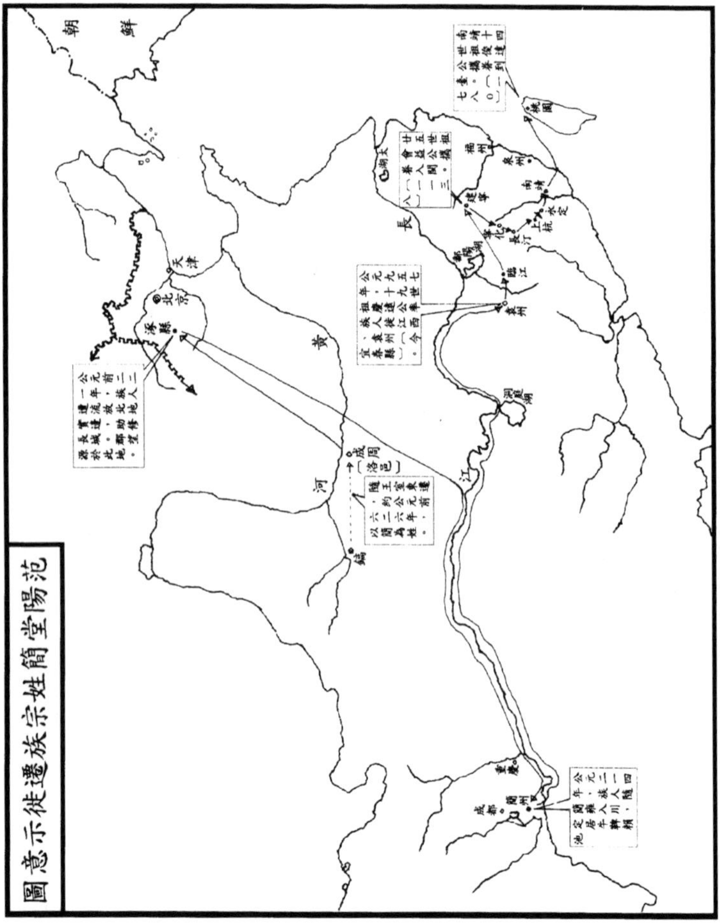

貳、徙臺編

圖九　桃園勝利居第一至第六代世系圖（接圖七）

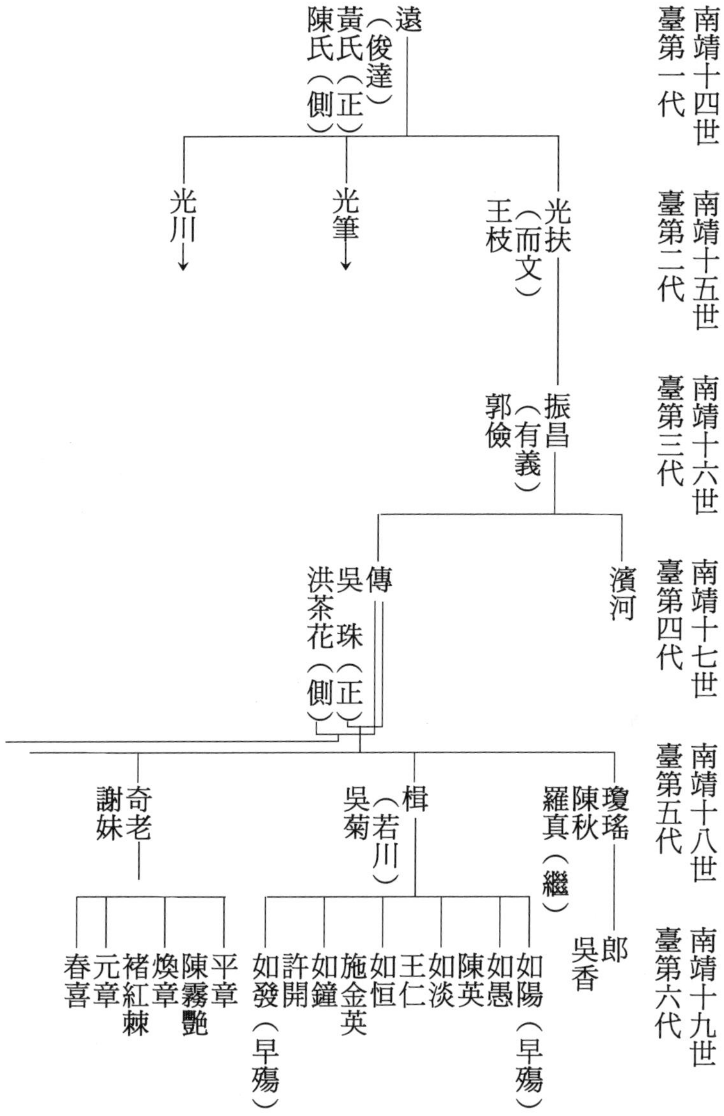

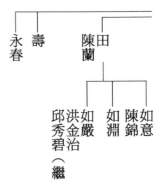

田
陳蘭
如意
陳錦
如淵
如嚴
洪金治
邱秀碧（繼）

壽

永春

一、簡傳老先生行述

公諱傳，振昌公之嗣子。前清道光廿三年（一八四三）七月廿九日生。幼，聰明好學、過目成誦。弱冠，氣宇軒昂、風度翩翩。渠個性溫和、善與人處，虛懷若谷、胸藏韜略。明察市場風險、精估貨品供需，夙有善貨殖之譽。初以經營陶瓷器皿為業，蓋大湖本生父從事燒製陶硘，馳名遠近也。貨源既來自本家，成本自較同業為廉。公恆以誠實守分、童叟無欺，貨真價實、服務周到為問世之準則，深獲顧客之信任與支持。由是，業績年年攀升，瑕疵品或低價傾銷或分贈客戶，俾節省運費並得適時增加囤貨空間。鑒於天然樟腦，歐美需求孔急，及時買山搭寮，就近提煉，直接與洋商交易，既免中間剝削，且縮短貨款入帳時日。時，海峽兩岸，帆船來往頻繁、互通有無。公乃以廈門、香江、廣州為據點，將臺米、臺糖、臺鹽等大宗民生用品西運求售；返程前，採購福杉、青石、川耳、珍貴藥材回臺供應建商與南北乾貨批發商，如此慘澹經營終成一代殷商、北臺巨富。日領初期，總督府所刊臺灣大地主名錄載簡傳擁水、旱田、山林逾百餘甲；而房舍、動產等且未計列其中。公固家財萬貫，惟自奉甚儉；修橋補路、施藥施粥，從不後人。每遇蝗災、涸荒，悉主動告知佃戶免除田租，期佃戶得安心養家，毋須賣兒鬻女。其行善濟貧、種德造福，夙著口碑、枌榆流芳。公與德配吳珠夫人育四子，伯瓊瑤、仲楫、叔奇老、季田；與側室洪氏姬人育壽、永春二庶子。民國九年（日治大正九年）十月廿日與世長辭，享壽七十有八齡。佳城卜造於大檜溪山頂之陽。

二、若川公伉儷合傳

公諱楫，乳名舟，字若川。南靖十七世、來臺第四代傳公之次子，母吳太夫人閨諱珠。前清同治八年（一八六九）六月十三日生。幼岐嶷、博聞彊記，品端行正，事親至孝。歷事鄉賢簡鴻年、簡日新茂才，復拜明經簡銘鐘為師，遍涉經史，學問大進。光緒壬辰（一八九二）一舉榮登臺北府學案首，時年甫二十有四。方期更上層樓；詎中東事發，日帝啟釁，甲午之役清廷喪師議和。乙未，割臺遂成定局。由是，公之舉業遂寢。公窮而韜光養德，設案授徒，春風化雨，多所裁成。日治初，嘗應眾紳擁戴，出任桃園區長（轄區為今桃園、龜山、八德、大溪、蘆竹、大園等六鄉、鎮、市），「興利除弊、施措咸宜，信望愈佳，區民感佩。」繼而參預市街改正，如期完成廢區置街、庄（今稱鄉、鎮、市）計畫，桃園改街、龜山、八德、大園、蘆山…等設庄，分別成立役場（今稱公所），始堅卸仔肩。大正初（民初）公與鄭永南等諸紳合組桃園吟社，定期行文酒之會，共倡風雅，勝利居堪稱「譚笑有鴻儒，往來無白丁」，詩酒會友，鄭永南即曾吟唱記盛。所遺詩作經其孫壻吳椿榮重加輯集、歸類、校釋、譯白、插圖，交付彩印，顏曰若川吟草。已分送國家圖書館、美國會圖書館、哈佛大學燕京圖書館及東京大學附設圖書館等庋藏，期長期妥存。綜觀若川公之遺作以絕句居多，律古次之，或見物興感、或月旦古今，或寄情寓意，屢見題外之音，未拘泥于迹相，洗鍊清新，不同凡響。公生前亦頗關注地方產經發展，曾與桃園士紳集資創辦信用組合（桃園信用合作社前身），任取締役（今稱董事或理事）有年。民國廿四年（日治昭和十年、一九三五）九月三日辭世，享壽六十七歲。桃園縣志、桃園（市）志均有傳。德配吳太夫人，年甫及笄來歸。矜持內斂、不苟言笑，持家有方、勤勉崇約。流芳裕後、坤德堪旌。若川公偕內子六十同年詩云：「雙棲長抱鴒原痛，三徙徒勞見密謀。……鳩盤不備倉庚肉，老免負荊請罪不。」互敬互諒、鶼鰈情深，躍然紙上。民國卅三年（日治昭和十九年、一九四四）十一月廿八日壽終內寢，距生於前清同治八年七月廿日，春秋七十有六齡。賢伉儷育子六人、早殤二名，育女六人、幼殤一人。

三、如淡公伉儷合傳

翁乃若川公伉儷之三子，生於前清光緒卅一年（一九〇五、割臺第十年）。早慧多聞，公學校畢業後，以優異成績考取臺北師範學校本科，大正十年（民國十年、一九二一）畢業，分發岡山郡阿蓮公學校任教。十三年，調返桃園公學校繼續服務。昭和初，一度赴日深造，就學中央大學飛機科（今稱航空學系）。年餘，奉嚴父切囑返鄉。旋於臺北撫臺街（今延平南路）經營體育用品社。光復後，好友—首任民選縣長徐崇德先生等慫恿，登記競選縣治桃園鎮長，選情激烈，經二度票選，卒脫穎而出。在職期間，奉縣府指示籌辦桃園縣立桃園中學（今國立桃中前身），女生部校舍就戰前桃園家政學校所留建物略事修葺之。男生部擇定虎頭山麓（舊桃園神社右側）公有地構建。時，物價一日數變、通貨波動嚴重。翁排除萬難，卒如期完成第一期校舍工程，依原計畫時程招生開學，深獲地方與各級政府之肯定。期滿卸任，專心養鷄飼兔自娛，為量產雛鷄，著手研製電孵器，迭經試誤、改造，卒製成一次可孵百枚受精卵之電孵器。民國四十三年夏秋之交，覺喉頭有異狀，就醫診治，確定罹癌，隨即接受電療，仍告不治。四十四年五月與世長辭，春秋五十有一。桃園鎮志、市志皆有傳。德配王太夫人諱仁，系出樹林望族，溫柔婉約、知書達禮。及笄來歸如淡公，事翁姑至孝至謹，與姪娌和諧無閒，閭里稱賢。如淡公急公好義，主持鎮務期間，每遇鎮民急困，恆主動解囊，由是債臺高築。太夫人與東岳兄弟設法分期償還。至今，仍傳為美譚。太夫人起居有律、養生有道，民國八十一年春辭世，享壽八十有八齡。賢伉儷育子三人伯東岳、仲東波、叔東飛，女一名諱秀月，皆能進取，未忝所生。民國九十五年春，如淡公夫婦靈骨已移置三芝北海福座安厝。

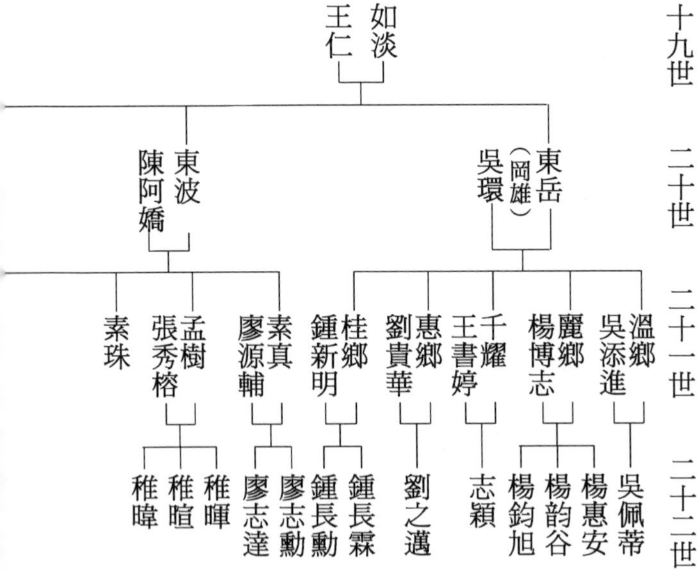

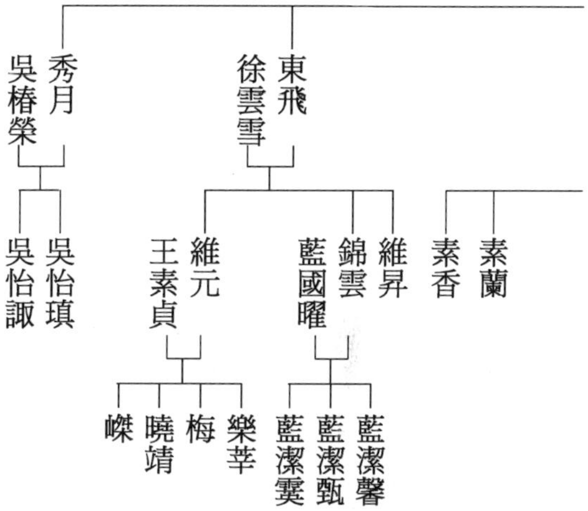

簡岡雄先生事略

先生諱東岳，字岡雄，以字行。父如淡公、母王太夫人；居長。民國十六年（日治昭和二年、一九二七）二月廿五日生。幼乖巧、循規蹈矩，嬉戲未敢越門檻，深得祖父母之疼愛；祖孫形影不離，閭里傳為美譚。民國卅二年（日治昭和十八年）春，以優異成績畢業于新竹州立桃園農林學校園藝科，旋應三井株式會社聘，遠赴蘇門答臘該會社南洋支社服務。二戰結束，經解送新加坡盟軍俘虜營。翌年（一九四六）夏，搭乘美運輸艦回臺，安返家園。未幾，入臺灣銀行，分發梧棲（今沙鹿）分行任行員，表現卓越，調返總行專任房地產租借、買賣等業務。民國四十年秋，與吳環女士成婚。先生夙性拘謹、外圓內方。思慮周延，注重過程，凡事力求完美無瑕，頗為友儕所稱道。平日雅好蘭草，悉心培植，溫室可容百餘缽，盛綻時，花香四溢、多彩多姿，異常壯觀。雅賊覬覦，迭作光顧，先生總一笑置之耳。休假日，偶亦喜與二三好友雀戰數輪，磨鍊手技、打發無聊。先生於民國八十一年春，以一等專員，自臺銀總行屆齡退休。夫人吳女士，精烹飪、熟女紅，重視子女教養，敦親睦鄰，閭里稱賢。伉儷育子女四人：長女溫鄉，國立中興大學公共行政學系畢業，曾任臺灣電力公司輸配電工程處股長。壻吳添進，中正理工學院畢業，歷任艦艇氣象官、總部參謀，少校退役。育獨生女佩蒂，玄奘大學畢業，任職牙科診所。次女麗鄉，國立中興大學會計學系畢業，壻楊博志，國立中興大學土木工程學系畢業從事本業。有女楊惠安、楊韻容，獨子楊鈞旭，均在學。長子千耀，復興工業專科學校畢業，旅歐從商。妻王書婷女士，共育一子志穎在學。三女卉湘，淡江大學商學士，普考及格，分發臺灣銀行服務，中和分行襄理退休，現專從事插花教學。夫劉貴華先生，臺灣科技大學碩士，自營環保科技公司，獨子劉之邁仍在學。么女桂鄉，淡江大學商學士，曾任職板信銀行有年，自請退休，與夫鍾新明先生共營圖書租售業，育子二人鍾長霖、鍾長勳，均在學。先生榮退後，曾失智，民國八十四人七月廿二日病逝臺大附屬醫院，享壽六十有九齡，遺骨卜厝臺北市〇〇園。

五、簡東波先生伉儷合傳

公諱東波，如淡公賢伉儷之次子也。民國十七年（日治昭和三年）十一月卅日生。髫齡聰穎敏悟，好追根究柢。民國卅四年春（日治昭和廿年三月），畢業於新竹州立桃園農林學校，旋入桃園電信局服務，前後約六年，轉任桃園鎮公所民政課課員。民國四十三年夏調任里幹事。如淡公去世後所遺電孵器，經渠利用公餘休假時日，持續試驗、改造，卒製成每次可孵二百五十枚種蛋之大型電孵器。時，政府積極推廣飼養肉雞，渠深入加以分析，獲得如下結論：（一）此一農經政策之成敗關鍵，在於孵蛋技術能否突破、飼料能否價廉質高以及雞隻健康管理之引進。（二）雞隻與肉豬其生長所需時間，前者短、後者長；就肉品供需優勢言，肉雞優於豬隻。（三）可預估未來肉品市場，將由肉雞取代豬隻，且以價格低廉，形成傾銷。因此，決定從事以種蛋孵化為副業，夫妻合作無間，委託孵蛋件數逐月增加，購雛雞之業績亦同時攀升。未能如期出售之雛雞，則於庭院搭建雞舍飼養，並研製獨門飼料，推出販售，頗獲肯定。孵蛋機自一座增設至五座，顧客盈門，熙熙攘攘，蠅頭微利如春潮雨來，逐成桃園孵雞達人。德配陳阿嬌女士，中壢賈人之女，眼光銳利，長於經營，乃女界陶朱也。伉儷育子一、女四。長子孟樹，聰慧勉學，國立臺灣科技大學工程博士，任黎明技術學院專任教授。媳張秀容女士，賢淑大方。淡江大學工學士，現任該校資訊工程發展中心工程師。

子女稚暉、稚暄、稚暐等三人，均在學。長女素貞，睿智天成、好學不倦。國立臺灣師範大學數學系畢業，任教臺北市立木柵高工，民國九十八年秋退休。夫廖源輔先生，國立臺灣大學碩士，任職中鼎工程股份有限公司為專業副理。夫妻有子二人：長子廖志勛，國立成功大學水利工程學系畢業、高考及格。現任職經濟部臺東水利局。次子廖志達，國立中央大學工學碩士。九十九年冬，赴日研修。次女素珠，逢甲大學畢業，從商。三女素蘭，新生護校畢業，現任桃園市衛生所護士。么女素香自營美髮坊。皆各具專才，知所進取。先生生前三度中風，民國七十九年四月五日壽終正寢，享年六十三歲。德配陳夫人，民國九十三年二月廿九日溘然仙逝，距生於民國十九年（日治昭和五年）二月廿五日，春秋七十有五齡。

六、簡東飛先生行述

公諱東飛，如淡公賢伉儷之三子也。民國廿一年（日治昭和七年）五月廿日生於勝利居。祖若川公據樂府詩古辭「東飛伯勞西飛燕，黃姑織女時相見。」之詩句為其命名。幼，活潑俊秀，敏捷靈巧，閭里恆以「外國囝仔」誰稱之。民國卅三年春（日治昭和十九年三月），入學新竹州立桃園農林學校。光復初，改習電工，於三極無線電傳習所（臺北市私立三極高工前身）接受專業訓練。四十一年，應戰後第一梯次徵兵，分發臺中某砲兵師服役，四十三年役畢返鄉，桃園殷商陳合發集團囑意開發家電產品以應市謀利。禮聘渠專任研發重責，十餘年間先後完成收（錄）音機、電唱機等之研製與生產。民國五十年夏，赴日本將軍工業株式會社開發部接受電視機製作專業密集訓練一年，結業返鄉，仍從事本職，將軍牌電視機得如期問市，先生有功焉。民國五十五年春，應臺日合資三洋電機工業股份有限公司禮聘為專職工程師，繼續發揮所長。六十三年退休，一度兼任日商三桂工業公司工程顧問並籌設元昇工業社以接受電機業者品管檢測儀器之製造、維修為經營項目，深得業者好評。先生學歷固不高，惟學力博厚；雖不諳英文，然其青少年時期所接受之日語文教育，基礎紮實，以此為憑藉，不斷汲取科技新知，用之於職場。經常出入于三省堂書店價購日文電機、電子類專業書籍、期刊，勤學、勤研，學思並用，堪稱行家中之行家也（玄人はだし）。夫人徐雲雪女士個性開朗、與世無爭。年節所蒸粿、粽，樣多味美，啖之者僉稱道焉。伉儷育子女三名。長子維昇，文化大學畢業，曾佐先生開發產品有年。次子維元，中原大學工學碩士，任職電腦公司，妻王淑貞女士，留美碩士，任教南亞技術學院。育有子女四人：樂辛、梅、曉靖、嶸。多已就學。長女錦蓉（改名錦雲），護校畢業，從事本業多年，現佐夫藍國曜先生專心于脊椎整復研究，二人育女三名：藍潔馨、藍潔甄、藍潔雯，皆在學。先生于民國九十六年四月廿五日辭世，享壽七十有六齡。骨骸與如淡公伉儷合厝於三芝北海福座。夫人健在，虔心禮佛。

附胞妹簡秀月女士事略

女士閨諱秀月，如淡公賢伉儷之獨生女。丙戌秋冬之交，母王太夫人高齡有身。翌秋，安然產下，值望日皓月當空，故名。闔府聚寵，呵護逾恆，視為掌珠。詎年甫垂髫，嚴父見背，胥賴慈母與諸兄悉心撫育，始得以順利成長。民國五十九年夏，畢業于逢甲大學國際貿易學系，校方以學優行端，深具潛力，擬延聘為系助教；惟小學恩師陳蘭珍女史力薦于其夫野公校長，並切囑渠返桃任教，貢獻鄉里。由是，婉拒母校逢甲之美意，參加國民中學第三期職前訓練班受訓。同年秋，應青溪國民中學之聘，任教數學並兼導師。六十二年春于歸吳門。六十五年秋，調壽山國民中學服務，七十八年秋，轉調臺北市立忠孝國民中學繼續任教迄九十一年元月退休，計服務卅一年餘。渠恆以教育為終身志業，視學生若己出，身教與言教並重，關愛學生、重視學習興趣與方法，無論升學或就業，均著績效，迭獲嘉勉。在職期間，曾獲頒四維、服務等獎章多枚。八十三年夏初，渠發現胸部似有硬塊，經切片證實罹患乳癌，及時住院，手術摘除，並循序進行化療、定時服藥、長期接受追蹤，迄九十五年秋，前後大小手術十餘次，化療等尚未計列其中。渠與病魔搏、與死神爭，可謂煎熬至極，忍人所不能忍之苦也。而其堅強不屈，雖挫猶勇，亦恐非常人能及也。九十六年元月，病情竟告惡化，形容憔悴、骨瘦如豺，舉步惟艱，輪椅代步。五月二日，入榮總大德病房接受安寧緩和治療，子女悉隨侍湯藥，未嘗廢離。延至廿二日凌晨一時五十二分，宣告不治，與世永辭，距生于民國卅六年秋壬午，春秋六十有一。民國九十六年六月十日，靈骨安厝三芝北海福座。夫吳椿榮仍健在。國立臺灣師範大學教育學系所畢業，高考教育行政科、職位分類公務人員教育行政職系七職等考試、中央暨地方公務人員簡任職升等考試教育行政科及格。曾任國民中學教師兼教務、總務、附設補校等主任，縣政府督學。教育部專員、視察、科長、核稿秘書、高等教育司副司長、督學兼國立臺灣史前文化博物館館長等職，九十年四月退休，專從事寫作。編著有大學文選、應用文、公文掇拾、公文通志、若川吟草校注、臺海擊鉢吟集校注、忍經校注、石頭紅樓典、字詞類編、詞語掇拾、泥爪集等書梓行。女士伉儷育子女二名：長女吳怡瑱，國立陽明大學護理學系畢業、高考及格，任職榮民總醫院臺北總院。長子吳怡諏，國立花蓮校育大學教育學士，視光學副學士，供職光學公司。

表一 勝利居第一至第六代已故宗親編年表

南靖世次	來臺代次別	姓名	生卒年月日						記事
			年	月	日	年	月	日	
14	I	簡遠（俊達）							
		黃氏（正）							
		陳氏（側）							
15	II	簡光扶（而文）							
		王 枝							
		簡光筆							
		簡光川							
16	III	簡振昌（有義）							
		郭 儉							

17	Ⅳ	簡濱河							
		簡傳	一八四三	七	廿九	一九二〇	十	廿	
		吳珠（正）							
		洪茶花（側）	一八八五	二	廿				
18	Ⅴ	簡瓊瑤							
		陳秋	一八六六	四	五	一九一三	四	廿七	
		羅真（繼）	一八七一	三	廿四	一九一九	一	八	
		簡楫（若川）	一八六九	六	十三	一九三五	九	三	
		吳菊	一八六九	七	廿	一九四四	十一	廿八	
		簡（奇）老	一八七一	七	廿九	一九〇八	六	八	
		謝妹				一九四〇	三	七	
		簡田	一八七五	五	五	一九〇七	九	卅	
		陳蘭	一八七七	五	四				
		簡壽（庶出）	一九〇一	十	十五				
		簡永春（庶出）	一九〇五	十二	十八				
19	Ⅵ	簡郎	一八八九	七	十	一九三六	十	十八	
		吳香	一八九〇	十	十三	一九七一	十	十六	
		簡如陽							早殤。
19	Ⅵ	簡如愚							
		卓晃	一九〇二	十一	十五				民16 07 13仳離。

		陳英	一九〇六	十二	廿七	一九九二	十	廿四	
		簡如淡	一九〇五	五	廿八	一九五五	五	十七	
		王仁	一九〇五	五	十六	一九九二	二	十一	
		簡如恒	一九〇八	十	十九	一九六九	三	廿二	
		施金英	一九〇八	十一	十五	一九七〇	八	七	
		簡如鐘	一九一二	八	卅一	一九六五	十一	廿五	
		簡路妹	一九一三	九	一				離婚。
		許開	一九二〇	五	十一	一九八六	三	廿六	
		簡燕	一八九五	十	十六	一九四二	八	十八	適陳。
		簡允	一八九七	十二	三	一九四五	六	十四	適許。
		簡卻	一九〇〇	一	廿四				適楊。
		簡份	一九〇一	三	十七	一九八八	三	九	適許。
		簡默	一九〇七	十	十一	一九一四	七	廿八	早殤。
		簡絹	一九一二	四	廿三	二〇〇三	九	十九	
		簡平章	一八九五	十	十二	一九四〇	三	五	
		陳霧艷	一九〇三	十一	十一	一九九〇	十二	十四	
		簡煥章	一九〇三	五	九	一九六〇	十一	十五	
		褚紅棗	一九一〇	一	五	二〇〇一	一	八	
		簡元章	一九〇六	一	十七	一九一六	八	二	（幼殤）
		簡春喜							

		簡如意	一八九六	十一	十九	一九六九	四	五
		陳　錦						
		簡如淵	一九〇一	一	十五	一九一三	一	十二	（幼殤）
		簡如嚴	一九〇一	七	廿一	一九九六	二	四
		洪金治	一九〇五	十一	十二	一九四九	一	五
		邱秀碧				二〇〇一	七	七

表二　桃園勝利居簡姓諸祖編年

民國一〇一年編製

中國紀元	西曆	距今（年）	大事記	備註
周武王四年	前一〇六六	三、〇七七年	武王（姬發）克殷，紂王登鹿臺，自焚，殷亡。簡姓肇祖與周王室同姓，為貴族。	西周自武王克殷至幽王亡國，傳十一代、十二王，其總年數，諸說不一：有二五七年說；二八五年說；二九六年說；三〇五年說；三五二年說；三八六年說；四〇〇餘年說。茲從范文瀾中國通史西周紀年表採二九六年說。
周平王元年	前七七〇	二、七八一年	鎬京殘破，迫近西戎。平王由晉文侯、鄭武公、衛武公、秦襄公輔弼，東遷洛邑（成周，今河南洛陽）史稱東周。本年起春秋時代開始。簡姓肇祖後裔隨王室東遷，世襲大夫職。	

周襄王十七年 魯僖公廿四年	前六三六	二、六四七年	秋，襄王王后隗氏（狄人）私通王子帶（一作叔帶，襄王異母弟），襄王廢之，狄怒，與王子帶合攻襄王，敗王師，襄王奔氾（今河南襄城南）。冬，襄王遣（簡）告急于晉，使左鄢等求援于秦魯二諸侯。	
周襄王十八年 魯僖公廿五年	前六三五	二、六四六年	晉文公納周襄王，取叔帶殺之。	
周襄王廿七年 魯文公元年	前六二六	二、六三七年	公族大夫師父約卒於本年，諡簡。其子孫開始以「簡」為姓。	
周赧王五九年 秦昭王五一年	前二五六	二、二六七年	秦滅周，取九鼎寶器。師父後裔淪為平民。	
秦始皇帝廿六年	前二二一	二、二三二年	秦滅齊，統一六國，約於本年，師父後裔遭流放北地（今涿縣附近）實邊服苦役、助修長城。	
秦二世三年	前二〇七	二、二一八年	八月，秦二世自殺。九月，子嬰（三世）殺趙高。	
漢王劉邦元年	前二〇六	二、二一七年	十月，沛公（劉邦）至霸上。十月，約法三章。十二月，鴻門宴。	
漢王劉邦五年	前二〇二	二、二一三年	二月，邦稱帝。十二月，垓下之戰。	
漢高帝七年	前二〇〇	二、二一一年	二月，定都長安。	

居攝三年（初始元年）	八	二、〇〇四年	王莽篡漢，西漢亡。莽稱帝改元初始。	
地皇四年	二三	一、九九〇年	九月，王莽死，眾臠割之，新莽亡。	
建武元年	二五	一、九八八年	六月，劉秀稱帝，東漢興。	
桓帝延熹三年	一六〇	一、八六三年	簡雍生於涿郡（今涿縣）。	推估。
獻帝建安四年	一九九	一、八一四年	十二月，劉備攻據徐州。	
建安十三年	二〇八	一、八〇五年	十月，赤壁之戰。同年，劉備取荊州四郡。	
十四年	二〇九	一、八〇四年	備領荊州牧。	
十五年	二一〇	一、八〇三年	劉備入蜀。	
十九年	二一四	一、七九九年	閏五月，劉備領益州，使從事中郎簡雍入說劉璋，璋開城歸順，備拜雍為昭德將軍，隨雍入川族人聚居成都西南牛鞞瀨池（今簡陽縣）。	
魏文帝黃初元年	二二〇	一、七九三年	簡雍約卒於本年。族人念雍之勛蹟，以其籍里為郡望，稱范陽堂。	
蜀昭烈帝章武元年	二二一	一、七九二年	劉備稱帝，即位成都。	
隋仁壽二年	六〇二	一、四一一年	本年前後，置簡州於牛鞞瀨池。	

唐元和元年	八〇六	一、二〇七年	劉闢之亂，十五世祖簡熙舉族避居沱江右岸。	
大順二年	八九一	一、一二二年	十七世祖簡轍舉族遷返簡州故址。	
後漢乾佑三年（後蜀廣政十三年南唐保大八年）	九五〇	一、〇六三年	十八世祖簡晟（約於本年）任後蜀（九三三—九六五）簡州記事。	
後周顯德四年（南唐保大十五年）	九五七	一、〇五六年	十九世祖簡憲（慶遠公）舉南唐進士，官袁州刺史（入贛肇祖）。	
南宋紹興八年	一一三八	八七五年	廿五世祖（洪源一世祖）九萬（會益公）舉眷自江西臨江府遷福建建寧府。（入閩祖）	
元至正十八年	一三五八	六五五年	洪源九世祖德潤公於南靖梅林開館授徒（南靖一世）	
清乾隆四十五年	一七八〇	二三三年	清廷廷諭福建巡撫獎勵漳泉住民赴臺墾殖。本年春夏之交，南靖十四世祖俊達公買舟攜眷東渡，墾殖於坑仔口（今桃園市、蘆竹鄉之間）為來臺肇祖。	
道光二年	一八二二	一九一年	光扶公昆玉三人安葬嚴父俊達公之側室陳氏姬人于樟腦寮吉地，碑文「懿慈簡媽陳墓」。	

表三　中、日、西曆對照表

朝代	中國 廟號	中國 年號	中國 在位年數	日本 年號	日本 西曆	西曆	民前紀年
清	高宗	乾隆	60			一七三六—一七九五	民前一七六年—民前一一七年
清	仁宗	嘉慶	25			一七九六—一八二〇	民前一一六年—民前九二年
清	宣宗	道光	30			一八二一—一八五〇	民前九一年—民前六二年
清	文宗	咸豐	11			一八五一—一八六一	民前六一年—民前五一年
清	穆宗	同治	13			一八六二—一八七四	民前五〇年—民前卅八年
清	德宗	光緒	34	明治28年	一八九五	一八七五—一九〇八	民前卅七年—民前四年
清	（遜帝）	宣統	3	明治44年	一九一一	一九〇九—一九一一	民前三年—民前一年
中華民國	元年—十五年			大正元年—十五年	一九一二—一九二六（大正十五年，亦為昭和元年，二者重疊）		
中華民國	十六年—卅四年			昭和二年—廿年	一九二七—一九四五		
中華民國	卅五年—			一九四六—			

圖系世（房　　第）下脈公	世　　靖　南 代　　第居利勝
	（　）代世 （　）代世 （　）代世 （　）代世 （　）代世 （　）代世

遺照

遺照

代　第居利 勝世　靖南

妣　祖						考　祖					
第　排序：　字號　名諱 子					父	第　排序：　字號　名諱 子					父
	事略摘要	中華民國　年　月　日時亡	中華民國　年　月　日時生				事略摘要	中華民國　年　月　日時亡	中華民國　年　月　日時生		母
		城	佳					城	佳		
		方位	地點					方位	地點		
		坐朝						坐朝			

	附記		排行
			子女名字